KB149161

배우의 말하기 훈련

안재범

배우의
말하기 훈련

— 안재범 지음 —

자유로운 배우를 위한 음성과 화술의 8단계 훈련법

연극과인간

서문

    이 책은 생각과 감정을 담아 전하는 인간만의 특별한 소통 역량인 '말하기'를 배우의 연기에 적합한 방식으로 개발하는 훈련의 원리와 방법에 관해 소개합니다. 다시 말해 이 책은 배우의 말하기 훈련에 관한 일종의 자습서로서, 배우 혼자서도 능히 연기에 적합한 말하기의 역량을 개발하도록 호흡, 발성, 성도, 공명, 발음, 화술, 이완, 생활의 8단계 영역으로 나누어 배우의 말하기 훈련에 관해 상세하게 설명합니다. 책의 각 장은 크게 〈원리〉와 〈실제〉의 두 부분으로 나뉘었는데, 〈원리〉 편에서는 말하기의 영역별 특성과 원리에 관해 설명하며, 〈실제〉 편에서는 말하기를 실제로 개선하는 방법과 훈련하는 예제를 구체적으로 수록했습니다.

    '소리는 걸리지 않아야 하고, 말은 흘러나와야 한다.' 이것이 배우의 말하기 훈련을 설명하는 이 책의 실천적 슬로건입니다. '소리가 걸림이 없다.'라는 것은 배우의 몸에서 장애나 긴장 없이 소리가 난다는 뜻이요, '말이 흘러나온다.'라는 것은 배우의 주관이나 잡념의 개입 없이 진실하게 대사가 말해진다는 뜻입니다. 필자는 배우의 말하기란 다만 이러하면 충분하다고 생각하는데, 그것은 배우의 도구로서 연기의 앞이 아닌 뒤로 물러나야 하는 것이기 때문입니다.

    이 책은 기본적으로 연기 분야에서의 눈높이 교육을 지향하며, 따라서 말하기의 약자 예컨대 음성적인 문제를 지닌 배우, 화술의 부족으로 실연에 제약을 받는 배우 그리고 연기를 배우는 학생과 그들을 지도하는 교사에게 교육의 초점을 맞추어 집필되었습니다. 이도 당연한 것이 무릇 교육이나 학습은 그것을 가장 필요로 하는 자를 대상으로 이루어져야 마땅하기 때문입니다.

이런 이유에서 이 책의 목표 중 하나는 배우에게 훈련에의 의지를 북돋는 것에도 있습니다. 최소한 말하기와 관련해서 발전의 핵심 요건은 다른 무엇에 앞서 지속적인 실천에 있으며, 그것은 오직 마음에서부터 샘솟는 의욕에 의해서만 가능하기 때문입니다. 따라서 이 책은 배우의 말하기에 대한 효율적인 훈련 방법에 대한 풀이와 더불어 훈련에 대한 강한 동기 부여를 통해 말하기 역량의 실제적인 향상을 도모하고자 하는데, 최소한 필자는 여러분이 꾸준한 훈련을 통해 배우로서의 말하기, 더 나아가 자신이란 존재 자체를 개선할 수 있음을 하나의 사실로 긍정하기 때문입니다.

배우의 연기가 현대 미디어 사회를 상징하는 예술형식으로 만개한 이래, 연기를 배우고 가르치는 다양한 방법론과 훈련법이 나타났으며, 실제로 많은 배우들이 그로부터 새로운 영감과 필요한 도움을 얻었습니다. 하지만 다양한 방법론이 존재한다는 바로 그 이유에서 어느 경우 학습과 성장을 방해하고, 간섭하는 요인이 거기에서 생겨날 수 있습니다. 특히나 연기 교사가 적절한 방법론을 가지지 못했거나 그와 반대로 자신만의 방법론을 일방적으로 강요하는 경우 그런 혼돈과 오류는 학습 과정에서 심각한 문제를 유발할 수 있습니다.

이런 이유에서 필자는 독자인 당신이 배우의 말하기를 훈련할 때 이 책에서 설명하는 방법만을 오로지 따라야 한다고 생각하지 않으며, 오히려 여러 선생님과 다양한 서적을 접해 본 후 자신에게 적합한 방법을 선택해서 연습할 것을 추천합니다. 필자는 연기교육 특히나 말하기와 관련해서 여러 선생님의 다양한 방법과 지침을 존중하며, 이것들은 필자 자신에게도 어둠을 밝히는 등불과도 같은 것들이었습니다. 그러나 등불이 켜지면 필연적으로 밝게 비추는 부분과 등불이 비추지 않아 어두운 부분이 구별되어 나타납니다. 이런 이유에서 배우의 연기와 관련된 방법론은 그것이 설사 아무리 탁월한 것일지라도 나름의 한계를 가지기 마련입니다. 또한, 우리는 현실에서 잘못된 선생님을 만났다거나 아니면 오해나 착각으로 교육과정에서 어려움을 겪었던 학생이나 배우가 많다는 사실 역시 알고 있습니다. 따라서 이 책이 그들이 경험했던 억압이나 풀리지 않던 난제의 해결에 도움이 되기를 바랍니다.

지금까지 배우의 연기론은 크게 보자면 직관적 영역과 정신적 영역으로 양분되어 발전해 왔습니다. 이 책에서 소개하는 음성과 화술이 직관적 영역에 속하는 연기론이라면, 정신적 영역의 연기론으로는 성격 구축 등에 필요한 대본분석이 대표적입니다. 필자는 그동안 두 영역 모두에서 연기론 연구에 천착해 왔으며, 그러한 연장선상에서 배우의 분석에 관한 자습서인『연기하는 배우의 분석』(연극과 인간, 2020)을 출간했었고, 그 책과 2부작으로서 배우의 말하기에 관한 자습서인 이 책을 출간하게 되었습니다.『연기하는 배우의 분석』이 공부하는 배우에 관한 책이라면『배우의 말하기 훈련』은 훈련하는 배우에 관한 책이라고 구분할 수 있습니다. 분석과 말하기는 배우의 연기를 떠받치는 양축으로, 분석은 공부를 통해서, 말하기는 훈련을 통해서 향상되며, 이를 통해 배우는 연기에 적합한 정신과 직관을 함께 갖추게 됩니다.

이 책은 선대의 교사가 이룬 탁월한 방법론과 직접적인 교육 경험을 바탕으로 필자가 구상한 독자의 연기론인 MAP(Method of Automatic Processor)의 연기관으로 배우의 말하기 영역을 조망한 연구의 결과물입니다. 그것은 동시대적 세계관에 기초해서 실연 시 배우의 몰입을 돕는 기계론적 배우훈련의 체계인데, 이 책을 차차 읽다 보면 그것의 원리와 개념을 차츰 이해하게 될 것입니다.

책이 나오기까지 고마운 분들이 많이 계십니다. 사랑하는 부모님과 가족, 이 책의 원천인 음성과 화술의 영역을 발전시킨 선학들, 계명대학교 연극뮤지컬전공의 교수님과 학생들, 책의 출간을 지원해 주신 도서 출판 〈연극과 인간〉의 대표님과 직원분들, 그리고 현장에서 동고동락했던 동료 모두에게 머리 숙여 감사드립니다. 끝으로, 지금도 어느 곳에서 땀 흘려 훈련하는, 지상의 모든 배우에게 이 책을 바칩니다.

2022. 9. 대구에서

목차

서문 _ 4

1. 준비 _ 11

2. 호흡 _ 49

1) 호흡의 원리 _ 50

2) 호흡훈련의 실제 _ 69

3. 발성 _ 93

1) 발성의 원리 _ 94

2) 발성 훈련의 실제 _ 109

4. 성도 _ 135

1) 성도의 구조 _ 136

2) 성도 훈련의 실제 _ 152

5. 공명 _ 175

1) 공명의 원리 _ 176

2) 공명훈련의 실제 _ 192

6. 발음 __ *219*

　1) 발음의 원리 __ *220*

　2) 발음훈련의 실제 __ *230*

7. 화술 __ *265*

　1) 화술의 원리 __ *266*

　2) 화술훈련의 실제 __ *285*

8. 이완 __ *321*

　1) 이완의 원리 __ *322*

　2) 이완훈련의 실제 __ *332*

9. 생활 __ *359*

주석 __ *375*

참고문헌 __ *382*

1
준비

왜 말하기 훈련이 필요할까?

배우의 말하기 훈련에 관한 이 책을 하나의 다짐으로 시작하고자 합니다. 당신은 지금부터 자신이 배우다운 말하기의 역량[1]을 지닌 사람이라는 것을 하나의 사실로 믿으십시오. 아직 적절한 방법과 충분한 훈련이 이루어지지 않아 개발되지만 않았을 뿐, 당신 안에는 본래 고유하고 아름다운 말하기의 역량이 잠재되어 있습니다. 그러하니 당신의 일상에서도 이 믿음과 같이 탁월한 말하기의 감각을 지닌 사람처럼 그렇게 말하며 생활하십시오. 그와 함께 이 책에서 소개하는 말하기의 원리와 방법을 꾸준히 훈련한다면 당신의 말하기 역량은 점차 나아질 것입니다. 이것은 결코 미신이 아니라 과학에 근거한 충고이자 지침입니다. 현대의 인지과학은 우리가 확고한 믿음을 가진 채 훈련과 같은 특정 행동을 반복하게 되면 결국 잠재적인 필연성으로 무의식 속에 각인되기 때문이라고 그 이유를 설명합니다.

그렇습니다. 우리가 변화하고, 발전할 수 있는 원동력은 무엇에 앞서 자신의 개선 가능성에 대한 믿음에서 비롯하는 것입니다. 그것은 더 나은 내일의 내가 되기 위해 오늘의 내가 노력할 수 있다는 믿음이자 발전한 사람이 됨으로써 자신의 삶도 혁신할 수 있다는 확신이기도 합니다. 이런 이유에서 인간의 삶이란 결국 각자가 지닌 믿음에 관한 이야기입니다. 따라서 배우가 자신의 말하기 방식을 바꾸려는 노력은 큰 시각에서 본다면 자신의 인생을 바꾸려는 도전이자 실천으로 인식될 수 있습니다. 이 책을 기회로 삼아 당신 안에 잠재되어 있던 아름다운 말하기의 역량을 활짝 일깨우십시오. 인생의 참된 행복은 자신이 지닌 잠재성을 꽃피우며 살아갈 때 찾아오기 마련입니다.

배우에게 음성과 화술, 합하여 말하기란 관객의 공감과 수용을 끌어내는 표현의 기술로서, 인상적인 인물 성격의 음성적 표현과 실감 높은 언어적 표현을 도와주는 배우의 도구입니다. 그래서 연기하는 배우가 입체적인 인물을 실감 나게 구현하고 싶다면 음성의 측면에서 다양한 표현이 가능한 말하기의 역량부터 갖추어야 하며, 이를 위해서는 호흡, 발성, 성도, 공명, 발음 등 말하기의 각 영역을 전체적으로 개발해야만 합니다. 이 책은 이에 필요한 훈련의 원리와 방법을 영역별로 나누어 구체적으로 소개하는데, 따라서 각자 스스로 말하기의 역량을 개발할 수 있게끔 작성된 배우를 위한 자습서라고 할 수 있습니다.

이 책의 집필 목적은 분명합니다. 배우가 말하기를 향상하는 효과적인 방법을 이해하기 쉽게 설명해서 연기를 배우는 학생이나 음성에 문제를 지닌 배우가 소모적인 실수를 가능한 줄이고, 적절한 훈련의 지속으로 말하기 역량의 실제적인 개선을 얻도록 돕는 것입니다. 필자는 이 책을 통해 발전의 의지가 있는 배우라면 누구라도 적절한 공부와 훈련을 통해 최적의 말하기 방식을 개발할 수 있다는 개인적인 신념을 관철하고 싶었습니다.[2]

이 책은 다음과 같이 구성되었습니다. 이 책은 연기하는 배우가 반드시 터득해야 하는 말하기의 영역을 호흡, 음성, 성도, 공명, 발음, 화술, 이완, 생활의 총 8단계로 나누어 각각의 기능적 원리와 적절한 훈련 방법을 상세하게 수록했습니다. 각 장은 원리와 실제로 양분하여 작성되었는데, 〈원리〉 편에서는 배우의 말하기에 필요한 각 단계의 특성과 원리에 관해 설명하며, 〈실제〉 편에서는 음성과 화술의 습득을 방해하는 문제점과 그 해결에 적합한 예제들을 구체적으로 소개합니다.

이 책은 다음과 같이 기획되었습니다. 이 책은 배우다운 말하기에 대한 눈높이 교육을 지향하여 말하기의 약자 예컨대 음성의 문제로 고통을 받는 배우, 화술의 부족으로 실연에 제약을 받는 배우, 그리고 연기를 배우는 학생과 그들을 지도하는 교사에게 교육의 초점을 맞추어 집필되었습니다. 연기 분야에서 음성은 향상보다는 개선에 교육의 초점이 더 맞춰줘야 하는데, 노래와 달리 연기에서 목소리는 앞에 나서는 것이 아닌, 그 뒤에서 실연을 도와야 하는, 그림자와 같은 배우의 도구이기 때문입니다. 지금 이 책을 읽는 독자 중에는 과거의 필자가 그랬던 것처럼 오랜 시간의 노력에도 불구하고 말하기의 발전이 너무 더디거나 해결되지 않는 문제로 인해 여전히 고통을 받는 배우도 있을 것입니다. 짙은 어둠 속에서 빛을 비추는 등대처럼 이 책이 그들의 고민을 해결로 인도하는 배우의 지도(Actor's Map)가 되기를 희망합니다.

그렇지만 이 책이 일반적인 말하기의 향상에도 도움이 된다는 사실은 두말할 나위도 없습니다. 설사 배우가 아니더라도 말하기에 관심이 있는 독자라면 누구라도 이 책을 일종의 지렛대로 삼아 자신의 말하는 역량을 향상할 수 있습니다. 어떻게 보면 우리는 모두 인생이라는 무대 위에서 각자의 역할을 맡아서 연기하는 배우입니다. 배우가 진짜 직업이든 아니든 간에 우리는 누구나 자기 삶 속에서 아버지, 선생님, 간호사 등등 나름의 역할을 맡아 그에 맞춰 행동하면서, 주변 사람들과 소통하면서 살아갑니다. 따라서 누구든지 자기 인생의 주인공이라는 역할을 성실히 연기하기 위해서는 소통의 역량, 그중에서도 자신의 속내를 명확하게 표현하는 말하기의 역량이 꼭 필요한 것입니다. 따라서 이에 관심 있는 독자라면 이 책에서 소개하는 말하기의 원리와 방법을 통해 호흡, 발성, 공명, 발음, 화술 등 말하기의 각 영역에서 필요한 도움을 얻을 수 있습니다.

그러나 단연코 이 책은 연기하는 배우를 위해 쓰인 훈련서입니다.

따라서 본문에서 소개하는 훈련 예제들은 직접적으로는 말하기 역량의 향상을 목표로 하지만 최종적으로는 연기력의 전반적인 향상에 더 큰 목적이 있습니다. 이런 이유에서 이 책은 단순히 배우의 말하기 훈련법을 담아낸 설명서라기보다는 연기술의 일종으로 말하기를 수련하는 방법을 담아낸 연기 서적에 더 가깝습니다. 만약 당신이 연기력의 향상을 바라는 배우라면 이 책을 읽고 또 읽어서 말하기의 원리와 방법을 온전히 터득한 후 꾸준한 훈련을 통해 올바른 말하기의 방식을 자기 존재의 일부로 정착시켜야 합니다. 체화된 말하기는 마치 당신의 팔과 다리처럼 당신이 연기할 때 생각과 감정을 충실히 표현하는 도구로서 기능할 것입니다.

여기서 잠시 말하기 훈련의 핵심 대상인 '말'(speech)에 대해서 생각해봅시다. 말이란 사전적 의미로 인간의 발음 기관을 통하여 발생하는 의미를 지닌 소리, 음성 기호를 가리킵니다. 의사소통의 수단인 언어(language)는 기본적으로 감정이나 의도 등 화자의 정보를 담아서 청자에게 전달하는 기호 체계이며, 음성은 이러한 언어를 청각적으로 들리게 만드는 실천 작용입니다. 따라서 의사소통의 기호 체계인 언어가 음성을 통해 실체화된 것이 바로 '말'이라고 할 수 있습니다. 이런 측면에서 말은 호흡, 발성, 발음을 담당하는 신체 기관의 작동으로 발화되는 것이므로, 특정한 의미를 전달하기 위한 육체적 활동으로 인식할 수 있으며, 소리의 결과에 영향을 미치는 호흡, 발성, 조음기관의 구조 역시 근육의 운동 패턴에 의해 변화한다는 점에서 말하기 훈련은 해당 근육의 적절한 작동을 위한 연습, 다시 말해 일종의 근육 운동으로 간주할 수 있습니다.

오늘날 연기란 행위는 배우가 허구의 역할을 맡아 실재하듯이 살아내는 기술입니다. 따라서 배우의 말하기를 더 정확하게 풀이한다면 그것은 일반적인 말하기라기보다는 극중 인물의 말 즉 역할의 대사를 말하는 기술입니다. 이런 이유에서 배우에게는 역할 구현에 일조하는 말하기의 역량이 요구되며, 이를 위해 말하기를 구성하는 호흡, 발성, 공명, 발음 등 각 영역을 전체적으로 개발하는 훈련이 배우에게 특별히 필요한 것입니다.

배우의 말하기는 단순히 언어적인 활동에 머무는 행위가 아니며, 배우가 온 존재로 이루어내는 총체적인 활동입니다. 말하기는 우리 몸 안의 모든 기관이 참여하여 만들어 내는 소리의 생성으로 발화됩니다. 따라서 배우가 대사를 말하는 과정 안에는 생각, 감정, 반응, 행동, 성격 등 연기의 모든 것이 담겨 있다고 볼 수 있습니다. 극단적으로 말하면 배우의 기술이란 곧 역할의 대사를 말하는 기술이며, 연기란 결국 말-행위입니다. 이런 이유에서 말하기는 배우가 터득해야 할 필수의 기술이자 배우의 연기를 구성하는 본질적 요소이기도 합니다.

만약 말하기 역량의 부족으로 배우가 실연 시 제약을 받는다면 그로 인해 배우는 역할의 생각과 감정을 온전히 표현하기 어렵습니다. 예컨대, 그것이 무대 공연이든 영상 매체든지 간에 안정적인 대사의 전달이 연기의 기본이란 점에서 이를 뒷받침하는 말하기 역량은 전문 배우가 되기 위한 필수의 요건입니다. 아무리 감수성이 풍부한 배우라고 하더라도 한 마디의 대사를 명료하게 말하지 못한다면 그게 다 무슨 소용이 있겠습니까? 물론 배우의 연기에서 음성이나 화술은 그 자체로 목적이 되어서는 안 되며, 차라리 그것은 진실한 연기라는 목표 지점에 오르기 위한 사다리로서만 기능해야 하겠지만, 만약 그 사다리에 어떤 결함이 있다면 우리는 결국 아래로 추락하고 말 것입니다.

물론 좋은 음성을 지닌 배우가 연기를 잘한다고 단정할 수는 없습니다. 하지만 음성의 문제를 지닌 배우가 연기를 잘하기는 어렵다고 단언할 수는 있습니다. 말하기의 토대를 갖추지 못한 배우에게 탁월한 실연을 기대하는 것은 같은 행동을 반복하는 사람에게서 다른 결과를 기대하는 것이나 마찬가지입니다. 이런 이유에서 우리가 배우로서의 말하기를 진정으로 터득하는 순간이란 '말하는 나'와 '내가 하는 말'이 분리될 수 없음을 진심으로 이해하는 순간입니다.

물론 필자 역시 잘 알고 있습니다, 말하기 훈련이 연기의 실감을 제한할 수 있다고 경계하는 교사나 배우도 있다는 사실을. 그들의 이유는 의식적인 훈련이 배우의 개성과 본능을 억제할 수 있다고 생각하기 때문입니다. 그와 달리 필자는 오히려 훈련되지 않은 음성이야말로 배우의 개성과 본능을 가로막는 진짜 장애물이라고 생각합니다. 나쁜 음성은 대사의 의도와 감정을 제대로 담아 표현하지 못하므로, 배우는 이를 만회하고자 필요 이상의 에너지나 과도한 호흡을 사용해서 대사를 억지로 밀어서 말하는 방식으로 자신의 실연을 저해합니다.

반면 목소리가 딴딴하고, 풍성해지면 배우는 음성에 대한 걱정 없이 그저 순간의 진실에 따라 연기하면 될 뿐입니다. 이 차이는 실로 큰 간격으로, 때론 배우로서의 직업적 성공과 실패를 구분 짓는 분수령이 되기도 합니다. 따라서 그것이 영상 매체이든 공연 무대이든 간에 배우가 자신의 역량을 온전히 펼치고 싶다면 그 전에 충실한 말하기의 역량부터 탄탄하게 마련해야 하며, 이것은 건물을 높이 올리기 전에 기반을 충실히 다지는 작업이나 다름없습니다.

흔히 하는 말 중에 '목소리는 타고난다.'라는 속설이 있습니다. 사람마다 골격이나 공명강의 형태가 다르고, 그에 따라 각기 다른 목소리를 갖게 된다는 점에서 이 속설은 그 나름의 일리를 갖고 있습니다. 그러나 목소리의 형성에서 더욱 중요한 요인은 후천적인 환경입니다. 우리는 성장 과정에서 주변 환경과 습관의 영향으로 자신의 목소리를

형성하게 됩니다. 이러한 사실은 올바른 학습과 적절한 훈련이 주어
진다면 누구나 탁월한 말하기의 역량을 개발할 수 있음을 반대로 시
사해 줍니다. 따라서 누구라도 이 책을 적절히 활용해서 꾸준하고 올
바르게 훈련한다면 말하기의 확연한 발전을 경험하리라 확신합니다.
그것은 말하기에 심각한 문제를 지녔던 필자의 직접적인 체험에 근거
해서 보증할 수 있는 분명한 '사실'입니다. 이렇듯 배우의 말하기가 노
력과 훈련을 통해 나아질 수 있다는 점이야말로 배우에게 말하기 훈
련이 필요한 이유이자 필자가 이 책을 출간한 근거이기도 합니다.

우리가 말하는 방식

우리가 무언가를 공부할 때 그것의 정의, 즉 그 실체를 제대로 아
는 것에서부터 배움을 시작하곤 합니다. 대상에 대한 정확한 이해는
그 자체만으로도 배움에 필요한 원리와 방법을 우리에게 일러주기 때
문입니다. 따라서 여기서도 본격적인 말하기 훈련에 앞서 배우의 말
하기가 본래 무엇인지 간략하게라도 알아볼 필요가 있을 것입니다.
이를 위해 먼저 일상에서 우리가 실제로 말하는 방식에 대해 잠시 살
펴보려 하는데, 연기가 현실 행동의 모방이라는 점에서 평소 말하는
과정에 대한 검토는 그 이해를 수월하게 도울 수 있기 때문입니다. 이
와 관련해서 일상에서 흔히 보는 한 상황을 잠시 떠올려 봅시다.
어느 화창한 봄날에 사랑하는 남녀가 공원을 함께 걷는 모습을 상
상해 보는 겁니다. 공원을 거닐다가 남자가 솜사탕 가게를 발견하고
는 같이 산책을 나온 여자에게 "솜사탕 드실래요?"라고 말을 건넵니
다. 이때 솜사탕이라는 시각적인 자극을 감각적으로 인지한 남자의

뇌에서는 솜사탕이라는 개념이 활성화됩니다. 그런 다음에 솜사탕을 사주고 싶다는 욕구가 생겨나고, 그 욕구를 달성하기 위해 적정한 말하기를 통해 그 메시지를 사랑하는 여자에게 전달하려는 의도가 생겨납니다. 그로 인해 뇌에서는 적절한 인지과정을 거치며, 그에 필요한 운동 표상이 만들어집니다. 그에 따라 입이나 목으로 충동에 의한 운동 지령이 전달되고 해당 근육이 움직여서 호흡작용이 일어나고, 날숨이 성대를 진동시켜 소리가 생기고, 그 소리는 몸 안의 공명강을 통해 확대된 후 입술과 혀로 발음되어 "솜사탕 드실래요?"라는 말로서 발화됩니다.

이렇게 발화된 남자의 말은 여자의 귀에서 전기 신호로 바뀐 다음에 뇌로 전달이 되고, 그에 따라 여자의 뇌에서는 감각 표상이 만들어지게 됩니다. 그런 다음 합당한 인지과정을 거치면서 여자의 뇌에는 솜사탕의 개념이 활성화됨과 동시에 솜사탕을 빌미로 남자가 자신에게 호감을 전하려 한다는 판단 혹은 해석이 인지되는 겁니다.[3]

우리는 평소 이와 같은 내적 절차를 거치면서 의사소통 즉 상대와 대화를 나누며, 그 과정에서 생각이나 감정의 내적인 발현뿐만 아니라 표정이나 몸짓 등의 외적인 표현도 생겨나는데, 배우의 연기란 이러한 사람 간의 소통 작용을 관객의 흥미와 감동을 끌어낼 수 있도록 예술적으로 형식화한 행위입니다. 구체적으로 말해 연기란 행위는 배우가 작가 쓴 대본에 등장하는 역할이 되어 말하고 행동하면서 역할의 생각과 감정을 관객에게 전달하는 실천 예술입니다. 이런 점에서 배우의 연기는 의사소통의 예술이며, 연기훈련이란 소통의 역량을 예술적 수준까지 개발하는 배우의 의도적인 노력이라고 규정할 수 있습니다.

이러한 특성으로 인해 배우의 말하기는 그것을 이해하는 관점과 훈련하는 방법적 차이에 따라 각기 다른 방식의 운영체계로 배우마다 다르게 장착됩니다. 그리고 이러한 차이는 자신이 생각하고 운용하는 말하기 방식의 기준이 되어서 앞으로의 배우 활동에서 발성 습관과 대사 처리에 지속적인 영향을 주게 됩니다.[4] 따라서 배우의 말하기 훈련은 배우가 과거의 방식보다 더 효율적인 개념을 새로이 습득해서 개선된 말하기의 운영체계를 정착하는 연습이며, 운영체계를 최적화했을 때 컴퓨터의 성능이 극대화되는 것처럼 배우의 말하기 역시 최적의 방식으로 작동할 때 배우는 명료한 음성과 절묘한 화술로써 연기할 수 있습니다. 이런 이유에서 배우에게는 말하기의 실제적인 방법이나 훈련하는 예제도 중요하지만, 호흡에서 이완까지 각 단계의 작동 개념에 관한 올바른 이해도 그에 못지않게 중요한 것입니다.

가진 자의 역설

음성교육 분야에서는 '가진 자의 역설'이라는 속설이 흔히 회자되곤 합니다. 이 말은 선천적으로든 또는 후천적으로든 좋은 음성을 지닌 사람은 바로 그 이유에서 훌륭한 음성 교사가 되기는 어려울 수 있다는 뜻으로, 좋은 목소리를 이미 가진 사람은 그런 소리를 배운다는 것이 얼마나 어려운지, 또 음성의 문제를 지닌 사람이 겪는 고통이 무엇인지를 절감하는 것이 오히려 어려울 수 있다는 아이러니를 나타냅니다.

그것은 결코 행운일 수 없으나, 필자의 경우 과거에 잘못된 말하기의 거의 모든 습관을 지녔습니다. 뒤틀린 자세, 얕은 호흡, 성대 접촉의 불량, 공명 없는 목소리, 혀뿌리와 턱의 과도한 긴장, 소리를 억지로 밀어서 말하는 습관 게다가 급한 성격으로 말하는 속도까지 빨라서 발음 역시 형편이 없었습니다. 이것은 결코 과장이 아니며, 보탬 하나 없이 필자는 과거에 정말로 그러했습니다. 한마디로 당시의 필자는 말하기에 관한 '최악의 종합선물'이었습니다.

조금이라도 이를 개선하고자 알렉산더 테크닉을 개발한 F. M. 알렉산더처럼 거울 앞에서 연기하는 자신의 모습을 비추어 보곤 했는데, 스스로 평가했을 때 배우로서 지닌 단점이 너무도 많았습니다. 그저 어디에나 볼 수 있는 목소리 나쁜 사람, 그것이 바로 과거의 필자였습니다. 그래도 어떡합니까? 억울하게도 가진 것이 없었지만, 그나마 가진 것들로 어떻게든 해보는 수밖에 없었습니다. 그래서 여러 교사를 찾아가서 음성 수업을 받기도 했고, 외국의 관련 서적을 암기가 될 정도로 읽으면서 연습하기도 했습니다. 그렇지만 지니고 있던 조건들이 턱없이 열악해서인지 말하기의 발전이 다른 사람과 비교해서 너무도 느리고 미약했습니다.

음성에는 일종의 곱셈과 유사한 특성이 있어서 호흡, 발성, 공명 등 음성의 영역 중에서 단 하나라도 충분히 개발되지 않으면 그 결과에 해당하는 음성은 전혀 향상되지 않습니다. 마치 아무리 한쪽의 수가 크더라도 거기에 0을 곱하면 그 값이 0이 되는 것처럼 말입니다.[5] 이런 이유에서 과거의 필자는 충분한 노력과 시간을 투자했음에도 불구하고, 결과의 향상 없이 늘 제자리만을 답보했습니다. 수업하는 동안에는 교사의 진도를 따라가는 듯이 보이려 노력했으나 실제로는 거의 효과를 얻지 못했고, 외국의 저명한 서적은 저 같은 사람에게는 너무 어려웠으며, 실제로 맞지 않는 부분도 있었습니다. 이런 연유에서 누군가 나처럼 음성에 대한 자산이 거의 없는 사람, 여러 단점으로 발전이 더딘 사람을 대상으로 한 전문 서적이 출간되기를 소망했던 기억이 지금도 생생합니다.

그러나 오랜 시간이 흐른 뒤, '하나를 잃으면 하나를 얻는다.'라는 삶의 공평한 이치에 대해 깨닫게 되었습니다. 등가교환(等價交換)이란 말이 있습니다. 상품의 가치와 가격이 일치하는 교환을 나타내는 말로써, 흔히 '무언가를 얻으려면 꼭 그만큼의 희생이 필요하다'라는 뜻으로 흔히 쓰입니다. 다시 말해 이 말은 '어떤 일이든 크게 봤을 때는 결국 이익과 손해가 같도록 형평성에 의해 돌아가는 것이 세상의 이치'라는 것입니다.

필자의 경우 부족한 단점으로 인해 음성의 향상에서 남들보다 몇 배의 시간과 노동이 소요되었으나 또 그만큼 반대급부로 얻게 된 것도 있었습니다. 뼈저린 실패와 좌절의 경험을 통해 필자는 말하기의 문제를 지닌 학생이나 배우를 만나게 되면, 구체적으로 어떤 부분이 문제를 일으키는지 그리고 이를 개선하는 최선책이 무엇인지를 명확히 알게 되었고, 그렇게 깨우친 배우의 말하기에 대한 실전의 경험과 지식을 이 책을 통해 과거의 필자처럼 절실히 필요한 사람들과 공유하고 싶었습니다. 이 책이 심각한 말하기의 문제로 인해 고민하거나 그로 인해 실연 시 제약을 받는 배우들에게 조금이나마 실제적인 도움을 준다면 그 이상의 기쁨은 필자에겐 없을 것입니다. 동병상련(同病相憐). 이것이 필자가 이 책을 집필한 개인적인 사유입니다.

말하기 훈련의 어려움

필자는 이 책을 집필하며 배우다운 말하기를 되도록 간명히 설명하고자 노력했습니다. 이미 언급했듯이 말하기의 역량이 아직 부족한 배우에게 음성/화술의 작동 원리와 훈련 방법에 대한 이해는 그리 쉽지 않은 일이기 때문입니다. 이런 이유에서 우리는 본격적인 훈련에 앞서 말하기의 배움이 어려운 이유에 대해서도 알아 두어야 합니다. 물론 숙련자 중에서는 음성과 화술이 뭐 그리 어렵냐고 힐책할 분도 계시겠으나 적어도 이 책을 읽는 독자 중에서 그에 관한 고민과 난항을 겪은 사람이라면 어느 정도 필자의 생각에 동의하실 거라고 헤아려 봅니다.

연기 분야에서 배우의 말하기가 독자적인 교육 영역으로 성장하기까지 아서 르삭(Arthur Lessac), 시실리 베리(Cicely Berry), 크리스틴 링클레이터(Kristin Linklater), 조 에스틸(Josephine A. Estill) 등 일생을 헌신해 온 선대의 교사가 있으며, 과학의 영역에서 음성의 원리를 과학적으로 해명한 잉고 티체(Ingo Titze), 모튼 쿠퍼(Morton Cooper) 등의 학자가 해당 분야의 발전에 끼친 공로 역시 혁혁합니다. 밤하늘의 별천지에서 별자리가 떠오르듯이 이 책에서 소개하는 말하기의 원리와 방법은 그들이 세운 이정표와 안내문에 따라 계획되고, 집필되었음을 미리 밝혀 둡니다. 반면 한국어를 중심으로 한 화술의 영역과 배우다운 말하기의 토대가 되는 이완의 기술에 대해서는 필자의 고유한 방법론을 중심으로 작성되었음도 함께 밝혀둡니다. 다시 말해, 이 책은 배우의 말하기와 관련해서 이미 있는 것들을 새롭게 재배치하고, 거기에 부족한 것을 보완하는 방식을 통해 새로이 작성된 말하기 훈련서입니다.

이처럼 선대의 교사와 학자가 발전시킨 탁월한 방법론이 있음에도 불구하고, 연기 분야에서 배우의 말하기를 공부하거나 가르치는 일은 여전히 쉽지 않아 보입니다. 그 원인으로는 누구나 공감할 수 있는 사안에서부터 공개적으로 다루기 미묘한 사안까지 다양한 요인이 있습니다.

첫째로, 말하기와 같은 음성 작용은 비가시적일 뿐만 아니라 배우 스스로 자각이 어렵다는 특성이 있습니다. 우리 몸의 음성기관은 육안으로는 확인할 수 없는 구조들의 집합체입니다. 따라서 배우의 말하기 훈련은 수영이나 무용처럼 눈에 직접 보이는 동작이나 기술로서 배우는 것이 아니라서 그만큼 교사의 지도를 이해하기가 쉽지 않습니다. 성대나 후두와 같은 기관에는 자각하는 감각이 충분하게 발달하지 않았기 때문에 우리가 소리를 낼 때의 감각을 정확하게 인지하는 것은 결코 쉬운 일이 아닙니다. 이런 이유에서 혀나 턱이 긴장한 상태로 말하는 습관을 지닌 사람 중에는 이에 대해 자각 자체를 하지 못하는 경우도 허다합니다.

인간의 신체 자각 시스템이 지닌 특성상 자신의 소리를 자기가 제대로 듣는 것은 매우 어려운 일입니다. 자기 목소리는 골도 청력으로 들리기 때문에 자신의 소리를 객관적으로 인식하거나 판단하는 것은 오랜 훈련을 통해서 일정 수준 이상에 도달해야만 비로소 가능해집니다. 따라서 경험이 적은 배우라면 이로 인해 훈련과정에서 혼란이나 어려움을 겪을 수 있으므로, 말하기 훈련은 가능한 선생님의 지도와 피드백 아래에서 실천할 것을 추천하고, 만약 그게 어렵다면 최소한 녹음기 등의 모니터링 장비를 활용해서 연습하는 쪽이 훨씬 유리합니다.

둘째 요인은 말하기와 관련된 근육 중에는 의도적인 작동이 어려운 불수의근(不隨意筋)이 있기 때문입니다. 불수의근은 배우의 음성 훈련이 지닌 특수한 사정을 상징적으로 보여주는데, 불수의근이란 주지하다시피 내 의지와 관계없이 스스로 움직이는 근육을 일컫습니다. 그래서 우리가 만약 의식적인 지시에 따라 불수의근을 작동하려 한다면 오히려 심신의 긴장과 같은 역효과가 일어나곤 합니다. 예를 들어,

만약 배우가 말하기에 유리하도록 후두를 안정시키는 위해서 의식적으로 후두를 내리고 대사를 말하려 한다면 이는 오히려 후두에 긴장을 일으켜서 목을 조이게 합니다.

심지어 학생이 단지 교사로부터 '말할 때는 후두를 안정시켜야 한다.'라는 언어적 설명만 들어도 학생의 머릿속에 이것이 하나의 결과로 의식화되면서 그러한 실행을 오히려 방해하는 요인 혹은 강박으로 작용할 수 있는데, 인지과학자들은 이런 현상을 '언어방해 효과'[6]라고 부릅니다. 이런 이유에서 알렉산더 테크닉 등의 신체방법론에서는 몸의 사용을 가르칠 때 '결과를 추구해서는 안 된다.'라고 강조하는 겁니다.[7] 따라서 후두 안정과 같이 불수의근의 조정을 훈련할 때는 하품이나 허밍과 같은 반-폐쇄법 등 간접적인 방식으로 연습하는 쪽이 습득에 더 유리하다는 것이 현시점의 지배적인 견해입니다.

그렇다고 해서 배우의 말하기를 이론적인 설명 없이 실천적인 훈련만으로 배우는 것이 유리하느냐면 또 그렇지만도 않습니다. 원론적으로 학습(교육)이 이루어지는 순간이란 자신이 배우고자 하는 대상이나 방법이 학습자의 내면에 이론적으로 정리되는 순간, 즉 내적 심상으로 구조화되는 순간이기 때문입니다. 우리가 무언가를 진정으로 체득하는 순간이란 연기와 같은 기술을 실제로 잘 구사할 뿐만 아니라 그 토대로서 그것의 작동 원리가 일종의 설계도처럼 내적 심상(운동 표상)으로 자리매김하게 되었을 때입니다. 따라서 우리가 배우의 말하기를 터득하는 이상적인 방법은 먼저 그 원리를 이론적으로 배운 다음, 그 답에 가까워지도록 실천을 반복하다가 이상적인 작동방식을 실제로 경험하게 되고, 이를 토대로 해당 기술을 반복적으로 훈련해서 온전한 숙달에 이르는 것입니다.[8]

세 번째 요인은 우리나라 배우에게 해당하는 사유인데, 아직 국내의 경우 한국어에 적합한 말하기의 훈련 체계가 충분히 발전하지 못했기 때문입니다. 현재 국내에서 유통되는 음성이나 화술의 주요한 지침들은 앞서 말했듯이 서양에서 개발되어 유입된 방법론이 대부분입니다. 당연하게도 그것들은 영어 등 서양 언어에 적합한 방법론이기 때문에 우리말을 사용하는 배우나 학생에게 이를 그대로 적용해서 교육하기에는 여러모로 무리가 따를 수밖에 없습니다. 소리를 내기 어려운 무성자음이 많다는 점 등 서양 언어와는 다른 특성이 한국어에는 있으니까요.

예를 들어 우리말을 사용하는 배우의 경우 자음이 두드러진 한국어의 사용 습관으로 인해서 말을 할 때 호흡이 과도하게 새어나가기 쉽고, 그로 인해 대사를 말할 때 호흡의 지지가 부족하거나 목을 조여 말하는 등의 나쁜 습관이 생기기 쉽습니다. 반면 모음 위주의 서양 언어권에서 자라난 배우의 경우 언어의 특성상 복식호흡이 유리할 뿐만 아니라 우리 말처럼 많은 자음을 소리내기 위해 혀와 입술을 더 자주 움직이지 않아도 되므로, 상대적으로 편안하게 대사를 말할 수 있습니다. 청각적 측면에서도 우리는 흔히 영어를 모국어로 사용하는 사람이 한국어를 말하는 사람에 비해 음성 전달력이 좋다고 느끼곤 하는데 그 원인 중 하나가 언어적 특징에 따른 모음의 구성 비율 때문입니다.[9] 이처럼 한국어를 사용하는 배우와 서양 언어를 사용하는 배우는 말하기의 출발점부터가 다르므로, 우리에게는 우리만의 고유한 방법이 따로 필요한 겁니다.

우리말과 서양 언어의 차이점은 화술의 영역에서 더욱 두드러집니다. 거기에는 사회적, 문화적 배경까지 영향을 미치기 때문인데, 본래 언어란 같은 문화권에서 살아가는 사람 간의 의사소통 즉 동일 문화에서 생겨난 어휘와 문법의 기호 체계이기 때문입니다. 따라서 서양에서 형성된 화술이론은 서양 문화에 기초해서 형성된 것이고, 그런 이유에서 서양의 방법론은 다른 문화권에서 자라난 한국의 배우나 학생에게는 이질적인 부분이 그 안에 존재할 수밖에 없으며, 따라서 한국어 대사를 처리하는 화술의 영역에서는 더욱더 한국어에 적합한 말하기 방법론이 필요한 것입니다. 이런 이유에서 이 책에서 유독 역점을 둔 부분 역시 말하기 과정 중 화술의 영역이며, 해당 장에는 필자의 고유한 연구를 바탕으로 고안된 한국어에 적합한 화술의 방법이 구체적으로 수록되었습니다.

네 번째 요인은 말하기 교육과정 중에 생기기 쉬운 학습자의 오해와 혼란입니다. 이와 관련해서 우리는 음성에 관한 예술적인 견해와 과학적인 견해의 차이에 대해 주목할 필요가 있습니다. 그동안 음성에 관한 연구는 앞서 소개했듯이 음성교사와 음성학자의 주도 아래 예술 분야와 과학 분야로 양분되어 발전했습니다. 그 결과, 음성이라는 대상은 같을지 모르나 예술과 과학이 지닌 견해의 차이로 인해 그것에 대한 설명은 각기 다르거나 심지어 서로 반대되는 경우도 종종 있습니다.

하나의 예를 들어 볼까요? 배우의 말하기와 관련해서 예술적인 견해에서 자주 활용되는 가르침으로 '중심으로 말을 하라.'는 지침이 있습니다. 그러나 과학적인 견지에서 본다면 소리는 분명 성대가 위치하는 '목'에서 나는 것입니다. 이 둘은 분명히 서로 다르고, 일면 대척되는 설명이기도 하지만 해석하는 관점에 따라서 모두 맞는 지침이 될 수도 있습니다. 과학적인 접근에서 호흡은 폐에서 나오고, 소리는 목에서 납니다. 소리가 목에서 나는 이유는 우선 소리를 내는 성대가 목 안에 있기 때문이요, 소리를 울려주는 실제적인 공명강인 구강과 인두강 역시 목 부위에 위치하기 때문입니다. 이런 이유에서 나쁜 음성의 교정에서 목의 조임부터 해결하는 것이 그리도 중요한 것입니다.

반면 예술적인 견지에서 '몸의 중심에서 소리를 내라.' 혹은 '배우는 중심과 연결된 상태에서 말해야 한다.'라는 지침 다시 말해, 마치 자신의 소리가 몸의 중심에서 생성되어 말을 한다는 방식은 호흡작용에 중대한 역할을 담당하는 횡격막의 활성화에 유리하며, 배우에게 적합한 톤인 따뜻한 중저음의 흉성을 목소리에 추가할 뿐만 아니라 발성이나 공명 작용에도 도움을 줄 수 있습니다. 따라서 과학적인 이치로 따진다면 틀린 것일 수 있으나 잘만 설명하면 실제로 더 나은 소리를 끌어낼 수 있다는 점에서 이러한 지침은 예술적인 견지에서는 분명히 옳은 것, 즉 '예술적 진실'이라고 할 수 있습니다.[10]

그러나 여기서 주의할 바는 이러한 예술적 진실에 기초한 지침은 대개 교사의 주관에 의해 표현되거나 설명되는 것들이라서 때론 학습자의 편에서 오해와 착각을 일으킬 수 있다는 점입니다. 학습자는 음성과 관련해서 교사와는 다른 사고방식이나 컨텍스트(배경지식)를 갖고 있기 마련입니다. 만약 이러한 이유도 모른 채 학습자가 말 그대로 '중심' 즉 우리가 흔히 단전이라고 부르는 아랫배에서 곧이곧대로 소리를 내려고 한다면 후두를 억지로 내려서 목을 긁는 소리를 낸다거나 혀, 턱, 어깨 등에 불필요한 긴장을 유발해서 음질의 선명성이 감소하거나 호흡이 과도하게 섞인 소리를 내는 등 오히려 말하기를 저해할 수 있습니다.

흔히 사용되는 '중심으로 말을 한다.' 혹은 '소리를 위로 돌려 내보낸다.'와 같은 말하기에 관한 추상적인 설명이나 용어는 때때로 학습자에게 오해와 착각을 일으키곤 합니다. 그렇지만 현실적으로 말하기의 교육에서 언어적인 설명은 그 방편으로 필수 불가결한 것도 분명한 사실입니다. 특히나 비가시적인 음성이나 화술을 가르치기 위해

교사는 어느 경우 부득이하게도 추상적인 용어와 비유적인 표현을 사용해서 이를 설명하고 가르칠 수밖에 없습니다. 그에 따라 학생들은 추론과 가정을 활용해서 그 의미를 파악하게 되는데, 그 과정에서 오해와 착각이 발생하거나 소리의 결과에만 집착하는 실수를 범하게 됩니다.

그에 더해 개개인이 지닌 음성의 역량과 조건의 차이 역시 말하기 교육에서 오해와 왜곡을 일으킬 수 있습니다. 음성과 관련해서 신체의 긴장도, 호흡의 방식, 성대의 접촉률, 성도의 형태 등 개개인의 차이는 존재할 수밖에 없으며, 따라서 같은 교육을 받더라도 학습자는 오직 자신의 조건 혹은 입장에서 교사의 지도를 이해할 수밖에 없으므로, 그로 인해 오해와 착각이 교육과정에서 유발될 수 있습니다.

세상의 사람은 모두 다르고, 저마다의 말하기 방식도 모두 다릅니다. 그러므로 각자가 지닌 말하기의 문제점 역시 다를 수밖에 없는데, 이런 이유에서 설사 같은 지침이더라도 각기 다르게 해석될 수 있으며, 따라서 어떤 지침은 누구에게는 도움이 될 수 있지만 다른 누구에게는 오히려 악영향을 줄 수도 있습니다. 몸에 힘이 많이 들어가는 사람에게 호흡의 지지를 위해 흉곽에 힘을 준 상태로 대사를 말하게 하면 긴장한 성대에 무리를 주고, 목을 쪼인 상태로 말하게 됩니다. 비슷한 맥락에서 대사를 말할 때 성도의 확장을 위해 지나치게 입을 벌리는 시도는 오히려 턱과 혀에 긴장을 일으키고, 후두의 안정을 방해해서 소리의 울림을 저해합니다.

마지막 요인은 이율배반적으로 들릴지 모르나, 우리 모두 평상시 말을 하면서 살아가기 때문입니다. 수영이나 무용, 연기와 같은 수행 행위의 경우 아예 그것들을 배운 적이 없는 사람을 백지상태에서 가르치는 것보다 어느 정도 그것들을 배웠던 적이 있는 사람 특히나 그 과정에서 잘못된 습관이 몸에 깃든 사람을 가르치는 쪽이 교사에게 훨씬 더 까다로울 수 있습니다. 생각해보십시오. 평생에 걸쳐 길이 든 습관을 바꾸는 작업이 어떻게 쉬울 수 있겠습니까? 책의 해당 부분에서 더 상술하겠지만 말하기를 바꾸는 일이란 결국 그 사람 자체를 바꾸는 작업입니다. 이런 이유에서 배우의 말하기는 여타의 운동이나 연주보다 어느 측면에서는 습득이 더 어려운 기술일 수 있습니다.

말하기 훈련의 전략

우리는 앞서 배우다운 말하기의 습득이 어려운 이유에 대해 간략히 살펴보았는데, 이것들은 그와 동시에 배우가 말하기를 훈련하는 과정에서 직면할 수 있는 습득의 걸림돌이기도 합니다. 따라서 이러한 난점을 명확하게 인지한 후 수업과 훈련에 임한다면 소모적인 오해와 혼란을 피해서 배우의 말하기를 좀 더 수월하게 터득할 수 있습니다. 그렇다면 이러한 걸림돌에 걸려 넘어지지 않고 배우의 말하기를 제대로 터득하기 위해서는 어떤 태도와 시각에서 말하기 훈련에 접근해야 할까요? 우리는 직관적으로 혹은 상식적으로 그저 단순히 훈련을 반복한다고 해서 실력이 향상되지 않는다는 점을 잘 알고 있으니까요.

우선 쉽게는 올바른 말하기의 원리부터 제대로 이해해야 할 겁니다. 말하기 훈련은 반드시 훈련의 목적성 즉 해당 훈련이 어떤 방식으로 작용해야만 효과를 얻을 수 있는지를 이해하고 연습해야만 실제적인 훈련 효과를 얻을 수 있습니다. 그에 더해 효과적인 학습 전략의 수립 역시 거기에 필요한데, 그에 맞춰 계획적으로 훈련을 진행해야지만 실제적인 성장에 보다 빨리 이를 수 있기 때문입니다.

이런 측면에서 배우의 말하기는 훌륭한 교사를 찾아서 직접 배우는 쪽이 가장 확실한 방법일지 모릅니다. 그런데 우리가 훌륭한 교사를 찾기 위해서도 그에 대한 기본적인 지식이 필요하며, 이 책은 그와 관련해서도 필요한 도움을 줄 수 있습니다. 또한, 여러 사정으로 훌륭한 교사에게 배울 수 없는 사람이 부득이 혼자서 말하기를 훈련해야만 할 때 이 책이 올바르고 효과적인 말하기 훈련의 원리와 방법을 그에 맞춰 제공해 줄 수 있습니다. 결국 배우의 말하기를 제대로 터득하기 위해서는 말하기 훈련에 필요한 학습 전략과 주의점부터 명확히 숙지하고 훈련에 임해야 합니다.

우선 말하기에 관한 구체적인 '단기 목표'를 세우고, 그것을 기준으로 훈련을 진행하십시오. 배우로서의 말하기 역량을 온전히 체득하기까지 이 책에서 제시한 원리와 방법을 기준으로 삼아 각각의 목표를 잘게 쪼개고, 그에 맞춰 구체적인 계획을 세우십시오. 이런 단계들이 차곡차곡 더해져서 배우다운 말하기의 체득이라는 최종 목표에 도달하게 되는 겁니다. 그저 '음성이 나아져야지' 혹은 '배우로서의 화술을 발전시켜야지.'와 같이 모호하고 일반적인 목표는 실력 향상으로 이어지지 않습니다. 반면 우리가 구체적인 목표를 작은 단위로 나누면 훈련의 성과를 더욱 분명하고, 가시적으로 확인하는 데 도움이 됩니다.

단 5분을 훈련하더라도 집중해서 연습하십시오. 그것이 무엇이든 과제에 집중하지 않고서는 성과를 기대하기 어렵습니다. 그에 더해 일정 기간의 훈련 뒤에는 반드시 피드백이 필요합니다. 녹음기로 녹음하거나 핸드폰 등으로 촬영해서 훈련 후 스스로 자신의 상태를 점검하고, 문제점과 보완점을 기록해서 다음 훈련에서 이를 교정하는 방식으로 학습성과를 향상해 나갑니다. 강조하건대, 자신의 어디가 정확히 부족한지를 아는 것이야말로 실력 향상에 이르는 첫걸음이자 지름길입니다.

그리고 점차 훈련이 진행되면 자신의 현재 역량을 살짝 넘어서는 강도와 연습량으로 말하기 훈련을 진척시켜 나가야 합니다. 같은 무게로 바벨 운동을 지속해서는 근육이 증가하지 않는 것처럼 자신의 편안한 상태를 벗어나지 않은 말하기 훈련은 설사 십 년을 지속하더라도 실력 향상으로 연결되지 못합니다. 실력이나 성장은 같은 요건이 아닌 한계를 넘어갈 때 혹은 늘어나는 장애를 감당하기 위해서 향상되는 자질 혹은 특성입니다. 그러나 현재 자신의 능력치를 너무 과도하게 넘어서는 훈련량은 오히려 성대 등의 부상을 유발할 수 있으므로 주의해야 합니다.

누구나 훈련하다 보면 실력이 늘지 않는 순간, 그리고 무엇을 해야 할지 모르는 막막한 순간이 찾아오기 마련입니다. 그런 순간에 마주했을 때는 훈련에 대한 동기 부여가 매우 중요합니다. 왜 누구는 그토록 열심히 훈련을 계속할까요? 대체 무엇이 지겹고 힘든 연습을 지속하게 만드는 겁니까? 이럴 때 칭찬과 같은 긍정적인 피드백은 동기 부여를 강화하는 중요한 원동력이 될 수 있습니다. 만약 슬럼프나 난관에 부딪혔을 때는 기존과 다른 방식을 시도해 보십시오. 또, 한 훈련을 꾸준히 지속했는데도 말하기의 역량이 향상되지 않는다면 다른 시각, 다른 방식, 다른 연습으로 훈련해 보는 겁니다. 문제나 장애는 종종 열심히 하기보다 다르게 접근할 때 해결되기 때문입니다.

그에 더해 훈련을 진척하면서 말하기에 대한 자신만의 심적 표상을 만들어나가야 합니다. 말하기와 관련해서 실천 역량의 향상과 심적 표상은 서로 정비례해서 발전합니다. 심리학자 에릭슨(Anders

Ericsson)은 기량이 나아지면 심적 표상이 발전하고, 심적 표상이 나아지면 그만큼 기량이 늘어난다고 설명하면서, 양자는 선순환의 관계를 지녔다고 그의 책에서 주장했습니다.[11] 충분한 시간과 노력을 투자하지 않고 탁월한 업적을 쌓은 사람은 어느 분야에도 없습니다. 진정한 예술가는 최고 수준에 도달한 뒤에도 개선의 노력을 게을리하지 않는 사람입니다. 이 지점에 이르면 우리는 인간 잠재력의 한계를 넘어서 새로운 경지를 개척하는 진짜 예술가를 만나게 됩니다.

말하기를 훈련하는 중에는 자신의 목소리를 의식적으로 들으려 하거나 점검하려 해서는 안 됩니다. 앞서 설명했듯이 신체 시스템의 특성상 우리는 골도 청력으로 들리는 자신의 목소리를 객관적으로 판단하기가 무척 어렵습니다. 그래서 훈련하는 동안 소리에 대한 평가는 그저 몸으로 느끼는 정도면 충분합니다. 말하기란 본래 이성이 아니라 직관의 영역에 속하는 소통행위로서, 배우의 말하기는 실연 시 본능적으로 발화되는, 수동적 모드의 실천이어야 합니다. 다시 말해 배우는 말한다는 의식이 알기 전 충동(본능 혹은 직관)에 따라 대사를 말해야 하며, 배우의 말하기란 선험적 실천이란 겁니다. 배우에게 훈련이 왜 중요할까요? 배우가 훈련을 통해 말하기와 같은 행위의 숙달에 이르면 배우는 의식이 알기 전 본능에 따라 해당 행위를 실천할 수 있기 때문입니다. 즉, 훈련의 반복이 배우에게 연기와 같은 행위에 대한 직관적인 수행 역량을 향상해 줍니다.

같은 이유에서 배우는 연습뿐만 아니라 실연할 때도 자신의 목소리를 들으려 해서는 안 됩니다. 그만큼 자의식이 강해져서 충동에 따른 실연이 저항을 받기 때문입니다. 이런 이유에서 훈련이나 연습 과정을 핸드폰 등으로 촬영하거나 녹음한 후 추후 모니터링이나 피드백을 통해서 나쁜 습관을 교정하는 것은 말하기 훈련의 효율적인 방법이 될 수 있습니다. 우리는 자신의 목소리를 주관적으로만 듣게 된다는 점에서 자기가 생각하는 목소리와 실제의 목소리 사이에는 차이가 있을 수밖에 없습니다. 마치 자기가 생각하는 자아와 실재하는 자신 사이에는 필연적인 간격이 있듯이 말입니다. 따라서 우리는 훈련할 때 자신의 소리를 녹음한 후 피드백을 통해서 자신이 느끼는 목소리와 실제로 나는 목소리를 점차 일치시켜 나가야 합니다.

무엇보다 자신에게 어울리는 말하기를 개발하는 것이 중요합니다. 사람은 저마다 공명강의 크기나 성대의 질감처럼 타고난 조건들이 모두 다릅니다. 키가 큰 사람이 배구 선수가 되고, 작고 날렵한 사람이 체조선수가 되는 것이 유리하듯이, 자신에게 어울리는 음색과 패턴으로 말하기를 개발하는 쪽이 배우에게 훨씬 유리합니다. 예컨대 짧고 얇은 성대를 지닌 남자 배우라면 저음의 묵직한 목소리보다는 명료하고 날카로운 음성을 개발해서 이를 자신의 개성으로 발전시키는 쪽이 말하기의 개발과 배우로서의 성장에 더 유리합니다.

이런 형편이니 배우가 말하기를 훈련할 때는 최고나 최선이 아닌 '최적'을 목표로 삼아야 합니다. 이것은 달리 말해 좋은 소리를 내서 말하려 하지 말고, 적절하게 소리를 내어 말하는 방식을 터득하라는 겁니다. 대사를 말할 때 필요 이상 근육의 힘이나 과도한 호흡의 사용은 오히려 음성을 망치는 주요인입니다. 많은 교사가 말을 할 때 근육과 호흡의 에너지는 최소한으로 사용하는 대신 이완과 공명으로 소리를 내라고 조언하는 것도 바로 이런 이유에서입니다.

말하기 훈련의 목표는 근육과 호흡의 힘을 대신해서 이완과 공명으로 말하는 방식을 체득하는 것에 있습니다. 따라서 말하기를 훈련할 때 억지로 소리를 크게 내거나 멀리 보내려 하지 말고, 앞 사람에게 말하는 정도의 거리감을 유지하면서 편안하게 말하는 방식으로 연습해야 합니다. 이런 이유에서 우리가 훈련할 때 자신의 한계치까지 소리를 밀어붙이지 않도록 주의해야 하며, 자신이 낼 수 있는 가장 높은 음에서 한 두음 정도를 남겨두도록 하고, 고성을 질러야 하는 경우라고 해도 일말의 여분은 아껴두어야 합니다. 이런 절제는 성대 결절 등 음성 질환을 예방해 줄 뿐만 아니라 배우가 연기할 때 자신의 신체적 한계를 관객에게 드러내지 않도록 방지해줍니다. 배우가 자신의 한계를 드러내는 행위는 자신이 아직 배우로서 부족하다는 사실을 관객에게 실토하는 것이나 다름없습니다.

　말하기를 훈련할 때 자신이 잘하는 특정 영역에만 집중하기보다는 호흡, 발성, 공명, 이완 등 전 영역에 걸쳐서 말하기의 역량을 개발해야 합니다. 그래서 말하기 훈련을 통해 음성과 관련된 다양한 부위를 전반적으로 개발해서 배우가 대사를 말할 때 생기는 과도한 부담을 특정 부위가 아닌 몸 전체로 분산해 주는 것도 좋은 방법입니다. 우리가 말을 할 때 목이 아픈 경우는 성대 등 특정한 부위에만 과도하게 의지해서 소리를 내기 때문입니다. 배우가 대사를 말할 때 소리와 관련된 기관인 연구개, 후두, 혀, 턱, 횡격막, 흉곽 등이 전체적으로 기능해 주어야지만 목이나 성대 등 특정 부위에 과도한 힘이 부과되지 않습니다. 이것이 '목이 아니라 몸으로 소리를 내라.'는 지침이 의미하는 바입니다. 그러기 위해서는 흉곽과 횡격막, 아랫배와 등이 숨쉬기에 참여해야 하고, 성도를 이완해서 공명을 증대시켜 소리 에너지의 부담을 줄인 상태로 말할 줄도 알아야 합니다. 이러할 때 비로소 배우는 생각과 감정에 수반되는 결과물로서 역할의 대사를 진실하게 말할 수 있는 겁니다.

　차분하고 느긋한 마음도 말하기 훈련에 임할 때 중요합니다. 우리의 몸과 마음은 불가분의 관계라서 몸이 풀리면 마음이 풀리고, 마음이 긴장하면 몸도 긴장합니다. 이처럼 심리적인 측면과 밀접한 연관이 있다는 점에서 말하기를 훈련할 때 심신의 이완은 꼭 필요한 요건이며, 그래서 배우는 느긋하고, 긍정적인 마음을 가진 상태에서 말하기 훈련에 임해야 합니다. 이런 측면에서 본다면 말하기 훈련은 배우에게 일종의 마음 수련과 같은 자기 수행(修行)이 되어야 합니다. 〈변신〉으로 유명한 소설가 프란츠 카프카는 "초조해하는 것은 죄다."라고 말했습니다. 그의 조언처럼 우리도 말하기의 배움에서 성급함은 삼가고 천천히 나아가도록 합시다.

그렇지만 말하기의 실제적인 향상을 이끄는 핵심 요건은 단연코 훈련을 지속해 나가는 끈기입니다. 선천적인 요건을 제외하고 올바른 원리와 방법을 전제했을 때 배우로서 말하기의 퀄리티는 거의 전적으로 훈련의 지속 여부에 좌우되기 때문입니다. 이 책에서 소개하는 훈련 예제를 하루에 모두 훈련하기는 현실적으로 어렵습니다. 따라서 훈련 초기에는 각각의 단계를 1~2주 동안 집중적으로 연습하는 방식으로 훈련의 전체 과정을 일단 마무리합니다. 그런 다음 자신에게 적합한 훈련 예제를 선별해서 자신만의 훈련 루틴을 개발해서 하루에 한 번 이상 15~20분 정도로 꾸준히 연습해 나갑니다. 잊지 마세요, 말하기를 개선하는 건 팔할(八割, 80%)이 끈기입니다.

끈기의 중요성

연기 수업에서 필자는 "직업적 성장에 필요한 배우의 자질이 무엇이냐?"라는 질문을 자주 듣습니다. 당연한 말이겠지만 배우에게 가장 중요한 자질은 역시 배우로서의 재능입니다. 개성 있는 외모, 민감한 감수성, 풍부한 표현력 등 배우로서 타고난 재능이 없다면 열심히 노력하더라도 직업적으로 성공한 배우가 되기는 어렵습니다. 그렇지만 이러한 재능에도 나름의 문제는 있는데, 그것은 불수의근처럼 의도적인 조정이 어렵다는 점입니다. 천문학적 액수의 복권에 당첨되고도 불행하게 삶을 마감하는 사람들이 있으며, 최고의 선수들을 모아 놓고도 연전연패하는 스포츠팀이 있기도 합니다. 그와 마찬가지로 천부적인 재능을 타고났음에도 그것을 관리하고, 개발하는 능력이 부족해서 조용히 사라져간 배우도 있습니다.

반면 재능이 부족하나 오히려 그 부족함으로 인해 결국 성공하는 배우도 있습니다. 흔히 '대기만성'이라고 불리는 그들은 타고난 재능은 부족하지만 연기를 사랑하는 마음만큼은 누구에게도 뒤지지 않습니다. 그런 부류는 어쩔 수 없이 자신의 의지와 노력을 통해 연기력이나 배우다운 개성을 쌓아 나가는 수밖에 없습니다. 당연하게도 그들은 배우로서의 생존을 위해 여러 가지 훈련에 몰두하곤 하는데, 그런 과정에서 깊이 있는 분석력이나 놀라운 집중력 혹은 쉽게 동요하지 않는 평정심과 같은 나름의 보상을 하나씩 얻게 됩니다. 평범한 재능, 무난한 외모를 지니고도 성공한 배우들은 아마도 이러한 과정을 거치면서 험난한 현장을 헤쳐 올라와 지금의 위치에 섰을 겁니다. 그렇습니다. 재능이 있어서 배우가 되는 것이 아니라 배우가 된다면 재능이 있는 겁니다.

소설가 하루키의 말처럼 다행히도 인내나 끈기는 재능과는 별로 상관이 없는 것입니다.[12] 그것들은 재능과 달라서 후천적으로 획득할 수 있고, 우리가 매일 집중해서 훈련에 임한다면 의도적으로 향상할 수 있습니다. 그러기 위해서는 변하길 거부하는 자신에게 해당 작용이 꼭 필요한 기능이라는 점을 반복적인 훈련으로 각인시켜 주고, 또 그러면서 조금씩 그 한계치를 늘려나가야 합니다. 배우에게 훈련이란 이렇듯 끈질긴 반복을 통해 과거의 방식보다 효율적인 개념이 적용된 프로그램을 자신의 정신과 신체 그리고 마음에 길을 들여 존재의 일부로서 장착하는 과정입니다.

우리의 무의식은 항상성 메커니즘 등에 의해 기존의 방식을 버리고 새로운 작동 개념을 배우는 것에 유전적인 거부감을 가지고 있습니다. 따라서 우리가 새로운 방식을 체득하기 위해서는 반복적인 경험을 통해서 새로운 방식이 더 효과적이라는 확신을 가질 때까지 우리 몸에 자극 혹은 고통을 지속해서 가하는 훈련을 이어가야 합니다. 그러한 과정에서 새로운 방식에 대한 좋은 결과를 경험하다 보면 마침내 무의식이 기존의 잘못된 방식을 폐기하고, 새로운 방식을 존재의 형식으로 받아들이게 됩니다.[13] 연기와 관련된 모든 영역에서 집요할 정도의 반복을 거듭해서 결국 자신을 그에 맞게끔 변형하여 해당 역량을 존재의 일부로 수용했을 때 배우는 진정한 의미에서의 존재감을 획득하게 됩니다. 다시 말해 배우가 훈련하는 이유는 연기를 잘하기 위해서가 아니라 연기를 잘하는 존재가 되기 위해서입니다.

따라서 만약 당신이 하던 훈련을 그만두게 된다면 그렇게 발달한 능력은 곧 다시 퇴보하기 시작할 겁니다. 세상은 나아지거나 나빠지거나 둘 중 하나이지, 그대로 머물러 있는 것은 엔트로피 법칙상 불가능하기 때문입니다. 이런 사정이니 배우에게 훈련은 일상이 되어야 합니다. 배우에게 훈련이란 자신의 삶을 하나의 예술품으로 완성해 나가는 실천적 노력입니다. 누군가의 말처럼 배우의 삶이란 어떤 것들의 포기를 초래할 수밖에 없는 특별한 인생의 선택이며, 그런 이유에서 훈련은 배우에게 하나의 삶의 형식으로 자리매김해야 하는 겁니다.

인지심리학에서는 훈련과 같은 반복 학습을 만족지연(delay of gratification)의 행위로 규정합니다. 만족지연은 노력이라는 자발적인 행위가 특정한 결과로 이어질 수 있다는, 풀어 말해 오늘의 노력이 내일의 발전으로 이어지고, 더 나은 미래를 위해서는 희생이 필요하며, 희생이 커질수록 더 좋은 미래를 맞이할 확률이 높아진다는 것을 의미합니다. 만족지연은 인간만이 가지고 있는 특성으로 동물적 본능과는 반대되는 것입니다. 인간을 제외한 어떤 동물도 이런 생각을 하지 못한다는 점에서 꾸준한 훈련은 배우로서의 미덕과도 연관된 실천 행위입니다. 배우는 연습과 훈련을 통해 자신을 발전시킬 때 점차 더 배우다워지는데, 그렇게 배우는 자신에 대한 믿음, 자신감을 얻기 때문입니다.

배우에게 자신감은 무엇보다 중요한 감정입니다. 배우는 관객이나 카메라가 지켜보는 불편한 노출 상황에서 역설적으로 자유로워야 하는 존재이기 때문입니다. 이런 이유에서 자신을 의도적으로 노출하는 작업은 배우로서의 발전 과정에서 꼭 필요한 과정입니다. 단정적으로 말해서 배우가 타인에게 자신을 드러내지 않고는, 더 구체적으로 자신의 민감하고 취약한 모습을 드러내지 않고서는 배우로서의 역량을 심화시켜 나가기 어렵습니다. 연기란 본래 감정의 예술이며, 인간의 감정은 취약하고 동요된 상태에서 더욱 발산되는 특성이 있기 때문입니다. 그래서 배우에겐 의도적으로 자신을 안전 상태에서 벗어나게 해서 취약성을 드러내는 훈련이 지속해서 필요합니다. 이처럼 자신을 확장하는, 밖으로 나가는 과정을 반복적으로 거쳐야만 연기라는 노출 행위의 탄탄한 기반이 배우의 내면에 자리 잡게 됩니다. 그와 동시에 배우는 자신의 감정을 상대와 공유하는 역량 역시 함께 개발할 수 있습니다. 이런 사정이니 타인 앞에 자신을 드러낼 때 꼭 필요한 자신감은 누가 뭐래도 배우에게 가장 중요한 자산입니다.

그런데 자신감이 우리가 원래부터 가지고 있는 감정이 아니라는 점에 주목할 필요가 있습니다. 자신감은 힘든 과정을 겪고 나서 그 시간이 어쨌거나 그렇게 힘겹지는 않았다는 사실을 확인했을 때 또 그런 과정을 통해서 얻은 것이 있었다는 사실을 깨달았을 때 생겨나는 감정입니다. 다시 말해, 배우의 자신감 역시 꾸준한 훈련의 결과물이라는 얘기입니다.

전설적인 트럼펫 연주자였던 마일스 데이비스(Miles Davis)는 훈련과 관련해서 "연습이란 기도와 같은 거야. 일주일에 한 번, 한 달에 한 번쯤 해서는 안 된다."라고 일갈했습니다. 그의 말은 수많은 단련 후에 즉흥이나 변주가 비로소 가능하다는 것을 의미합니다. 앞서 언급한 음성훈련을 경계하는 사례처럼 우리는 보통 훈련이나 연습이 정해진 형태를 반복하는 작업이라서 자발성, 창의성, 즉흥성을 억제한다고 생각하기 쉽지만 실제로는 그렇지 않습니다. 오히려 창조성이란 오랜 시간에 걸쳐 집중하고 노력하는 능력과 더 밀접하게 연관된 속성입니다. 오랜 단련 끝에 얻어지는 자유. 그것이야말로 배우가 누려야 할 진정한 자유로움입니다.

누군가에게 세계는 지루하고 시시한 것일지 모르나 다른 누군가에겐 실로 새롭고, 매혹적인 일들로 가득 찬 곳이기도 합니다. 그것을 실제로 경험하느냐, 그렇지 못하느냐는 흔히 당사자의 접근 태도에 따라 좌우되곤 합니다. 배우의 말하기 역시 다르지 않습니다. 당신이 조금 더 공부하고, 하루 더 훈련했을 때 어쩌면 과거에는 이해할 수조차 없었던 경지에 도달하게 될지도 모릅니다. 그러하니 꾸준한 훈련에도 그만큼의 발전이 없다고 해서 너무 이른 포기를 하지 말아야 합니다. 액체 상태의 물은 임계점인 100도가 넘어야 비로소 끓기 시작합니다. 그러므로 진정한 어려움이란 99도까지는 우리가 체험할 수 있는 변화가 일어나지 않는다는 사실을 견뎌내야 한다는 인내에 있습니다.

그러나 감히 약속하건대, 만약 여러분이 중도에 포기하지 않고, 이 책에서 소개하는 말하기 훈련을 꾸준히 실천한다면 단지 시간의 차이일 뿐 그에 비례하는 성과가 반드시 찾아올 것입니다. 설사 당신에게 찬란한 재능이 없더라도 무언가 하나를 깊이 오래 파고 들어가면 그로 인해 단단한 무엇이 마음속에 자연히 생겨나기 때문입니다. 자부심(自負心), 바로 그것입니다.

이 책의 다른 점

앞에서 우리는 말하기 훈련이 어려운 이유에 대해서 간략히 살펴보았습니다. 이런 난점들이 훈련을 중도에 포기하게 만들거나 '목소리는 타고나는 것'이라는 자기합리화에 빠지도록 여러분을 종용하는 것들입니다. 따라서 이러한 어려움을 해소하는 적정한 해결책이 새로이 필요하며, 그에 대한 고민과 해답을 담아낸 이 책은 그로 인해 기존과 구분되는 몇 가지 특성을 갖게 되었습니다.

우선 서문에서 밝혔듯이 이 책은 필자의 직접적인 교육 경험을 바탕으로 구상한 MAP(Method of Automatic Processor)의 연기관으로 배우의 말하기 영역을 조망한 연구의 결과물입니다. 그것은 동시대적 세계관에 기초해서 고안된 배우의 몰입을 돕는 기계론적 배우훈련의 체계로서, 배우의 실연에서 창조적 진실을 발현하는 방식은 합리성에 기반한 모순된 체계를 양립하는 방법론의 수립에 있다는 필자의 신념을 관철한 연기론입니다.

MAP의 핵심적인 실천 개념은 '절차의 수행'이란 단순한 반복 운동의 연쇄입니다. 그것은 행성의 자전과 공전에 비유할 수 있는 자생과 상호 과정의 간결한 반복 운동을 통해 배우의 실연에서 창조적 진실을 발현하는 방식입니다. 필자는 앞의 도미노가 뒤의 도미노를 쓰러뜨리는 것과 같은 절차적인 수행방식에 배우 연기의 한 비결이 담겨 있다고 생각합니다. 이런 견해 위에 필자는 기본적으로 배우의 연기를 생각하고, 느끼고, 호흡하며, 행동하는 절차적인 소통행위로 인식하며, 이러한 절차가 도미노와 같이 작동했을 때 지렛대나 눈덩이의 효과를 양산해서 배우의 이완과 집중을 돕는 방식이 될 수 있다고 생각합니다.

이런 견해에서 말하기를 포함한 배우의 실기 과정에서 가장 중요한 단계는 첫 번째의 도미노를 넘어뜨리는 생각의 처리 과정입니다. 제대로 대사를 말하려면 앞의 도미노(절차)에 해당하는 '생각'의 절차가 명확하게 이루어져야지만 그에 수반해서 마지막 도미노인 탁월한 말하기(행동)가 구현될 수 있습니다. 연기의 절차적 수행방식은 이외에도 실연 시 자의식 등 잡념을 억제해서 배우의 몰입을 돕는 방식이 될 수 있다는 점에서도 특별한 가치를 지닙니다. 이에 관심 있는 독자라면 필자의 관련 저서인 『배우훈련의 혁신, MAP 연기론』을 참소해서 이 책과 함께 읽는다면 이해에 도움이 될 것입니다.[14]

앞에서 말한 바처럼 이 책은 초보자의 눈높이에 맞춰 배우의 말하기를 설명해 놓은 자습서입니다. 다시 말해 이 책은 숙련자 이전에 자신만의 말하기 문제를 지닌 배우나 나쁜 음성으로 인해 실연에 제약을 받는 배우 예를 들어 비음이 섞인 음성, 허스키한 음성, 호흡이 새는 소리, 균일하지 못하고 파열되는 소리, 대사를 말할 때 어미가 흐려지는 경우처럼 부족한 말하기의 역량으로 인해 어려움을 겪는 배우 그리고 이제 연기를 시작하는 배우와 그들을 가르치는 교사를 대상으로 작성된 말하기 훈련의 안내서입니다. 이러한 교육목표에 근거해서 이 책의 〈원리〉 편에서는 초보자도 이해하기 쉽도록 말하기의 원리에 대한 설명을 간명하게 소개하고자 노력했으며, 〈실제〉 편에서는 초보자의 학습을 방해하는 오해와 범하기 쉬운 오류 등의 문제를 먼저 소개한 후 그 해결에 적합한 예제를 구체적으로 수록했습니다.

특히나 그것들이 초보자도 쉽게 접근할 수 있고, 효과도 확실한 예제들로만 구성되었다는 점에서도 이 책은 기존의 서적들과 구별되는데, 설사 그것이 과학에 근거한 것이더라도 지나치게 복잡하고 현학적인 내용이나 방법은 오히려 말하기의 배움이나 훈련에서 장애물로 작용할 수 있기 때문입니다. 놓치지 말아야 할 것은 우리는 지금 배우가 말하기를 훈련하는 방법을 배우는 것이지 의과대학에서 음성 과학에 대한 이론적인 강의를 하려는 것이 아니라는 사실입니다. 과도한 지식이나 현학적 설명은 간섭효과를 일으켜서 연기와 같은 수행기술의 역량을 오히려 저해하고, 학습자의 의욕을 감퇴시킬 수 있습니다.

종종 단순한 것은 단순하다는 그 이유만으로 인정받지 못하는 경우가 있습니다. 사람들은 흔히 어떤 이론이나 방법이 신뢰받기 위해서는 논리적으로 장황한 설명이나 현란한 기교가 필요하다고 생각합니다. 하지만 어느 분야에서든지 진리는 대개 단순한 편입니다. 진리는 보통 누구나 이해할 수 있고, 쉽게 실천될 수 있는 것이기 때문입니다. 그렇지 않다면 그것은 단지 소수의 사람을 위한 것에 머물 뿐이지 시간과 공간을 넘어서는 보편적인 것이 될 수는 없습니다.

이 책에서 소개하는 말하기를 위한 훈련 예제는 최종적으로 배우의 전반적인 연기력 향상에 초점을 맞추어 선정되고, 고안되었습니다. 잊지 마세요, 배우의 음성은 좋은 실연에 이바지하기 위한 것이지 음성 그 자체를 위한 것은 아닙니다. 우리는 통념적으로 좋은 소리의 개발이 음성훈련의 핵심이라고 생각하지만, 배우에게는 연기를 방해하지 않는 음성의 정착이 우선시 되어야 합니다. 이런 이유에서 이 책은 말하기의 향상보다는 그 개선에 초점이 맞춰져 있으며, 최종적인 목표 역시 말하기 역량의 개발을 통해 연기력 전반의 향상을 도모하는 것입니다.

이 책은 한국어에 적합한 방식으로 배우의 말하기 훈련을 설명합니다. 앞에서 필자는 언어와 문화의 차이로 인해 서양의 방법론은 국내의 말하기 교육에서 그 나름의 한계를 지닌다고 주장했습니다. 서양 언어에 맞게 개발된 방법론을 한국어를 사용하는 배우에게 그대로 적용하는 것은 상식적으로 생각해보아도 분명 무리가 따릅니다. 예컨대, 모음이 발달한 언어를 평야가 발달한 지형에 비유한다면 자음이 발달한 한국어는 산악지대가 발달한 지형에 비유할 수 있는데, 이로 인해 한국어를 사용하는 배우의 경우 높아진 후두 위치로 인해 목을 조여 말하는 습관, 성대 접촉의 불량으로 호흡이 새는 기식음 그리고 소리를 억지로 밀어서 말하는 방식 등의 문제가 상대적으로 빈번하게 발생합니다. 이런 이유에서 이 책은 한국어가 지닌 특성에 너 큰 비중을 두고, 말하기 훈련의 원리와 방법을 설명합니다.

필자는 이 책을 집필하며 연기교육 과정에서 발생하는 오해와 착각을 최소화하고자 배우의 말하기를 가능한 구체적이고, 간명하게 설명하고자 노력했습니다. 이를 위한 방편으로 이 책에서는 예술과 과학을 비롯한 다양한 견해를 수용해서 말하기의 원리와 방법을 여러 각도에서 풀이했습니다. 프랑스의 철학자 알랭 바디우(Alain Badiou)는 진리는 결코 하나가 아니라서 과학의 진리, 예술의 진리, 철학의 진리, 사랑의 진리 등이 공존할 수 있다는 '복수의 진리'에 대해 주장했습니다.[15] 그와 같은 맥락에서 이 책은 배우의 연기에 대해 예술적 진리, 과학적 진리 등 다양한 견해를 인정하고, 그 각각을 상황에 맞게 적용해서 말하기 훈련의 원리와 방법을 설명합니다.

그래서 만약 그것이 원리와 방법을 최적으로 묘사하는 설명이라면 필요한 경우 비유적인 언어 표현 역시 서슴없이 활용했습니다. 그렇지만 오해와 착각을 일으키는, 소위 '뜬구름 잡는' 소리는 본문에서 가능한 한 걷어내고자 노력했습니다. 필자는 머리가 좋은 사람이 아니라서 어떤 대상이든 명확하고 구체적인 형태로 파악되지 않으면 잘 이해하지 못합니다. 이런 기질상 배우의 말하기 역시 손에 만져질 정도의 명확한 실체로서 설명하고자 노력했습니다. 그로 인해 독자가 이 책을 끝까지 읽고 나면 배우다운 말하기가 마치 손에 잡히는 톱이나 망치처럼 느껴지게 될 것입니다.

비슷한 맥락에서 이 책은 훈련만큼이나 일상 속 실천을 무척 강조합니다. 목소리의 문제를 지닌 사람은 잘못된 습관으로 인해 말을 할 때 심각한 방해를 받습니다. 그런데 습관적인 긴장이나 부정적인 심리가 실제로 문제를 일으키는 상황은 수업과 훈련보다는 그것이 끝난 후 시작되는 일상생활에서 더욱 빈번하게 나타납니다. 연습이나 실연의 상황은 정해진 대사를 말하는 것이라서 배우가 말하는 과정에 필요한 생각을 더 또렷하게 떠올릴 수 있고, 훈련에서 습득한 말하기 방식 역시 적용하기가 수월해서 일상보다 말하기가 더 편안할 수 있습니다. 반면 우리가 일상으로 돌아와서 타인과 나누는 대화는 다음에 무슨 말들이 오갈지 알 수 없는, 즉흥적이고 돌발적인 양상으로 의사소통이 빠르게 이루어집니다. 이런 이유로 인해 우리는 연습보다 일상에서 생각, 감정, 호흡 등 말하기에 필요한 절차를 온전히 수행하며 상대와 대화하기가 더 어려울 수 있습니다.

일상 속 말하기의 또 다른 어려움은 현실에서 우리가 만나는 사람들은 굳이 배우처럼 발성이나 발음, 말의 속도 등을 신경 쓰지 않고, 그저 자신의 습관대로 말을 한다는 점입니다. 따라서 그들과 대화를 나누면 그들의 잘못된 말하기 방식에 동화되면서 과거의 악습이 다시 나타납니다. 그보다 더 큰 문제는 말하기를 방해하는 심리적인 악재들이 일상에서 만나는 상대나 상황에 의해 유발된다는 점입니다. 현실에서 우리는 직업 등 여러 이유로 인해 대화를 나누기 싫은 사람을 만나야 하거나 불편한 상황에서 부득이 말해야 하는 경우가 있습니다. 그럴 때 우리 몸은 생리적인 거부감으로 인해 어깨, 목, 혀, 턱 등 여러 부위에 긴장을 일으키고, 그로 인해 불편한 호흡과 조여진 목 상태에서 말을 하게 됩니다. 우리가 그런 상황을 반복적으로 경험하면 그동안 해온 노력이 일순간 물거품이 되고 마는데, 훈련보다 습관의 힘이 더 세기 때문입니다. 이런 점들이 배우다운 말하기를 연습실에서 실천하기보다 일상에서 체현하기가 더 어려운 이유입니다.

일상 속 실천은 훈련 이상으로 말하기의 개선에서 지대한 영향을 미치며, 따라서 부정적인 생각이나 심리적인 위축감, 과도한 흥분 등 일상에서 습관적으로 일어나는 정신적, 신체적 기제를 해제하지 않고서는 실제적인 말하기의 개선을 기대하기 어렵습니다. 이것이 배우에게 실연의 기술만큼이나 생활의 기술이 중요한 이유입니다. 이런 이유에서 배우의 말하기는 일상에서까지 개선되었을 때 비로소 완결되는 것입니다. 이를 돕는 방편으로, 이 책에서는 〈이완〉과 〈생활〉 장을 책의 후반부에 구성해서, 배우가 습관적 긴장을 해소하는 방법과 훈련에서 터득한 말하기 방식을 일상에 정착하는 기술을 구체적으로 소개합니다.[16]

이제 본 장을 마무리하며 한 번 더 당부드립니다. 먼저 이 책을 처음부터 끝까지 '쭉' 완독해서 배우의 말하기에 관한 전체적인 이해의 토대부터 마련하십시오. 그리고 다시 처음으로 돌아가 2장 〈호흡〉부터 한 주씩 한 영역을 집중적으로 훈련합니다. 그런 다음 자신에게 필요한 예제들을 선별해서 자신만의 훈련 루틴을 만든 다음 하루도 거르지 말고 자신의 일상 속에서 연습합니다. 책의 저자로서 무책임한 소리일 수 있으나, 결국 당신의 말하기를 개선하는 능력은 오직 당신만이 가지고 있습니다. 이 책은 단지 그 능력의 사용법만을 알려주는 일개 서적에 불과하며, 변화를 일으키는 건 오직 당신의 의지이고, 당신의 훈련입니다.

2
호흡

1) 호흡의 원리

호흡의 특성

호흡이란 무엇일까요? 아니, 더 중요한 것은 '배우'에게 호흡이란 무엇인가라는 질문일 겁니다. 그것의 주체가 노래하는 가수인지 아니면 연기하는 배우인지에 따라 호흡의 기능과 방식이 달라지기 때문입니다. 그렇다면 호흡은 배우의 연기에서 구체적으로 어떻게 작동하고, 어떤 역할을 담당하는 것일까요? 연기를 배워 본 사람이라면 누구나 한 번 정도는 호흡의 중요성에 대해서 들어 보거나 공부한 적이 있겠지만 그래도 여전히 모호한 것이 또 호흡입니다. 그것은 연기란 행위에서 호흡작용이 지니는 독특한 기능과 성질 때문인데, 따라서 이것들의 명확한 이해는 그 자체로 배우의 말하기에 적합한 호흡을 터득하는 방도가 될 수 있습니다.

다시 물어봅니다. 배우에게 호흡이란 무엇입니까? 과학적으로 호흡은 인간의 생명을 유지해 주는 근원이 에너지원이지 인간의 행동을 일으키는 대사 과정을 일컫습니다. 들숨과 날숨으로 이루어지는 호흡은 마치 자동차를 움직이는 핵심 공정인 압축과 폭발의 엔진 운동처럼 생각, 감정, 행동 등 인간의 모든 행위를 일으키는 원동력으로 작용합니다. 또, 호흡은 인체의 자율신경과도 밀접한 연관이 있어서 사람의 감정과 표현에도 지대한 영향을 미칩니다. 이런 이유에서 감정과 표현의 예술인 배우의 연기에서 호흡은 항상 그 시작점으로 기능하는 작용으로 볼 수 있으며, 따라서 배우가 호흡의 특성을 제대로 이해하지 않고서는 말하기 훈련에서 유의미한 발전을 기대하기는 어렵습니다.

우리는 호흡의 중요성을 배우의 실연 중 여러 문제가 호흡의 잘못된 운용에서 비롯된다는 점에서도 확인할 수 있습니다. 예를 들어 불명료한 음성으로 인한 대사 전달 능력의 부족, 역할의 감정을 충분히 느끼지 못하는 불감의 문제, 무대 위나 카메라 앞에서 느끼는 지나친 긴장, 상대의 대사를 듣고 반응하지 못하는 교감의 부재 등 다양한 문제의 원인을 찾다 보면 결국 그 모두가 호흡과 연관되어 있음을 확인하게 됩니다. 그러므로 '연기는 호흡으로 시작해서, 호흡으로 끝나는 것' 혹은 '배우는 호흡으로 연기한다.'라는 지침들은 결코 과언이 아닙니다.

대사 처리는 물론이거니와 감정의 표현, 연기의 실감 등 다양한 측면에서 호흡작용을 하나의 실제적인 기술로써 구사하는 배우들도 상당수가 있습니다. 만약 인물이 분노하는 장면을 연기하는 경우라면 상황과 목적에 의해서 감정을 느끼고 대사를 처리하는 일반적인 방식과 달리 그들은 우리가 분노했을 때 일어나는 호흡의 양상을 인위적으로 먼저 몸에 경험시킨 후 그것을 연기의 시발점 혹은 동력으로 활용해서 연기합니다. 예를 들어 볼까요. 배우가 거칠게 호흡을 몰아쉬면 그로 인해 몸의 상태가 흥분되면서 조건반사적으로 분노의 감정이 수반하게 됩니다. 그러면 배우는 그 상태를 이용해서 해당 대사를 분노의 감정으로 처리하면서 연기하는 겁니다.

이렇듯 호흡이 연기라는 행위의 근간이 되는 작용이란 점에서 연기력의 향상을 바라는 배우라면 실연에 유리한 호흡 방식부터 개발해야 하며, 그것은 마땅하게도 호흡의 활동성을 깨워주는 작업으로 시작해야 합니다. 배우의 연기는 일상적인 '행위'가 아닌 극적으로 활성화된 '행동'이기 때문입니다.

모두가 알듯이 배우의 연기란 자신이 아닌 극중인물, 다시 말해 드

라마에 등장하는 허구의 인물을 살아내는 실천 행위입니다. 배우 연기
의 토대인 연극, 영화 등을 지칭하는 '드라마'(drama, 劇藝術)는 말 그대로
드라마틱한, 극적인 '이야기'의 예술을 일컫습니다. 따라서 그 속에서
배우가 연기하는 역할은 일상을 닮았으나 일상보다 고양된 극세계,
흔히 '죽느냐, 사느냐', '사랑 아니면 죽음'의 세계 속을 살아가는 인물
이며, 따라서 그들을 연기해야 하는 배우에겐 일정 수준 이상의 에너
지와 개방성이 추가로 요구됩니다.

　연극이나 영화 등 드라마의 대본은 일반적으로 인물 간의 대화인
대사로 구성되었습니다. 이런 이유에서 인물의 대사에 근거해서 역할
을 구현하는 배우의 연기란 상대와의 소통행위에 대한 예술형식으로
간주할 수 있습니다. 따라서 극중인물을 구현하는 배우의 연기란 상
대와 대화하는 과정에서 듣고 말하며, 생각하고 느끼는 인간만의 특
별한 소통 역량을 형식화한 기술이며, 따라서 배우에겐 무엇보다 상
대와의 소통행위 중에 생겨나는 감정이나 표정, 말하기와 몸짓을 한
층 더 풍부하고 강렬하게 표현하는 역량이 요구됩니다. 역도선수에겐
더 무거운 역기를 들 수 있는 근력이 필요하고, 단거리 선수라면 더 빠
르게 달릴 수 있는 능력이 필요하듯이 말입니다. 이처럼 배우가 일반
인보다 월등한 소통의 역량을 갖추기 위해서는 우선 그 모두의 토대
를 이루는 대사 과정인 호흡의 역량부터 향상할 필요가 있으며, 기본
적으로 그것은 생각과 감정, 말과 몸짓을 증폭하는 방식으로 이루어
지게끔 훈련되어야 합니다.

　이런 의미에서 배우의 연기란 역할의 생각과 감정이란 추상의 것
을 배우의 '몸'이라는 총체적 기관을 거쳐서 역할의 말하기와 몸짓이
라는 역동적인 운동으로 전환하는 기술이며, 이러한 전환 과정에서
핵심적인 기능을 담당하는 매개체가 바로 호흡작용입니다. 배우가 연

기하는 동안 들숨을 통해 생각과 감정이 몸의 중심으로 수용되고 증폭된 후 날숨을 통해 말하기와 몸짓으로 표현됩니다. 그러니까 호흡은 마치 이곳에서 저곳으로 승객을 실어 나르는 기차처럼 배우의 연기에서 생각과 감정 그리고 말하기와 몸짓을 매개해 줍니다. 빠르고 안전한 운송을 위해서는 더욱 빠르고 강한 동력의 기차가 필요하듯이 탁월한 실연을 위해서는 더욱 풍부하고 민첩한 호흡의 역량이 배우에게 필요합니다. 배우는 호흡으로 연기할 줄 알아야 하고, 호흡은 연기를 생동시키는 배우의 도구가 되어야 합니다.

도구란 무엇입니까? 도구란 단순한 매개체와는 달리 특정한 목적을 위해서 의도적으로 고안된 사물을 일컫습니다. 예를 들어 삽은 모래나 흙을 옮기기 위해 제작된 도구입니다. 물론 우리는 나무판자로도 모래나 흙을 퍼서 옮길 수 있지만, 삽이란 도구를 사용하면 훨씬 간편하게 모래와 흙을 퍼서 옮길 수 있습니다. 따라서 '호흡이 배우의 도구'라는 말은 배우가 자신의 호흡작용을 생각과 감정을 말하기와 몸짓으로 더욱 잘 전환하는 매개체로 개발해야 한다는 뜻을 내포합니다.

그렇지만 연기하는 배우에게 단연코 중요한 것은 '어떻게 호흡을 훈련할 것인가'라는 문제입니다. 이것은 달리 말해, 호흡이 배우의 도구가 되려면 어떻게 개발되어야 하는가를 물어보는 질문이기도 합니다. 단도직입하여 호흡이 배우의 도구가 되려면 우선 '하는' 작용이 아니라 '되는' 작용으로 개발되어야 합니다. 수동적 혹은 자동적 모드의 호흡작용은 배우의 실연에서 '실감' 창조의 핵심적인 기능이기 때문입니다.

오늘날, 배우의 주된 과제는 리얼리티, 즉 실감 나는 연기에 있습니다. 허구의 역할을 실재의 인물처럼 살아내기 위해서 배우는 허구의 극 상황을 '진짜'로 벌어지고 있는 사건 마냥 연기할 수 있어야 합니다. 오늘날 배우의 연기는 역할이란 타인을 진짜 '나'처럼 구현하는 기술로 발전하고 있으며, 진실한 구현을 위해 오늘날의 배우는 역할을 구현하는 과정에서 자신의 본래 모습을 드러낼 수 있어야 합니다. 같은 선상에서 배우의 말하기 역시 역할의 대사를 자신의 말로써 발화하는 기술, 즉 자신의 발화 충동으로 역할의 대사를 말하는 기술로 발전했습니다. 이에 부합하게끔 호흡을 의식적으로 작동하는 방식에서 반사적으로 이루어지는 방식으로 전환하는 훈련은 배우에게 특별한 의미를 지닙니다.

호흡이 연기의 기능적 시작점이라는 점에서 진실한 연기는 의식적인 조절의 숨쉬기가 아니라 욕구와 충동에 따라 반사적으로 이루어지는 숨쉬기에서부터 비롯하는 것입니다. 쉽게 말해, 연기의 실감을 위해서 배우의 호흡 패턴은 일종의 자동적 과정으로 체화되어야 합니다. 배우가 진실하게 연기하고 싶다면, 역할로서 극을 살아내고 싶다면 무엇에 앞서 극 상황에 몰입해서 연기할 수 있어야 하는데, 그러기 위해서는 몰입을 방해하는 자의식이 억제되어야 하고, 또 그러기 위해서는 실연 시 이루어지는 보고, 듣고, 말하고, 숨 쉬는 행위 모두가 의식적인 조정이 아닌 그 자체로 이루어지는 자동적 과정이 되어야 하며, 배우는 다만 파도를 타는 서퍼처럼 그 흐름에 자신을 맡긴 채 연기하면 그만입니다. 이렇듯 진실한 연기란 배우에게서 독립한 행위이고, 따라서 배우에게 훈련이란 연기라는 실천 행위를 배우 자신에게서 독립하는 과정이 되도록 하는 작업입니다.

평소 우리는 이와 관련된 사례들을 일상 속에서 체험하며, 살아갑니다. 현실에서 우리는 때때로 교통사고 등의 놀랄만한 사건을 목격하기도 하고, 집의 문을 열어 둔 채 외출했다는 사실을 불현듯 깨닫기도 합니다. 그럴 때 우리는 자신도 모르게 '앗!', '어머!', '아뿔싸!'와 같은 감탄사를 내뱉게 되는데, 그 순간을 찬찬히 떠올려 보면 '앗!', '어머!', '아뿔싸!'라는 감탄사를 내뱉기 전 몸 깊이 자동으로 숨이 들어온다는 사실을 확인할 수 있습니다. 놀라운 광경이나 과거의 실수가 머릿속에 떠오르면 그로 인해 놀람이나 당황의 감정이 느껴지고, 이를 표출하려는 욕구에 의한 운동 지령으로 횡격막 등 관련 근육이 반사적으로 작동하면서 들숨이 몸 깊이 자연적으로 흡입됩니다. 그 과정에서 일어나는 호흡작용은 '더 많이 호흡을 들이마셔야지, 더 빠르게 숨을 쉬어야지' 등의 의식적인 조정 없이 이루어지는 반사적인 작용입니다. 그와 마찬가지로 연기하는 배우의 호흡 역시 숨을 쉰다는 의식 없이 이루어지는 숨쉬기, 몸 자체적인 숨쉬기로서 정착되어야 합니다.

배우의 호흡이 자연적인 리듬을 회복하게 되면 마치 일렁이는 파도와 같은 독자적인 운동성을 지니게 됩니다. 어느 바닷가에서 넘실대는 파도의 모습을 상상해 봅시다. 눈앞의 파도는 우리의 의지와는 상관없이 제멋대로 파고(波高)를 일렁입니다. 어느 순간에는 몰아치다가 또 어느 순간에는 잔잔히 밀려오는 파도의 무작위적인 운동을 바라보며 우리는 말로 형용할 수 없는 실감을 강렬하게 체험합니다. 극장을 찾은 관객 역시 생각과 감정에 따라 독자적인 호흡작용으로 연기하는 배우의 모습을 보았을 때 일렁이는 파도가 선사하는 자연의 실감을 느끼게 됩니다.

이런 이유에서 연기하는 배우는 호흡, 음성 등 모든 작용을 지각(인식)이 아니라 욕구에 따라 작동하는 '감각'하는 존재로 진화해야 합니다. 지각이 자극이 의식을 거친 후 몸으로 전해지는 정보라면 감각은 자극이 직접 몸으로 전해지는 정보입니다. 즉, '감각'하는 배우는 호흡을 비롯한 행위 모두가 의식의 조절이 아닌 자체의 운동으로 작동하는 존재입니다. 이것이 '배우는 머리가 아니라 몸으로 연기해야한다.'라는 지침이 오늘날의 교육 현장에서도 여전히 유효한 이유입니다.

이런 이유에서 배우에게 연기란 행위는 촉각적 체험의 예술이 될수밖에 없습니다. 심지어 배우의 시각 역시 촉각적으로 진화해서, 시각적인 자극이 신경 시스템에 직접 작용해서 신체적인 변화를 일으켜감정을 증폭하는 방식이 되어야 합니다. 차가운 얼음이 살에 닿았을때 떨림이 생기듯, 간지럼을 당했을 때 참지 못한 웃음이 나오듯이 말입니다. 배우에게 듣기가 중요한 것도 같은 이유에서입니다. 연기하는 배우가 상대의 말을 귀로 듣는 행위는 이성이라는 의식의 단계를건너뛰어 신경 시스템에 직접 작용함으로 감정이나 몸짓의 발현에 훨씬 더 유리하기 때문입니다. 생각, 감정, 호흡, 발화 등 모든 행위는 의식을 건너뛰고, 배우의 몸에서 직접적인 체험으로서 일어나야 합니다. 이러한 상태에 이르렀을 때 배우란 존재는 말 그대로 일렁이는 파도와 같은 '자연현상'이 되는 겁니다.

반면 관객이 연기의 꾸밈을 알아채는 순간이란 배우가 의식적으로 호흡하거나 말하면서 연기하는 모습을 지켜볼 때입니다. 그와 달리배우가 연기한다는 자의식 없이 연기한다면, 다시 말해 그 자체로 연기가 스스로 이루어진다면 관객은 지금 배우가 연기하고 있다는 사실을알아채지 못합니다. 그렇다면 배우가 훈련할 바는 의식 없이 '그저' 연기하는 방법의 숙달입니다. 연기하는 배우는 잡념이나 자의식에서 벗어나 그저 이루어지는 수동의 방식으로 연기할 줄 알아야 합니다. 이것이 바로 '행동의 순수성'입니다. 이런 사정이니 배우의 호흡은 '자연적인 호흡 리듬'을 회복하는 훈련부터 시작해야 마땅합니다. 이를 통해배우는 호흡의 자연적인 리듬을 자신의 몸에 복원하게 됩니다.

호흡의 역량

자연적인 리듬의 회복과 더불어 배우가 훈련해야 할 호흡의 역량으로는 지지력과 민첩성이 있습니다. 대사의 풍성한 볼륨과 명확한 전달의 기반이 되는 호흡의 지지(support)력과 연기의 실감과 다채로움을 살려주는 호흡의 민첩성은 그 자체로도 배우의 가장 중요한 역량이라서 만약 이 두 가지 역량 중 어느 하나라도 부족하다면 실연 시 배우는 여러 제약을 받게 됩니다.

기본적으로 배우의 호흡은 다양한 말하기를 지지할 수 있는 '힘'부터 갖춰야 합니다. 연기는 관객의 감상을 전제로 이루어지는 예술 행위입니다. 물론 오늘날 배우의 말하기가 전달에만 초점을 두지는 않지만, 그래도 배우에게는 무엇에 앞서 역할의 대사를 관객에게 명료하게 전달해야 할 의무가 있습니다. 만약 배우가 역할의 대사를 명확하게 말하고 싶다면 무엇보다 대사를 말하는 동안 호흡을 지지하는 역량 다시 말해 안정된 소리로 대사를 말할 수 있는 토대인 호흡 압력의 유지가 요구됩니다.

호흡의 힘이란 무거운 것을 드는 근력과는 구별되는 역량으로, 편안한 상태에서 호흡에 필요한 몸의 확장을 유지하는 역량입니다. 따라서 호흡 관련 근육은 무거운 것을 들기 위해 근육을 긴장시키는 근력과 구분되는 섬세하고, 예민한 근력을 지닌 것으로 개발되어야 합니다. 실제로 더 큰 호흡 압력을 위해서는 폐가 충분히 확장할 수 있도록 늑간근과 횡격막이 잘 늘어나야 하는데, 이를 위해서는 역설적으로 편안한 몸의 이완이 요구됩니다.

배우의 연기에서 이완이란 과도한 힘을 배제하고, 딱 필요한 만큼의 힘을 사용한다는 뜻입니다. 말하기에 필요한 근육의 작동, 예를 들어 조음을 위한 혀의 움직임이나 들숨 시 늑간근이나 횡격막의 확장에는 그에 필요한 근육의 힘이 분명히 요구되나 그것은 필요한, 딱 그만큼의 힘만으로 실천되어야 하는데, 그래야만 배우의 연기를 방해하는 긴장이 억제되기 때문입니다. 만약 대사를 말할 때 호흡의 지지가 부족하다면 이를 대신하기 위해 연구개와 혀뿌리가 말하기의 과정에 개입하면서 목의 협착이 발생하고, 목을 끊는 소리가 나게 됩니다.[17] 호흡에서 얻어야 할 에너지를 근육이 대신함으로써 목과 혀 등에 불필요한 긴장이 생겨났기 때문입니다.

호흡의 지지를 위해 필요한 요건으로는 우선 말하려는 욕구로 생긴 들숨 충동에 반사적으로 튕겨 나오는 흉곽의 기능이 갖춰져야 합니다. 또, 필요한 호흡 압력이 유지되기 위해서는 대사를 말하는 동안 확장된 흉곽이 급격히 꺼지지 않아야 합니다. 배우가 대사를 말하는 동안 흉곽의 확장을 적절히 유지하는 것은 호흡의 민첩성에 필요한 횡격막의 활성화와 더불어 가장 중요한 호흡의 기능 중 하나입니다. 말하는 동안 흉곽의 유지는 흉곽 자체에 직접 힘을 주어 버티는 방식이 아니라 날숨 시 아랫배 구체적으로 배꼽 부위가 적절히 당겨지는 작용에 따라 흉곽과 윗배에 압력이 형성되는 간접적인 방식으로 확보되어야 합니다. 이것은 부푼 풍선의 입구 쪽을 손으로 쪼여 올리면 그로 인해 풍선의 몸통에 압력이 형성되는 것과 유사한 이치입니다.

이런 이유에서 날숨 시 흉곽과 윗배에 호흡 압력을 형성해 주는 아랫배의 기능은 배우의 말하기 과정 안에 꼭 포함되어야 합니다. 말할 때 아랫배, 구체적으로 배꼽을 당겨서 흉곽에 호흡 압력(성문 하압)을 형성해야만 명료히 잘 들리는 소리, 소위 배에서 나오는 소리인 '복식 발성'이 가능하며, 호흡의 활용도가 그만큼 높아짐에 따라 긴 대사의 어미도 흐리지 않고, 제대로 처리할 수 있습니다. 아랫배의 참여를 위해서는 들숨 시 윗배보다 흉곽의 확장이 기능적으로 더 유리합니다. 윗배보다 흉곽이 확장할 때 날숨 시 아랫배의 작동이 더 수월하기 때문입니다.

해부학적인 측면에서 살펴보면 배우의 음성은 들숨으로 폐에 들어온 호흡이 폐의 탄성 회복 작용과 날숨에 의한 복부의 압력에 의해서 호흡이 성대를 지나가면서 공기역학적인 원리[18]에 의해서 성대가 '바르르' 진동하면서 소리를 내게 됩니다. 음성이란 성대가 호흡의 '압력' 즉 호흡이 가하는 작용으로 진동되면서 소리가 나는 생리현상입니다. 음성학자 티체는 그의 책에서 목소리의 생성은 공기역학적 에너지(Aerodynamic energy)가 성대를 진동시켜 소리 에너지(Acoustic energy) 즉 파동을 생성하는 에너지의 변환 작용이며, 그 과정이 효율적일수록 소리가 잘 전달된다고 설명했습니다.[19]

여기서 우리는 음성이 호흡의 리듬이나 민첩성 이전에 성대와 직접 마찰하는 호흡의 압력에서 실제로 생겨난다는 점에 주목할 필요가 있습니다. 호흡의 압력은 성대 위쪽의 구강 안에 형성되는 성문 상압(Suoraglottal pressure)과 성대 아래쪽의 흉곽과 윗배에 형성되는 성문 하압(Subglottal pressure)의 두 가지 형태로 생성되며, 이 두 압력의 차이로 인해 성대가 진동하면서 소리가 나는 것입니다. 들숨으로 폐로 들어온 호흡이 폐의 탄성 회복 작용과 복부 압력에 의해서 호흡의 흐름과 압력이 전달되면 그로 인해 성대가 진동하면서 소리가 나게 됩니다. 들숨에 의해 부풀어 오른 폐가 다시 원래 모양으로 돌아가려고 하는 힘을 탄성 반동(Elastic recoil)이라고 부르는데, 배우가 좋은 소리로 대사를 말하려면 탄성 반동을 잘 활용해서 호흡 압력을 적절하게 유지하면서 말하는 방식부터 터득해야 합니다.

또한, 말하기에 적절한 호흡 압력의 유지를 위해서는 앞서 언급했던 것처럼 말을 할 때 아랫배의 당김, 풀어 말해 날숨 시 확장된 폐에 압력을 가해주는 횡격막의 작용이 더해져야만 합니다. 복부에 압력을 가하면 이것이 폐의 압력으로 작용하고, 이 폐의 압력이 성문 하압으로 성대에 작용하게 됩니다. 이렇게 성대 하부에 작용하는 성문 하압이 형성되어야만 구강에 형성되는 성문 상압과의 압력의 차이로 인해 성대가 진동면서 소리가 발생하는 것이니 아랫배의 당김, 즉 횡격막의 기능적 중요성 역시 말하기 과정에서 간과해서는 안 됩니다.

정리해보면 좋은 목소리는 일차적으로 적절한 호흡 압력에 의해 생성되는 것이므로, 배우가 명료한 음성으로 말하기 위해서는 대사를 말하기 전에 호흡 압력을 온전히 형성하고, 말하는 동안에는 호흡 압력이 적절히 유지되도록 횡격막, 흉곽, 늑간근 등 몸속의 여러 기관이 적절히 기능할 수 있도록 훈련해 두어야 합니다. 그렇습니다. 이것이 '목이 아닌 몸으로 말을 하라.'는 지침이 가지는 본래 의미입니다.

이런 이유에서 배우는 가슴을 바로 편 자세부터 갖춰서 호흡작용에 의한 탄성 반동을 활용해서 말하는 방식을 체득해야 합니다. 대사를 말하려는 욕구로 충분한 호흡이 들어올수록 탄성 반동이 향상되므로, 배우가 좋은 소리로 대사를 말하기 위해서는 탄성 반동을 방해하지 않도록 횡격막과 늑간근이 들숨 시 잘 늘어나도록 몸을 정립하고, 이완하는 훈련이 필요합니다. 그러할 때 날숨 과정에서 호흡 관련 기관이 잘 지지가 되고, 들숨 과정에서 호흡 관련 근육이 잘 이완되기 때문입니다.

앞에서 논의했던 바대로 배우는 내 말이 아닌 역할의 대사를 연기라는 형식에 부합하게끔 말해야 하므로, 연기하는 배우에겐 일정 수준 이상으로 활성화된 호흡과 음성의 역량이 요구되며, 그 토대를 이루는 역량이 바로 호흡의 지지입니다. 특히나 배우가 어느 이상 긴 대사를 말해야 할 때는 더욱더 그러한데, 이를 위해서는 잘 울리는 공명의 개발로 소리 에너지의 낭비가 없어야 하고, 더 중요한 것은 적절한 성대의 접촉으로 말할 때 호흡이 새는 낭비가 없어야 하는데, 따라서 한국어에는 호흡이 새기 쉬운 파열 자음이 많다는 이유에서 적절한 호흡의 지지는 한국어를 사용하는 배우에게 특히나 중요합니다.

실제로 호흡의 지지 등 연기에 필요한 호흡 기능이 충분히 개발되지 못한 배우라면 한 문장의 대사조차 끝까지 제대로 말하기 어렵습니다. 대사의 끝까지 필요한 호흡 압력을 유지하지 못하는 것은 나쁜 음성을 지닌 배우에게서 나타나는 공통적인 문제점입니다. 폐활량은 기본적으로 타고나는 것이지만 들이쉰 공기를 얼마나 효율적으로 사용하는지는 개개인의 호흡 방식에 따라 결정됩니다. 호흡의 지지가 되지 않아 들이쉰 공기를 한 번에 내보내거나 호흡이 새는 기식음, 목소리의 성량을 키우기 위해 억지로 숨을 참으며 말하는 방식은 모두 배우의 자유로운 말하기를 방해합니다.

그렇다면 안정적으로 대사를 말하기 위해 배우가 호흡의 지지력을 기르려면 구체적으로 어떤 훈련이 필요할까요? 우선 배우는 호흡을 내보낼 때, 역설적으로 들릴 수도 있겠으나, 흉곽과 배에 있는 날숨근들이 본래의 기능 즉 호흡을 빨리 내보내려는 기능을 못 하도록 훈련해 두어야 합니다. 날숨근에는 복직근(Musculus rectus abdominis), 복횡근(musculus transversus abdominis), 복사근(Quadratus Lumborum), 요방형근(lumbar quadrate muscle) 등이 있으며, 이것들은 명치, 아랫배, 옆구리 등에 각각 위치합니다. 이와 같은 날숨 근육들의 기능에 저항을 주어서 호흡이 풍선에서 바람이 빠지듯이 한 번에 훅 빠지는 것이 아니라 해당 대사를 끝까지 말할 때까지 발성에 필요한 압력을 적정히 유지하면서 호흡이 나가게끔 훈련해 두어야 합니다. 다시 말해, 배우는 적절한 훈련을 통해 날숨 작용이 흉곽에 호흡 압력을 유지하면서 숨이 내쉬어지는 방식으로 체득해야 합니다. 그러기 위해서는 들숨을 쉴 때 아래 흉곽 부위에 둥글게 부풀어 오른 원이 수축하지 않게 날숨 때 해당 근육들이 급격히 수축이 되지 않도록 버티면서 균일하게 호흡을 내보내는 훈련이 필요하며, 이를 위한 연습이 〈실제〉 편에서 소개하는 '히싱'과 '풍선 불기' 등의 훈련 예제입니다.

배우가 히싱 훈련 등을 꾸준히 연습한다면 말하는 동안 필요한 호흡 근육만을 사용해서 일정하고 고르게 호흡을 내보내는 패턴이 체득되어 집니다. 훈련과정에서 공기를 들이쉬고 탄성 반동에 의해 공기가 서서히 몸에서 나가는 것을 느껴보면 마치 호흡에 기대고 있는 듯한 느낌이 듭니다. 이것이 배우에게 필요한 호흡을 지지하는 힘입니다. 이런 이유에서 과거에는 억지로 배에 힘을 주고 숨을 참으며 대사를 말하는 방법이 유행하기도 했습니다. 그렇지만 배우가 과도하게 복부에 힘을 주며 오히려 상체 전반에 긴장을 일으켜 말하기에 불편할 뿐만 아니라 듣는 사람에게 어색한 소리가 나게 됩니다. 호흡의 지지는 마치 도미노처럼 하복부에서 작용하는 힘에 의한 간접적인 방식으로 흉곽과 윗배에 압력이 형성되는 것이지 흉곽이나 윗배 근육에 직접적으로 힘을 주는 방식이 되어서는 안 됩니다.

이런 이유에서 호흡의 지지를 훈련할 때 압력이 형성되는 '감'(感)을 잡는 것이 중요하며, '호흡의 지지'란 힘을 주는 느낌이 아니라 힘이 들어가는 느낌이라는 표현이 더 적확한 설명입니다. 다만 격정적인 대사나 고성을 지르는 경우 거기에는 더 큰 호흡 압력이 필요하므로 배와 등에 자연스럽게 힘이 더 들어가게 됩니다. 그러나 이 역시도 역기를 들 때와 같은 실제적인 근력이라기보다는 간접적인 압력의 형성으로 생겨나는 것이 되어야 합니다.

우리가 숨을 모두 뱉으면 몸의 자세가 무너지곤 하는데, 반면 몸 안에 호흡 압력이 형성되면 내부의 공기가 몸을 지탱해주는 느낌을 받게 됩니다. 따라서 배우가 연기하는 동안 올바른 자세가 버텨지는 느낌이 필요한 만큼의 대사를 온전히 말할 때까지 유지되어야 합니다. 이것이 호흡을 지지하는 훈련의 핵심적인 목적성입니다. 비슷한 맥락에서 격정적인 대사나 고성을 지르는 장면처럼 호흡이 더 많이 필요한 말하기에서는 호흡이 더 고르고 적게 나갈 수 있게끔 훈련해 두어야 합니다.[20] 배우가 격정적인 대사를 말할 때 호흡을 유지하지 못하고 흉곽이 쉽게 닫히면 대사를 끝까지 말하지 못하거나 대사의 어미를 전달력 있게 처리하기 어렵습니다.

호흡의 지지를 위해서 호흡 관련 근육의 발달과 더불어 충분한 폐의 팽창을 보장하는 이완훈련도 필요합니다. 폐는 흉곽 안에서만 팽창할 수 있으므로, 이를 위해서는 늑골에 있는 근육인 늑간근의 이완이 꼭 필요합니다. 배우에게 필요한 호흡의 힘이란 가슴으로 숨을 쉬는 얕은 호흡이 아니라 상복부, 흉곽, 등을 비롯한 상체 전체의 확장과 횡격막의 충분한 스트레치를 통해서 얻어져야 하는 겁니다. 이런 이유에서 '몸으로 연기하라.'라는 지침에는 상체 전체를 활용해서 숨을 쉬며 연기하라는 의미도 포함된 것입니다.

그에 비해 자신의 감정과 의사를 그다지 명확하게 표현할 필요성이 없는 일반인의 경우 가슴으로 숨을 쉬는 흉식호흡만으로도 생활에 특별한 불편이 없습니다. 그러나 연기라는 소통 형식의 전문가인 배우는 흉곽, 등, 복부를 비롯한 상체 전부를 활용해서 숨을 쉬어야만 자신의 감정과 의사를 상대 배우와 관객에게 풍부하고 명확하게 표현할 수 있습니다. 그래서 배우가 호흡할 때 등의 팽창 역시 중요한데, 호흡의 가동 범위에 등이 포함되면 그만큼 호흡량이 늘어나고, 신체 전체에 균형을 가져다줍니다.

숨을 쉬는 방식에는 흉식호흡과 복식호흡 그리고 양자를 함께 하는 흉, 복식호흡이라는 세 가지의 방식이 있습니다. 이 중에서 배우의 말하기에 적합한 호흡 방식은 단연코 흉식과 복식이 동시에 이루어지는 흉, 복식호흡입니다. 흉식호흡을 하게 되면 어깨랑 쇄골이 올라가게 되는데, 단점은 흉식호흡을 할 때 사용되는 근육에는 나가는 호흡을 조절해 주는 날숨 근육이 없다는 겁니다. 그래서 들어온 호흡이 나가는 것을 버티지 못하고 바로 풀려 버리기 때문에 흉식호흡으로 연기를 하게 되면 긴 대사의 경우 끝까지 말하지 못하고, 흐지부지 말의 어미가 사라지게 됩니다. 그에 더해 흉식호흡은 목의 외부 근육을 긴장시키고, 후두 또한 올라가게 하므로, 공명 없이 목을 조인 소리가 나게 만듭니다.

반면 복식호흡은 횡격막이 내려가게 되므로, 후두의 안정에도 유리하고, 공명강이 확대되는 효과까지 얻을 수 있습니다. 그렇지만 어느 경우 극단적인 호흡량이 필요한 배우에게는 횡격막을 활용하는 복식호흡과 더불어 호흡량을 더 늘려줄 수 있도록 늑간근을 활용하는 흉과 호흡을 함께하는 흉, 복식호흡이 가장 유리한 방식입니다. 흉식호흡은 숨을 들이쉬는 외늑간근과 날숨을 조절하는 내늑간근이 기능하고, 복식호흡은 숨을 들이쉬는 횡격막과 그 주위에 날숨을 조절하는 여러 가지 날숨근이 주로 참여합니다. 따라서 배우가 흉, 복식호흡을 함께 하면 여러 가지 근육을 활용할 수 있어서 연기하는 상황에 맞춰서 세밀한 호흡의 조정이 가능합니다. 물론 배우는 이것들을 의식적인 조절이 아닌 직관적인 혹은 자동적인 반사작용으로 훈련해 두어야 합니다.

흉, 복식의 전체호흡으로 숨을 쉬면 배우의 음성은 전과 비교해서 더 풍부하고 충만해집니다. 발음이 부정확한 경우에도 구강 구조의 문제라기보다는 부족한 호흡으로 인한 경우가 훨씬 더 많습니다. 부족한 호흡으로 말을 하다 보니 가성대와 같이 부적절한 목 근육이 개입해서 성대에 무리가 가거나 부족한 호흡으로 인해 말을 빠르게 하다 보니까 얼버무리는 습관이 생겨서 부정확한 발음이 고착하게 됩니다. 따라서 배우가 정확한 발음과 풍부한 울림을 갖추기 위해서라도 상체 전체로 숨을 쉬는 흉, 복식호흡부터 습관화해야 하며, 그 과정에서 배우는 상체의 근육들을 이완하여 횡격막과 늑골, 척추가 들숨을 방해하지 않도록 훈련해 두어야 합니다. 특히나 시작 단계의 배우나 음성의 문제를 지닌 배우가 몸 안 공간의 확장 등 소리내기에 필요한 호흡 압력을 형성하는 훈련을 소홀히 하면서 말하기의 향상을 기대하는 것은 말 그대로 '어불성설'(語不成說)입니다.

호흡의 지지만큼이나 배우에게 중요한 역량이 생각과 감정에 예민하게 반응하는 호흡의 민감성입니다. 몸에 특별한 이상이 없다는 전제에서 사람은 누구나 기쁜 감정에는 기쁜 호흡을, 슬픈 감정에는 슬픈 호흡을, 짧게 말할 때는 짧은 호흡을, 길게 말할 때는 긴 호흡을 하게 됩니다. 이처럼 호흡이란 작용은 사람이 느끼는 생각과 감정에 따라 매번 다르게 일어나며, 적합한 양상으로 다양하게 변화하는 속도와 리듬을 가지게 됩니다. 이것이 바로 호흡의 민감성입니다. 그와 달리 배우가 의식적으로 조절하는 호흡은 반사적 충동을 무시한 채 호흡을 획일화함으로써 연기의 생동감을 망가뜨리고 맙니다. 말하기에 필요한 호흡의 지지와 의식적으로 호흡을 조절하는 것은 분명하게 다른 것이므로, 이 둘을 오해해서는 안 됩니다.

생각과 감정에 긴밀하게 반응하는 호흡의 민감성 달리 말해 충동에 즉각적으로 반응하는 호흡의 민첩함이 부족하다면 연기하는 배우는 상대의 행동에 즉각적으로 반응하지도 못할뿐더러 다양한 생각과 감정의 변화를 표현하기도 어렵습니다. 반면 민첩한 호흡의 역량은 그 리듬감으로 인해 배우에게 연기한다는 자유와 기쁨을 선사해 주곤 합니다.

이와 관련해서 노래와 말의 차이점에 대해서도 잠시 살펴보겠습니다. 노래와 말은 음파라는 같은 소리 현상이지만 여러 측면에서 다른 특성을 가졌습니다. 가수의 노래는 짧은 순간에 폭발적인 느낌을 전달하고, 주로 고음을 통해서 그 묘미를 살려내곤 합니다. 반면 배우의 말은 상대적으로 길게 유지하는 지구력이 중요하고, 그래서 고음이나 특색 있는 소리보다는 자연스러운 상태에서 편안하게 소리 내는 것이 중요하며, 따라서 좋은 목소리를 지닌 배우들은 대개 중저음의 톤으로 대사를 말하곤 합니다. 또한 가수의 노래는 악보에 맞도록 정해진 호흡을 주로 사용하는 반면 배우의 연기에서는 리얼리티를 위해 그보다 즉흥적으로 숨 쉬는 역량이 상대적으로 더 중요합니다.

이렇듯 호흡의 운용이란 각각의 목적에 부합하는 방식으로 개발하는 것이지 모든 분야에 통용되는 정답이 따로 있는 것은 아닙니다. 예를 들어 운동선수, 가수, 명상가에게는 그들이 추구하는 직업적 목적에 따라 호흡법이 각기 다르게 발전했습니다. 이처럼 대상의 의미란 관련된 주체가 누구인지 혹은 어떤 상태인지에 따라 변화하는 것입니다. 배우에게도 그에 적합한 호흡법의 개발이 따로 필요하며, 그것은 당연하게도 연기의 목적에 부합하는 '진실'하고도 '호소력' 있는 방식으로 개발되어야 합니다. 연기의 실감을 위해서는 즉흥성과 다양성이 포함되어야 하고, 연기의 호소력을 위해서는 표현력과 전달력이 부각 되어야 합니다. 그러므로 배우는 적절한 훈련을 통해 표현력을 지지하는 호흡의 힘과 즉흥성을 고취하는 호흡의 민첩함을 동시에 길러주어야 합니다.

호흡의 민감성을 기르는 훈련은 순간순간 달라지는 생각과 감정의 변화에 몸이 민감하게 반응하며 숨을 쉴 수 있도록 호흡의 패턴을 습득하는 연습입니다. 극의 시작에서 끝까지 배우가 맡은 역할의 생각과 감정은 일정하지 않고, 천변만화(千變萬化)를 일으킵니다. 그 많은 변화를 제각각 살려주면서 변화무쌍한 감정과 행동으로 연기하기 위해서는 배우의 호흡이 생각과 감정에 따라 민감하게 반응하는 작용으로 개발되어야 합니다. 다시 말해 변화무쌍한 연기력의 토대는 각각의 생각과 감정에 따라 이루어지는 호흡작용의 반사적 근육 체계를 구축하는 것에 있습니다. 이 책의 7장 〈화술〉에서 상세히 설명하겠지만, 이를 위해서는 역할의 대사를 명확히 생각(심상, mental image)해서 그에 대한 감정을 충분히 느끼고, 그에 따라 반사적으로 이루어지는 호흡작용으로 대사를 말하는 절차적 방식의 체득이 그 토대를 이루어야 합니다.

이제 정리해보면, 우리는 본 장의 앞에서 제기했던 '배우에게 필요한 호흡의 역량이란 무엇인가'라는 질문에 대한 답을 다음과 같이 요약할 수 있습니다.

첫째, 자연적인 호흡 리듬의 회복
둘째, 적절한 호흡 지지력의 유지
셋째, 자유로운 호흡의 민감성 개발

이 세 가지 호흡의 역량이 진실하고, 매력적인 실연을 펼치기 위해 배우가 체득해야 하는 호흡의 역량입니다. 세상에는 연기와 관련해서 실로 다양한 호흡법이 존재하나 그 모두를 아우르는 배우 호흡의 요건은 아마도 이 세 가지일 것입니다. 만약 당신이 배우로서 직업적 성장을 꿈꾼다면 이 세 가지 호흡의 역량부터 자신의 말하기에 녹아든 반사적인 체계가 될 때까지 훈련해 두어야 합니다.

'연기할 때 숨 쉬는 것만 보아도 배우의 수준을 알 수 있다.'라는 말이 있습니다. 만약 배우가 무대 위 카메라 앞에서 자유롭게 숨 쉬면서 연기할 수 있다면 관객은 안심하고 극장을 찾아가도 될 것입니다. 반면 인위적이고, 훈련되지 않은 호흡으로 연기하는 배우의 실연은 그 진실성부터 의심해 보아야 합니다. 진실한 연기는 오직 감정과 충동에 따라 자유로이 호흡하는 배우만의 전유물이기 때문입니다.

:: *POINT*

   √ 자연적인 호흡 리듬의 회복

   √ 안정적인 호흡 압력의 유지

   √ 생각과 감정에 반응하는 호흡의 민감성

2) 호흡훈련의 실제

호흡에 관한 오해

배우의 호흡은 현재 다양한 의미와 방법으로 해석되어 훈련이 이루어지고 있습니다. 그런데 그중에서는 서로 충돌하는 개념과 방법도 존재하는 것이 현실입니다. 또한, 인간의 호흡작용과 관련해서 아직도 과학적으로 명확하게 규명되지 않은 영역이 여전히 남아 있기도 합니다. 이런 이유로 어느 배우에게 호흡 훈련은 여전히 혼란스러운 무엇으로 여겨질 수 있으며, 이러한 혼돈과 오해야말로 말하기를 공부하는 배우에게 난관이 될 수 있으므로, 이와 관련된 해명은 호흡 훈련의 실천 원리를 설명하는 하나의 방편이 될 수 있습니다.

실천적 관점에서 봤을 때 호흡과 관련된 가장 분명한 사실은 '호흡은 폐로 하는 작용'이란 것입니다. 그런데 폐에는 신경도, 근육도 없으므로 스스로 작동하지 못하고, 호흡근들에 의해서 수동적으로 작동하게 됩니다. 이러한 이유에서 호흡 훈련이란 폐를 직접 훈련하는 것이 아니라 폐를 움직이는 주변의 근육을 활성화하는 훈련이라고 말할 수 있습니다. 사실 폐활량은 선천적인 역량이라서 훈련을 통해 폐활량 자체가 늘어나는 것은 아닙니다. 그래서 배우가 호흡을 훈련한다는 것은 횡격막, 늑간근, 복부 내부 근육 등 폐를 움직이는 호흡 관련 근육의 기능 강화를 실제로 의미합니다.

호흡과 관련된 빈번한 오해 중 하나는 아랫배로 숨을 쉬는 경향입니다. 이 오해는 주로 '중심'이라는 개념과 관련해서 일어나는데, 우리가 연기를 배우다 보면 가장 빈번히 듣게 되는 개념 중 하나가 바로

'중심'입니다. '중심으로 숨을 쉬라.', '중심으로 소리를 내라.', '중심으로 움직여라.' 등등 '중심'은 연기교육이나 배우훈련과 관련해서 가장 빈번히 거론되는 수행 개념입니다. 그런데 '중심'은 그 추상성으로 인해 초보자에게 여러 오해를 일으킬 수 있는데, 그중의 하나가 아랫배로 숨을 쉬려는 경향입니다.

　이와 관련해서 '몸의 중심으로 숨을 쉬라.'라는 지침의 의미를 살펴보면, 우선 이 지침은 우선 호흡작용 즉 폐의 확장과 수축에 핵심적인 기능을 수행하는 횡격막의 운동을 활성화하라는 것을 뜻합니다. 횡격막은 아래 갈비뼈 밑에 위치하는데, 폐가 더욱 팽창하기 위해서는 들숨 시 횡격막이 아래로 최대한 스트레치 되어야 하고, 반대로 날숨은 내려간 횡격막이 탄성에 의해 위로 올라오는 반작용으로 이루어집니다. '몸의 중심으로 숨을 쉬라.'는 지침은 이러한 횡격막의 기능을 활성화해서 말하기의 근간인 호흡작용의 증대와 더불어 후두가 안정된 소리 통로(성도)의 확장, 그에 기초해서 따뜻한 소리인 흉성이 목소리에 포함될 수 있게 도와줍니다.

　그런데 시작하는 배우의 경우 호흡에 관한 지식이 아직 부족하다는 이유에서 '중심으로 숨 쉬라.'는 지침을 단전 호흡처럼 '아랫배'로 숨을 쉬는 방식으로 오해하기 쉽습니다. 우리가 일반적으로 중심이라고 생각하는 통념적인 부위가 흔히 '단전' 즉 배꼽 아래 부근이기 때문입니다. 그 영향으로 중심으로 깊이 숨을 쉬고자 아랫배를 확장하고 수축하면서 숨을 쉬려고 노력하는 경향이 생깁니다. 그렇지만 생리학적으로 인간은 아랫배로는 숨을 쉴 수 없습니다. 우리가 폐로 온전히 숨을 쉬었을 때 폐가 부풀어 오르는 부위는 흉곽과 윗배이지 아랫배가 아니기 때문입니다. 따라서 들숨 시 횡격막이 스트레치 되면서 내려갔을 때 부풀어 오르는 부위는 아랫배가 아니라 '윗배'여야 합니다.

배우가 소위 단전호흡처럼 아랫배로 숨을 쉬려 하면 원활한 호흡 작용에서 중요한 부위인 흉곽의 확장이 제대로 이루어지지 않습니다. 생리학적으로 호흡량이 늘어나는 것은 폐의 확장에 의한 것이므로, 말하기에 필요한 들숨은 윗배와 흉곽이 확장하여 폐가 늘어나면서 필요한 호흡량을 확보하게 됩니다. 반면 아랫배는 편히 그대로 두어 들숨 때 긴장의 발생을 막아주고, 날숨 때는 이완 상태에 있다가 적절한 수축 작용을 해줘서 나가는 호흡을 원활하게 해줌과 동시에 호흡 압력(성문하압)의 형성에 일조해야 합니다. 앞에서 설명했던 것처럼 말하기에 필요한 호흡의 지지를 위해서는 아랫배의 참여가 중요한데, 아랫배로 숨을 쉬려는 경향은 날숨 시 아랫배의 참여를 저하한다는 점에서도 연기하는 배우에게 손해가 됩니다. 그러므로 설사 호흡량의 확대를 목적으로 '몸 깊이 숨을 쉰다.'라고 상상하는 훈련을 실천하는 경우이더라도 실제적인 신체 작용은 폐가 위치하는 아래쪽 흉곽과 '윗배'가 확장한다는 사실을 인지한 채로 훈련해야 합니다.

흉곽과 배에 인위적인 힘을 준 상태로 대사를 말하려는 경향도 잘못된 호흡의 대표적인 방식입니다. 이것은 연기와 관련해서 가장 잘못된 상식 중 하나로, 어깨 등 불필요한 부위에 긴장을 일으킬 뿐만 아니라 성대의 과도한 접촉을 유발할 수 있습니다. 호흡 압력을 형성하는 힘은 역기를 드는 힘이나 복근을 단련할 때 배에 들어가는 힘과는 다르다고 설명했습니다. 그것은 다만 부풀어 오른 풍선의 팽창을 유지하는 정도의 편안한 버팀의 느낌에 가까우며, 어깨와 목 등 불필요한 부위에 긴장을 유발하지 않는 지지력입니다.

실제로 상복부에 압력을 생성하는 아주 작은 힘만으로도 성대가 접촉하기 때문에, 대사를 말할 때 좋은 소리를 내기 위해 복부에 과도하게 힘을 줄 이유가 전혀 없습니다. 이런 이유에서 앞에서 설명했던 것처럼 적정한 훈련을 통해 날숨 시 아랫배의 참여로 흉곽과 윗배에 호흡 압력이 간접적으로 형성하며 숨이 내쉬어지는 방식을 체득하는 것이 중요합니다.

반면 인위적으로 복부에 계속 힘을 주게 되면 과도하게 높아진 공기압이 성대의 접촉을 오히려 방해해서 쉰 소리(기식음)가 나게 되고, 심한 경우 녹내장과 같은 안구 질환이나 위산 역류로 인한 식도염과 같은 질병을 유발할 수도 있습니다. 다만 이미 말했던 것처럼 격정적인 대사나 고성을 지르는 경우 그에 필요한 더 큰 호흡 압력을 형성하기 위해 배와 등에 자연스럽게 힘이 더 들어가게 됩니다. 그러나 이 역시도 역기를 들 때의 실제적인 근력이라기보다는 절차적인 압력의 형성으로 생겨나는 '힘이 들어가는 느낌'이 더 정확한 표현일 것입니다.

배우가 연기할 때 숨을 '코로 쉬느냐, 입으로 쉬느냐'라는 사안도 자주 거론되는 문제입니다. 결론적으로 말하면 배우는 상황에 따라 코와 입 모두를 적절히 사용해서 연기하면 합니다. 코를 통해 호흡하면 안정적인 호흡을 할 수 있어서 조용하고 부드러운 대사 처리에 유리합니다. 또, 건강의 측면에서 코를 통한 호흡은 공기를 걸러주고, 수분과 온도를 조절해서 말하는 동안 입안이 마르지 않는다는 장점이 있습니다. 그래서 호흡 훈련 중에서 호흡의 지지력을 길러주는 훈련들은 대개 들숨을 코로 해줍니다. 물론 그런 경우라도 날숨은 소리를 내야 하므로 당연히 입을 통해 나가게 됩니다.

그와 비교해서 입을 통한 호흡은 크고, 빠르게 숨을 쉴 수 있어서 즉흥적이고 격정적인 연기에 더 유리합니다. 그래서 어느 배우는 대사를 말하기 전에 입을 살짝 열어서 원활한 들숨을 도와주고, 대사를 마친 후에도 미묘하게 입을 열어서 남은 호흡을 해소한 후 입술을 붙이곤 합니다. 배우가 입을 통해 숨을 쉬면 연구개를 높여서 입안 공간을 넓혀주고, 혀의 이완에도 유리합니다. 이런 이유에서 입을 통한 호흡은 자연적인 호흡 리듬의 회복이나 호흡의 민첩성을 기르는 훈련에 상대적으로 적합합니다. 반면 입이 쉽게 건조해질 수 있고, 혀나 턱 등 조음 기관에 긴장이 생기기도 더 쉽습니다. 따라서 배우는 입과 코 어느 한 쪽이 아니라 양쪽 모두를 상황에 따라 유연하게 활용하면서 연기해야 합니다.

호흡의 남용

호흡과 관련된 심각한 오해로는 더 좋은 소리를 내려고 과도한 호흡을 사용해서 말하려는 경향을 가장 대표적인 사례로 꼽을 수 있습니다. 우리가 말을 할 때 호흡을 과도하게 들이쉬고 내쉬면 오히려 호흡 시스템의 균형을 깨뜨려서 성대와 횡격막의 기능을 저해합니다. 횡격막이 흉강 내로 끌어당겨지면서 대사를 말할 때 필요한 호흡의 지지가 무너질뿐더러 어깨와 목에 긴장을 유발해서 성대의 진동을 방해합니다. 그래서 배우는 숨을 들이쉴 때 다른 근육의 개입 없이 늑간근과 횡격막의 운동만으로 호흡하는 것이 유리합니다. 그랬을 때 대사를 말하는 동안 불필요한 긴장의 발생을 최소화할 수 있기 때문입니다.

과도한 호흡을 사용해서 소리 내려는 경향은 목의 협착, 기식음, 흉식호흡과 함께 음성의 문제를 지닌 배우에게서 발견되는 공통점입니다. 대사를 말할 때 단련되지 못한 성대가 제대로 기능을 하지 못하니까 이를 대신하기 위해서 더 큰 호흡으로 소리를 내려는 것이지요. 그런데 문제는 나가는 호흡이 너무 과하면 오히려 성대의 접촉을 저해하고 성대를 금방 피로하게 만들어 오히려 쉰 소리를 유발한다는 점입니다. 그리고 실제로 배우가 대사를 말할 때 그렇게 많은 호흡이 필요한 것도 아닙니다. 물론 극단적으로 격정적인 대사를 처리하거나 세상이 떠나갈 듯 고성을 질러야 하는 경우 그만큼 호흡이 더 필요한 것도 사실이지만 일반적으로 배우가 대사를 말할 때 그렇게 많은 호흡이 필요하지는 않습니다.

소리와 호흡은 분명히 다른 물리적 현상입니다. 따라서 호흡이 소리를 만드는 원료임은 분명하나 과도한 경우 이는 오히려 소리의 균형을 깨뜨리고 맙니다. 극단적으로 말하면 호흡과 성대의 마찰로 소리가 일단 생겨나면 그 이후 호흡의 기여가 거의 없어지게 됩니다. '더 큰 소리는 더 많은 호흡으로 난다.'라는 고정관념과 달리 소리가 나는 데는 그리 많은 양의 공기가 필요하지 않습니다. 특별한 문제가 없다는 전제에서 컵에 담긴 물을 한 모금 마시는 정도의 양만으로도 어지간한 대사들은 모두 처리될 수 있습니다. 더 중요한 요건은 성대의 접촉, 공명의 기여, 호흡의 지지와 같은 효율적인 호흡 운용의 토대를 갖추는 것입니다.

이런 이유에서 대사를 말하기 전에 들숨을 억지로 100% 흡입하지 않아도 됩니다. 그러면 오히려 버티기가 더 힘듭니다. 배우가 대사를 말하기 전 대략 80% 정도로 숨을 들이쉬었을 때 긴장의 발생도 적어지면서 더 편하게 대사를 말할 수 있습니다. 만약 자신이 대사를 말하는데 호흡이 짧다면 그건 들숨이 부족해서가 아니라 성대 접촉의 불량이나 날숨 시 아랫배의 참여가 없는 등 들어온 공기를 효율적으로 사용하지 못하기 때문입니다.

긴 대사를 처리할 때 필요한 것은 필요한 만큼의 공기를 적절하게 내보내는 방식이지 더 큰 호흡량이 아닙니다. 그렇지만 잘못된 자세에서 비롯된 흉곽이나 횡격막의 기능 저하와 목의 협착으로 인해 그 정도의 호흡도 충분히 들어오지 못하거나 말을 할 때 성대의 접촉이 제대로 되지 않아 호흡이 새어나가면 이것은 다른 문제입니다. 이와 관련해서는 다음 장 〈발성〉에서 더욱 상세하게 설명하겠습니다.

이런 이유에서도 대사를 말하는 동안 날숨근이 필요 이상 기능하지 못하도록 흉곽의 확장을 유지하는 '히싱'과 같은 훈련은 배우에게 꼭 필요한 연습입니다. 좋은 소리는 과한 호흡에 의한 압력이나 너무 적은 압력도 아니라 말하기에 적당한 정도의 미묘한 압력을 일정하게 유지할 때 생겨납니다. 다시 말해 성대에 영향을 미치는 적절한 공기의 압력을 유지하도록 '히싱'처럼 날숨근의 조절을 훈련해 두는 것은 안정적인 목소리로 연기하기 위해 꼭 필요한 연습 중 하나입니다.

음성은 공기의 흐름으로 성대가 진동해서 나는 소리 현상입니다. 따라서 앞에서 설명한 것처럼 남용되어서는 안 되겠지만, 반대로 말하는 동안 호흡의 흐름이 정지되어서도 안 됩니다. 만약 소리 발생 단계에서 호흡이 너무 적으면 성대의 과한 접촉으로 눌린 소리(pressed voice)가 발생하게 됩니다. 호흡의 흐름은 배우가 말하는 동안 끝까지 유지되어야 하며, 말하기에 이상적인 공기의 양은 꾸준한 훈련과 점검을 통해서 자신에게 적합한 답을 스스로 찾아야 하는 문제입니다. 이와 같은 이유에서도 배우는 대사를 말할 때 배에 힘을 주지 않아야 하는데, 만약 배에 힘을 주게 되면 호흡의 흐름을 만들어내는 날숨근이 모두 정지하게 됨으로써 호흡의 흐름이 사라지게 됩니다.

그렇다면 왜 누군가는 더 큰 호흡으로 말하고자 애쓰는 것일까요? 그런 경우 배우가 연기를 하면서 자신의 호흡이 부족하다고 실제로 느끼기 때문입니다. 이런 문제를 가졌다면 6장 〈발음〉 편을 참조해서 'ㅊ', 'ㅋ' 'ㅅ' 등의 기식 자음을 잘 처리해서 발음하는 방식을 터득하거나 성대의 접촉을 향상하는 연습을 해줘서 말을 할 때 헐거운 성대 사이로 새는 호흡만 줄여줘도 큰 도움을 얻을 수 있습니다.[21] 엄밀히 말하면 소리의 생성에서 호흡이 차지하는 비중은 성대가 담당하는 역할에 비해 훨씬 적습니다. 따라서 배우는 필요한 호흡만으로 대사를 말하는 방식을 적절한 훈련을 통해 습득해 두어야 합니다.

이제 어느 정도 호흡과 관련된 혼란스러움이 정리되었으리라고 생각됩니다. 다음으로 배우가 호흡을 연습하는 실제적인 훈련 예제들을 구체적으로 소개하겠습니다. 호흡과 관련해서 배우를 그만두는 날까지 여기서 소개하는 호흡 훈련을 게을리하지 말고, 지속해 나아가십시오. 무용수의 스트레칭처럼 호흡 관련 근육 역시 훈련을 지속하지 않으면 그 기능이 원 상태로 퇴화하기 때문이며, 지금까지의 공부를 통해서 배우의 호흡과 관련된 핵심사안을 여러분이 이미 알아버렸기 때문이기도 합니다. 알아버렸으니 이젠 도리가 없습니다, 깨달은 수준에 이를 때까지 훈련을 계속하는 수밖에.

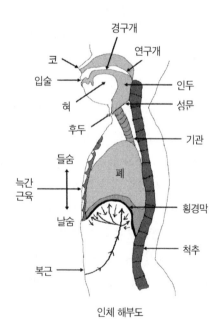

인체 해부도

:: POINT

✓ 호흡의 지지를 위해 흉곽의 확장과 아랫배의 참여가 필요하다.

✓ 몸의 확장은 '편안한 버팀의 느낌'으로 유지된다.

✓ 간접적으로 호흡 압력을 형성해서 숨을 내쉬는 방식을 터득한다.

✓ 과도한 호흡의 남용은 오히려 말하기를 저해한다.

1단계: 자연적인 호흡의 리듬

말하기의 토대가 되는 배우의 호흡은 의식적인 조절이 아니라 필요와 충동에 따른 반사적인 작용, 즉 호흡한다는 의식이 없이 호흡이 스스로 이루어지는 작용이 되게끔 훈련되어야 한다. 이것이 자연적인 호흡 리듬의 회복이다. 배우의 호흡은 들숨에서는 숨 쉬고 싶다는 충동에 따라 아래쪽 갈비뼈가 반사적으로 튕겨 나오면서 흉곽과 윗배가 확장되어 충분한 흡기가 들어오고, 날숨에서는 횡격막이 이완되면서 아랫배가 적절히 조여지면서 간접적으로 형성되는 흉곽과 윗배의 호흡 압력(성문 하압)과 구강에서 생기는 호흡 압력(성문 상압)이 성대를 마찰시켜 소리를 일으키는 유기적인 과정이 되어야 한다. 호흡을 훈련할 때 들숨은 윗배부터 호흡을 채운 후 순차적으로 흉곽으로 호흡이 흡입되어야 한다. 다시 말해, 들숨 시 횡격막부터 아래로 스트레치 된 후 늑간근이 벌어져서 흉곽이 확장되면서 폐 전체로 호흡이 들어오는 것이다. 날숨 시에도 아래에서 위로, 즉 아랫배의 조임으로 윗배에서부터 호흡이 나가면서 흉곽에 있던 호흡이 순차적으로 나가도록 훈련한다.

호흡의 리듬

본 훈련은 의식적인 조절이 아니라 자연적인 리듬으로 몸이 스스로 호흡하는
방식을 체득하는 연습이다. 호흡의 기초에 해당하는 훈련으로, 코와 입 모두
를 사용해서 숨을 쉰다.

* 바닥에 자신을 맡긴 채 무릎을 세우고 편안히 눕는다.
* '목뼈가 자연스럽게 위로 말려지고, 등이 넓어지고, 척추가 위아래로 길
  게 늘어나고, 몸의 모든 관절이 풀어진다고 상상하며 몸을 편안히 둔다.
* 숨을 모두 내뱉는다.
* 숨이 필요해질 때까지 기다린다.
* 숨을 들이쉬고 싶다는 욕구가 강해질 때까지 기다렸다가 마침내 몸
  이 스스로 숨을 들이쉬게 한다.
* 숨이 들어와 복부부터 흉곽까지 차오르면 숨을 내쉬고 싶다는 욕구
  가 생겨날 것이다.
* 숨을 내쉬고 싶다는 욕구가 생기자마자 몸에 힘을 빼서 그저 날숨이
  나가도록 내버려 둔다. 핵심은 호흡을 내쉬어야겠다는 의식적인 생
  각이 떠오르기 전에 반사적으로 횡격막을 이완해서 호흡이 나가도
  록 두는 것이다. 들숨과 날숨 사이에는 잠깐의 멈춤이 분명히 있으
  나 들숨과 날숨이 거의 연결되도록 호흡작용이 이루어져야 한다.
* 다음 호흡이 필요해질 때까지 긴장을 풀면서 기다린다.
* 숨을 쉬고 싶다는 욕구로 새로운 호흡이 들어오게 하고, 호흡이 차
  올라 숨을 내쉬고 싶다는 욕구가 생기면 반사적으로 몸을 이완해
  서 호흡이 나가도록 내버려 둔다.

- 기다린다. 숨이 들어오고, 잠시 머물렀다가 다시 또 나간다.
- 3분 정도 이 과정을 반복하면서 자연적인 호흡의 패턴을 우리 몸이 회복하도록 훈련한다.

:: 훈련 예제 2

전력 질주

이 훈련은 전력 질주와 같은 격렬한 운동으로 우리 몸이 호흡이 극도로 필요한 상태가 되게끔 하여 더욱 적극적으로 호흡의 리듬을 회복하는 연습이다. 다시 말해 본 훈련은 몸 상태의 극단적인 변화를 통해 반사적으로 조절되는 호흡의 자연적인 리듬을 회복하는 연습이다.

- 호흡이 절박하게 필요해질 때까지 제 자리에서 무릎을 높이 들고 전력 질주를 한다.
- 코와 입 모두로 숨을 쉬는데, 가쁜 숨을 넘어서 한계에 도달할 정도까지 달려야 한다.
- 몸이 달아오르고 호흡이 가빠져서 도저히 견디지 못할 지경에 이르면 그대로 바닥에 눕는다.
- 오직 숨 쉬고 싶다는 욕구에 따라 호흡이 제멋대로 헐떡이면서 몸으로 들어오고 나갈 것이다. 제멋대로 날뛰는 호흡을 의식적으로 조절하려 하지 말고, 독립된 개체처럼 스스로 날뛰게 내버려 둔다.
- 이때 몸이 호흡에 따라 어떻게 반응하며 작동하는지를 관찰한다. 예를 들어, 숨을 더 크게 들이쉬고 싶은데 흉곽과 배가 제대로 기능하지 않아서 불편함이 느껴진다는 자각처럼 자신의 상태를 점검한다.

- 숨이 점차 고르게 돌아오면 다시 일어나서 제자리에서 전력 질주한 후 다시 바닥에 눕니다. 헐떡이는 호흡을 관조적으로 지켜볼 뿐 의식적으로 개입하지 않는다. 훈련을 통해 몸의 필요에 맞게 호흡이 스스로 작동하는 방식이 되도록 호흡 체계를 정착시킨다.
- 5회 반복한다.
- 훈련 예제 2를 마친 후 다시 훈련 예제 1을 실천한다. 훈련을 거친 후 훨씬 수월하게 이루어지는 호흡의 리듬을 느껴본다.

2단계: 호흡의 지지

'호흡의 지지'는 무거운 것을 드는 근력과는 구별되는 '편안한 상태로 몸의 확장이 유지되도록 버티는 힘'이다. 호흡 및 음성과 관련된 근육들은 대개 섬세하고, 예민해서 무거운 것을 들기 위한 근육과는 구분된다. 실제로 더 큰 호흡 압력을 위해서는 폐가 충분히 확장할 수 있도록 늑간근과 횡격막이 잘 늘어나야 하는데, 이를 위해서는 역설적으로 편안한 몸의 이완이 필요하다.

:: 훈련 예제 1
몸 안의 풍선

이 훈련은 몸 안에 풍선이 부풀어 오른다는 상상을 활용해서 늑간근과 횡격막의 스트레치를 유도하고, 그와 동시에 흉곽, 등, 윗배를 비롯한 상체 전체가 참여하는 호흡 방식을 체득하는 연습이다. 가슴이나 복부 등 일부의 부위만으로 숨을 쉬는 것이 아니라 상체 전체로 숨을 쉬는 방식은 그 자체로 배우의 호흡 역량을 향상하는 최선책이다.

- 편안하게 누워서 바닥에 자신을 맡기고 양 무릎을 세운다. 호흡은 코로 들어와서 입으로 나가게 한다.
- 자신의 몸 안에 풍선이 들어있다고 상상한다. 그 풍선은 들어오는 호흡에 따라 커지기도 하고 나가는 호흡에 따라 작아지기도 한다.
- 남은 호흡을 모두 뱉은 후 기다렸다가 숨을 쉬고 싶다는 욕구에 따라 코로 호흡이 들어오게 한다. 호흡이 들어오면 몸 안의 풍선이 부풀어 오르고 그로 인해 윗배가 확장하게 된다. 풍선이 커질수록 횡격막이 아래로 내려간다고 상상하면 횡격막의 스트레칭에 도움을 줄 수 있다.
- 숨을 내쉬고 싶다는 욕구를 느끼며 횡격막을 이완시키면서 호흡이 나가도록 내버려 둔다. 자연히 몸 안의 풍선은 작아지게 된다.
- 다음 호흡을 기다리는데, 이전보다 좀 더 오래 기다려서 더 큰 호흡의 필요를 느껴서 숨을 들이쉰다. 그로 인해 더 많은 양의 호흡이 몸 안으로 들어오게 된다.
- 아까보다 더 큰 호흡이 들어왔기 때문에 풍선이 더 크게 부풀어 오르면서 횡격막이 스트레치 되면서 윗배가 확장하고, 이어서 흉곽의 갈비뼈가 좌우로 벌어지게 된다. 풍선이 커질 때 갈비뼈가 잘 늘어나는 고무줄이라고 상상하면 호흡에 반응하는 늑간근의 활성화에 도움을 줄 수 있다.
- 숨을 내쉬고 싶다는 욕구를 느끼며 호흡이 나가도록 내버려 둔다. 자연히 풍선이 작아지게 되면서 아래로 스트레치가 되었던 횡격막과 벌어졌던 갈비뼈가 원 상태로 돌아온다.

- 다음의 호흡을 기다리는데, 이번에는 더 오래 기다려서 더 큰 호흡의 필요를 느껴 이전보다 더 큰 호흡이 들어오게 한다. 내 몸 전체가 풍선이라는 생각으로 발아래까지 호흡이 들어와서 몸 전체가 부풀어 오른다는 상상은 더 큰 호흡작용을 일으키는 데 도움이 된다.
- 더욱 큰 호흡이 들어왔기 때문에 몸 안의 풍선이 터질 듯이 부풀어 오르면서 윗배와 함께 흉곽이 좌우 방향과 더불어 이번에는 앞뒤로도 확장되면서 등이 넓어지고 상체 전체가 부풀어 오른다. 잠시 기다렸다고 호흡을 뱉고 싶은 욕구에 따라 풍선에 바람 빠지듯이 호흡이 '한숨 쉬듯이' 빠져나가게 둔다.
- 더 강한 훈련의 효과를 얻기 위해서 숨 쉬고 싶다는 충동 다음에 호흡을 뱉지 말고, 바로 다음의 들숨 충동을, 그리고 연달아 세 번째의 충동을 느껴서 들숨이 세 번 연속으로 들어오게끔 해주어 윗배, 흉곽, 등을 최대한 확장해서 늑간근과 횡격막이 그만큼의 스트레치 효과를 경험하게 연습한다.
- 5회 반복한다.

:: 훈련 예제 2
잠수부 호흡

이 훈련은 잠수부들이 바다 밑으로 잠수하기 전에 흡기의 양이 최대가 되도록 공기압을 이용해서 흉곽, 등, 복부를 순간적으로 확장하는 연습이다. 잠수부 호흡은 가장 중요한 호흡의 근육인 횡격막과 늑간근을 스트레칭 및 강화해서 배우의 호흡 역량을 향상한다. 이 훈련은 폐와 외부의 기압 차를 이용해 자동으로 큰 숨이 배, 등, 흉곽으로 들어오게 하는 효과를 지니고 있어서 흉,

복식호흡이 원활하게 이루어지도록 도울 뿐 아니라 호흡의 지지력 향상에도 도움이 된다.

- 자신이 바다에 입수하는 잠수부라고 상상한다.
- 입수 전 최대치의 호흡을 흡입하기 위해 먼저 진공 상태가 될 때까지 남은 호흡을 모두 뱉어낸다.
- 호흡을 모두 뱉은 상태에서 입을 다물고 한 손으로 코를 집게 잡듯이 막는다.
- 그 상태에서 숨을 들이쉬면서 흉곽과 윗배를 최대한 팽창시키고자 노력한다. 물론 실제로 호흡이 들어오는 것은 아니나 그로 인해 몸 안에 강한 흡입력이 생겨날 것이다.
- 입은 다문 채 코를 잡았던 손을 놓으면, 내부에 형성된 강한 흡입력으로 인해서 공기가 코를 통해 폐로 강하게 빨려 들어오게 된다. 들어오는 공기를 이용해서 흉곽과 등, 복부(윗배)를 순간적으로 최대한 팽창한다.
- '탁' 털어준다는 느낌으로 호흡을 입으로 내보낸 후 자연적인 호흡 리듬으로 돌아가서 숨을 쉰다.
- 5회 반복한다.

:: 훈련 예제 3

히싱(hissing)

히싱은 늑간근, 횡격막, 복부 내부 근육을 단련해서 말하기의 토대인 호흡의 지지력을 길러주는 연습이다. 이 훈련은 호흡 압력을 지지하는 역량과 더불

어 들이쉰 숨을 효과적으로 사용하는 역량을 강화해 줌으로써 배우가 대사를
안정적으로 말하는 토대가 되어준다.

- 턱을 당기고 가슴을 펴서 바른 자세로 선다. 턱을 살짝 당겨주면 후
  두의 안정에 유리하고, 소리 통로의 확장에도 도움이 된다.
- 남은 호흡을 모두 뱉은 후 기다렸다가 들숨의 욕구를 느끼고, 그에
  몸이 반응해서 코로 호흡이 들어오게 한다. 호흡이 들어오면서 먼
  저 윗배가 팽창하고, 다음으로 흉곽이 부풀어 오르게끔 해야 한다.
  더 나은 훈련의 효과를 위해 가능한 큰 호흡이 들어오게 해서 흉곽
  과 윗배를 충분히 확장한다. 들숨 시 코로 숨이 들어오는 소리를 내
  는 것이 좋은데, 그렇게 해야만 횡격막에 저항이 걸리면서 더 나은
  훈련 효과를 얻을 수 있다.
- 들숨으로 흉곽과 윗배가 팽창하면 상체를 잠근다는 느낌으로 호흡
  을 머금은 상태에서 확장된 흉곽을 유지한다.
- 입술을 살짝 벌리고 숨을 혀끝으로 보내어 뱀 소리처럼 작게 "쓰으
  (S)" 소리를 내면서 호흡을 천천히 고르게 내보낸다. 아랫배의 배
  꼽 부위를 적절히 당겨주어 그로 인해 간접적으로 형성된 흉곽과
  윗배의 호흡 압력에 의해 확장된 흉곽이 유지되어야 한다. 다시 말
  해, 아랫배에 가하는 힘으로 흉곽과 윗배의 성문 하압과 구강의 성
  문 상압을 유지하면서 첫 호흡과 마지막 호흡이 같도록 "쓰으(S)"
  소리를 대략 20~40초 동안 작고 균일하게 내는 것이다.
- 일정하게 호흡을 내보낸 후 마지막에는 다 털어낸다는 느낌으로 남
  은 호흡을 모두 뱉어주면서 끝을 낸다. 호흡이 남아 있으면 다음의
  들숨 작용을 저해하기 때문이다.
- 10초를 휴식한 후 다시 훈련한다.

- 5회 반복한다. 훈련할 때 숨을 참고 있는 시간과 내뱉는 시간을 점
  차 늘려가서 호흡작용에 필요한 근육을 강화한다. 반면 들숨을 하
  는 시간은 오히려 줄여서 마지막에는 거의 충동적으로 한 박자 만
  에 빠르게 흡입한다. 유의할 점은 흉곽의 확장이 흉곽 근육에 직접
  적으로 힘을 주어서 확보되는 것이 아니라 아랫배를 당겨주어 그
  로 인한 간접 작용으로 형성되어야 한다는 점이다. 절차적 방식에
  의해 대사를 말하는 동안 필요한 호흡 압력을 지지하는 흉곽의 확
  장을 적정히 유지하는 것이다.

:: 훈련 예제 4
입김 불기

'입김 불기'도 히싱 훈련처럼 호흡의 지지력을 길러주는 연습이다. 히싱 훈련
이 입술을 거의 붙은 상태로 훈련하는 반면 '입김 불기'는 '아' 모양으로 입을
벌린 상태로 연습한다. 성문 상압을 유지하기 위해서는 입을 닫아서 구강에
공기압을 형성해 주는 것이 유리하지만 우리가 실제로 말을 할 때는 입을
벌린 상태로 말한다는 점에서 입을 벌리고 훈련하는 '입김 불기'는 실전에
더 가깝게 호흡의 지지력을 기르는 훈련이다. 비록 입은 벌리고 있지만 구강
안에서 형성되는 공기압의 감각을 잃지 않으면서 연습해야 실제적인 효과를
얻을 수 있다.

- 바르게 선 자세에서 호흡 욕구에 따라 상체 전체로 들숨이 들어오
  게 한다.
- '아' 소리를 낼 때처럼 입을 벌리고 한 손바닥을 입 앞에 위치시킨

다. 단, 턱에 힘이 들어가지 않을 정도로만 입을 벌려야 한다.

- 아랫배를 가볍게 당겨줘서 호흡 압력에 필요한 흉곽의 확장을 유지하면서 호흡이 천천히 고르게 나가도록 해서 입김이 손바닥에 닿도록 한다.

- 손바닥에 닿는 입김은 차갑지 않고 따뜻해야 한다.

- 12 카운트 정도 일정하게 호흡을 내보낸 후 마지막 호흡은 '툭' 놓는 느낌으로 남김없이 모두 내보낸다.

- 호흡이 입김처럼 나가는 동안 무엇보다 어깨에 긴장이 들어가지 않으면서 흉곽이 적절히 버텨주면서 상체가 쪼그라들지 않도록 바른 자세를 유지해야 한다.

- 10초를 휴식한 후 다시 훈련한다.

- 5회 반복한다.

:: 훈련 예제 5

풍선 불기

'풍선 불기'는 호흡의 지지와 상체의 확장을 동시에 단련하는 연습이다. 날숨에서 마치 풍선을 불듯이 나가는 호흡으로 흉곽, 목구멍, 구강을 풍선처럼 부풀게 해서 소리의 에너지인 성문 하압과 성문 상압을 함께 형성하고, 그와 동시에 목의 협착과 찌그러진 흉곽을 펴주어 거북목 등 잘못된 자세로 인해 뒤틀린 몸의 공간을 회복시켜 준다. '풍선 불기'는 잘못된 자세로 인해 거북목이나 등이 굽은 사람, 고질적인 목의 협착이 있는 사람들에게 효과적인 훈련으로, 대사를 말하는 동안 올바른 자세에서 흉곽이 확장된 상태를 유지하는데 매우 효과적인 훈련이다. 풍선 불기 훈련에서는 나가는 호흡이 흉곽에 호흡 압력을 형성하면서 내쉬어지는 방식의 감(感)을 터득하는 것이 가장 중요하다.

• 호흡을 뱉은 후 숨을 들이쉬고 싶다는 욕구가 강하게 느껴질 때까지 기다린다.

• 강한 욕구를 느껴 코로 호흡이 들어오게 해서 윗배와 흉곽을 호흡으로 가득 채운다.[22]

• 호흡을 내보낼 때 단전 부위에서 위쪽으로 풍선을 불어준다는 느낌으로 흉곽, 목구멍, 구강까지 몸 안의 공간을 나가는 공기로 꽉 채워서 부풀어 오르게 만든다. 흉곽, 목구멍, 구강이 세 개의 풍선처럼 부풀어 오르는 것이다.

• 부풀어 오른 흉곽, 목구멍, 구강의 확장을 유지하면서 풍선을 불듯이 호흡을 일정하게 계속 내보낸다. 특히나 흉곽이 확장된 상태로 바른 자세가 유지되는 감각에 집중해야 한다.

• 마지막은 역시나 '툭' 내려놓는 느낌으로 풍선에 바람이 빠지듯이 남은 호흡을 모두 뱉으면서 마무리한다.

• 10초를 휴식한 후 다시 훈련한다.

• 5회 반복한다. 훈련을 반복할 때마다 흉곽, 목구멍, 구강의 풍선을 점차 더 크게 불어주고, 호흡의 팽창이 꺼지지 않은 상태로 더 길게 호흡을 내보낼 수 있도록 연습한다. 이를 통해 나가는 호흡이 흉곽에 호흡 압력을 형성하면서 내쉬어지는 방식의 감(感)을 터득하고, 대사를 말하는 동안 올바른 자세에서 흉곽이 확장된 상태가 적절히 버텨지는 감각을 향상한다.

3단계: 호흡의 민감성

호흡 훈련의 3단계는 배우의 생각과 감정을 호흡과 유기적으로 연결하는 민감성 훈련이다. 연기하는 배우의 호흡은 정보의 전달에 치중하는 아나운서의 호흡이나 음정에 맞춰 아름답게 노래하는 가수의 호흡과는 차별화되어야 한다. 배우의 호흡작용은 무엇보다 역할의 행동과 감정을 변화무쌍하게 표현할 수 있게 도와야 하며, 따라서 늑간근, 횡격막, 복부 내부 근육 등의 호흡 관련 근육, 즉 배우의 몸이 감정과 충동에 민감하게 반응하도록 훈련해 두어야 한다.

:: **훈련 예제 1** ────────────────────────────
팬팅(panting)

팬팅은 횡격막에 자극을 줘서 호흡의 민감성을 활성화하는 훈련이다. 호흡의 민첩함을 길러주는 이 훈련이 특히나 유효한 경우는 배우가 실연 시 상대의 대사를 듣는 상황이다. 자신이 대사를 밀한 다음 아무 행동 없이 그저 상대의 대사를 듣고만 있어야 할 때 배우는 자칫 호흡을 멈추거나 참을 수 있다. 그런 경우 배우의 긴장감은 더욱 고조되기 마련이다. 팬팅을 훈련하면 그처럼 긴장감이 고조되는 순간에 호흡 관련 근육의 긴장 해소와 더불어 심리적인 긴장감도 방출시켜서 자연적인 호흡 리듬의 회복에 도움을 준다.

• 큰 호흡에 대한 욕구를 느껴 코로 호흡이 들어오게 한다. 코로 호흡이 들어올 때 횡격막의 원활한 작동을 위해 숨이 들어오는 소리를 낸다.

- 호흡이 들어오면서 구강과 목구멍이 넓어지고, 흉곽이 벌어진다.
- 확장된 구강, 목구멍, 흉곽을 그대로 유지한 상태에서 마치 더운 여름날 길거리의 개 한 마리가 혓바닥을 길게 내놓고 '헥헥' 거리는 마냥 입을 벌린 상태에서 호흡을 헐떡이면서 횡격막을 튕겨준다. 훈련이 계속되다 보면 점차 속도가 느려지고 횡격막이 위치한 아랫배가 당겨지는 느낌이 오는데, 이것은 그만큼 횡격막이 자극받았다는 신호이다.
- 마지막은 긴 '한숨'을 내쉬듯이 남은 호흡을 모조리 내보낸다.
- 감정과 호흡의 연계성을 향상하기 위해서 불안, 슬픔, 분노, 기쁨 등 다양한 감정을 느끼면서 같은 방식으로 훈련을 반복한다.

:: 훈련 예제 2
감정과 호흡

'감정과 호흡'은 상상력을 활용해서 감정과 호흡을 긴밀하게 연계하는 훈련이다. 각자가 상상력을 이용해서 다양한 감정을 느끼고 그에 따른 몸 상태의 변화를 통해 호흡을 활성화하는 연습으로, 자신의 호흡을 새롭게 정의하는 훈련이다.

- 엉덩이에 커다란 주삿바늘이 꽂힌다고 상상하라. 상상의 통증이 느껴지는 순간 아픔의 감정이 느껴지면 즉각적으로 후두와 흉곽이 열리면서 큰 호흡이 들어오고 나가게 한다.
- 상상력을 동원해서 가상의 레몬을 한 입 크게 깨물어 먹는다. 극도의 신맛을 느끼고, 그로 인해 일어나는 몸 상태의 변화를 최대치로

경험하면 그로 인한 호흡의 변화를 경험한다.

- 상상력을 동원해서 가상의 칼로 자신의 팔뚝 위에 긴 상처를 낸다. 극도의 아픔으로 일어나는 호흡작용을 경험한다.
- 상상력을 동원해서 가상의 소금 한 줌을 손으로 집어서 입에 떨어 넣는다. 극도로 짠맛으로 몸이 최대한 변화될 때까지 기다렸다가 그만큼 변화된 숨을 들이쉬고 내뱉는다.
- 같은 방식으로 다양한 자극과 감정을 느껴보고, 그에 따라 일어나 는 몸의 변화로서 호흡작용을 경험하고, 새롭게 정의한다.

:: 훈련 예제 3
호흡과 반응

이 훈련은 다양한 상황에 맞춰 호흡이 민첩하고 자유롭게 반응할 수 있는 역량을 키워준다. 아래의 다양한 상황들을 상상해 보고 그에 따라 우리 몸이 변화되면서 들어오는 호흡을 다양하게 경험한다. 이 훈련 역시 감정과 호흡 의 연계성을 높여준다.

- 상상을 통해 아래에 제시한 예시 상황을 경험한다.
- 상황 속에서 변화되는 호흡작용을 인지한다.
- 상황 속에서 변화된 호흡을 점차 더 큰 호흡으로 숨을 쉰다.
- 더 크게 호흡할수록 감정이 더 크게 느껴지고, 그로 인해 호흡이 더 욱 활성화된다.

- 아름다운 꽃의 향기를 맡아본다.
- 화장품매장에서 다양한 향수의 냄새를 맡아본다.
- 먹고 싶은 음식의 냄새를 맡아본다.
- 쓰레기장에서 역겨운 오물 냄새를 맡아본다.
- 정거장에서 사랑하는 연인을 기다린다.
- 원하던 대학에 합격했다는 소식을 듣는다.
- 살인자가 숨어있는 어두운 방에 들어간다.
- 잃어버린 줄 알았던 거액이 든 지갑을 차 안에서 발견한다.

3
발성

1) 발성의 원리

배우의 목소리

배우의 연기에 정답이 없듯이 배우의 목소리에도 정답은 없습니다. 그렇지만 거기에는 다수가 동의하는 나름의 공통적인 속성은 분명히 존재합니다. 흔들리지 않고 안정적인 목소리, 전달이 잘되는 명료한 목소리, 듣기에 편안하고 따뜻한 목소리, 호소력 있고 인상적인 목소리, 이완되어 투명한 목소리 등이 그 안에 해당할 것입니다. 만약 그중에서도 연기하는 배우에게 특별히 중요한 자질이 무엇이냐고 묻는다면 관객이나 카메라가 지켜보는 앞에서 실천되는 연기예술의 특성상 전달력 있는 명료한 목소리와 이목을 끄는, 호소력 짙은 목소리라고 우선은 대답하겠습니다.

전달력 있는 목소리란 쉽게 말해 배우가 연기할 때 대사의 정보, 즉 언어적 의미가 잘 전달되는 음성을 가리킵니다. 연기란 배우가 관객에게 감동과 재미를 선사하는 예술형식이며, 이런 측면에서 전달력 있고 명료한 목소리는 연기하는 배우가 갖출 필수의 자질입니다. 물론 오늘날 배우 음성의 개발이 전달에만 초점을 두지는 않지만, 그러나 이것은 누구도 부인할 수 없는 배우의 목소리에 필요한 첫째의 역량입니다. 반면 호소력 짙은 목소리란 배우의 말에 생각과 감정이 충만하게 담겨서 듣는 이의 마음을 사로잡는 음성을 가리킵니다.

연기란 배우가 맡은 역할의 생각과 감정을 자신의 말과 짓으로 구현하는 예술 행위입니다. 그래서 같은 대사를 말하더라도 어느 배우가 말하느냐에 따라서 대사가 주는 느낌이 현저히 달라지곤 합니다.

배우의 책무는 자신의 실연을 통해 관객의 공감과 주목을 이끄는 것에 있습니다. 따라서 배우에게는 대사의 전달을 넘어서 감정과 욕구가 풍부히 담긴 설득력 있는 목소리가 필요합니다. 이런 이유에서 탁월한 배우들은 대개 안정적인 중저음의 톤과 울림이 풍성한 목소리를 지니고 있습니다. 안정적이고 울림을 지닌 목소리는 듣는 상대에게 신뢰감과 편안함을 선사할 뿐만 아니라 역할의 감정과 생각 역시 충만히 담을 수 있기 때문입니다.

그런데 만약 거기에 하나의 자질을 더 추가한다면 아마도 그것은 진정성을 갖춘 정직한 목소리가 될 것입니다. 배우의 정직한 목소리란 정신적으로는 자의식이나 잡념의 개입이 없고, 신체적으로는 근육의 긴장 없이 감정적 본능과 직접적으로 연계된 목소리, 그래서 역할의 생각과 감정이 투명하게 드러나는 목소리를 가리킵니다. 춤과 무용수를 분리해서 논의할 수 없는 것과 마찬가지로 배우의 음성은 연기와 분리해서 다룰 수 없는 소리 현상입니다. 이런 이유에서 배우의 음성이 맑아지면 배우의 연기 역시 맑아지고, 배우의 음성이 편안해지면 배우의 연기 역시 편안해집니다. 만약 일정 기간 안에 연기력의 향상을 바라는 배우가 있다면 여타의 연기론을 훈련하기 이전에 우선 자신의 음성부터 개발해야 할 것입니다.

대본분석 등 정신적인 역량 역시 그 안에 포함된다는 점에서 배우의 연기에는 단순히 매일의 훈련만으로 향상되지 않는 영역도 분명히 존재합니다. 그러나 음성은 선천적인 장애나 기형이 없는 이상 올바른 원리와 적절한 방법으로 꾸준히 훈련한다면 누구나 일정 기간 안에 나름의 향상을 성취할 수 있습니다. 이런 이유에서 음성훈련은 배우가 일정 기간 안에 자신의 연기력을 향상하는 가장 확실한 방법이며, 노력에 비례해서 결과를 얻을 수 있는 공정한 영역이기도 합니다.

노력으로 개선될 수 있다는 사실이 무엇을 의미합니까? 그것은 신체적으로 특별한 장애가 없는 이상 우리는 누구나 '훌륭한' 배우가 될 수 있다는 겁니다. 물론 열심히 노력한다고 해서 모두가 직업적으로 '성공한' 배우가 되는 것은 아닙니다. 그러나 열심히 훈련하지 않는다면 성공한 배우가 될 수 있는 가망성 자체가 없어지는 겁니다. 만약 누군가 인정받는 배우로 성공했다면 그에게는 배우로서의 운과 자질 이전에 치열한 노력과 훈련이 그 바탕을 이루었기 때문입니다.

우리의 음성이 생활 습관 등 후천적 요인에 더 큰 영향을 받는다는 사실도 배우에게 음성훈련이 필요한 이유 중 하나입니다. 목소리의 형성에서 골격의 모양과 형태, 공명강(resonance cavity)의 크기나 성대(vocal folds)의 질감이나 탄성 등 선천적인 요인도 물론 중요하나 부모나 친구 등 주변의 환경적인 영향과 성장 과정에서 고착되는 말하기의 습관 등 후천적인 요인 역시 중요하게 작용합니다. 예를 들어, 성격이 급한 사람의 경우 자신이 말하려는 내용보다 더 빨리 말하기 때문에 명확한 생각이나 충분한 호흡 등 말하기에 필요한 절차를 제대로 거치지 않아 목을 조여 말하는 등의 나쁜 습관이 고착됩니다. 게다가 필요 이상으로 말을 빠르게 하면 모음의 길이가 짧아지고, 평균 유성음의 산출 시간이 줄어들면서 자음의 전달력 역시 낮아지게 됩니다.

잘못된 생활 습관으로 생긴 거북목 등의 나쁜 자세 역시 말하기와 관련된 근육을 뒤틀리게 하는 요인입니다. 앞으로 여러분이 훈련을 계속해 나가다 보면 잘못된 자세를 교정하지 않고서는 도저히 좋은 목소리로 말하기 어렵다는 사실을 절감하게 될 겁니다. 이처럼 우리 주변의 환경에는 음성을 악화시키는 요인들이 산재하고 있는데, 이런 이유에서도 꾸준한 훈련의 지속이 중요한 겁니다. 꾸준한 훈련만이 환경적인 영향을 극복하고, 정직한 목소리를 유지해 주기 때문입니다. 그래서 정직한 목소리는 훈련하는 배우의 엠블런과도 같은 것입니다.

만약 당신이 탁월한 배우가 되고 싶다면 목소리가 배우의 연기를 돕는 도구라는 측면에서의 훈련과 더불어 목소리 자체의 성질을 드러내고, 질감을 개발하는 방식으로도 음성훈련에 접근해야 합니다. 주지하다시피 배우의 목소리는 드라마의 전개에 필요한 정보를 관객에게 전달하는 직접적인 매개체이자 등장인물의 심리와 정서를 배우가 음성적으로 재현하는 수단입니다. 그러나 배우의 목소리가 지니는 의미는 단지 이러한 전달과 표현의 수단에만 머무는 것이 아니라 그 자체만으로도 배우의 정체성을 표상하는 존재적 현상이라는 점에도 있습니다. 배우의 목소리 안에는 배우의 모든 것이 담겨 있기 때문입니다. 그도 그럴만한 것이 배우의 음성은 단순히 성대만 울려서 나는 소리가 아니라 폐, 흉곽, 후두, 횡격막 등 몸 안의 모든 기관이 관여하는 총체적인 작용이자 배우의 생각과 욕구, 감정과 충동이 연계된 총체적인 현상이기 때문입니다.

실천의 측면에서도 배우의 음성은 시각적인 표정과 더불어 배우의 연기가 관객에게 청각적으로 전해지는 최종의 결과물이란 점에서 중요합니다. 목소리는 배우가 연기하는 과정에서 생각이라는 지각의 과정과 감정이라는 감각의 과정, 그리고 호흡이라는 신체의 과정을 거쳐서 발현되는 체험적 결과물입니다. 체험으로서의 연기, 이것은 결코 언어로 기록될 수 없는 배우만의 고유한 전유물을 그 안에서 생산하는데, 그 과정에서 배우의 목소리 안에는 단지 언어적인 기호나 음향적인 신호만이 아니라, 목소리 자체의 현상학적 물질성이 담기게 됩니다. 다시 말해 이것은 배우의 목소리가 기호적 언어로 재현할 수 없는, 그 이상의 의미들을 감각적으로 발생시키는 운동 혹은 물질이

라는 것을 의미합니다.[23]

이처럼 배우의 목소리를 기호가 아닌 운동 더 나아가 하나의 물질로 인식하고 접근했을 때 우리는 목소리가 배우의 연기에서 담당하는 역할을 더욱 명확하게 이해할 수 있습니다. 이런 관점에서 본다면 배우가 대사를 말하는 순간, 목소리는 그 말의 의도와 의미는 물론이거니와 배우의 몸 전체가 주는 현상학적 질감, 고유한 물질성까지 전달하는 것입니다. 목소리가 배우를 통해 발화될 때, 그 순간적이고 찰나적인 떨림과 파동 그리고 에너지가 관객에 의해 감각되는 순간, 관객은 거기서 말 그대로의 +a, 즉 인물의 실재감을 느끼게 됩니다.

이러한 목소리의 물질성은 결국 언어적 기호가 제시하지 못한 의미 너머의 의미를 드러내는 기능을 갖습니다. 그래서 연출가이자 배우였던 아르토(Antonin Artaud)[24]는 몸을 바탕으로 한 물리적 운동성이 목소리에서 드러날 때 배우의 말 안에 담긴 감정들이 더 잘 전달될 수 있으며, 따라서 말 안의 단어들은 자신들을 탄생시켰던 물리적인 운동과 연결되어야 한다고 주장했던 것입니다.[25]

성대의 운동

배우가 좋은 목소리를 갖추려면 올바른 자세와 호흡의 역량 등 여러 요건이 필요하지만, 그중에서도 '실제로' 소리를 내는 성대[26]의 운동은 목소리의 개발에서 가장 중요한 요건입니다. 소리의 생성 즉 발성이란 날숨에 의해 성대가 진동하여 원음이 발생하는 현상입니다. 단정적으로 말해서 음성이란 성대에서 나는 소리 현상입니다. 그래서 만약 배우가 좋은 목소리를 개발하고 싶다면 목소리를 실제로 내는 성대의 운동에 일차적인 초점을 맞추어 훈련을 진행해야 합니다.

다시 말하지만, 목소리는 진동하는 성대의 운동으로 발생하기 때문입니다. '배우는 공명으로 소리 내야 한다.', '소리는 중심에서 나와야 한다.', '배우의 소리는 몸에서 나는 것이다.' 등등 소리내기와 관련한 여러 지침이 있으나 소리가 본래 성대에서 난다는 바로 그 이유에서 가장 중요한 음성 작용은 단연코 성대의 적절한 운동입니다. 과학적으로 소리가 나는 부위가 성대이기 때문이요, 목소리의 음색 역시 성대의 두께나 길이에 의해서 결정되기 때문입니다.

소리를 내는 성대 운동은 세 가지로, 소리를 낼 때 필요한 성대의 '접촉'과 '지탱' 그리고 이 두 가지 특성에 기초한 원활한 '진동'입니다. 이 세 가지 운동은 이 책의 실천적 슬로건인 '걸리지 않는 소리, 흘러나오는 말'을 체득하기 위해 꼭 필요한 요건으로, 배우는 대사를 말하는 동안 성대의 접촉이 잘 지탱되어 진동할 수 있도록 발성 훈련을 꾸준히 연습해야 합니다.

만약 대사를 말하는 동안 후두가 안정된 상태에서 성대 접촉을 지탱하지 못한 채 호흡이 과도하게 섞이게 되면 성대의 진동이 방해받아서 듣기 거북한 기식음이 나게 됩니다. 이를 방지하기 위해서는 적합한 훈련을 통해 성대의 유연성과 피지컬 그리고 스태미나를 길러야만 합니다. 달리 말해 성대가 단련되지 않고서는 아무리 호흡, 공명 등 다른 영역의 훈련을 열심히 하더라도 배우가 좋은 목소리로 대사를 말하기 어렵다는 것을 의미합니다.

기실 호흡, 공명 등 말하기와 관련된 모든 영역은 최종적으로 성대 운동과 연관되어 있습니다. 배우가 대사를 말할 때 성대의 접촉이 잘 지탱되지 않아 진동이 원활하지 못하다면 아무리 호흡, 공명 등 다른 훈련을 열심히 하더라도 밑 빠진 독에 물 붓기 마냥 개선의 효과를 기대하기 어렵습니다. 이런 이유에서 말하기 훈련에서 성대 운동에 관해 먼저 이해하는 것은 배우가 자신의 목소리를 전반적으로 개발하는 것에 유리한 도움을 줄 수 있는데, 성대의 운동 기전을 온전히 이해한 후 호흡, 공명, 발음 등 다른 영역을 훈련했을 때 더 큰 효과를 얻을 수 있기 때문입니다.

이런 측면에서 앞장에서 살펴봤던 호흡 훈련 역시 성대의 원활한 운동을 지원하기 위한 훈련으로도 이해할 수 있습니다. 구강에 형성되는 성문 상압과 흉곽에 형성되는 성문 하압에 의해서 양쪽 성대의 점막이 마치 손뼉을 치듯이 부딪치면서 소리가 생성되고,[27] 이때 성대의 접촉이 좋아야지만 배우는 명료한 소리로 대사를 말할 수 있습니다. 만약 필요한 호흡 압력이 유지되지 않아 성대의 접촉이 불량하다면 공명 등 다른 영역을 열심히 훈련하더라도 진동, 즉 원음의 질이 나쁘다는 이유에서 좋은 소리로 대사를 말하기 어렵습니다. 이런 이유에서도 배우에게 흉, 복식호흡이 중요한데, 횡격막과 성대는 연결되어 있어서 복식호흡에 따른 횡격막의 스트레치가 이루어져야지만 양쪽의 성대가 잘 펼쳐져서 접촉을 도와주기 때문입니다.

호흡이 성대를 지나가면 '베르누이 효과'[28]에 의해 소리의 파장이 생성된다고 알려져 있습니다. 이때 양쪽 성대의 접촉이 잘 이루어져서 나가는 호흡을 성대가 충분히 지탱하는 상태라면 그만큼의 호흡 압력이 생겨납니다. 사실 호흡의 지지를 향상하는 훈련은 몸의 기능에 특별한 문제만 없다면 일정 수준의 연습만으로도 누구나 훈련의 효과를 경험할 수 있습니다. 그러나 적절한 진동에 필요한 성대의 접촉은 의도적인 조절이 어려운 불수의적인 근육 작용이라는 점에서 단기간의 훈련만으로 실제적인 향상 효과를 경험하기가 쉽지 않습니다.

거기에는 상당 기간의 훈련이 요구되는데, 이 점 역시 성대를 단련하는 발성 훈련이 배우의 말하기 훈련에서 중요한 이유입니다. 음성의 여러 문제가 대사를 말할 때 성대 접촉을 제대로 유지하지 못한다는 점에서 생겨나곤 합니다. 배우가 대사를 말할 때 접촉한 성대가 벌어지지 않고 호흡을 견뎌내 주어야만 소리 생성에 필요한 성문 하압과 성문 상압이 적절하게 유지될 수 있기 때문입니다. 이처럼 소리를 생성하는 압력은 호흡작용 이전에 호흡이 새지 않게 지탱되는 성대 접촉을 기반으로 획득되는 것입니다.

평소에는 벌어져 있던 성대가 말을 시작하면 적절히 펼쳐져 서로 붙는 작용이 일어나야만 호흡과의 마찰로 원활한 진동, 즉 좋은 목소리가 생겨납니다. 반면 성대가 벌어진 상태에서 그냥 대사를 말해버리면 성대의 진동이 사라지고, 호흡이 새는 기식음이 나게 되며, 이런 소리는 상대에게 감정적인 동요나 공감을 끌어내기 어렵습니다. 그래서 배우가 말하기를 훈련할 때 성대를 적절히 붙인 온전한 진동으로 목소리의 톤을 잡아준 상태에서 대사를 말하는 연습부터 충실히 해두어야 합니다.

작은 소리나 평상시 톤으로 대사를 말할 때는 특별한 무리가 없겠으나 배우가 격한 감정의 대사를 말한다거나 절규나 고함을 질러야만 할 때 적절한 훈련 예제를 통해 성대의 피지컬을 충분히 개발해 두지 않았다면 대사를 말하는 동안 원활한 진동의 기반인 성대의 접촉을 지탱하기가 쉽지 않습니다. 강한 소리를 낼 때 성대가 폐의 압력을 견디지 못하고 풀리면 뒤집히는 소리나 목이 쉰 소리가 나게 되고, 벌어진 성대의 보상작용으로 목을 조여 대사를 말하게 됩니다. 만약 저음으로 낮게 읊조리는 대사의 경우라면 벌어진 성대 사이로 호흡이 새는 소리가 나게 됩니다. 이런 소리로 대사를 말하게 되면 성대는 쉽게 탄력을 잃게 되고, 배우의 목소리는 금방 지치고, 상하게 됩니다. 반면 음성훈

런이 충분히 잘된 배우는 중저음의 톤으로 대사를 말할 때도 성대의 유의미한 진동인 '맑은 쇳소리'가 담긴 목소리로 말하게 됩니다.

생리학적으로 발성 훈련이란 후두가 안정된 상태에서 적정한 호흡 압력으로 접촉된 성대가 진동해서 소리 내는 방식을 체화하는 과정입니다. 다시 말해 발성 훈련은 소리를 생성하는 성대를 적절히 운동하게 만들어 좋은 목소리의 토대를 마련하는 연습입니다. 배우는 다음의 세 가지를 목표로 삼아 발성 훈련을 실천합니다.

첫째, 성대의 접촉. 한국어를 사용하는 배우에게 나타나는 음성의 주된 문제는 대사를 말할 때 과도한 호흡이 섞여서 나는 기식음입니다. 배우가 대사를 말할 때 적절한 성대의 접촉을 유지하지 못한다면 호흡 훈련을 아무리 열심히 하더라도 성대에서 호흡이 새므로, 기식음의 교정이 어렵습니다. 따라서 목소리가 허스키한 배우가 목소리를 개선하고 싶다면 우선 성대 접촉을 충실히 연습해서 호흡이 새는 기식음부터 교정해 주어야 합니다.

성대의 접촉 즉 소리를 낼 때 성대가 맞닿는 것은 손뼉을 칠 때 양 손뼉이 '짝'하고 부딪혀 소리가 나는 것과 유사한 작용입니다. 성대가 온전하게 접촉하지 못하는 것은 마치 한쪽 손은 손바닥으로, 다른 손은 손의 옆 날로 맞부딪히는 모양과 비슷해서 그런 경우 '짝'하고 나는 경쾌한 손뼉 소리와 같은 명료한 소리가 나지 않습니다. 양손의 손바닥이 전체적으로 짝 달라붙을 때 경쾌한 소리가 나듯이 대사를 말할 때도 양쪽의 성대가 적절하게 붙으면서 소리가 나야 합니다. 사정이 이러하니 성대를 접지하는 훈련이야말로 가장 중요한 음성훈련이라고 말할 수 있습니다.

둘째, 성대의 진동. 소리는 양쪽의 성대가 접지한 후 나가는 호흡과의 마찰로 인해 '부르르' 떨리는 진동으로 생겨납니다. 따라서 소리를 낼 때 양쪽의 성대가 접지한 다음 원활하게 진동해야지만 배우는 좋은 목소리로 대사를 말할 수 있습니다. 이런 이유에서 말할 때 성대의 접촉을 지탱하는 훈련만큼이나 '허밍'처럼 성대의 진동을 원활하게 해주는 훈련 역시 목소리 개발에서 꼭 필요합니다. 만약 성대의 진동이 원활하지 못하다면 배우는 공명 없는 목소리로 대사를 말하게 됩니다. 너무도 당연한 소리겠지만 공명의 원료가 되는 원음의 질 자체가 애초에 나쁘기 때문입니다.

셋째, 불필요한 근육의 개입 배제. 〈실제〉 편에서 소개하는 '연축'이나 '트윙' 훈련처럼 발성 시 불필요한 근육의 개입을 배제하는 훈련은 발성 단계에서 꼭 필요한 훈련입니다. 대사를 말할 때 성대의 운동만으로 발성이 이루어져야지만 배우는 명료한 소리로 대사를 말할 수 있습니다. 그런데 잘못된 발성 습관을 지닌 사람의 경우 성대의 운동만으로 소리를 내지 못하고 불필요한 근육이 개입하곤 합니다. 이런 요인으로 대사를 말할 때 목을 조이는 현상 즉 목의 협착이 일어납니다. 목의 협착을 해결하기 위해서는 발성 단계에서 불필요한 근육의 개입을 배제하고 성대로만 온전히 소리를 내는 훈련을 과하다 싶을 정도로 철저하게 연습해 두어야 합니다.

이 중에서도 기초가 되는 훈련은 역시나 성대 접촉을 지탱하는 연습입니다. 성대의 접촉은 성대의 진동이나 불필요한 근육의 개입 배제에 전제적 요건이기 때문입니다. 그렇다면 우리가 말할 때 어느 정도의 성대 접촉으로 소리를 내야 적당할까요? 일반적으로 성대의 접촉율은 대략 50% 정도가 정상이고, 60% 이상은 '과접촉'이라고 해서 성대에 무리가 가고, 40% 이하일 경우 호흡이 새는 쉰 소리 즉 기식음이 발생하게 됩니다. 성대의 길이가 길어져 얇아지면 성대는 빠르게 진동해서 고음이 만들어지고, 성대가 짧아지면 두꺼워져 느리게 진동하여 저음이 나게 됩니다. 따라서 우리가 말할 때 성대의 접촉 부위가 부족하다면 성대는 무리한 작용을 하여 쉰 목소리, 더 심하면 성대질환을 일으키는 요인이 됩니다.[29]

그렇지만 성대의 접촉은 불수의적 작용이란 점에서 억지로 힘을 줘서는 안 되며, 오히려 힘을 빼서 성도를 이완하고 후두를 안정시킨 상태에서 말하도록 해야 합니다. 앞 단계에서 연습한 흉곽의 확장을 유지하면서 아랫배의 기능으로 횡격막에서 한숨처럼 내쉬어지는 호흡은 이완을 촉진하고, 충분한 호흡작용을 일으켜서 적절한 성대의 운동에 도움을 줍니다. '대사를 말하는 동안 호흡이 중심과 연결되어 있어야 한다.'라는 음성교사 시실리 베리(Cicely Berry)의 지침 역시 이러한 맥락에서 이해될 수 있습니다.[30] 배우라면 꾸준한 훈련으로 대사를 말하는 동안 필요한 호흡 압력을 유지함으로써 성대의 적절한 접촉과 원활한 진동을 바탕으로 안정적인 톤으로 대사를 말할 수 있는 역량을 확보해 두어야 합니다.

첫소리

음성 분야에서 '첫소리'란 호흡이 성대를 건드려서 처음으로 나는 소리를 일컫습니다. 반면 첫소리 이후 성대가 호흡의 영향으로 바르르 떨리는 파동 현상을 '진동(vibration)'이라고 부릅니다. 그리고 그렇게 생겨난 진동이 몸 안의 공간을 통해서 울려 퍼지는 현상을 '공명'(resonance)이라고 하는 겁니다.

소리가 나는 방식 즉 발성에는 크게 '어택'(attack)과 '플로우'(flow)의 두 가지 방식이 있습니다. 어택은 먼저 성대를 팽팽하게 붙인 후 내보내는 호흡이 말 그대로 성대를 때려주면서 그로 인해 소리가 만들어지는 방식으로, 소리의 밀도가 높고 명료하나 성대에 무리를 주고, 인위적인 느낌의 소리가 나게 됩니다. 반면 플로우는 적절하게 붙은 성대 사이로 공기가 말 그대로 강물처럼 흘러가면서 그로 인해 성대가 물결처럼 떨리면서 소리가 나는 방식입니다. 소리의 질감이 풍부하고 안정적인 느낌이 있으나 성대 접촉이 상대적으로 낮아서 소리의 명료성이 어택의 방식보다는 떨어집니다. 그래서 일반적으로 추천되는 발성 방식은 이 둘을 적절히 가미한 '어택으로 시작해서 플로우로 지속하는' 소리내기의 방식입니다.

음성교사 조 에스틸은 이러한 소리내기를 '동시음'(Smooth)이라고 부릅니다. 동시음은 진성대의 접촉과 공기와의 접촉이 동시에 이루어진다는 것으로, 부드럽고 깨끗한 소리를 낼 수 있습니다.[31] 그렇습니다. 이러한 첫소리가 배우의 자연스러운 말하기의 시작이 되어줍니다. 배우가 자연스럽고 편안한 목소리로 연기하기 위해서는 적절한 호흡의 지지를 바탕으로 후두가 안정되고, 연구개가 적절히 올라간 성도의 이완 상태에서 성대 접촉을 유지한 채로 동시음의 발성으로 대사를 말해야 합니다. 이것이 앞에서 호흡, 성도, 공명 등 음성과 관련된 모든 영역의 훈련이 최종적으로는 적절한 성대 운동과 연관되어 있다고 설명했던 이유입니다.

'어택'으로 시작해서 '플로우'로 지속하는 목소리를 훈련하는 방법으로, 음성교사 링클레이터는 무성자음 'ㅎ'를 사용해서 안도의 한숨을 내쉬듯이 'ㅎ아~', 'ㅎ어~', 'ㅎ이~'의 소리를 내는 방법으로 첫소리를 지도합니다. 앞에서 나는 'ㅎ'이 성대를 때려주는 효과로 소리를 시작하고, 그 뒤의 한숨이 강물처럼 플로우의 형태로 성대를 '바르르' 진동시키며 소리를 내라는 것입니다. 그녀는 안도감에 의한 한숨으로 'ㅎ어~'를 100%의 진동으로 소리가 나도록 지도해서 음성과 감정의 밀접한 연결을 유도합니다.[32]

이렇듯 배우의 말하기에서 동시음이 발성의 초석이 되어야 하는데, 이를 훈련할 때 성대의 운동에 대한 적절한 내적 심상(운동 표상)을 지니고 연습한다면 더 큰 효과를 얻을 수 있습니다. 이런 이유에서 연기 분야의 음성 교사들은 과학적 원리에 기초한 기술적인 훈련과 더불어 소리내기의 운동 표상에 대한 상상력을 활용한 훈련을 병행해서 학습 성과를 높이고자 했습니다.[33]

예를 들면 이런 것입니다. 배우가 발성을 훈련할 때 학습의 대상인 발성 과정에 대해 '충분한 들숨으로 후두가 안정된 상태에서 나가는 호흡에 성대가 툭, 툭 걸리는 느낌으로 소리를 시작하고, 안정된 그 지점을 유지하면서 호흡이 섞이지 않은, 매끄러운 소리 즉 불필요한 근육의 개입 없이 성대만으로 소리를 낸다.'라는 운동 표상의 내적 이미지를 가지고 훈련을 진행한다면 더 나은 효과를 기대할 수 있습니다. EVT(에스틸 보이스 트레이닝)에서는 이의 일환으로, '어-오.'(uh-oh)를 친근한 말투로 경고하듯이 소리 내는 방식을 성대의 운동 표상으로 활용하는데, 이때 맑고 명확하면서 자연스럽게 소리를 내라고 지도합니다. 이를 통해 학습자가 성대의 접촉(어, uh)과 지탱(오, oh)를 통한 진동이라는 발성의 운동 표상을 자연스럽게 체득하도록 교육하는 것입니다.[34]

호흡의 비율

배우가 자신의 목소리를 개발할 때 고려해야 할 요건으로 '목소리에 섞이는 호흡의 비율'도 있습니다. 특히나 영화, TV 드라마와 같은 영상 매체에서 음성과 호흡의 비율은 배우의 개성을 두드러지게 하는 목소리의 특징입니다. 영상 매체에서 배우의 연기는 시각적인 표정과 더불어 청각적인 대사 처리 즉 말하기를 통해서 주로 이루어집니다. 그래서 영화 연기를 훈련한다는 것은 곧 영상 매체에 적합한 말하기의 방법을 연습하는 것이라고 말할 수 있을 정도입니다. 그래서 영상 매체에서 활동하고 싶은 배우라면 우선 영상 매체에 적합한 말하기의 방식부터 터득하고 볼 일입니다.

영상 매체에 적합한 배우의 말하기 역시 그 핵심은 무대 연기와 특별히 다르지 않지만, 소리와 호흡의 적절한 비율에 관해서는 특별히 주목할 필요가 있습니다. 영상 매체에서 좋은 목소리를 지닌 배우들의 연기를 찬찬히 살펴보면 그들의 목소리에 일정한 호흡이 적절하게 섞여 있다는 사실을 확인할 수 있습니다. 이를 통해 그들은 영상 매체의 붐 마이크에 적합한 현실감 있고, 감정적인 목소리로 대사를 말하면서 스크린 위에 자신의 개성을 발휘합니다.

배우가 자신만의 이상적인 음성과 호흡의 비율 다시 말해 소리내기에 적절한 날숨의 양과 속도를 찾기 위해서는 발성 시 성대 접촉의 비율을 조절해야 하며, 이를 위해 적절한 훈련을 함께 연습해야 합니다. 예를 들어, 트윙 훈련처럼 성대 위주로 소리 내는 방식을 실천해서 성대의 접촉률을 향상하고, 말하는 동안 충분한 성대 접촉의 지탱이 가능해진다면 그 후에 입술 트릴을 활용해서 공기의 흐름을 높여주는 훈련을 병행해서 이상적인 음성과 호흡의 비율을 찾아가는 겁니다.

앞서 설명했던 것처럼 소리의 명료성을 위해서는 말하는 동안 적절한 호흡의 압력이 기본적으로 필요합니다. 말하는 동안 호흡 압력이 적절하게 유지되어야지만 그로 인해 성대의 접촉이 온전히 지탱되고, 진동이 활성화되면서 소리가 명료해지기 때문입니다. 그렇다고 호흡의 지지력을 강화하기 위해서 억지로 관련 근육에 힘을 준다면 그로 인해 오히려 성대의 유연성을 감소시켜 원활한 진동이 방해받습니다. 이런 이유에서 배우는 '히싱'처럼 호흡을 지지하는 훈련과 '입술 트릴'이나 '빨대훈련'처럼 성대를 유연하게 풀어주는 훈련을 번갈아 연습해서 자신에게 적합한 호흡 비율의 말하기 방식을 찾아가는 겁니다. 주의할 점은 소리와 호흡의 비율이 중요하기는 하지만 그것 역시 꼭 필요한 정도의 호흡만을 사용하는 것이지 과도한 호흡으로 성대의 운동을 저해해서는 안 된다는 사실입니다. 그래서 우리가 말할 때 소리가 먼저 난 후 호흡이 따라와야 하는 겁니다. 이러한 발성의 실천 개념(운동표상)은 기식음의 교정에 실제적인 도움을 줄 수 있습니다.

:: *POINT*

✓ 목소리는 성대의 접촉, 지탱, 진동이라는 물리적인 운동으로 생겨난다.

✓ 발성 훈련의 목표는 원활한 성대의 접촉과 진동, 불필요한 근육의 개입 배제이다.

✓ 소리는 '어택'으로 시작해서 '플로우'로 지속된다.

✓ 목소리의 개성은 적절한 음성과 호흡의 비율을 통해서 획득된다.

2) 발성 훈련의 실제

음성에 대한 오해

자신의 한계에 대한 고정관념을 버리고, 한 걸음 더 나아가 장애와 약점을 기회와 동력이 되는 지점까지 자신의 역량을 확대할 때 우리는 예술가로서의 창조적인 삶을 누릴 수 있습니다. 이 책 역시 자신의 한계를 극복하고 성장으로 나아가려는 배우를 위해 쓰인 책이며, 배우의 발성 훈련 역시 그러한 연장선상에서 이해되고, 실천되어야 할 것입니다. 이의 한 방편으로 여기서는 배우의 발성을 실제로 훈련하는 방법에 관해 집중적으로 배우겠는데, 그에 앞서 훈련의 성과를 저해할 수 있는 음성에 관한 오해와 훈련 시 주의할 점에 대해 알아보겠습니다.

음성훈련과 관련된 흔한 오해로는 '영화나 TV와 같은 영상 매체에서 연기하는 배우에게도 굳이 음성훈련이 필요한가?'라는 의문이 있습니다. 대극장처럼 멀리까지 대사를 전달해야 하는 무대 위 연기라면 수긍이 쉬우나 매체적 특성상 그리 큰 목소리가 필요하지 않은 영상 매체에서는 음성훈련이 특별히 필요하지 않다는 생각을 가질 수 있기 때문입니다. 물론 여러분도 그 답을 예상하시겠지만, 결론부터 얘기한다면 영상 매체에서 활동하는 배우일수록 오히려 음성훈련이 더욱 중요합니다. 배우가 지닌 음성의 문제가 영상 매체에서 더 크게 부각 되기 때문입니다.

미세한 음성까지 잡아내는 영상 매체의 붐 마이크는 성량의 확대를 도와줄 수 있지만, 반대급부로 배우가 지닌 음성의 문제를 더욱 두

드러지게 만듭니다. 그래서 기식음 등의 문제를 지닌 배우가 카메라 앞에서 연기했을 때 배우의 목소리는 불쾌한 파편처럼 마이크에 담기게 됩니다. 따라서 영상 매체를 목표로 하는 배우라면 안정된 목소리로 연기하는 역량의 확보를 최우선의 과제로 선결해야 합니다. 누군가의 말처럼 영화가 한 시간 정도 지나면 관객의 뇌리에 남는 건 배우의 얼굴이나 체형이 아니라 목소리이기 때문입니다.

앞에서 설명했던 것처럼 연기가 극적인 행위라는 점에서 일상보다 고양된 소통의 역량이 배우에게 필요합니다. 예컨대 현실에서 보통 사람들이 느끼는 슬픔보다 연기하는 배우가 느끼는 슬픔의 강도가 훨씬 더 세야 합니다. 배우의 연기는 무대와 객석 사이의 거리 혹은 카메라라는 일종의 필터를 거쳐서 관객들에게 전달되므로, 관객은 배우가 실제로 느끼는 감정보다 감소한 상태로 수신하게 되므로, 배우는 더욱 강한 감정을 느끼면서 연기할 필요가 있는 겁니다. 이런 형편이니 배우에게는 전달의 순도를 높여줄 수 있는 음성의 개발은 더욱 중요한 겁니다.

물론 영상 매체에서 현실감을 높이기 위해 작게 말하는, 심지어 웅얼거리면서 연기하는 배우도 있습니다. 이러한 말하기 방식에도 그 나름의 장점이 있으나 배움의 단계에서 이런 경우를 일반화해서는 안 됩니다. 그들이 실감을 높이고자 웅얼거리며 연기할 수 있는 토대 역시 그 이전에 훈련된 음성이 뒷받침하고 있기 때문입니다. 실제로 필자는 영화에서 늘 웅얼거리는 톤으로 연기하는 배우가 대극장 무대에서 연기하는 모습을 보고 놀랐던 경험이 있습니다. 더 정확히 말하면 배우의 연기를 보고 놀란 것이 아니라, 대극장에서도 명료하게 잘 들리는 배우의 목소리 때문이었습니다. 큰 목소리로 연기할 수 있는 배우는 작은 목소리로도 연기할 수 있지만 작은 목소리로만 연기할 수 있는 배우는 큰 목소리로 연기하기 어렵습니다.

음성훈련과 관련해서 한 번의 수업, 한 번의 연습만으로 음성이 나아졌다는 착각 역시 경계해야 합니다. 설사 훌륭한 교사의 지도를 받았다고 하더라도 좋은 음성은 한 번의 지도나 경험을 통해서 내 것이 되지는 않습니다. 생리학적으로 음성훈련은 웨이트 트레이닝과 같은 근육 운동입니다. 음성훈련도 결국 성대와 같은 음성 관련 근육을 발달시키는 연습이기 때문입니다. 단 한 번의 웨이트 트레이닝으로 우리 몸이 근육질로 바뀌지 않는 것처럼 성대 역시 지속적인 훈련을 통해서 발달하게 됩니다. 이렇듯 음성훈련은 근육을 단련하는 웨이트 트레이닝과 유사한 측면을 갖고 있으며, 다만 성대의 경우 팔, 다리의 근육과 달리 우리 눈에 직접적으로 보이지 않는 근육이라는 점에서 훨씬 더 섬세한 훈련이 필요할 뿐입니다.

이런 이유에서 설사 훌륭한 교사의 지도를 받더라도 단기간의 수업이나 연습을 통해서 실제적인 음성의 향상을 성취하기는 어렵습니다. 우리가 훌륭한 트레이너에게 단기간의 트레이닝을 받았을 때 올바른 운동 방법을 배울 수는 있겠지만, 그렇다고 실제로 몸의 근육이 커지지 않는 것과 같은 이치입니다. 이런 이유에서 지속적인 훈련을 통한 음성 관련 근육의 발달 없이는 아무리 신체를 이완하고, 호흡을 열심히 훈련하더라도 배우는 명료한 음성으로 대사를 말하기 어렵습니다.

멋진 근육질의 몸매를 갖고 싶다면 꾸준한 운동을 통해 근육을 강화해야 하듯이 배우도 명료한 목소리를 갖고 싶다면 꾸준한 훈련을 통해 음성 관련 근육을 필요한 수준까지 강화해야 합니다. 헬스장에서 사람들이 바벨 운동을 통해 몸의 근육을 강화하듯이 발성 훈련을 통해 배우는 성대 주변의 근력을 키울 수 있고, 피로감에 대한 성대의 저항력을 강화할 수 있습니다. 반면 성대가 충분히 단련되지 않았다면 격정적인 대사를 말해야 하는 장면이나 큰 소리를 질러야 하는 장면에서 성대가 그 소리를 감당하지 못해서, 그에 대한 보상작용으로 후두가 상승하고, 목을 조여 말하게 되어 성대가 금방 피로해지는 등의 음성적 장애를 경험할 수 있습니다.

연기의 미덕인 '진실'도 음성과 관련해서 오해를 일으키곤 합니다. 연기의 진실은 분명 그 불규칙성에서 비롯되는 것이므로, 돌발적이며 예측 불가한 대사 처리는 배우의 연기에 실감을 높여주며, 따라서 오늘날 배우의 말하기는 전달에만 초점을 두지는 않습니다. 그렇지만 음성과 관련해서 균일한 목소리, 안정적인 톤으로 대사를 말할 수 있는 역량은 여전히 배우가 갖추어야 할 최우선의 기량입니다. 연기가 관객을 전제로 하는 예술 행위인 이상 배우의 말하기는 명료하고 안정적인 톤으로 구사되어야 합니다. 따라서 배우는 실감 높은 화술에 앞서 호흡, 발성, 성도 등을 충실하게 훈련해서 안정적인 톤을 잡는 것에서부터 말하기 훈련을 시작해야 합니다.

그러나 이런 종류의 훈련이 배우의 말하기에서 즉흥과 변화를 감소시켜 실감을 해칠 수 있다고 경계하는 배우도 있습니다. 배우의 연기에서 다양성도 좋고, 현실감도 중요하지만, 만약 배우의 대사가 제대로 들리지 않는다면 그것들이 무슨 소용이 있겠습니까? 경험이 적은 배우가 연극이나 영화에 처음 출연했을 때 가장 어려운 연기는 절실한 감정의 분출이나 사실적인 연기 이전에 한 줄의 대사를 잘 들리도록 말하는 것입니다. 따라서 그것이 영상 매체이든 공연 무대든지 간에 배우에게 가장 필요한 도구는 단연코 잘 들리고, 안정적인 목소리입니다. 배우는 자신의 말하기에서 균일한 안정성부터 확보해야 하며, 말의 즉흥과 변화는 안정성 위에 피어나는 꽃과 같은 것이 되도록 해야 합니다.

훈련의 유의점

트웽을 비롯한 모든 발성 훈련은 기본적으로 성대 운동에 적합한 내적 심상(운동 표상)을 가지고 연습을 진행해야 유리합니다. 충분한 들숨으로 후두가 안정된 상태에서 나가는 호흡에 성대가 툭, 툭 걸리는 느낌으로 발성을 시작하고, 후두가 안정된 그 지점을 유지하면서 불필요한 근육의 개입 없이 성대만으로 매끄러운 소리를 낸다는 운동 표상을 인지한 후 발성 훈련에 임하면 성대의 접촉과 지탱 그리고 진동을 더욱 효과적으로 개발할 수 있습니다.

그러나 초보자들에게는 어쩌면 이런 설명조차 어렵게 느껴질 수 있습니다. 그래서 말하기와 관련해서 가장 빠른 학습 방법은 좋은 선생님을 찾아가 직접 배우는 것이겠지만 책의 서두에 말했던 것처럼 발성의 원리에 대해 숙고하고, 해답을 찾아가겠다는 태도를 지니고 일관되게 훈련을 지속한다면 더 확실하게 원리를 깨닫고, 바라던 성과를 얻을 수도 있습니다. 솔직히 말하기를 포함한 연기교육에서 교사가 할 수 있는 역할이란 학생이 스스로 깨달음을 얻도록 격려하고, 자극하는 것이 고작이기 때문입니다.

훈련 시 주의할 바는 발성 시 억지로 소리를 밀어서 내지 않아야 한다는 점입니다. 밀어서 소리 내는 방식은 기식음, 목의 협착과 더불어 대표적인 나쁜 습관입니다. 또한, 반-폐쇄훈련의 경우 필요한 공기의 양을 줄여서 이완을 유도하는 발성 방법이므로, 부드럽고 안정적인 소리를 내면서 연습해야 합니다. 그래서 발성을 훈련할 때는 작은 볼륨에서 시작해서 성대가 공기압을 지탱할 수 있도록 조금씩 더 큰 소리를 내면서 성대가 붙은 상태를 유지하면서 연습을 진행해야 합니다. 앞에서 말했던 것처럼 호흡이 새는 기식음이나 말할 때 목이 조이는 협착을 방지하기 위해서는 소리를 내는 동안 성대 접촉을 유지하는 것이 매우 중요합니다.

목이 조여지고, 후두가 상승하고, 턱이 앞으로 나오는 등의 나쁜 습관 역시 소리를 생성하는 제1의 기관인 성대가 제 기능을 수행하지 못하므로 그 보상작용으로 나타나는 현상입니다. 문제는 이런 나쁜 습관의 교정이 지극히 어렵다는 사실입니다. 우리 몸이 고질적인 발성 습관을 기억하고 있으므로, 열심히 연습했더라도 막상 일상으로 돌아와 누군가와 말할 때면 관성적으로 나쁜 습관이 재발하기 때문입니다. 이런 나쁜 습관을 억제하기 위해서는 작은 소리에서 큰 소리로, 느린 속도에서 빠른 속도로 훈련을 진행하는 것이 유리합니다. 같은 이유에서 '트왱'처럼 짧게 소리를 반복하는 훈련도 잘못된 습관에 따라 소리 나는 것을 방지하는 효과적인 연습입니다.

또한, 과도하게 호흡에 의지해서 소리를 내려는 경향 역시 발성 훈련에서 주의해야 합니다. 소리는 성대와 호흡의 마찰로 생겨나는 작용이지만 호흡과 소리는 분명히 다른 작용입니다. 호흡은 초당 약 4m 정도를 이동하는 비조직적이고 무질서한 입자로서 분산이나 퍼짐의 성질을 갖고 있습니다. 반면 소리는 연결성의 운동 에너지를 지닌 파동입니다. 이렇듯 호흡과 소리가 다른 작용이란 사실은 중요한 시사점이 될 수 있으며, 배우는 발성 훈련에 임할 때 호흡과 소리를 구분해서 인식할 필요가 있습니다. 그래서 발성을 훈련할 때 일단 소리가 발생하면 호흡은 차치하고, 소리에만 집중해야 하는 겁니다.

공연 연습처럼 긴 시간에 걸쳐 성대를 사용하면 당연히 성대에 피로가 쌓이게 됩니다. 그러므로 적절한 휴식과 함께 발성 훈련을 진행하는 것이 성대 건강에 유리합니다. 또, 평소 말을 많이 하는 것도 성대를 지치게 하는 요인이고, 특히나 성대를 건조하게 만드는 커피나술을 마시면서 큰 소리로 나누는 잡담은 성대에 심각한 데미지를 안 겨줍니다. 연습 전이나 평상시에도 성대 표면이 적당한 점도를 유지 할 수 있도록 충분히 물을 마셔야 합니다. 또, 실연 전 과식을 피하는 것도 목소리를 사용하는 배우에게 좋은 팁이 될 수 있습니다. 과식은 복부를 팽창시켜 폐의 확장과 횡격막의 기능을 떨어뜨립니다. 그래서 어느 배우는 실연 전 식사를 아예 하지 않거나 화장실에 가서 속을 비 우는 배우도 있습니다.

이런 이유에서 배우는 훈련에 앞서 자기 몸의 건강부터 점검할 필 요가 있습니다. 흥미롭게도 발성이나 호흡 기관만큼이나 소리에 중대 한 영향을 미치는 것이 소화기관입니다. 잦은 야식이나 커피, 담배, 술, 자극적인 음식의 섭취 혹은 심각한 스트레스로 인한 위산의 과도한 분 비는 음성을 저해하는 요인이 될 수 있습니다. 예컨대 지나친 커피나 술 때문에 위산 역류로 인한 식도염은 성대를 망가뜨려서 쉰 목소리를 내는 요인이 됩니다. 잠을 자는 동안 역류한 위산이 성대에 상처를 입 혀서 쉰 목소리를 내게 하기 때문입니다. 또한 소화불량과 장 기능의 약화로 인해 배에 가스가 차서 복부가 팽만하다면 이는 원활한 숨쉬기 를 방해하고, 어깨 등에 과도한 긴장을 일으켜서 목이 금방 쉬고, 목소 리에서 공명을 사라지게 합니다. 배우라면 누가 뭐래도 건강해야 합니 다. 누구나 알듯이 건강한 몸에서 건강한 소리가 나오니까요.

발성 훈련의 종류

배우가 올바르게 소리 내는 방식을 습득하는 발성 훈련의 대표적 인 연습으로는 립 트릴, 혀 트릴, 빨대 발성, V / Z 마찰음, 허밍 등의 반-폐쇄훈련(Semi-Occluded Vocal Tract, SOVT)과 성대 접촉과 지탱을 높여 주는 트웽이나 사이레닝, 스케일을 이용한 모음 훈련 그리고 발성 시 불필요한 근육의 개입을 배제하는 연축 훈련 등이 있습니다.

반-폐쇄훈련은 성도의 앞부분인 입술이나 혀 부분을 전체 혹은 일부 폐쇄하여 성대를 통해 나가는 공기에 저항을 주는 방법입니다. 그렇게 하면 성문 상압(구강 부위의 호흡 압력)이 생겨나 성대의 진동에 필요한 역치[35]가 낮아져서 더 적은 호흡 압력으로도 좋은 소리를 낼 수 있습니다. 그래서 기식음과 같은 과소 발성의 문제에 관해서도 반-폐쇄 훈련은 성대의 접촉과 평균 호기율 등을 증가시켜 효율적인 발성을 가능하게 도와줍니다. 그에 더해 반-폐쇄훈련을 지속하면 성대를 접촉하는 면적이 줄어들어 두성의 공명에도 도움을 줍니다. 또, 같은 이유에서 소리를 내는 동안 성대 조직의 손상을 최소화하므로 음성 개발의 전반에 걸쳐 유익하고, 만약 성대에 상처가 있는 경우에는 치료의 효과까지 있어서 지속적인 훈련으로 성대 조직의 치유를 촉진할 수 있습니다.

트릴(trill)은 입술이나 혀를 부르르 떨어서 그로 인해 성대 상면의 진동을 유도하는 훈련입니다. 입술 트릴은 떨림을 통해 구강 근육들의 긴장을 풀어줘서 성대의 긴장도 그만큼 완화가 되어 진농에 유리할 뿐 아니라 성대의 접촉에도 도움을 줍니다. 그에 더해 호흡의 흐름도 원활하게 도와서 성대의 접촉이 과도한 발성을 개선하는 것에도 효과적이라서 여타의 음성훈련에 앞서 실시하는 웜-업 훈련으로도 적합합니다.

트웽(twang)은 불필요한 근육의 개입은 최소화하면서 성대의 접촉을 개선하는 연습입니다. 성대의 접촉을 높여주는 트웽은 '쩍쩍'거리는 새 소리처럼 밝고 초점 있는 음색으로 성문 상압과 하압을 유지한 상태에서 'ㅁ', 'ㄱ', 'ㅂ' 등 특정 자음을 활용하여 필요한 성도의 확장을 유지한 상태에서 불필요한 근육의 개입 없이 짧고 연속적인 소리를 내는 방식으로 진행됩니다. 코를 울리는 듯 밝은 소리를 내는 트웽의 원리는 소리를 내는 과정에서 구강의 호흡 압력을 높여주고, 성대의 경제 지향적인 운동이 가능하도록 돕습니다. 달리 말해 이것은 호흡의 역할을 줄여서 성대의 기능을 향상하는 원리로, 소리를 낼 때 호흡을 가능한 적게 사용하는 방식을 체득하는 연습입니다. 앞에서도 설명했듯이 성대와 호흡은 서로 보상작용을 가져서 호흡의 역할을 줄여줘야지만 반대급부로 성대의 기능이 향상됩니다.

앞서 언급했듯이 우리는 보통 소리의 크기가 호흡이 강할수록 커진다는 통념을 갖고 있습니다. 그러나 성대와 호흡의 보상작용으로 인해 배우가 내려는 소리에 필요 이상 사용된 호흡은 오히려 성대의 기능을 떨어뜨려서 목소리를 악화시킵니다. 특히나 목소리에 약점을 지닌 배우의 경우 큰 극장에서 연기해야 할 때 소리의 볼륨을 높이고자 과도한 호흡으로 소리를 강하게 미는 경향이 있습니다. 이런 경우 성대가 할 일을 호흡이 대신하게 되므로, 성대가 단련되지 못하고, 오히려 더 나빠지게 됩니다. 이런 이유에서 음성교사 르삭은 좋은 목소리로 연기하려면 더는 줄일 수 없을 정도로 최소한의 날숨만을 사용하라고 조언했습니다.[36]

이 책의 7장 〈화술〉에는 대사의 전달력을 높이기 위해 '호흡을 앞으로 뱉으면서 대사를 말한다.'라는 지침이 수록되어 있습니다. 그러나 이 역시도 성대의 기능을 깨뜨리지 않는 한에서 호흡을 뱉어주는 것이지 성대의 기능을 방해할 정도로 과도하게 호흡을 뱉으라는 것은 아닙니다. 좋은 목소리를 가지려면 발성 훈련 단계에서 호흡을 과도하게 쓰지 않고 효율적인 성대 운동만으로 소리를 내는 방식을 터득해야 합니다. '트웽'이나 '사이레닝'은 이를 돕는 훈련으로, 트웽이 해당 자음을 대상으로 작은 소리로 가볍게 성대를 통통 때리듯이 시작해서 점점 큰 소리로 훈련을 진척하는 연습이라면 사이레닝은 소리를 낼 때 목의 개입 즉 성대 외부 근육의 개입 없이 오로지 성대만으로 다양한 음역대의 소리를 내는 훈련입니다.

모음 훈련은 성대가 폐의 공기 압력을 충분히 견딜 수 있는 역량을 기르는 연습입니다. 모음 훈련은 다양한 모음을 대상으로 상행과 하행 스케일을 활용해서 음의 높고 낮은 변화에도 성대의 접촉을 지탱하면서 소리가 나도록 성대를 단련하는 연습입니다. 모음 훈련은 '아', '이', '오' 등 다양한 모음을 활용해서 훈련하는데, 그 이유는 각각의 모음마다 성도의 형태가 변화하기 때문입니다. 예를 들어 '아'는 혀가 낮고 뒤에 위치할 뿐 아니라 구강이 가장 크게 벌어져서 밝고 강한 공명을 생성하는 대표적인 모음입니다. 그러나 입이 가장 크게 벌어져서 성문 상압의 형성이 어려운 모음이라서 모음 훈련에서 가장 마지막에 연습할 것을 추천합니다.

'우' 모음은 혀가 높고 뒤에 위치하나 후두가 내려가 가장 낮은 위치에 있어서 성도의 길이가 늘어나고, 무엇보다 입술이 앞에서 모여지는 형태여서 입안의 공기를 가두어 성문 상압의 형성에 유리합니다. 이런 이유에서 모음 훈련에서 다른 모음을 이끌어 주는 가이드 모음으로 적합하므로, 모음 훈련은 일반적으로 '우'부터 연습을 시작합니다. 반면 '오' 모음은 '우'와 유사한 형태를 지니고 있어서 음성훈련에 유리할 뿐 아니라 '우'가 낮은 흉성에 적합한 소리를 낸다면 '오'는 두성에 적합한 높은 소리를 생성하므로 두성 공명을 개발할 때 유리합니다.

'이' 모음은 혀의 위치가 경구개 바로 아래 위치해서 딱딱한 부위인 경구개를 활용한 공명의 개발에 좋은 모음입니다. 그러나 혀가 앞, 위에 위치하므로 후두가 올라올 위험이 있어서 가이드 모음인 '우'의 입 모양을 그대로 유지한 상태에서 '이' 모음을 내면서 훈련합니다. '에'는 '이'와 유사한 특성을 가지나 입술이 살짝 더 벌어지고, 혀가 살짝 낮아진 상태로 소리를 내주면 됩니다. 따라서 '우'나 '오'와 같은 가이드 모음으로 훈련한 후 입안 공간을 그대로 유지한 상태에서 '이', '에', '어', '아'를 훈련하면 점차 목이 열린 상태로도 성대의 지탱을 유지하면서 소리를 낼 수 있게 됩니다. 중요한 것은 일단 소리가 나면 호흡은 차치하고 소리 즉 성대의 운동에만 집중하는 것이고, 소리를 낼 때 목의 협착 즉 가성대와 같은 불필요한 근육이 개입하지 않게 유념하는 것입니다.

발성 훈련에서 꼭 필요한 연습이 불필요한 근육의 개입은 배제하고 성대의 운동만으로 순도 높은 소리를 나게 하는 연습입니다. 이미 설명했듯이 좋은 소리는 성대와 호흡이 '어택'과 '플로우'의 형태로 만났을 때 생겨납니다. 따라서 발성 훈련을 통해 우리가 기본적으로 갖출 것은 적절한 성대의 접촉을 유도하고, 말하는 동안 그 접촉을 지탱하는 성대의 피지컬을 키우는 것입니다. 그러기 위해 성대 외의 불필요한 근육이 발성에 참여하는 것을 배제해야 하고, 반면 성대는 잘 진동할 수 있도록 성대와 호흡의 접촉을 조절하는 훈련이 필요합니다. 이를 위해 이 책에서는 배우에게 필요한 발성 훈련을 'C-SPOT'처럼 첫소리를 경험하는 훈련, '허밍' 등의 반 폐쇄훈련, '연축'과 '트웽'처럼 불필요한 근육의 개입을 배제하고 성대를 단련하는 운동, '트릴' 등을 활용해서 음성과 호흡의 비율을 조정하는 훈련 등 크게 4단계로 구성해서 연습을 진행합니다.

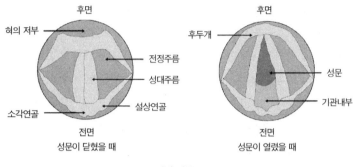

후면
혀의 저부
전정주름
성대주름
소각연골
설상연골
전면
성문이 닫혔을 때

후면
후두개
성문
기관내부
전면
성문이 열렸을 때

성대 해부도

✓ 발성을 훈련할 때 호흡은 필요한 만큼만 최소로 사용하고, 일단 소리가
나면 소리 즉 성대의 운동에만 집중한다.

✓ 불필요한 근육의 개입을 배제하고, 성대의 진동을 활성화해서 소리의
명료성을 향상한다.

✓ 적절한 훈련의 병행으로 말하기에 적합한 음성과 호흡의 이상적인 비율
을 찾아간다.

1단계: 첫소리를 경험하는 훈련

발성 훈련의 1단계는 자신의 고유한 소리를 깨닫기 위해 호흡과
성대의 접촉으로, 첫소리를 올바로 내는 방식을 경험하는 연습이다.

C-SPOT

C-SPOT은 자신이 지닌 본래 음성의 톤을 찾아주는 연습으로, 매우 간단한 방법으로 자신의 발성 시작점을 자각할 수 있게 도와준다.[37] C-SPOT을 시작점으로 삼아 소리를 내면 경구개, 안면, 가슴 등 다양한 성역의 공명이 포함된 목소리를 개발할 수 있다.

• 입술을 다문 채 하품을 해서 구강을 넓힌 상태로 한 손을 명치에 대고 한숨을 내쉼과 동시에 명치를 누르면서 '음~' 혹은 '흠~'하고 허밍을 해본다. 단, 목에 걸린 소리가 나지 않게 유의한다.
• 그때 소리가 나는 지점(일반적으로 인중 부위에 해당하는 곳)이 바로 자신이 가장 편안하게 내는 소리의 시작점이다.
• 편안한 소리의 감각을 체화하기 위해 C-SPOT에서 나는 편안한 소리의 음높이를 피아노를 이용해서 찾아서 들어본다. 이 음이 바로 당신 말하기의 최적의 음도(Optimal pitch)이다. 평소에 대화할 때도 최적의 음높이에서 말을 시작하는 습관을 기른다.

첫소리

이 훈련은 어택과 플로우의 동시음으로 첫소리를 내는 연습이다. 훈련을 통해 호흡과 성대의 접촉으로 생겨난 소리의 진동이 물결처럼 흘러나가는 말하기의 방식을 터득한다. 원활한 성대의 접촉과 진동을 위해서는 후두와 연구개가 넓어지고, 혀뿌리와 목의 긴장 없이 성도가 이완된 상태를 유지해야 한다. 따라서 다음 장에 소개하는 성도 훈련을 먼저 실천한 후 발성 훈련을 하는 것이 목소리의 개발에는 더 유리하다.

- 필요를 느껴 숨이 충분히 들어온 후 나가는 호흡이 접지된 성대와 만나는 '접촉'의 순간을 경험한다.
- 그 접촉에서 시작되는 성대의 떨림에 집중하여 짧게 스타카토로 'ㅎ아' 소리를 가볍게 타종하듯이 몇 차례 내본다. 이것이 소리의 '어택'이다.
- 앞서와 같이 짧은 스타카토로 'ㅎ아'를 몇 번 반복하다가 이번에는 성대의 접촉을 유지한 상태로 길게 한숨을 내쉬며 'ㅎ아아아~' 물결처럼 긴 흐름의 진동으로 소리를 낸다. 일단 소리가 나면 호흡이 아니라 성대의 운동에 더 집중한다. 호흡이 섞이지 않은 100% 진동의 소리를 내려고 해본다. 이것이 소리의 '플로우'다.
- 발성 운동의 내적 심상을 인지한 상태에서 실천하는 것이 중요하다. 충분한 들숨으로 후두가 안정된 상태에서 나가는 호흡에 성대가 툭, 툭 걸리는 느낌으로 'ㅎ아' 소리를 시작해야 하고, 후두가 안정된 지점을 유지하면서 호흡이 섞이지 않은, 불필요한 근육의 개입 없이 성대만으로 나는 'ㅎ아아아~'를 매끄러운 소리로 낸다.

2단계: 반-폐쇄훈련

말하기 훈련에서 널리 활용되는 반-폐쇄훈련은 성대의 접촉과 진동 모두에 유익한 연습이다. 우리가 소리를 낼 때 입술이나 혀를 이용해서 호흡이 나가는 출구를 막아주어 어느 정도 저항을 주게 하면 구강에 성문 상압이 생기면서 성대의 접촉과 진동을 도와 더 적은 호흡의 압력만으로도 더 좋은 소리를 낼 수 있다. 이것이 반-폐쇄훈련의 원리이다. 또한 트릴이나 허밍과 같은 훈련은 발성 이전에 긴장 해소에도 유용해서 본격적인 음성훈련 전의 웜-업 훈련으로, 또는 장애가 있는 음성의 치료에도 매우 효과적인 연습이다.

:: 훈련 예제 1
허밍

허밍은 입술이 닫혀있어서 성문 상압의 형성에 유리해서 성대 진동의 활성화를 돕는다. 다시 말해 허밍은 성대를 기준으로 위쪽인 구강에서 형성된 성문 상압과 아래쪽 흉곽에서 형성된 호흡 압력 사이에서 성대가 진동해서 소리가 나도록 돕는 훈련이다. 따라서 허밍을 훈련할 때는 무엇보다 성대의 진동에 주목해서 연습해야 한다. 허밍 훈련의 장점은 구강에서 형성된 성문 상압이 성대를 위에서 평평하게 눌러주는 효과를 통해 성대의 원활한 진동을 도울 수 있다는 점이다. 따라서 허밍 훈련을 할 때는 성문 상압과 성문 하압의 형성에 유의하면서 그 사이에서 성대의 진동이 원활하게 일어나도록 유도한다. 만약 이러한 원리를 모른 채 배우가 단지 '음~' 소리만 내면서 훈련한다면 그 효과는 미미할 뿐이다.

• 입술이 붙은 상태에서 위, 아래 이빨이 떨어지게끔 하품하듯이 구강을 넓게 벌리고, 후두가 안정된 상태에서 필요를 느껴서 들숨을 한다.

- 확장된 흉곽을 유지한 채 날숨에 의해 '음~' 소리를 내면서 입술 주위를 마치 핸드폰의 진동처럼 울려준다.
- 그 과정에서 구강과 흉곽에 형성된 각각의 호흡 압력과 그 사이에서 성대가 '바르르' 떨리는 진동의 감각을 느껴본다. 허밍은 무엇보다 성대의 진동에 주목해서 훈련해야 한다.
- 입술을 다문 채로 시계 방향으로 돌려주며 허밍을 해서 소리의 진동을 더욱 번성시킨다.
- 가까운 지점에서 먼 지점까지 타겟을 정한 후 허밍에 의한 소리를 밀도를 유지하면서 더 멀리 보내는 방식으로 훈련한다. 거리감은 발성과 공명 모두에 도움을 주기 때문에 말하기 과정에 꼭 필요한 실천 개념의 하나다.
- 하나부터 열까지 숫자를 세어보거나 '안녕하세요' 등의 간단한 인사말을 해보는데, 먼저 '음~' 허밍을 해서 허밍으로 나는 진동의 소리로 첫음절의 소리를 나게 해서 말을 한다. 이를 통해 성대의 진동으로 말을 하는 습관이 자신에게 체득되게끔 한다. ex) '음~하~나', '음~안~녕하세요.' 등등

:: 훈련 예제 2

트릴

트릴 훈련은 입술이나 혀의 떨림을 이용해서 성대의 접촉과 진동을 향상하는 연습이다. 입술 트릴은 입술 등 구강 근육을 이완하는 효과도 있으나 성대의 상면 즉 성대의 윗부분을 진동하는 것에 더 큰 목적이 있다. 이러한 훈련의 목적성을 모른 채 단지 입술이나 혀를 떨어주는 것에만 집중한다면 실제적인

훈련 효과를 기대하기 어렵다. 목소리가 경직되어 있거나 어둡고 무거운 경우에는 가벼운 느낌의 입술 트릴을, 호흡이 짧고, 저음이 잘 안 난다면 좀 더 무거운 느낌으로 입술 트릴을 훈련해 준다. 만약 입술 떨림이 잘되지 않으면 그것은 성대의 접촉 역시 그만큼 불충분하다는 것인데, 입술이나 혀의 근육과 성대 근육은 직간접적으로 연결되어 있기 때문이다. 이런 이유에서 입술과 혀 트릴은 단순히 입술과 혀의 긴장만을 풀어주는 것이 아니라 성대의 접촉과 진동에도 도움을 주는 것이다.

- 필요를 느껴서 윗배와 흉곽으로 호흡이 들어오게 한다.
- 날숨의 작용으로 편안히 아랫배가 조여지고, 확장된 흉곽은 유지해서 호흡 압력을 형성한 상태로 편안하게 입술을 세밀히 떨어준다. 그로 인해 자연히 성대의 상면이 떨리게 된다. 구강의 확장, 후두의 안정에도 유의한다.
- 입술 트릴이 잘되지 않는 사람은 두 손가락으로 입술 위쪽을 살짝 위로 당긴 상태에서 연습한다.
- 편한 음정의 스케일(scale)을 선택해서 입술 트릴을 상향 발성과 하향 발성으로 각각 연습한다.
- 입술 대신 혀를 써서 같은 방식으로 트릴을 연습한다.

:: 훈련 예제 3
빨대훈련

음성학자 티체가 개발한 빨대훈련은 호흡 압력과 성대의 운동을 동시에 향상하는 연습이다. 만약 음성훈련이 너무 복잡하거나 버겁게 느껴진다면 다른 훈련을 모두 그만두고, 단지 빨대훈련만을 연습하도록 한다. 그만큼 목소리의 전 영역에서 가장 유리한 훈련이다. 허밍의 경우 입이 닫혀있어서 호흡이 구강에 머물러 있어서 압력의 형성에 유리하지만 실제로 우리가 말할 때는 입이 벌어져서 호흡이 나가면서 말하게 된다. 이런 이유에서 입에 문 빨대로 호흡을 내보내며 발성하는 빨대훈련은 허밍보다 말하기에 더 가까운 방식으로 성문 상압과 성대 진동을 동시에 연습할 수 있다. 빨대훈련은 성문 상압의 형성에 유리한 훈련이라서 성대가 평평하게 대칭적으로 진동할 수 있게끔 도와준다. 만약 성대가 비대칭적으로 진동한다면 성대가 쉽게 마르고, 그만큼 목이 빨리 상한다. 연습할 때 소리가 빨대 끝에서 일어나게끔 유의하고, 어깨 등 불필요한 부위에 긴장이 생기지 않도록 주의한다.

- 구강 확장과 후두 안정에 유의한 상태에서 야쿠르트 빨대 정도의 얇은 빨대를 입에 문다.
- 필요에 의한 들숨으로 윗배와 흉곽을 채운 후 아랫배를 적절히 조이면서 날숨을 일정하게 내보낸다.
- 흉곽의 성문 하압과 구강의 성문 상압을 유지한 상태로 빨대를 불어 진동하는 소리를 낸다. 몸의 중심 즉, 복부에서부터 나가는 호흡에 그저 소리를 싣는 느낌으로 소리를 낸다.
- 빨대 끝을 가볍게 엄지와 검지로 잡고, 음성(진동)이 빨대 끝에서 생성된다고 생각하면 소리의 전달력과 명료성을 더 높일 수 있다.
- 아랫배를 짧은 주기로 반복적으로 당겨주면서 그에 맞추어 음을 올려다가 내리는 방식으로 빨대를 불면서 마치 계단을 올라가고 내려가듯이 소리를 낸다.
- 노래를 한 곡 정해서 같은 방법으로 빨대를 불어 노래를 불러 본다.
- 독백 하나를 정해서 같은 방법으로 빨대를 불어 독백을 말해 본다.

그런 다음 빨대를 물지 않고 독백의 대사를 말해 본다. 빨대를 불었을 때 냈던 소리와 같은 톤으로 대사를 말해야 한다.

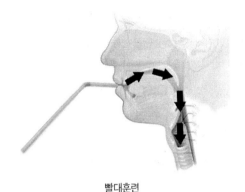

빨대훈련

3단계: 성대를 단련하는 운동

발성 훈련의 3단계는 발성 시 불필요한 근육의 개입을 배제하고, 성대의 운동으로만 나는 순도 높은 소리를 내기 위해 성대를 단련하는 연습이다.

:: 훈련 예제 1
연축

연축[38]은 발성 시 가성대 등 불필요한 근육의 개입을 배제해 주는 훈련으로, 발성이나 공명 등 소리를 내는 훈련에 앞서 전-단계 훈련으로 실천한다. 특히나 발성을 방해하는 목의 협착을 막기 위해 '소리 없이 웃기'를 연습해서 가성대의 연축을 체득한다.

- 소리를 내지 않은 채 웃기 혹은 울기를 하며 목구멍을 넓힌다.
- 이때 얼굴이나 입술의 움직임을 최소화하고, 목구멍이 좌우로 넓게 열리는 근육의 감각을 느낀다. 소리 없이 웃는 느낌이 입술에서 목 안으로 내려가는 느낌을 키워 보는 것이다. 소리 없이 웃기를 통해 목 안이 넓어진 느낌, 새로운 공간이 추가되는 느낌을 가져 본다.
- 입 앞에 손바닥을 대고 들숨, 날숨 시의 공기를 체크하고 침묵으로 웃기를 해서 날숨 시 공기의 양과 온도, 퍼지는 정도 등의 변화를 체크한다. 가성대(목구멍)가 연축이 되면 날숨 시 공기의 양이 줄어들고 온도는 더 따뜻해지며 더 넓게 퍼지는 스팀(Steam)화가 이루어지게 된다.
- '아' 혹은 '이' 모음을 소리 내면서 동시에 소리 없는 웃기 혹은 울기를 해서 목구멍을 넓히면서 소리가 명료해지는지를 확인한다. 목 안의 공간이 넓어지면 성대의 진동이 활성화되면서 소리가 더욱 명료해진다.

:: 훈련 예제 2
사이렌닝

사이렌닝은 음성교사 조 에스틸이 개발한 발성 훈련으로, 외부 근육의 개입 없이 온전히 성대로만 소리 내는 방식을 습득하는 연습이다.

- '노래하다'의 '싱~'(sing)에서 마지막 소리인 '잉'(ng)을 소리 낸다. 소리가 입 밖으로 나가지 않는, 작고 밀도 있는 소리를 낮은 음정에서 높은 음정, 다시 낮은 음정으로 슬라이딩해서 소리를 낸다. 단, 노래 연습이 아니므로 자신이 편하게 낼 수 있는 음역의 소리로 훈련한다.
- 온전히 성대로만 소리내기 위해 가능한 한 호흡이 소리에 섞이지 않게 유의한다. 소리를 낼 때 입 앞에 손바닥을 가져다 대었을 때 호흡이 입 밖으로 나오지 않아야 한다.
- 만약 훈련 후 목이 아프거나 통증이 느껴진다면 이는 발성 시 목 근육이 개입한 것으로, 잘못 훈련한 것이다. 소리를 낼 때 들숨 시 하강한 후두가 올라가지 않고 안정된 상태를 유지하는 것과 처음 소리를 낼 때 성대가 '툭' 걸리는 느낌으로 시작할 수 있도록 유의한다.
- 감정 변화가 큰 독백을 정해서 대사 대신 사이레닝으로 소리를 내며 연기한다. 만약 특정 대사에서 목이 조여지는 현상이 벌어지면 '침묵으로 웃기'를 해서 목구멍을 넓힌 후 다시 사이레닝을 연습한다.

:: 훈련 예제 3

트웽

트웽은 불필요한 근육의 개입을 배제하고 순수한 성대의 운동으로 소리를 내는 훈련이다. 성대의 접촉을 높여주어 쉰 목소리나 기식음의 문제를 지닌 배우에게 도움을 주고, 입술의 긴장도를 줄여서 정확한 발음의 향상에도 유익한 연습이다. 트윙 훈련의 원리는 성도의 앞부분 전체에 폐쇄가 일어나면서 구강의 성문 상압을 높이고, 소리를 낼 때 성대를 제외한 근육의 개입을 줄여서 성대가 순수하게 기능하도록 돕는 것이다. 공명의 성역인 비강, 중성, 흉성, 두성의 발성에 적합한 성도의 형태를 만들어 주는 자음인 /ㄴ/, /ㅁ/, /ㅂ/, /ㄱ/을 각각 적용해서 트윙을 훈련한다.

- 성도의 확장에 유의하며, 참새의 '짹짹', 오리의 '꽥꽥' 소리처럼 양쪽의 성대가 꽉 붙어서 소리가 난다는 느낌을 상상하면서 소리를 낸다. 다시 말해 해당 소리에 유음 /j/를 추가해서 소리 낸다는 느낌을 지닌 채 훈련하는 것이다. 만약 '자'라면 '쟈', 모음 '마'라면 '먀'의 느낌으로 소리를 낸다. 이런 연습은 더 강한 성대의 접촉을 유도해 낸다.
- 소리를 낼 때 목구멍이 너무 조여지거나 누르는 발성이 되지 않도록 주의해야 한다. 이를 방지하기 위해 입안의 모양을 '오' 모음의 모양으로 만들어 준다. 이를 통해 후두의 안정과 목을 열어준다.
- 가볍게 놀리듯이 '네, 네, 네, 네…'를 스타카토로 연속해서 코 부위를 울리며 소리 낸다.
- 다른 모음을 이용하여 '나, 나, 나, 나…', '니, 니, 니, 니…', '노, 노, 노, 노…' 등으로 발성한다. 유음/j/ 효과를 추가하기 위해 혀를 앞으로 밀면서 혀 등의 높은 위치를 만든 상태로 소리 낸다.
- 이번에는 입술 자음인 /ㅁ/을 활용해서 편안한 성역으로 성대를 훈련한다. '멤, 멤, 멤, 멤…', '맘, 맘, 맘, 맘…', '멈, 멈, 멈, 멈…'를 얄미운 느낌의 소리를 연속해서 내면서 성대의 운동에만 집중해서 훈련을 진행한다.
- 이번에는 입술 자음인 /ㅂ/을 활용해서 낮은 톤으로 성대를 훈련한

다. '법, 법, 법, 법…', '밥, 밥, 밥, 밥…', '봅, 봅, 봅, 봅…'를 입술을 붙였다 떨어뜨리는 압력감을 느끼며 소리를 내서 성대를 단련한다.

- 연구개 자음인 'ㄱ'을 대상으로 '국, 국, 국, 국…', '겍, 겍, 겍, 겍…', '곡, 곡, 곡, 곡…' 등을 앞서와 같이 훈련하면서 조금 더 높은 톤으로 소리를 내면서 성대를 단련한다.
- 다른 자음으로도 점차 훈련을 확대해 보는데, 모든 자음과 모음을 불필요한 근육의 개입 없이 성대의 운동만으로 밝은 소리가 날 때까지 연습한다.

:: 훈련 예제 4
모음 훈련

모음 훈련은 기본 모음을 대상으로 스케일을 활용해서 성대 접촉을 지탱하는 역량을 향상하는 연습이다. 모음 훈련은 우선 작은 볼륨과 편안한 톤에서 시작해서 점차 고음과 큰 볼륨으로 소리를 확장해 간다. 훈련의 핵심은 음과 세기의 변화에도 성대의 접촉을 지탱하면서 소리를 균일하게 내는 것이다. 소리 내는 동안 후두의 안정을 유지해야 한다는 점도 잊어서는 안 된다.

- 성문 상압을 쉽게 유지할 수 있는 입 모양이 좁은 모음인 '우', '오', '이'를 순서대로 스케일에 따라 소리를 낸다. 노래가 아니라 말하기 연습이란 점에서 자신이 소리내기 가장 편한 음으로 연습한다. 스케일의 음정 변화에 따라서 '우~ 우~ 우~ 우~ 우~ 우~ 우~' 균일하게 소리를 낸다. 음의 변화에도 접촉한 성대가 떨어지지 않

고 잘 지탱되면서 균일한 소리를 내야 한다. 훈련의 핵심은 충분한 들숨으로 후두가 안정된 상태에서 나가는 호흡에 성대가 툭, 툭 걸리는 느낌으로 발성을 시작하고, 후두의 안정된 지점을 유지하면서 호흡이 섞이지 않은, 불필요한 근육의 개입 없이 성대만으로 나는, 매끄러운 소리를 유지하는 것이다.

- 다음으로 넓은 모음인 '에', '어', '아'의 순서대로 스케일을 따라서 같은 방식으로 훈련한다. 입이 좁을수록 구강에 형성되는 성문 상압의 유지가 쉽고, 통로가 넓게 개방되어 공기가 쉽게 빠져나갈 수 있는 넓은 모음인 '에', '어', '아'는 그만큼 성문 상압의 유지가 어렵다는 점에 유의해서 훈련한다.

- 만약 훈련을 통해 어느 정도 성대의 지탱에 능숙해졌다면 분노, 슬픔, 기쁨 등 다양한 감정을 담아서 각각의 모음을 스케일에 따라 소리를 내본다. 후두가 안정된 상태에서 다른 근육의 개입 없이 지탱되는 성대로만 균일한 소리를 내도록 연습한다.

4단계: 호흡의 비율을 조절하는 훈련

배우 목소리의 개성은 음성과 호흡의 비율에 따라 결정된다. 따라서 배우는 자신에게 적합한 음성과 호흡의 비율을 체득해서 자신만의 목소리를 개발해야 한다. 트웽, 사이레닝, 모음 훈련을 통해 성대의 접촉률을 높였다면 이제는 다시 호흡을 섞어주는 훈련을 통해 목소리의 영점을 조정한다.

흔들어 소리

이 훈련은 몸의 흔들림을 이용해서 호흡을 음성에 첨가하는 연습이다. 그와 더불어 소리를 낼 때 생길 수 있는 불필요한 긴장의 해소에도 도움을 준다.

- 양손을 깍지 낀 채 편안하고 바른 자세로 선다.
- 필요를 느껴 호흡이 들어오고, 긴 한숨으로 내쉬면서 'ㅎ 아~' 소리를 낸다.
- 깍지를 낀 양손을 흔들어 그것의 반동으로 소리가 흔들리게 한다. 힘으로 흔드는 것이 아니라 진동이 느껴지는 느슨한 흔들기가 되어야 한다.
- 이번에는 무릎에 반동을 주어 그로 인해 소리가 흔들리게 한다.
- 어깨를 흔들어서 소리를 흔들어 준다.
- 흔들리는 소리를 통해서 불필요한 몸의 긴장이 해소되고, 적절한 양의 호흡이 소리에 가미되게 한다.

입술 트릴

입술 트릴은 음성에 호흡을 섞어주는 최선의 연습이다. 앞 단계에서 소개한 방법대로 작고 균일하게 입술을 떨어주면서 음성과 호흡의 이상적인 비율을 찾아간다.

- 입술 트릴을 앞 단계에서 설명한 방법대로 다시 실천한다.
- 입술 트릴을 하다가 '음~' 허밍을 한 후 입을 벌려 '아~' 소리를 낸다. 입술 트릴로 인해 호흡이 조미료처럼 가미된 소리가 나게 된다.
- 앞서와 같이 훈련한 후 짧은 인사말을 말해 보거나 독백 예문을 읽어보면서, 목소리의 질감을 점검한다. 훈련을 반복하면서 음성과 호흡의 적절한 비율, 다시 말해 적절한 자신만의 성대 접촉률을 찾아간다.

4

성도

1) 성도의 구조

성도의 이완

연기하는 배우는 대본분석처럼 내적 진실을 고양하는 기술과 더불어 말하기처럼 외적 표현을 향상하는 기술을 함께 숙련해야 합니다. 분석이 역할을 이해하고, 공감하는 작업이라면 말하기는 역할을 표현하고, 실천하는 작업이라서 양자가 겸비되었을 때 비로소 배우는 맡은 역할의 내면과 외면을 총합하여 입체적인 인물을 구현할 수 있습니다. 이런 이유에서 내적 진실을 온전히 외적으로 표현할 수 있는 말하기의 역량은 배우에게 꼭 필요한 자질이며, 이러한 역량에 적합한 배우의 음성을 우리는 보통 '정직한 목소리'라고 부릅니다. 배우가 정직한 목소리를 개발하려면 소리 통로인 성도(Vocal tract)를 이완하는 훈련이 필요합니다. 배우가 적절한 훈련을 통해 성도를 이완하고, 확장해야만 말할 때 불필요한 근육의 개입을 배제해서 목에 걸린 소리를 해결하고, 자신만의 정직한 목소리를 개발할 수 있기 때문입니다.

우리는 1장 〈호흡〉에서 호흡 에너지를 음성 에너지로 효율적으로 전환하는 방식에 대해 배웠으며, 2장 〈발성〉에서는 올바른 소리를 내는 성대의 운동(접촉, 지탱, 진동)을 향상하는 방법에 대해 배웠습니다. 그 과정에서 필자는 유독 목소리의 개발에서 성대 운동의 중요성을 강조했습니다. 배우가 대사를 말할 때 성대의 접촉과 진동이 부족한 경우 소리의 본체인 원음이 제대로 형성되지 못할 뿐만 아니라 성대질환 등 여러 문제의 원인이 되기 때문입니다. 따라서 좋은 음성이란 소리 발생에 최적인 호흡작용과 성대 운동에 기초해서 나는 소리입니다.

그런데 이 두 가지 목표를 이루기 위해 꼭 필요한 전제 요건이 있는데, 그것이 바로 성도의 이완입니다. 이완된 소리 통로의 확장은 호흡 에너지가 음성 에너지로 전환하는 토대가 되어줌과 동시에 원활한 성대 운동의 필수 요건이기 때문입니다.

앞에서도 강조했지만 배우는 말하기를 훈련할 때 음성과 관련된 영역 중 어느 것도 소홀히 해서는 안 됩니다. 이미 말했듯이 배우의 음성은 한 수가 0이면 다른 수가 아무리 크더라도 최종값이 0이 나오는 곱셈과 같은 특성이 있기 때문입니다. 그래서 다른 영역이 모두 발달하더라도 어느 한 영역에서 문제가 있으면 최종적인 결과물인 음성은 개선되지 않습니다. 배우 목소리의 진정한 발전은 호흡, 발성, 성도 등 말하기의 모든 영역이 전체적으로 발달한 이후에야 비로소 경험될 수 있는 것입니다. 말하기 훈련에서 끈기가 그토록 중요한 이유 역시 여기에 있는 것입니다.

소리의 길을 의미하는 '성도'는 목구멍과 구강으로 구성된 몸 안의 통로를 가리킵니다. 그래서 성도 훈련의 목표는 아주 명확한데, 배우가 대사를 말하는 동안 소리의 진동과 공명을 증폭하는 토대로서 성도의 편안한 확장을 유지하는 것입니다. 성도 훈련은 음성이란 비행기가 잘 이륙할 수 있도록 성도라는 활주로를 넓고 탄탄히 정비해두는 작업과 같습니다.

배우의 음성은 성도의 형태에 따라 직접적인 영향을 받는데,[39] 실제로 소리가 울리는 공명강이 성도에 위치한 구강과 인두강이며, 혀와 같은 조음기관 역시 성도에 위치하기 때문입니다. 성대에서 발생한 원음이 우리가 들을 수 있는 소리가 되려면 일차적으로 성도 안의 인두강과 구강을 통해서 증폭되어야만 합니다. 이런 이유에서 음성은 공명을 일으키는 공간의 모양과 표면의 결에 따라 결정된다고 볼 수 있으며,

따라서 음성의 개발에서 핵심적인 요건은 적절한 호흡의 지지나 원활한 성대의 운동만큼이나 성도의 편안한 확장에도 있는 것입니다.

음성 교사 르삭은 '거꾸로 된 메가폰'처럼 배우가 대사를 말하는 동안 성도를 넓은 원통의 형태로 편안히 유지하는 역량은 편안한 목소리를 구성하는 핵심 요건이자 배우 말하기의 토대라고 강조했습니다.[40] 만약 배우가 성도를 '오' 모음을 소리 낼 때와 같은 형태를 일정하게 유지하면서 말할 수 있게 되면 구강과 인두강이 넓어지면서 배음의 증폭에도 유리해서 좋은 음성으로 대사를 말할 수 있습니다. 이미 설명했듯이 소리 통로인 성도는 그 안에 있는 혀, 입술, 연구개, 후두, 목구멍 등 여러 기관에 의해서 형태가 변화되면서 발성과 공명에 절대적인 영향을 미치고, 그로 인해 우리의 음성에 변화가 생겨납니다. 이처럼 성도가 훈련을 통해서 형태의 조정이 가능하다는 사실은 배우가 적절한 훈련을 통해서 충분히 자신의 음성을 개발할 수 있으며, 성도 훈련이 음성의 향상에 도움을 준다는 사실을 증명해 줍니다.

발성과 공명에 유리하기 위해서는 성대에 영향을 미치는 성도의 근육들을 부위별로 이완해야 주어야 하고, 그중에서도 후두와 혀뿌리, 연구개 그리고 턱의 이완이 중요합니다. 소리에 직접적인 영향을 미친다는 이유 외에도 성도의 근육들은 원래 음식을 먹을 때 사용되는 부위라서 이완보다는 긴장, 즉 힘을 주는 작용에 더 익숙한 근육들이기 때문입니다. 예를 들어 우리 몸은 음식물을 삼킬 때 필요한 작용 때문에 후두를 올리는 근육이 훨씬 더 많고, 더 발달했습니다. 이런 이유에서 대사를 말할 때 후두가 급격히 올라오지 않도록 안정화하는 연습이 배우의 말하기 훈련 과정에서 꼭 필요한 겁니다.

대사를 말할 때 생기는 습관적인 긴장은 배우라면 누구라도 경험해봤을 말하기의 주된 문제점입니다. 그것은 특히나 격정적인 대사를 말하는 장면에서 더욱 두드러지는데, 강렬한 감정은 배우에게 신체적인 긴장을 유발하고, 이것이 다시 목소리에 문제를 일으키게 됩니다. 이때 발생하는 주요한 장애가 바로 성도, 그중에서 혀뿌리와 턱 그리고 목구멍에 일어나는 긴장입니다. 배우는 이런 근육들을 적절히 풀어주는 훈련을 부위별로 각기 실천해서 앞서와 같은 상황에서도 불필요한 근육의 개입 없이 대사를 말할 수 있어야 합니다. 배우의 연기력은 거창한 무엇 이전에 실연 시 성도를 이완해서 대사를 말할 수 있는 역량에서 비롯하는 것입니다.

음성교사 척 존스(Chuck Jones)는 정직한 목소리의 개발에 필요한 음성의 이완이란 힘을 쓰거나 밀어내는 것이 아니라 음성이 흘러가게 내버려 두는 상태라고 말했습니다.[41] 그의 말처럼 성도의 각 부위가 충분히 이완된 채 대사를 말해야만 방해받지 않은 소리가 성도 위를 강물처럼 흘러 나가고, 배우는 다만 그 흐름에 대사를 실어 말하면 됩니다. 이러한 말하기 수준에 도달해야지만 배우는 자신으로서 진실하게 연기하면서도 역할의 생각과 감정을 다채롭게 표현할 수 있습니다. 그렇습니다. 이것이 바로 연기의 진실을 드러내는 배우의 정직한 목소리입니다.

자세의 정립

배우가 편안히 성도를 확장하고 싶다면 그 바탕을 이루는 몸의 자세부터 올곧이 세우고 볼 일입니다. 우리 몸의 근육은 모두 연결되어 있어서 긴장은 다른 부위의 긴장을 일으키게 됩니다. 다시 말해 잘못된 자세로 인해 우리 몸의 어느 부위에 긴장이 발생한다면 이것이 말하기와 연관된 성도 부위의 근육에도 긴장을 일으킬 수 있다는 겁니다. 엄밀히 말해서 나쁜 자세를 지닌 사람의 음성이 나쁜 이유는 자세가 무너져서가 아니라 성도의 형태가 무너져서 말하기가 방해받기 때문입니다.

소리의 형태에 변화를 일으키는 성도의 부위는 다양하며, 그중에서도 후두(larynx), 목구멍(pharynx), 연구개(soft palate), 혀(tongue) 그리고 턱(jaw)이 주된 영향을 미칩니다. 그런데 이 6가지 부위에 근원적인 영향을 미치는 기초 요건이 있는데, 그것이 바로 '머리와 목의 정렬'(head-neck relation)입니다. 만약 당신의 머리와 목이 제대로 정렬되지 않았다면 음성이 나오는 통로 자체가 틀어져서 온전한 소리를 낼 수 없게 됩니다.[42] 예컨대 대표적인 잘못된 자세인 거북목의 경우 턱을 들어 올려 후두를 필요 이상으로 상승시키고, 구강의 공간을 축소해서 공명이 없는 소리, 더 심하면 목을 쥐어짜는 소리를 나게 만듭니다.

나쁜 음성을 지닌 사람에게서 흔히 보이는 공통적인 특징들이 있습니다. 우선 그들은 말할 때 주로 흉식호흡을 사용하고, 다혈질에 급한 성격으로 흥분을 잘하거나 아니면 매우 소극적이거나 비사교적인 성격으로 말할 때 무표정하거나 아니면 어깨의 승모근을 긴장한 채 말하곤 합니다. 승모근은 말하기와 관련해서 무척 중요한 근육인데, 만약 승모근이 긴장해서 위로 올라가면 후두를 상승시켜 음성을 악화시킵니다. 그래서 경험이 많은 배우들은 실연 전에 흔히 어깨를 풀어서 몸의 긴장 해소와 더불어 성도의 이완을 유도해 줍니다.

이미 언급했던 것처럼 몸에 생긴 긴장은 다른 부위의 긴장을 유발하므로, 만약 어깨에 긴장이 생기면 그로 인해 후두와 성대에도 긴장이 생겨나고, 다시 또 그것은 혀와 턱의 긴장을 유발하게 됩니다. 나쁜 음성을 지닌 사람은 대개 나쁜 자세, 구체적으로 턱이 들려 있거나 고개가 앞으로 나와 있거나 그도 아니면 등이 굽어 있습니다. 이처럼 거북목 등 나쁜 자세로 인해서 굽은 목과 오그라든 가슴, 과도하게 긴장한 턱과 혀는 소리 통로를 죄어서 성대의 진동과 소리의 울림을 저해하고, 목소리에 심각한 문제를 일으킵니다.

목소리에서 자세의 정렬이 중요한 이유는 폐의 탄성 반동(Elastic re-coil) 때문이기도 합니다. 가슴을 편 바른 자세에서는 호흡 압력을 만드는 폐의 탄성 반동이 더 커지기 때문에 날숨 근육이 그만큼 더 적게 관여한 상태에서 편안한 음성으로 대사를 말할 수 있습니다. 쉽게 말해 당신이 숨을 쉴 때 바른 자세에서 흉곽이 제대로 기능을 해야지만 신체적 긴장이 덜 발생해서 그만큼 편안하게 대사를 말할 수 있습니다. 이처럼 배우가 실연 시 원활하게 호흡하기 위해서는 폐가 필요한 만큼 충분히 팽창할 수 있게끔 흉곽이 제대로 벌어지도록 가슴이 펴지고, 복부가 이완된 자세가 그에 앞서 필요한 것입니다. 배우가 대사를 말하는 동안 유지되는 흉곽의 확장은 호흡의 지지와 더불어 따뜻한 소리인 흉성이 울릴 수 있는 공간을 확보해 준다는 점에서도 중요합니다.

바른 자세란 우리 몸을 구성하는 머리, 목, 척추, 골반, 다리, 발의 뼈들이 마치 잘 쌓인 벽돌처럼 올바르게 세워진 자세를 말합니다. 벽돌이 잘못 쌓여 있으면 벽이 무너지지 않도록 이를 보완해 줄 지지대 등의 다른 힘이 필요합니다. 이와 마찬가지로 잘못된 자세를 지닌 배우는 신체적으로 불필요한 근육에 자연히 힘이 들어가고, 심리적으로는 넘어질지 모른다는 무의식적인 두려움을 갖게 됩니다. 단지 잘못된 자세로 인해 배우의 연기를 망치는 심신의 긴장이 모두 생겨나는 것입니다.

그렇지만 배우에게 자세란 단지 '똑바로 선다'라는 것 이상의 의미가 있으며, 평소 우리에게 지속적인 영향을 미치는 중력에 맞서 균형을 잡아주는 대응 작용이기도 합니다. 따라서 배우가 평소 올바른 자세만 유지하더라도 그만큼 몸을 지탱하기 위한 근육의 힘이 줄어들고, 심리적으로도 안정감을 느껴서 배우는 더욱 편안한 상태에서 연기할 수 있습니다. 이렇듯 자세는 몸의 모든 기능에 영향을 미치고, 배우의 감각과 생각에도 직접적인 영향을 주기 때문에 어느 책의 제목처럼 자세를 바꾸면 인생이 바뀔 수도 있는 겁니다.[43]

나쁜 자세로 인한 최악의 손실은 거북목처럼 상체가 안으로 말리면서 숨을 쉴 때 흉곽이 팽창하지 못하는 '흉곽 기능의 상실'에 있습니다. 자세가 똑바르지 않다면 배우가 숨을 쉴 때 흉곽이 제대로 열리지 못하고, 그로 인해 발성의 토대인 성문 하압이 생성되지 못합니다. 따라서 자세 훈련의 목표는 성도 이완의 토대가 되는 머리와 목의 정렬 그리고 원활한 호흡작용의 토대가 되는 흉곽의 정립 두 가지로 특징 지을 수 있습니다.

이런 측면에서 본다면 음성훈련은 어린 나이에 시작하는 것이 더 유리한데, 나이가 들수록 우리 뼈의 탄성이 떨어지기 때문입니다. 우리가 일정 이상 나이가 들면 스트레칭과 훈련을 통해서도 흉곽이 온전히 제 기능을 회복하지 못하는 경우가 발생합니다. 만약 그런 경우 호흡 압력의 저하로 인해서 좋은 목소리를 개발할 가능성 자체가 낮아지게 됩니다. 이런 이유에서 흡연이 배우나 가수 등 목소리를 사용하는 직업군에 그토록 해로운 것입니다.

필자가 강조하고 싶은 바는 현대인의 고질병인 거북목의 문제가 단지 신체의 이완이나 정립만으로는 해결이 어려우며, 해당 근육을 특별히 강화하는 훈련이 따로 필요하다는 점입니다. 오랜 기간 축적된 긴장과 잘못된 자세는 머리를 받쳐 주는 뒷목의 근육 자체를 퇴화시킵니다. 따라서 자세 교정은 이완이나 자세의 정립보다 해당 부위의 근육을 강화하는 직접적인 운동을 통해서 근육에 버티는 힘이 강화되었을 때 실제적인 개선 효과를 경험할 수 있습니다.

배우의 바른 자세에 대해 더 구체적으로 살펴볼까요? 배우의 바른 자세란 턱을 살짝 당겨서 뒷목이 길어져 머리를 잘 받치고 있으면서 흉곽은 들숨 시 잘 벌어지도록 살짝 들려진 상태 그리고 어깨에는 힘이 안 들어간 채 양팔이 편하게 매달려 있으면서 척추를 비롯한 불필요한 곳에 힘이 들어가지 않아 양발에 체중이 느껴지는 자세를 일컫습니다. 우리가 적절한 훈련으로 자세를 정립하게 되면, 숨쉬기에 이상적인 각도로 흉곽이 살짝 들리고, 복부가 이완된 상태에서 흉, 복식호흡을 할 수 있어서 자연스럽게 흉곽과 윗배에 적절한 호흡 압력을 형성할 수 있고, 이렇게 생긴 호흡 압력이 대사를 말할 때 후두에 개입되는 힘을 분산해서 성도의 확장을 편안하게 유지할 수 있는 겁니다. 이렇게 형성된 호흡 압력이 대사를 말하는 동안 편안히 지지가 되어야만 배우는 목의 협착 없이 대사를 말할 수 있습니다. 정리해 보면 바른 호흡이 좋은 자세에 도움을 주고, 좋은 자세는 바른 호흡에 도움을 줍니다.

배우에게 바른 자세의 중요성은 단순히 음성의 문제에만 국한되는 것은 아닙니다. 자세가 나쁜 사람은 보는 이에게 의기소침하고, 무기력한 느낌을 주게 됩니다. 그래서 굽어진 자세로 오디션장에 들어서는 것은 배우에게 금기 사항인데, 탈락자의 모습을 한 배우를 캐스팅하는 오디션 담당자는 드물기 때문입니다. 남 앞에 똑바로 선 자세는 배우가 자신의 연기를 스스로 책임지겠다는 의지의 표현입니다. 그것은 자신의 약점과 강점을 있는 그대로 받아들이고, 성공과 실패에 상관없이 나 자신으로서 행동하겠다는 의지의 외형(外形)이기 때문입니다. 오디션에서 원하는 역할에 캐스팅되고 싶습니까? 그렇다면 허리부터 펴고 똑바른 자세로 들어가십시오.

성도의 부위

배우의 소리는 이완된 성도의 공간 안에서 호흡과 성대의 원활한 접촉에서 생겨나야 합니다. 그런데 성도가 아직 충분히 훈련되지 않았다면 턱, 혀, 목구멍의 근육이 발성을 돕겠다고 나서면서 목을 조인 소리를 내게 됩니다. 이런 경우 배우는 나쁜 음성이라는 핸디캡을 지닌 채 연기할 수밖에 없습니다. 물론 음성이 좋다고 해서 연기를 잘하는 것은 아니지만 음성이 충분히 개발되지 않았다면 연기를 잘한다는 가능성 자체가 위협을 받습니다. 그래서 연기를 잘하고 싶은 배우라면 우선 목소리의 문제부터 해결하고 볼 일입니다. 다시 말합니다. 목소리가 좋다고 해서 연기를 잘하는 것은 아니지만 음성에 문제가 있는 상태로 연기를 잘하는 것은 맨발로 물 위를 걷기보다 어렵습니다. 이것이 배우에게 말하기 훈련이 그토록 중요한 이유입니다.

음성의 개발은 배우에게 단순히 목소리의 문제점만을 해결해 주는 것은 아닙니다. 그것은 실연 시 배우의 전달력과 호소력을 높여주고, 배우가 역할의 감정을 깊게 느끼도록 도와줍니다. 다시 말해 음성의 개발은 역할의 생각과 감정을 제대로 표현하게 되었다는 배우로서의 성장을 나타내는 징표입니다. 성장이란 자신의 지평을 확장하는 시도입니다. 그리고 그것은 내적으로 또 외적으로 양편 모두가 확대되어야 가능한 겁니다. 성도 훈련이 배우가 외적이자 내적으로 자신을 확장하는 연습이란 점에서 성도의 이완은 배우로서의 성장을 나타내는 지표이기도 합니다.

:: **턱**

성도의 편안한 확장을 위해서는 각 부위의 이완을 따로 훈련하는 방식이 유리합니다. 그러니 배우가 성도를 제대로 훈련하려면 먼저 성도의 각 부위가 지니는 특성부터 온전히 이해해야 합니다. 우선 직관적으로 성도에서 가장 큰 부위인 턱부터 살펴보자면, 배우의 턱은 우선 떨어져 있어야 합니다. 턱은 음식물을 씹고, 큰 소리를 낼 때 입을 열어주는 기능을 주로 담당하기 때문에, 평소 말을 할 때는 특별히 필요하지 않습니다. 따라서 배우가 말하는 동안 아래턱은 그저 아래로 무겁게 떨어져 있고, 뒷목에 받쳐진 위턱은 위로 벌어져 입안의 공간을 확보해 주어야 합니다. 그랬을 때 구강의 공간이 넓어져서 울림이 풍성한 목소리로 대사를 말할 수 있습니다.

해부학적으로 따져보면 아래턱을 내리는 것이 쉬운 노릇이 아닌데, 그것은 턱 근육의 대부분이 턱의 열림보다는 닫힘에 기능하기 때문이다. 이런 이유에서 우리가 말할 때 턱에 힘이 들어가기 쉬운데, 턱이 발음 등에 필요 이상 개입하게 되면 발성과 공명을 방해하게 됩니다. 배우 모건 프리먼(Morgan Freeman)의 충고처럼 배우에게 좋은 음성은 턱이 떨어져서 목의 긴장이 풀린 상태에서 나는 소리입니다. 그래서 배우는 턱이 그저 매달려 있다고 생각하고, 위아래의 치아가 서로 맞닿지 않은 상태에서 말하는 습관을 적절한 훈련을 통해 길들여야 합니다.

:: 연구개

연구개는 입안의 목젖 가까이 위치하는 부드러운 입천장을 가리킵니다. 연구개는 목구멍과 구강 그리고 비강이 연결되는 부위에 위치해서 연구개의 움직임은 구강과 목구멍의 크기를 변화시키고, 그로 인해 공명의 형성에 큰 영향을 미치게 됩니다.

연구개는 턱이나 혀만큼 성도의 확장에 중요한 역할을 담당하므로, 대사를 말하는 동안 연구개가 들어 올려져 성도의 확장을 유지할 수 있느냐의 여부는 배우의 말하기에서 음성의 질을 좌우하는 요건입니다. 또한, 격정적인 대사를 말하거나 고성을 질러야 하는 경우 연구개가 그에 맞추어 더 높이 들리도록 연습하는 것도 연구개 훈련의 주된 목표 중 하나입니다. 그러므로 연구개 훈련의 핵심은 연구개의 상하 운동에 관여하는 입천장 올림근을 활성화하는 것입니다.

연기가 감정의 예술이란 점에서 강렬한 감정을 일으키는 대사를 처리할 수 있는 역량은 배우에게 꼭 필요한 자질 중 하나입니다. 설사 배우가 역할의 감정을 절절하게 느낀다고 하더라도 배우의 음성이 그것을 감당하지 못해서 전달이 어렵다면 무슨 소용이 있겠습니까? 배우가 내면의 감정을 강렬하고 풍부하게 느낄수록 그것을 무리 없이 표현할 수 있는 말하기 역량이 배우에게 그만큼 요구되며, 이를 담당하는 부위가 바로 연구개입니다.

:: 후두

후두는 성대가 들어있는 목 안의 구조물입니다. 후두는 목 앞쪽에 위치하며, 흔히 울림통이라고도 불리는데, 여러 개의 연골로 이루어져 있으며, 외부에서 잘 보이는 후두의 윤곽은 갑상연골이 앞으로 튀어나온 부위입니다. 후두는 성도의 길이를 결정하는 부위로서, 후두가 아래로 내려가면 성도는 길어지게 되고, 후두가 위로 올라가게 되면 성도는 짧아지게 됩니다. 따라서 배우가 말할 때 성도가 아래로 안정된 상태가 일반적으로 유리합니다.

후두가 말하기에서 중요한 이유는 목 안에 있는 후두가 이완되어 안정화해야지만 목구멍이 벌어지고, 그로 인해 넓어진 인두강에서 공명이 잘 울릴뿐더러 발성 시 성대의 원활한 접촉을 도와주기 때문입니다. 성도의 확장을 돕는 작용으로는 연구개의 상승, 혀뿌리의 이완 등이 있으나 가장 큰 영향은 단연코 편안히 내려간 후두의 안정인데, 그만큼 후두가 목소리에 미치는 영향력이 다른 부위에 비해 상대적으로 크기 때문입니다.

후두의 높이와 관련해서 여러 가지 논쟁이 있는데, 이에 관해서는 〈실제〉 편에서 상세히 설명하겠지만, 어쨌든 후두의 안정에서 중요한 것은 그것이 억지로 힘을 주는 인위적인 하강이 아니라는 점입니다. 말장난처럼 들릴지 모르겠지만 후두는 '고정'이 아니라 '안정'되어야 합니다. 그래서 대사를 말하기 전에 후두를 억지로 힘을 줘서 내리려 해서는 안 되며, 적절한 훈련을 통해 간접적인 방식으로 말하는 동안 후두의 안정이 유도되어야만 합니다.

후두는 말할 때의 음의 높낮이 따라 자연스럽게 오르고, 내립니다. 다시 말해 음이 높을 때 후두는 올라가고, 음이 내려가면 후두 역시 내려갑니다. 배우가 안정적으로 대사를 말하기 위해서는 이러한 후두의 운동이 안정적으로 이루어져야 하며, 말할 때 급격하게 올라가거나 내려가지 않게끔 훈련해야 합니다. 이런 이유에서 배우한테는 후두를 억지로 내리기보다는 안정적인 이완을 통해 성도를 넓게 유지

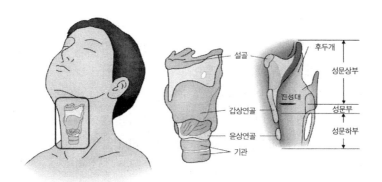

후두

하려는 노력으로 접근한다는 생각이 더 유리할 수 있습니다. 물론 그게 가능하기 위해서는 후두의 안정을 유도하는 훈련이 그에 앞서 충분해야 합니다.

:: 혀

혀뿌리의 긴장으로 목구멍과 입안이 혀로 꽉 찬 느낌은 말하기와 관련해서 배우가 느끼는 대표적인 불편감 중 하나입니다. 긴장으로 혀가 커지면 평소와 달리 구강 공간이 좁아지고 혀의 움직임이 둔해져서 그만큼 발음이 부정확해지고, 음성의 질이 나빠집니다. 조음기관인 혀는 배우가 말하는 동안 가장 민첩하게 움직여야 하는 부위지만 턱의 근육을 비롯한 주변의 많은 근육과 연결되어 있으며, 혀뿌리라고 불리는 뒤쪽 부분의 움직임이 제한적이라는 점에서 이완이 쉽지 않습니다. 이런 구조적인 특성으로 인해 혀뿌리는 유독 긴장이 발생하기 쉬운 부위이고, 일단 혀뿌리에 긴장이 발생하면 혀뿌리 근육이 목 안쪽으로 당겨지면서 혀가 성도 전체를 막고 있다는 불편감이 느껴지게 됩니다.[44] 이런 이유에서 혀뿌리를 이완해서 구강의 뒤쪽 공간을 확보하는 것은 성도를 이완하는 훈련의 핵심적인 목표입니다.

혀의 이완과 관련해서도 자세의 정립이 중요합니다. 혀는 목의 움직임에 따라서도 그 모양과 위치가 달라집니다. 직립 자세에서 목을 전방으로 기울이면 혀는 입술 쪽으로 떨어지고, 목이 후방으로 향하면 혀는 구강 뒤쪽으로 떨어집니다. 목을 좌우로 움직일 때도 기우는 방향으로 혀가 치우칩니다.[45] 즉, 머리와 목의 정렬, 몸의 자세가 혀에 직접적인 영향을 미치는 것입니다. 그러므로 혀와 자세의 긴밀한 관계를 고려했을 때 목구멍을 막는 혀뿌리를 이완하는 근본적인 해결책 역시 자세의 정립에서부터 찾아야 하는 겁니다.

:: 목구멍

여러분은 적절한 훈련을 통해 대사를 말할 때 자신의 목구멍이 링클레이터의 표현처럼 '포효하는 동물의 목구멍'처럼 넓혀지도록 훈련해 두어야 합니다.[46] 이를 통해 현재의 왜곡된 소리에서 벗어나 생각하고 느낀 그대로 말해지는 정직한 소리의 토대를 마련하게 됩니다. 이런 노력은 단지 음성의 향상에만 머무는 것이 아니라 연기력의 전반적인 향상에도 도움을 주게 됩니다.

구강과 목구멍이 넓게 벌어졌다고 상상하고 'ㅎ아~'하고 소리를 내봅니다. 이처럼 소리는 구강과 목구멍, 즉 성도가 원통처럼 벌어져서 공명이 잘 이루어져야만 좋은 소리가 나게 됩니다. 그런데 음성에 문제가 있거나 훈련이 부족한 배우에게 이것은 말처럼 쉬운 일이 아닙니다. 말할 때 습관적으로 목에 힘이 들어가는 협착과 혀뿌리와 연구개가 달라붙는 현상 그리고 발음할 때 과도한 혀의 긴장으로 인해 성도의 모양이 수축하거나 왜곡되기 때문입니다. 그로 인해 연기하는 배우는 대사를 말할 때마다 답답함과 불편함을 느끼게 됩니다. 또, 우리는 격정적인 대사나 고성을 질러야 하는 경우 목 근육의 습관적인 수축을 경험하곤 합니다. 이렇듯 감정적으로 혹은 환경에 의해 고양된 상태뿐만 아니라 약간의 긴장만으로도 발성 시 목의 근육이 조여지는 경우가 준비가 부족한 배우에겐 빈번하게 일어납니다.

이런 문제들은 뇌와도 관련이 깊은데 약간의 긴장만으로도 뇌 속의 편도체[47]가 활성화되면서 자기방어의 방편으로 목의 근육을 조건반사적으로 수축시키기 때문입니다. 관객이나 카메라 앞에서 연기하는 배우의 상황은 기본적으로 '긴장'이 전제되는 환경입니다. 따라서 배우가 연기할 때는 그만큼 목 근육에서 쉽게 긴장이 발생하게 됩니다. 목 근육이 조여진 경우 관객은 배우의 연기에서 긴장감을 느끼게 되고,

배우는 그로 인해 인물의 섬세한 생각과 감정을 표현하기 어렵습니다. 이처럼 목 근육의 완화를 통한 성도의 확대는 단순히 음성에 국한된 문제가 아니라 배우의 연기력 전반에 영향을 미치는 요건입니다.

혀, 연구개와 달리 목구멍 속의 근육은 직접 보이거나 만져지지 않습니다. 따라서 가성대를 연축하는 조 에스틸의 '침묵으로 웃기'와 같이 간접적인 자극으로 훈련하는 것이 유리합니다. 비슷한 맥락에서 하품이나 심리적 안도감을 활용할 수도 있고, 큰 한숨을 내쉬면서 자연스럽게 목구멍을 이완하는 것도 하나의 방법이 될 수 있습니다. 이런 식으로 성도의 이완은 각각의 부위별로 따로 훈련해 줘야 하며, 일회성에 머무는 것이 아니라 지속적인 훈련의 실천으로 이완의 상태가 몸에 습관이 될 때까지 연습해야 합니다. 그런데 문제는 나날의 훈련이 거듭되다 보면 어느 순간 매너리즘에 빠져서 훈련이 그저 요식행위로 전락하기 쉽다는 겁니다.

이런 까닭으로 훈련하는 배우에게 필요한 자질은 무엇에 앞서 집중을 유지하는 힘, 즉 집중력입니다. 미학자 벤야민(W. Benjamin)은 '산만함'을 현대인의 감각적 특성이라고 말했지만, 배우의 훈련에서만은 무엇보다 집중이 중요합니다. 산만하게 몇 시간을 연습하느니 단 5분을 연습하더라도 의식을 집중한 상태에서 훈련하는 쪽이 차라리 낫습니다. 그래야만 자신이 올바른 방식으로 연습하고 있는지 아니면 어떤 식으로 잘못하고 있는지를 파악할 수 있고, 이를 통해 훈련이 실제적인 성장으로 이어질 수 있기 때문입니다.

훈련하는 배우에게 집중이란 무엇을, 왜 하는지 훈련의 목적성을 제대로 이해한 후 의식의 초점을 모은 상태에서 훈련에 임하는 것을 뜻합니다. 배우는 집중해서 훈련하고, 그런 다음 피드백을 통해 교정하고, 그렇게 교정된 방식으로 다시 훈련을 이어갑니다. 이렇게 분명한 의도를 지닌 채 훈련을 실천해야지만 당신의 목소리가 실제로 개선되는 것입니다. 잊지 마십시오. 오직 인간만이 선택한 방향으로 의도와 반복을 통해 의식적으로 자신을 변화시킬 수 있는 존재라는 사실을. 이것이 자신이란 존재를 개선하려는 실천인 '노력'의 본질입니다.

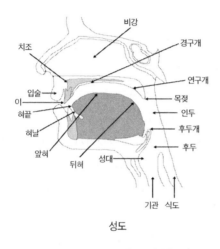

성도

:: *POINT*

✓ 정직한 목소리의 토대는 편안한 성도의 확장이다.

✓ 성도의 확장은 바른 자세 즉 성도를 넓혀주는 머리와 목의 정렬, 그리고 호흡을 활성화하는 흉곽의 정립에 기초한다.

✓ 성도의 이완은 턱, 혀, 후두, 연구개 등 각각의 부위별로 따로 훈련해 주어야 한다.

2) 성도 훈련의 실제

성도의 확장

배우가 진실하게 연기하고 싶다면 생각과 감정, 즉 역할의 내면을 정직하게 표현하는 말하기의 역량부터 갖추어야 합니다. 앞서도 말한 바와 같이, 이를 위한 기초 작업이 바로 대사를 말할 때 불필요한 근육의 개입을 배제하는 성도의 이완 즉 성도의 공간을 편안히 확장하는 훈련입니다. 그러나 성도의 확장이 중요한 이유는 넓어진 성도가 일종의 필터 역할을 하면서 원음을 증폭해 주기 때문이기도 합니다.

사실 성대에서 생긴 소리는 매우 작아서 그것이 소리 통로인 성도를 지나가며 공명 작용으로 증폭되어야지만 우리가 실제로 들을 수 있는 소리가 됩니다. 이 과정에서 무엇보다 성도의 확장이 중요한데, 후두에서 입까지의 성도가 길어져야지만 소리의 동조 현상이 강화되기 때문입니다. 그래서 '좋은 소리를 내려면 목부터 열어야 한다.'라는 말은 목소리와 관련해서 언제나 유효한 지침입니다. 목을 열라는 말은 목 안의 공간을 확장하라는 뜻인데, 이를 쉽게 경험할 수 있는 신체활동이 바로 하품입니다. 우리가 하품했을 때, 특히나 참으려고 입을 다문 상태로 하품하면 후두가 내려가고, 연구개는 들어 올려지면서 성대부터 입술까지 성도가 길어지고, 확장합니다.

성도의 확장으로 후두가 하강하게 되면 원활한 성대 진동에 유리한 신체 조건이 형성됩니다. 그와 반대로 필요 이상 높은 후두의 위치는 말할 때 목의 협착을 일으키는 주된 요인입니다. 이런 경우 목 안의 공간이 좁아지게 되므로, 소리의 울림이 번성하기 어렵습니다. 즉, 우리가 흔히 보는 높은 톤의 생소리로 말을 하는 사람들은 거의 대개 높은 후두 위치와 목의 협착으로 울림이 없는, 메마르고 성긴 소리로 말하게 됩니다.

그와 달리 좋은 음성을 지닌 배우들은 대개 말할 때 입안이 하품하듯이 열리면서 성도가 확장되므로, 울림 있는 목소리로 대사를 말할 수 있습니다. 이런 이유에서 머리와 목의 정렬을 바탕으로 턱, 혀, 연구개, 후두 등 각 부위의 이완으로 성도를 확장하는 훈련은 호흡이나 발성만큼이나 배우의 말하기에 토대를 이루는 단계이며, 누구나 적절한 성도 훈련을 올바로 지속한다면 편안한 성도의 확장을 바탕으로 좋은 목소리로 대사를 말할 수 있습니다. 단, 성도를 확장한다고 해서 오히려 발음을 방해하거나 긴장이 유발될 정도로 입 안을 크게 벌리려 해서는 안 됩니다. 따라서 충분한 연습과 시행착오를 통해 자신의 말하기에 가장 적합한 정도를 찾는 과정이 그 안에 필요합니다.

후두의 높이

아마도 성도와 관련해서 가장 빈번히 언급되는 문제는 '좋은 발성을 위해 후두를 낮추어야 하는가?'의 문제일 것입니다. 결론부터 말하면 후두는 반드시 하강할 필요는 없고, 상황에 따라 높이가 조정되어야 하지만 중저음이 주로 활용되는 배우의 말하기에서는 후두를 낮게 안정적인 상태로 유지하는 것이 여러 측면에서 더 유리합니다. 그래서 필자의 경우 화술을 지도할 때 해당 훈련을 통해 후두를 안정적으로 낮춘 상태에서 말하는 방법부터 지도합니다.

후두가 낮아지면 성대는 두꺼워집니다. 후두가 내려가면 후두 내부의 조직들이 아래쪽으로 눌리면서 뭉쳐지기 때문입니다. 반대로 후두가 높아지면 후두 내부의 조직들이 위쪽으로 당겨지면서 가늘어지게 됩니다. 성대가 두꺼워지면 더 강한 소리가 나는데, 성대 접촉이 더 강하게 이루어지기 때문입니다.

후두의 높이가 낮아지면 목 안의 공간이 커지면서 인두강(목구멍)에서의 공명도 풍성해집니다. 그러나 후두가 낮아지면 노래와 같은 고음 발성에서는 상대적으로 어려움을 겪을 수 있습니다. 반면 후두가 높아지면 포먼트(Formant)[48]라는 사람이 음성을 낼 때 나는 주파수가 증가하게 되므로 더 밝은 소리가 나게 됩니다. 그래서 말하기와 달리 고음의 활용이 중요한 노래의 경우에는 다양한 후두의 위치에서 소리 낼 수 있도록 훈련해야 합니다.

그러나 최소한 배우의 말하기와 관련해서 후두의 안정을 강조하는 이유는 후두가 높아지게 되면 목과 어깨 등의 외부 근육들이 소리 생성에 개입하기 때문입니다. 쉽게 말해서 후두가 높아지면 그만큼 목을 조여서 말하는 위험성이 높아지는 것입니다. 이런 이유에서 고음의 구사가 중요한 가수의 노래에서는 높은 후두의 사용이 유리할 수가 있으나 중저음의 편안한 소리가 더 중요한 배우의 말하기에서는 후두를 낮추는 방식이 실제로 더 유리합니다.

이렇듯 대사를 편안한 목소리로 말하기 위해서는 후두가 안정적인 위치로 내려온 다음 대사를 말하는 훈련이 배우에게 필요합니다. 그래서 발화 충동으로 호흡이 들어오면서 흉곽에 공기압이 형성되고, 후두가 내려와 안정된 상태를 흔히 발성 전 '셋팅'(Setting)이라고 부릅니다. 이처럼 말하기 전 발성의 준비만 잘 이루어져도 선천적으로 특별한 문제가 없다는 전제에서 누구나 좋은 음성으로 대사를 말할 수 있게 됩니다.

성도 훈련의 목표

성도 훈련이 중요한 이유는 성도의 형태에 따라 소리의 크기와 강도, 말의 음색과 톤이 결정되기 때문입니다. 그래서 배우는 당연하게도 좋은 목소리를 낼 수 있는 형태로 성도를 훈련해야 하며, 성도 훈련의 실제적인 목표는 후두가 안정된 상태에서 호흡의 압력으로 적절히 접촉한 성대가 진동한 후 넓은 성도에서 공명하는 말하기 방식의 체화, 간단히 말해 목을 조이지 않고도 말하는 역량을 체득하는 것입니다.

이런 측면에서도 대사를 말하는 동안 적절하게 흉곽의 확장을 유지하는 것이 필요합니다. 그 이유는 호흡 압력의 유지 외에도 후두를 내려주는 근육들이 흉곽에 연결되어 있어서, 만약 말하는 동안 흉곽이 꺼지면 후두가 상승하게 되고 목의 협착이 일어나서 소리가 망가지기 때문입니다. 성대의 접촉은 기본적으로 후두가 아래로 하강하고, 호흡 압력이 증가할수록 강화됩니다. 이런 경우 혀뿌리가 낮아지고, 연구개는 올라갑니다. 이것이 흉곽의 확장을 바탕으로 한 흉, 복식의 전체호흡이 배우의 말하기에서 중요한 이유입니다. 그렇다고 해서 흉곽의 확장이 억지로 힘을 주어 버티는 인위적인 방식이 아니라 이미 설명했듯이 절차적 방식에 의해 자연스럽게 버텨지는 방식으로 이뤄져야 합니다.

성도의 확장에 필요한 핵심 작용으로는 크게 턱의 이완, 후두의 안정, 연구개의 상승, 혀뿌리의 이완을 꼽을 수 있으며, 이 네 가지 상태를 편안히 유지하면서 다양한 대사를 말하는 수준에 이르는 것이 성도 훈련의 일차적인 목표입니다. 아마도 여러분이 턱과 혀 등 성도에 고착된 긴장을 충분히 이완하기까지는 오랜 시간이 걸릴 수 있습니다. 물론 누구든지 수업이나 연습 중 어느 순간에 최선의 방식을 경험할 수는 있을 것입니다. 그러나 문제는 이런 상태가 지속적이지 않다는 점이며, 그 차이가 평범한 배우와 탁월한 배우를 구분하는 기준점이 되는 것입니다. 배우의 훈련이란 그러한 간극을 메꾸는 반복적 자극이며, 따라서 거기에는 노동과 고통이 불가피하게 수반됩니다.

오랜 기간 음성적인 문제로 고통받았던 필자와 같은 사람은 그것이 얼마나 괴롭고 힘든 일인지 누구보다 절감하고 있습니다. 유독 민감한 부위가 많은 성도를 이완하는 작업은 배우에게 특별한 인내심을 요구하며, 따라서 배우는 성도 훈련을 하나의 일상으로, 또 실연 등 목소리를 사용해야 할 때나 아니면 평상시 말할 때라도 목에 힘이 들어가는 문제가 없는지 수시로 점검해야 하고, 발음과 공명 등 다른 영역의 훈련을 시작하기 전 웜-업 훈련으로 성도를 이완하는 훈련을 선행해야 합니다. 이를 통해 배우는 역할의 대사를 말할 때 편안한 성도의 확장을 유지한 상태에서 혀, 연구개, 턱이 독립적으로 움직이면서도, 때로는 함께 조화를 이루며 협응할 수 있는 말하기의 수준에까지 도달해야 합니다. 그렇게 배우는 말하기 전이나 후, 아니면 도중에도 후두를 비롯한 성도의 형태적 변화를 자각할 수 있게 됩니다.

이러한 성도 근육의 감각적 발달은 좋은 소리의 개발에 있어서 전제적 요건이라고 할 수 있으며, 결과적으로 이러한 근육의 운동감각은 청각적 감각과 결합하여 말하기 향상의 토대가 되어줍니다. 다시 말해 배우는 적정한 훈련을 통해 대사를 말할 때 성도의 어디에 힘이 들어가고 얼마나 노력해야 하는가를 자각할 수 있는 근육 운동의 감각을 발달시켜야 한다는 겁니다.[49] 그리고 이처럼 성도의 각 부위에 대한 운동감각을 향상하기 위해서라도 성도 훈련은 각 부위가 독립적으로 기능할 수 있도록 각각 분리해서 연습을 실천해야 합니다.

훈련 시 유의점

성도 훈련과 관련해서 성도의 이완이 무엇보다 중요하지만, 거기에는 반드시 후두나 연구개처럼 성도 확장의 유지에 필요한 근육의 힘을 길러주는 훈련 역시 함께해야 합니다. 역설적으로 들릴 수 있으나 성도의 각 부위를 이완하는 최선책은 말하는 동안 성도의 확장을 지탱하는 데 필요한 근육의 힘을 기르는 훈련입니다. 대표적인 예로, 말하는 동안 급격한 후두의 상승을 방지하기 위해서는 적정한 훈련을 통해 후두의 안정을 유지하는 관련 근육의 힘을 길러야 합니다. 만약 이런 힘이 길러지지 않았다면 감정적인 동요 등에 의한 후두의 급격한 상승을 막지 못해 목이 조이는 현상이 벌어지면서 혀뿌리나 턱에 강한 긴장이 발생합니다. 따라서 성도를 이완하기 위해서는 말하는 동안 성도의 확장을 유지하는 데 필요한 근육의 힘을 후두, 연구개 등 관련 부위의 훈련으로 길러줘야 하는 겁니다.

이외에도 성도를 훈련할 때 유의해야 할 사안이 몇 가지 더 있습니다. 만약 당신의 자세가 틀어져 있다면 우선 자세부터 교정해야 합니다. 거북목 등의 자세 교정을 하지 않은 상태에서 무리하게 훈련을 감행하면 오히려 협착 등의 문제가 더 나빠질 수 있고, 심지어 음성 질환이 생길 수도 있습니다. 그렇지만 자세와 성도의 교정은 음성의 다른 영역과 비교했을 때 비교적 훈련의 효과를 빠르게 경험할 수 있는 영역입니다. 자세를 교정할 때 가슴을 지나치게 위로 들면 어깨가 올라가면서 불필요한 힘이 발생해서 횡격막 운동이 저하되고, 호흡이 불안정해집니다. 반대로 등이 굽어 안쪽으로 웅크려서 호흡한다면 흉곽이 확장할 때 방해를 받아 충분한 호흡작용이 어렵습니다. 따라서 적절하게 가슴이 펼쳐진 자세에서 머리와 목의 정렬을 통해 좋은 소리를 내는 기본 요건을 성립한 후 아래턱을 당겨 머리의 위치를 자연스럽게 유지하고, 뒷목이 길어져 머리가 뒤로 젖혀지지 않도록 합니다. 머리와 목의 관계는 어깨를 아래로 내리고, 머리가 위로 향한다는 느낌으로 턱을 자연스럽게 당기고, 뒷목이 길게 펴지는 느낌을 통해 균형을 찾아줍니다.

많은 음성 교사가 하품을 통해 연구개 훈련을 시작하도록 지도합니다. 하품하게 되면 아래로 처져 있던 연구개와 목젖이 아치 모양을 이루면서 위로 당겨져 상승하는데, 이 동작은 평소에 사용 빈도가 적은 입천장 올림근을 활성화해서 말하기에 적합한 연구개의 능동성을 강화해 줍니다. 그렇지만 훈련이 아닌 실연에서 더 좋은 소리를 내고자 하품하듯이 연구개를 올려서 입 안 공간을 넓히려는 인위적인 노력은 오히려 혀를 긴장하게 만들어 후두의 안정을 방해하는 등 불필요한 긴장을 일으킬 수 있으니 주의해야 합니다. 반면 후두는 의식적인 조정이 어려우므로, 후두를 훈련할 때는 달랜다는 느낌을 지니고 천천히 실천해야 합니다. 그리고 전 단계에 훈련했던 올바른 호흡과 발성을 전제한 상태에서 성도 훈련을 진행해야 한다는 점은 너무도 당연한 훈련의 요건입니다.

성도를 훈련할 때 유의할 점은 연습하는 동안 성도의 각 부위가 이완되었을 때와 그렇지 않았을 때의 차이를 인지하면서 연습하라는 것입니다. 배우의 말하기를 처음 배우거나 음성의 문제를 지닌 배우에게 가장 난감한 문제는 아마도 이완의 상태가 무엇인지 제대로 자각되지 않는다는 사실일 겁니다. 아직 발성, 공명, 발음 등 다른 영역의 발전이 충분하지 않은 상태에서는 바른 목의 정렬 상태나 거북목과 같이 잘못된 목의 정렬 상태나 말하기에서 별다른 차이가 느껴지지 않을 뿐만 아니라 혀나 턱 등 성도의 각 부위가 이완된 상태인지 아니면 긴장한 상태인지도 잘 구분되지 않을 겁니다. 이런 이유에서 성도 훈련의 중요한 목표 중 하나는 연습을 통해 성도 각 부위의 이완 상태와 긴장 상태의 차이를 자각하는 것입니다.

그렇다면 우리는 어떻게 이완과 긴장의 차이를 더 명확히 가늠할 수 있게 될까요? 가장 확실한 방법은 역시나 꾸준히 훈련하는 것입니다. 적절한 훈련을 지속하면서 성도의 각 부위에 대사를 말할 때 힘을 주고 뺄 때를 성도의 근육에 반복을 통해 기억되도록 하는 겁니다. 이런 이유에서도 배우가 훈련할 때 무엇보다 중요한 것이 집중력입니다. 훈련하는 동안 내가 하려는 것에만 의식을 집중해서 연습해야 합니다. 그리고 하루에 짧게라도 훈련을 거르지 않고, 집중을 매일 유지해 나갑니다. 이렇게 배우는 훈련을 통해 말하기를 개발하고, 집중력을 증진해서 결국 연기력 전반의 향상을 유도합니다. 이것이 배우의 훈련입니다.

어느 성공한 배우에게 한 기자가 당신은 정말로 배우로서 재능을 타고난 사람이라고 칭찬하자 오히려 그 배우는 기자에게 화를 냈다고 합니다. 보이지 않는 곳에서 피와 땀을 흘린 자신의 노력을 과소평가하지 말라는 것이 그 이유였습니다. 이제는 뻔한 소리로 들리겠지만 역시나 중요한 것은 연습이고, 또 훈련입니다. 모든 일이 그렇듯이 자꾸 하다 보면 더 잘하게 됩니다. 자, 연습합시다.

:: *POINT*

- √ 성도의 확장은 혀, 턱, 후두, 연구개 등 각 부위를 따로 이완하는 연습을 통해 성취된다.
- √ 훈련 시 성도가 이완된 상태와 그렇지 않은 상태의 차이를 인지하면서 연습한다.
- √ 성도의 이완을 위해서는 해당 부위의 근육을 풀어주는 훈련과 성도의 확장에 필요한 근육의 힘을 기르는 훈련을 함께해야 한다.

1단계: 자세를 정립하는 훈련

자세의 정립은 성도 훈련의 전제적 요건으로, 성도를 넓혀주는 머리와 목의 정렬과 호흡을 활성화하는 흉곽의 정립 두 가지에 초점을 맞추어 훈련을 진행한다. 자세의 정립은 말하기의 영역에만 국한되는 요건이 아니라 자신감과 의지, 풍부한 감정 등의 심리적인 측면과 반듯한 인상과 호감 등 외형적인 측면 모두를 아우르는 배우와 관련된 모든 영역에서 기초가 되는 요건이다.

:: 훈련 예제 1
바른 자세

바른 자세는 거울을 보면서 연습하고, 불필요한 힘이 들어가지 않도록 유의하며 훈련한다. 바른 자세는 마치 나의 두개골이 벽에 달린 옷걸이에 걸려 있는 느낌을 준다. 바른 자세가 처음에는 어색하고 불편할지 몰라도 지속적인 반복으로 습관화하여 호흡과 발성에 유리한 자세를 자기 존재의 일부가 되도록 한다.

- 눈을 크게 뜨고, 시선은 정면을 본다.
- 양쪽 다리를 어깨 정도의 넓이로 벌리고, 다리 사이 중앙에 척추가 위치한 상태에서 발을 11자로 발바닥 전체로 마루를 지지해서 선다.
- 무릎은 아주 미세하게 굳히고, 양발 위에 종아리, 허벅지, 골반, 배, 가슴, 목뼈, 머리가 마치 벽돌처럼 층층이 쌓여 있는 느낌으로 선다.
- 두개골과 뒤 목 사이의 홈이 벽에 달린 옷걸이에 걸어 놓은 느낌으

로, 뒤 목을 위쪽으로 펴고, 아주 살짝 턱을 당긴다. 입술이 맞닿은 상태에서 아랫니를 떨어뜨려 턱에 힘을 뺀다.

- 천정에서 실이 내려와 정수리에 달려서 몸을 위로 살짝 끌어당긴다고 상상한다.
- 목뼈와 척추가 위아래로 길게 늘어난다고 상상한다. 구부정한 목을 펴고, 앞쪽 가슴을 위로 살짝 열어야 한다. 마치 스키를 탈 때 폴대를 쥐는 것처럼 양손에 긴 장대를 잡은 후 바닥을 집어 준다는 상상으로 흉곽을 살짝 들어서 숨을 쉴 때 흉곽이 가장 잘 벌어지는 각도를 찾는다.
- 등이 양옆으로 넓게 늘어난다고 상상하면서 등 전체를 확장한다.
- 골반이 앞뒤, 좌우 중 어느 한 곳에서 쏠려 있는지 점검하고 바로 잡는다. 골반이 좌우로 늘어난다고 상상한다.
- 그 상태에서 무게 중심을 앞, 뒤, 양옆으로 옮겨 보며, 어디로도 쏠리지 않은 중립 상태를 찾는다. 몸의 무게감이 발가락과 발뒤꿈치로 중심을 잡은 양발에만 느껴져야 한다.
- 바른 자세로 서게 되면 배우의 몸은 마치 무중력 공간이나 수영장 안에 서 있는 것처럼 부력(浮力)이 느껴질 수 있다. 볼링공만큼이나 무거운 머리의 무게를 척추나 목과 관련된 근육이 버텨서는 안 된다. 그런 경우 우리 몸에 불필요한 긴장이 발생하게 된다. 목뼈부터 척추, 골반, 허벅지, 종아리, 발의 뼈들이 벽돌처럼 올바르게 쌓여서 그 무게감이 목뼈부터 아래로 쭉 내려와 발밑의 지구로 보내져야 한다.
- 그 상태에서 앞으로 걸어본다. 걸을 때는 발의 뒤꿈치부터 닿으면서 걷는데, 발바닥에 몸의 전체 무게가 무겁게 느껴지면서 걸어야 한다. 역시나 몸을 버티기 위해 근육에 인위적인 힘을 주지 않은 채

무중력 공간을 떠가듯이 무릎이 이끌어서 골반을 축으로 허벅지가 움직이며 아래 종아리가 따라 오는 느낌으로 몸무게가 발바닥 전체에 느껴지며 걷는다. 골격이 걷는다고 생각하고 몸의 감각을 자각한다.

마리오네뜨 훈련

이 훈련은 끈에 달린 마리오네뜨 인형처럼 선 자세에서부터 허리를 점차 구부려서 중력의 무게감으로 목뼈와 척추를 아래로 떨구며 이완시켜서 자세의 정립을 돕는 연습이다. 마리오네뜨 훈련은 여러 교사가 추천하는, 자세 교정과 신체 이완에 매우 유익한 훈련이다. 훈련의 효과를 높이려면 지루하다 싶을 정도로 천천히 연습하기를 실천한다.

• 먼저 머리를 천천히 무겁게 시계 방향으로, 또 반대 방향으로도 크게 돌려준다. 머리를 돌려주면서 목 주변의 승모근을 풀어준다.
• 머리를 충분히 돌려서 승모근을 풀어준 다음, 자신을 마리오네뜨 인형이라고 상상해 본다.
• 머리와 양 팔꿈치, 손목, 손가락이 위에서 내려온 실에 묶여 있다고 상상한다. 상상의 조종자가 그 실을 위로 당기면 머리와 팔이 천천히 올라간다. 자연히 척추가 길게 늘어나고, 흉곽에 달린 갈비뼈가 벌어지면서 스트레치가 된다.
• 먼저, 손가락에 감긴 실이 끊어지면 손목이 아래로 툭 떨어진다. 이때 밑으로 떨어진 손목의 상태가 이완이고, 팔에 들어간 에너지가

긴장이다.

- 양 손목의 실이 끊어지면서 팔목이 밑으로 툭 떨어진다. 떨어진 팔목이 이완, 어깨에 연결된 팔의 윗부분이 긴장이다.
- 양 팔꿈치의 실이 끊어지면서 양쪽 팔이 아래로 툭 떨어지면서 느슨하게 어깨에 매달려 있다.
- 이제 머리에 묶인 실이 끊어지면서 머리를 밑으로 숙이면서 머리의 무게가 앞을 쏠리면서 무겁게 떨어지도록 해서 목과 척추상부, 척추 중심, 척추 하부가 아래로 천천히 떨어지도록 한다. 목뼈와 척추뼈가 위에서부터 하나씩 하나씩 천천히 내려가도록 하는 것이다.
- 허리를 완전히 아래로 숙이며 내 머리를 누군가 잡고 좌우로 흔든다고 상상하자. 그 흔들림에 내 머리를 맡기고 좌우로 흔들려 보자.
- 이번에 반대로 꼬리뼈부터 하나씩 하나씩 척추뼈를 쌓으면서 척추 하부, 척추 중심, 척추 상부, 목뼈 순서대로 상체를 세운다. 마지막으로 머리를 가벼이 위로 세운다. 목이 올라오면 머리가 저절로 떠오른다. 이를 통해 배우는 목뼈와 척추를 이완하고, 머리부터 발끝까지 정렬해서 바른 자세를 회복한다.

:: 훈련 예제 3
거북목

거북목은 바쁜 일상을 살아가는 현대인을 괴롭히는 고질적인 나쁜 자세이다. 목이 앞으로 쏠리는 거북목 자세는 턱이 들려지고, 후두가 올라와 목의 협착을 유발하여 발성과 공명을 방해한다. 이런 이유에서 거북목의 교정은 배우의 말하기를 위한 자세 교정에서 꼭 필요한 훈련이다.

a.

- 벽에 등을 붙이고 선다.
- 어깨, 가슴을 최대한 쫙 편 상태로 팔꿈치, 발꿈치도 벽에 붙인다.
- 뒷목을 길게 늘이면서 턱 끝을 당기고 시선은 정면을 향한다.
- 1분 정도 그대로 유지한다.
- 긴장을 풀고 원래의 위치로 돌아온다.
- 5초 정도를 휴식한 후 다시 뒤 목을 늘려준다.
- 5회 반복한다.

b.

- 한 손으로 이마를 잡은 상태로 이마를 밀어준다.
- 앞으로 미는 이마와 저지하는 손 사이에 저항력을 뒷목에 느낀다. 이런 방식으로 뒷목의 근육을 강화해 주어 '턱이 들리는' 나쁜 자세를 교정한다.
- 5회 반복한다.

2단계: 성도를 이완하는 훈련

정직한 말하기의 토대인 성도의 확장은 각 부위를 이완하는 개별 훈련을 통해서 성취된다. 명심할 바는 긴장은 다른 긴장을 부른다는 사실이다. 따라서 성도의 각 부위를 이완하기에 앞서 그 바탕이 되는 바른 자세를 갖추어 몸의 전체적인 이완을 선취한다. 바른 자세로 어느 정도 몸의 이완이 느껴지면 본격적으로 성도의 각 부위를 이완하는 훈련을 시작한다.

하품

하품은 턱이 편안히 떨어지고, 연구개는 가볍게 올라가고, 후두를 자연스럽게 낮춰주어 이상적인 말하기의 통로 형태를 만들어 준다. 자연적인 숙지 행위인 하품은 그 자체로 턱, 연구개, 혀 등 성도를 이완하고 넓혀주는 최선의 방편이다. 연구개가 위로 올라가고 혀뿌리가 아래로 내려가는 하품의 상태야말로 말하기에 이상적인 구강의 형태다.

- 가로로 입을 벌린다는 느낌으로 하품해서 구강을 최대한 넓힌 상태로 만들고, 머리에 종이비행기가 날아다닌다고 상상한다.
- 하품할 때 웃으면서 눈을 크게 뜨면 목구멍의 확장에 도움을 줄 수 있다.
- 입술을 닫은 상태에서 하품을 참으려고 하면서 크게 하품한다. 그 상태에서 벌어진 연구개와 구강의 느낌을 유지하면서 한숨을 쉬면서 호흡을 내보낸다.
- 하품을 막 시작할 때의 느낌 정도로 입으로 들숨을 마신다. 하품하는 느낌으로 입으로 들숨을 하게 되면 후두가 내려가게 된다. 구강의 확장과 내려간 후두의 위치를 유지한 상태에서 '히싱' 훈련을 실천한다. 30초 정도 '쓰으~' 소리를 균일하게 내면서 호흡을 일정하게 내보내는데, 후두를 낮추려고 억지로 목에 힘을 주지 않으면서 흉곽과 성도의 편안한 확장 상태를 유지한다.

후두

후두가 발음의 변화나 말의 강약에 따라 급격하게 올라오지 않고, 안정된 상태를 유지해야만 배우는 안정적인 톤으로 대사를 말할 수 있다. 후두 훈련은 억지로 힘을 주는 것이 아니라 활시위를 뒤로 당겼을 때 버텨지는 정도의 힘, 다시 말해 내려간 상태가 유지될 정도의 힘으로 연습한다. 후두 훈련이란 결국 후두 안정에 도움을 주는 근육을 발달하는 연습이며, 이것은 말할 때 개입하는 불필요한 근육과는 구분되는 근육의 개발이다.

a.

- 하품을 세 번 정도 한다.
- 그런 다음 한 손은 배, 다른 한 손은 목 중간에 있는 후두 부위에 대고, 하품으로 들숨 했을 때 후두가 아래로 내려오는 것을 감지해 본다. 단, 불필요한 긴장으로 인해 어깨가 올라가지 않도록 유의한다.
- 목의 통로가 좁아지지 않게 후두가 내려간 상태를 유지한다. 후두가 안정된 상태를 유지하면서 한숨을 내쉰다. 후두 하강을 유지한 상태에서 한숨 쉬기를 천천히 5회 반복한다.
- 후두가 안정된 상태에서 '음~' 허밍을 길게 해본다. 입술은 붙어있으나 구강은 하품을 참는 모습처럼 넓혀져 있고, 윗니와 아랫니가 손가락 한 개 정도 들어갈 정도로 떨어져 있어야 한다. 천천히 5회 반복한다.
- 같은 조건에서 허밍을 하다가 입을 벌려 길게 '음~마~아~'로 소리 낸다. 이 훈련은 실제 소리를 낼 때 후두가 올라와 목이 조이지 않도록 하는 연습이다. 유의할 점은 후두가 안정된 상태에서 소리를

내는 동안 성대의 지탱도 유지해야 한다는 것이다.

- 충분한 들숨으로 후두가 편안히 내려간 상태에서 '우, 우, 우~'와 '구, 구, 구~'를 스케일에 따라 소리 내면서 후두의 안정을 유지한 상태에서 접촉한 성대를 지탱하는 힘을 길러준다. 후두 훈련의 목적은 제대로 된 소리를 내는 상태에서 후두의 안정화를 이루는 것이다.

- 독백을 하나 정해서 앞서와 같은 방법으로 독백의 대사를 천천히 말해 본다. 발음의 변화나 말의 세기에 휩쓸리지 않고 후두가 안정된 상태와 성대의 지탱을 유지하면서 대사를 끝까지 말할 수 있을 수준까지 훈련을 지속한다.

b.

- 턱을 들고 목을 만져보면 튀어나온 부분을 느낄 수 있다. 이것을 갑상연골이라고 하는데, 그 튀어나온 부분에 한쪽 손의 손가락을 가져다 댄다.

- 고개를 바로 하면 튀어나온 부분이 아래로 내려오는 게 느껴질 것이다. 그리고 반대쪽 손의 검지와 중지를 튀어나온 부위에 가져다 댄 손가락에 끼워 본다. 그리고 손가락을 빼면 검지와 중지 사이에 공간이 생긴다. 갑상연골이 성대 및 후두와 연결되어 있으므로, 그 두 마디 사이의 후두 위치가 사람이 말하기에 가장 편하고 정상적인 상태이다.

- 독백을 하나 정해서 대사를 말해 보는데, 두 손가락 사이에서 갑상연골이 벗어나지 않은 상태로 대사를 말할 수 있게끔 연습한다. 이것이 자신이 가진 말의 톤이자 음역대다. 만약 높은 소리로 말해서 후두가 검지 위쪽까지 넘어간다면 그것은 본인의 톤보다 높은 음역대라고 판단할 수 있다. 반면 목소리 톤을 낮춘다고 인위적으로

내린 후두가 만약 두 손가락의 아래쪽을 넘어가는 경우도 자신에게 맞지 않는 음역대이므로, 어색하고 불편한 소리가 난다. 두 손가락 사이가 말하기의 적절한 높낮이며, 이런 방식으로 후두가 안정된 상태에서 대사를 편히 말할 수 있을 때까지 훈련한다.

:: 훈련 예제 3

턱

턱은 소리가 나가는 마지막 관문인 입과 연결된 기관이다. 배우는 기본적으로 턱이 이완되어 아래로 편안히 떨어진 상태에서 말할 수 있어야 한다. 턱의 이완으로 생기는 공간은 성도의 다른 부위에 비해 월등히 커서 소리의 발성과 공명에 지대한 영향을 미치게 된다. 따라서 턱의 이완은 아무리 강조해도 지나치지 않으며, 다양한 훈련을 통해 호흡하거나 말할 때 턱이 개입할 필요가 없음을 경험하고, 기억시켜서 턱의 이완을 정착한다.

a.
• 위, 아래 이빨이 1cm 정도 떨어뜨린 상태에서 입술이 떨어지지 않는 정도로 하품해서 입안 공간을 넓히면서 숨을 들이쉰다.
• 턱을 아래로 떨어뜨려 손으로 잡아주고 '아', '오'의 입 모양을 반복하면서 소리 없이 숨을 내보낸다. 턱에 힘이 들어가지 않은 상태에서도 넓은 성도의 공간을 유지하면서 편안하게 숨 쉬는 방식을 정착한다.

b.
• 껌을 다섯 개 정도 씹는다고 생각하며 턱을 움직인다. 한쪽에서 시

작해서 반대쪽으로 껌을 옮겨 씹는 흉내를 내면서 턱 근육을 풀어
준다.

- 아래턱에 무게 추가 달려 있다고 상상해서 아래턱이 자연스럽게 아
  래로 떨어져 벌어지게 만든다.
- 그 상태에서 아래턱을 양손으로 잡고 편안하게 '닫았다, 열었다'를
  반복해 본다. 인위적으로 턱에 힘을 주어 벌리는 것이 아닌 손에 의
  해서만 턱이 수동적으로 움직이도록 훈련해서 턱을 이완한다.
- 아래턱을 양손으로 잡고, 부드럽게 위, 아래로 흔들어 준다.
- 호흡을 내뱉으면서 동시에 턱을 흔들어 준다.
- 'ㅎ어~' 소리를 길게 내면서 턱을 흔들어 줘서 이완을 유도한다.

:: 훈련 예제 4

혀

배우가 대사를 말할 때는 혀뿌리가 이완되어 목구멍은 넓어지고, 연구개는
위로 올려진 상태가 이상적이다. 훈련을 통해 목구멍 쪽의 혀뿌리가 아래로
떨어진다는 느낌으로 밑으로 늘어진 상태가 정착될 때까지 연습한다.

a.
- 혀 전체를 잘근잘근 씹어준다.
- 혀를 가볍게 앞니 바로 뒤 입천장에 대고 나오는 날숨을 통해 부드
  럽게 '아르르르' 떨어준다.
- 거울 앞에서 손가락이나 나무젓가락 등을 이용해 혀의 안쪽을 눌러서
  입안 공간이 어느 정도나 확장될 수 있는지 평상시에 자신의 혀가 얼

마나 소리 통로를 막고 있는지를 확인한다. 또, 젓가락으로 혀 안쪽을 누른 상태에서 '아' 소리를 내보고, 그렇지 않은 상태에서 소리를 내어 차이를 느껴보고, 혀 이완과 공간 확장의 중요성을 자각한다.

b.

- 훈련 전 '침묵으로 웃기' 등을 선행해서 목구멍이 열린 상태를 유지한다.
- 혀끝은 아랫니에 붙인 상태에서 혀의 중간을 강하게 앞으로 구부려 내밀어서 5초 정도 긴장한 후 풀어준다. 혀의 긴장과 이완 상태가 인지될 때까지 반복한다.
- 앞의 동작을 빠르게 반복한다.
- 혀끝은 아랫니에 붙인 상태에서 '허—여—여-여' 소리를 내면서 혀의 중간 부위를 풀어준다.

c.

＊ 이 훈련은 턱과 혀의 근육을 따로 기능하게 함으로써 각자의 본래 기능을 회복하는 연습이다. 혀를 떨어뜨리는 훈련을 하는 동안 턱이 움직여서는 안 된다.

- 턱을 아래로 떨어뜨려 입을 크게 벌린다.
- 혀를 입 바깥으로 앞으로 최대한 내민 후 윗입술에 붙였다가 아래로 떨어뜨리기를 반복하면서 혀의 긴장을 풀어준다. 이를 통해 결국 혀가 늘어진 빈대떡처럼 바닥에 착 달라붙게 한다.

d.

＊ 이 훈련은 소리를 실제로 내면서 혀를 이완하는 연습이다. 간단하면서도

매우 효과적이고, 소리를 명료하게 만드는 효과도 있다.

- 혀끝을 아랫입술 위에 걸쳐두고 혀를 편안히 이완시킨다. 혀를 당기거나 긴장시키지 않는다. 그냥 아랫입술 위에 걸쳐두면 된다.
- 그 상태에서 'ㅎ어~' 소리를 발성한다. 소리를 내기 전에 먼저 약간의 공기를 내보낸 후 소리를 내도록 하며, 혀는 아랫입술 위에 걸쳐서 계속 놓아두어야 한다.
- 음의 높이를 달리해서 훈련을 반복하는데, 소리를 낼 때 혀에 힘을 주지 않으면서 소리를 내는 것이 중요하다. 혀를 계속 이완시킨 상태를 유지하면서 다양한 음높이의 소리를 낼 수 있는 수준까지 연습한다.

:: 훈련 예제 5
연구개

연구개 훈련은 입천장 올림근을 올리는 연구개의 근육을 스트레칭하고 강화해서 구강을 넓혀주는 연습이다. 연구개는 목젖 가까이 위치한 말랑말랑하고 부드러운 안쪽의 입천장을 가리킨다. 훈련을 통해 입천장 올림근이 올려져 연구개가 아치처럼 위로 올라간 상태에서 대사를 말하는 역량을 갖춘다.

a.
- 가로로 하품을 크게 하거나 사과를 크게 한 입 베어 먹는 흉내를 통해 구강과 목구멍을 확장한다. 연구개를 훈련하는 동안 턱의 이완 상태를 유지한다.

- 코를 골듯이 '카아―'소리를 내면서 숨을 들이마시며 연구개를 마찰시켜 올림근을 올라가게 만든다. 숨을 내쉬면서 역시 '카아―'소리를 내면서 호흡으로 연구개를 마찰시켜 올려준다. 올바른 훈련을 위해서 손거울로 연구개를 보면서 연습하는 것이 좋다.
- 'ㅋ' 소리 다음에 '아' 소리를 정확하게 내주어서 혀와 연구개가 더 멀어지게 함으로써 훈련의 효과를 높인다.

b.
- 혀끝은 아래 이빨 뒤에 붙인 상태에서 혀 뒷부분만을 들어 올려서 구강 안쪽의 말랑말랑한 부위인 연구개에 닿도록 한다.
- 그 상태에서 허밍을 한다. 그러면 혀가 닿은 부위에서 '응' 소리가 나게 된다.
- '응' 허밍을 계속하면서 혀의 뒷부분은 아래로 떨어뜨리고, 반대로 연구개는 위로 올려서 구강을 확장하면 '아~' 소리를 낸다.
- '응-아'를 반복하면서 연구개를 스트레칭한다.
- 훈련하는 동안 턱이 혀의 움직임에 따라 움직이지 못하도록 손으로 턱을 잡은 채 연습한다.
- 훈련 후 독백 대사 등을 말해 보면 연구개의 상승으로 구강이 더 넓어졌음을 확인할 수 있다.

:: 훈련 예제 6
목구멍

이 훈련은 목구멍을 이완하고 확장한 상태에서 소리 내는 방식을 정착하는 연습이다.

- 1장〈호흡〉의 훈련 편에서 배웠던 풍선 불기 훈련을 실천해서 목의 공간을 넓힌다.
- 풍선 불기 훈련으로 흉곽과 구강을 최대한 확장한 상태에서 아랫배를 당겨주면서 '음~' 허밍한다.
- 허밍을 하면서 어금니를 물면서 입술을 내밀어 멀리서 들리는 뱃고동 소리와 유사한 '우~' 소리를 낸다.
- '우~'소리를 낼 때 구강의 압력은 아래로 공기를 보내고, 흉곽의 압력은 공기를 위로 보내서 그로 인해 중간 지점인 목구멍이 확장된 상태에서 성대와 호흡의 마찰을 통해 '우~' 소리가 나도록 연습한다.
- 훈련을 반복해서 목구멍이 확장된 상태에 점차 더 익숙해진다.

:: 훈련 예제 7
성도의 확장

이 훈련은 성도의 공간을 전체적으로 넓혀주는 연습이다. 말하는 동안 성도 공간이 편안히 확장되어야지만 배우는 명료한 발성과 풍성한 공명으로 대사를 말할 수 있다.

- 이를 다물고 입술 양쪽 끝을 최대한 옆으로 당겨서 올린다.
- 혀뿌리와 입천장 사이의 공간에 닿기 싫을 정도로 따갑고 작은 밤송이가 놓여있다고 상상한다.

- 코로 들숨을 하는데 들어오는 호흡으로 입천장에 싸한 느낌을 느끼면서 따가운 밤송이가 닿지 않도록 입천장과 혀뿌리 사이를 최대한 벌어지게 한다. 연구개 즉 안쪽의 입천장을 최대한 들어 올리면 뒤쪽으로 밀어줘서 성도의 공간을 확장한다.
- 그런 다음 편하게 호흡해 보는데, 들숨과 날숨 모두에서 공간을 그대로 유지하는 것이 목적이다.
- 이번에는 허밍으로 '음' 소리를 내는데, 벌어진 공간을 그대로 유지해야 한다.
- 그런 다음 '아-에-이-오-우' 모음 소리를 천천히 내는데, 모음의 발음으로 입술 등 입의 앞쪽은 변하더라도 입 안쪽의 벌어진 공간은 그대로 유지한다. 이를 통해 소리 내는 동안에도 구강의 확장이 정착되도록 유도한다.

5

공명

1) 공명의 원리

공명이 주는 자유

말하기의 관점에서 배우의 연기는 대본이란 잠재적인 것을 '말하기'라는 현재화 작업을 통해서 극의 인물을 생동하게 만드는 실천 행위입니다. 연기란 행위의 본성은 이처럼 현재화하는 작업에 있는 것이며, 따라서 배우의 연기는 늘 과거와는 단절된 행위, 즉 단독적인 사건으로 매 순간 새로이 일어나는 작용이 되어야 합니다. 이렇듯 연기의 어려움은 대개 허구의 역할을 현실처럼 살아내야 한다는 배우의 모순적인 목표에서 비롯되곤 합니다. 이런 측면에서 본다면 배우의 연기력이란 극적이면서 동시에 실감이 나야 한다는 이율배반적인 목표를 누가 더 적절하게 성취하느냐에 따라 좌우되는 역량입니다.

소리의 울림인 공명은 이러한 모순적인 목표의 성취에 일조하는 작용이란 점에서 배우에게 특별한 가치를 지닙니다. 공명은 자갈을 수면 위로 멀리 던지는 물수제비 뜨기와 비슷한 원리를 지닌 소리의 증폭작용으로, 배우가 그 원리를 진실로 깨우치고, 체화시켜 자신의 말하기 과정에 포함하는 순간, 커다란 변화를 경험하게 되는 기술적 단계이기도 합니다.

공명은 성대의 진동이 소리 통로인 성도에 의해 강화되고, 그것이 다시 성대 원음에서 발생하는 배음을 증폭하는 소리의 동조 현상을 일컫습니다. 이것은 달리 말해, 공명 작용이 소리의 전달력과 명확성은 극대화하면서도 에너지의 소모를 최소화하는 '경제적인' 소리 작용이란 것을 의미합니다. 즉, 작은 힘을 큰 힘으로 바꾸어 주는 지렛대나 눈덩이 효과처럼 배우는 근육의 힘이나 과도한 호흡을 사용하지 않고도 소리의 동조 현상인 공명 작용을 활용해서 목소리를 효율적으로 증폭할 수 있다는 얘기입니다.

이처럼 배우의 말하기에서 차지하는 공명의 중요성은 대사 전달력의 향상, 음성적 표현력의 확장과 더불어 에너지의 소모를 최소화해서 말하는 방식, 즉 경제적인 말하기 방식의 체득이라는 점에서도 찾을 수 있습니다. 이러한 측면에서 두성, 흉성 등 성역의 개발을 강조했던 기존의 연구와 구분해서 이 책에서는 경제적인 소리내기의 기술적 단계로서의 공명 작용, 타격과 파동이라는 공명감의 터득에 더 큰 초점을 두고 공명 훈련의 원리와 방법에 관해 설명하겠습니다.

만약 배우가 극적이고 명확하게 역할의 대사를 말하면서도, 그에 필요한 에너지의 소모를 감소시킬 수 있다면 그만큼 연기하는 티가 줄어들어 자연스럽고 진실하게 실연할 수 있습니다. 쉽게 말해 이것은 목소리의 울림을 지닌 배우가 그렇지 않은 배우보다 더 자유롭게 연기할 수 있다는 뜻입니다. 마치 지렛대를 사용하는 것처럼 목소리의 전달이나 표현에서 그만큼의 노력을 줄일 수 있기 때문입니다. 연기의 진실이란 이렇듯 배우가 '지금' 연기하고 있다는 사실을 들키지 않는 기술의 발휘로써 가능한 것이며, 배우의 말하기 과정에서 이러한 기능을 담당하는 단계가 바로 소리의 울림, 공명 작용입니다.

누구나 알다시피 배우의 연기는 관객의 감상을 전제로 하는 예술 형식입니다. 따라서 배우에게는 역할의 대사를 명료하게 전달할 수 있는 역량이 기본적으로 요구됩니다. 그런데 만약 목소리가 충분히 개발되지 못한 배우라면 대사의 전달력을 높이기 위해 의도적인 노력, 예컨대 근육의 힘이나 과도한 호흡을 사용해서 목소리를 강화하고자 합니다. 그러나 이런 노력은 배우의 의도와는 반대로 대사를 말할 때 배우의 몸에 긴장을 일으키는 요인이 되며, 이를 통해 관객은 배우가 지금 역할로서 '존재'하지 못하고, 역할을 '연기'하고 있다는 사실을 눈치채게 됩니다. 이렇게 진실한 실연이라는 배우의 목표는 좌절되고 맙니다.

배우가 진실하게 연기하고 싶다면 최소한 말하기와 관련해서 실연하는 동안 좋은 소리를 내려고 애쓰는 모습을 관객에게 들켜서는 안 됩니다. 이런 이유에서 배우에게는 과도한 에너지를 사용하지 않고도 대사를 잘 들리도록 말하는 역량이 요구되며, 배우의 말하기 과정에서 이러한 기능을 담당하는 작용이 바로 소리의 울림, 공명입니다.

더욱 잘 달리기 위해서 육상 선수는 속도와 지구력은 극대화하면서도, 에너지 소모는 최소화해서 달리는 방법을 배우고, 훈련합니다. 배우 역시 더 나은 실연을 펼치려면 전달력과 명확성은 강화하면서도 에너지 소모는 최소화하는, 즉 이완 상태에서 잘 들리게 말하는 방식을 터득해야 합니다. 이를 위해 배우는 말하기에 필요한 에너지를 근육의 힘이나 과도한 호흡이 아니라 이완을 바탕으로 한 공명 작용에서 얻어야 하며, 연기 분야의 음성 교사가 공명의 중요성을 그토록 강조하는 이유 역시 여기에 있는 것입니다.

누구나 산이나 계곡에서 더 크게 되돌아오는 메아리를 들어본 적이 있을 겁니다. 메아리의 작용처럼 공명은 소리의 지렛대와 같은 역할을 해주어 배우가 더 적은 에너지만을 사용하고도 필요한 크기의 성량으로 대사를 말하도록 해줍니다. 공명의 기여로 아낄 수 있는 에너지의 절약으로 배우는 그만큼 편안하게 연기할 수 있는 겁니다. 이처럼 편안함이란 그것이 무엇이든 간에 대개 경제적인 활동으로 확보되는 것이며, 이런 이유에서 경제적인 실천 행위는 지켜보는 사람에게 미적 쾌감을 선사하는데, 이것이 소위 간결함의 미학입니다.

말하기 훈련의 주요한 목표는 대사를 말할 때 무엇은 활성화하고, 무엇은 이완해야 하는지를 자각하는 것에 있습니다. 그러나 기실 이 점이야말로 말하기 훈련의 본질적인 어려움이기도 한데, 이와 관련해서도 공명 작용은 배우에게 필요한 부위나 기능을 이완할 수 있는 여지를 준다는 점에서 가치를 지닙니다.

주지하다시피 이완은 연기하는 배우에게 집중만큼이나 중요한 역량입니다. 이완의 상태는 단지 좋은 음성의 발판만이 아니라 심신의 원활한 기능을 도와주어 호흡은 물론이거니와 풍부한 감정과 다양한 표현의 발판이 되어주기 때문입니다. 이런 이유에서 이완은 집중과 더불어 배우의 연기력 전체를 결정짓는 연기의 양축이라고 할 수 있습니다.[50] 집중이 극성 즉 연기의 일루전을 생성한다면 이완은 연기란 행위가 매끄럽게 일어나는 자연스러움 즉 천의무봉(天衣無縫)의 실감을 창출합니다. 이렇듯 배우의 연기란 집중과 이완이라는 양축을 중심으로 극성과 실감의 결합이라는 모순의 성립을 통해 아름다움과 감동을 선사하는 실천 예술입니다.

이런 이유에서 이완을 촉진하는 공명의 번성은 배우에게 단지 음성의 개발에만 일조하는 것이 아니라 연기력의 전반적인 상승을 촉발하는 촉매제가 되어줍니다. 실제로 풍성한 공명을 개발한 배우가 소리의 안정감뿐만 아니라 심리적으로도 자신감을 얻어 더 나은 실연을 펼치게 됩니다. 그렇지만 오랜 세월 축적된 긴장과 오랜 기간 음성의 문제를 지녔던 사람이 '이완을 통해 더 좋은 소리를 낼 수 있다.'라는 사실을 진짜로 깨우치기까지는 상당한 시간과 연습이 필요할 겁니다. 말하기에 고질적인 문제를 지녔던 배우가 물리적인 에너지 예컨대 근육의 힘이나 과도한 호흡을 사용하지 않았을 때 오히려 음성적인 에너지가 향상된다는 역설적인 사실을 받아들이기는 쉽지 않은 일이기 때문입니다.

배우가 대사를 말할 때 필요 이상의 물리적 에너지를 사용하면 다시 말해 힘으로 소리를 억지로 밀거나[51] 호흡이 과도하게 사용되면 목소리의 양과 질은 오히려 저하됩니다. 이런 소모적 낭비를 피하려면 배우는 명료한 말하기에 필요한 에너지를 공명이라는 소리의 동조 현상에서 얻어내야 합니다. 이처럼 소리의 지렛대로서 공명이 말하기의 과정에서 온전히 장착되기 위해서는 호흡, 발성 등 말하기 과정의 전단계가 그에 앞서 잘 작동해야 합니다. 마치 앞의 블록이 제대로 넘어져야 뒤의 블록이 온전히 쓰러지는 도미노 놀이처럼 말입니다.

도미노의 원리와도 유사한 소리내기의 음향-물리적인 메커니즘이 양산하는 지렛대 효과는 과도한 호흡이나 근육의 개입 없이도 배우가 편한 상태에서 명료한 목소리로 대사를 말할 수 있는 기반이며, 이점이야말로 긴장이 심한 배우일수록 공명 작용을 자신의 말하기 과정에 반드시 정착시켜야 하는 이유입니다. 이처럼 배우의 목소리에 공명이 포함될 때 배우의 연기는 경제적인 실천 행위로 승화되며, 그만큼 배우는 자유롭게 연기할 수 있습니다.

성량의 확대

당신이 만약 연극이나 영화 등 다양한 매체에서 활동하는 배우가되고 싶다면 천석 이상의 대극장에서부터 세밀한 붐-마이크까지 각각의 매체마다 명료하게 들릴 수 있는 말하기의 역량부터 갖추어야합니다. 아무리 탁월한 감수성과 현실감을 지닌 배우라고 하더라도 기본적으로 대사의 전달에 문제가 있다면 그것이 무슨 소용이 있겠습니까? 명료한 성량의 말하기는 연기하는 배우가 관객의 공감을 끌어낼 수 있는 일차적인 수단입니다.

배우의 성량은 단순히 전달의 차원에만 연관된 것이 아니라 대사의 뉘앙스, 연기의 에너지, 감정의 풍부함, 행동의 역동성 등 다양한 의도와 의미를 충만히 담아 전달하는 기능까지 포함하고 있습니다. 작은 목소리를 지닌 배우는 실연 시 에너지와 감정이 그만큼 작게 담길 수밖에 없으며, 설사 영상 매체의 붐 마이크라고 하더라도 이런 문제를 해결해 주지는 못합니다. 성량은 결코 소리의 크기나 전달에만 국한되지 않고, 연기의 전체적인 스펙트럼을 확장하는 방편이 되므로, 만약 배우가 감정과 에너지를 더욱 풍부하게 담아서 연기하고 싶다면 먼저 자기 목소리의 성량부터 키울 필요가 있으며, 배우가 성량을 확대하는 최선책 역시 소리의 울림인 공명을 증대하는 훈련입니다.

성대에서 생겨난 첫소리인 원음은 우리가 생각하는 것보다 훨씬 작은 소리이며, 그래서 실제로 들을 수 있는 소리가 되려면 성대에서 생겨난 소리가 몸 안의 공간인 성도에서 증폭되어야 한다고 앞서 설명했습니다. 따라서 엄밀히 말하면 우리가 실제로 듣는 소리는 성대에서 나는 원음이 아니라 공명 이후의 소리입니다. 이런 측면에서 본다면 배우의 연기는 실재의 모방이 아니라 변형에 더 가깝습니다. 그것은 필연적으로 연기하는 배우의 정신과 몸이라는 필터를 거친 다음에 발현하는 무엇이기 때문입니다. 이런 이유에서 배우는 독서나 운동 등을 통해 몸과 마음, 정신을 더 나은 필터가 되도록 수련해야 합니다. 배우의 연기술이란 외부에서 오는 자극인 영감을 수용해서 증폭하는 역량으로, 배우는 소통의 양도체로서 자신을 훈련해서 외부에서 도래하는 특별한 경험이 자의식이나 긴장과 같은 저항에 맞닥뜨리지 않고, 전-존재를 관통해서 지나가며 증폭되도록 해야 합니다. 흔히 연기 교사는 이런 실연을 '이완과 집중 상태에서 충동에 따른 역할 구현'이라고 설명합니다.

만약 대극장에서 연기하는 배우가 성도라는 필터를 통해 증폭되는 공명이 아니라 강한 호흡이나 근육 작용으로 소리를 밀어서 대사를 말하려 든다면 오히려 소리의 전달력과 명료성은 떨어지고, 대사의 섬세한 감정적 뉘앙스도 사라지며, 심한 경우 쉰 소리가 나거나 성대에 심각한 무리를 주게 됩니다. 공명은 극장의 공간이 아니라 우리 몸 안의 공간에서 동조되는 현상이며, 그중에서도 성대와 인접해 있는 입의 구강과 목의 인두강에서 일차적으로 소리가 울리게 됩니다. 이것이 소리가 울릴 수 있는 공간을 확보해 주는 턱, 혀뿌리, 후두 등 성도의 각 부위를 이완하는 연습이 공명 훈련의 전 단계로서 꼭 필요한 이유입니다. 공명은 넓은 성도처럼 소리가 울리기에 적합한 환경이 제공되면 자발적으로 번성하는 성질을 갖고 있습니다.

공명의 번성은 오디오에 더 좋은 스피커가 장착되면 소리의 질과 양이 향상되는 현상과 같은 원리입니다. 오디오의 에너지원인 전기는 배우의 호흡에 해당하고, 소리가 발생하는 재생기는 배우의 성대에 해당한다면 소리를 확장하는 스피커에 해당하는 부위가 바로 인두강, 구강과 같은 우리 몸 안의 공간인 공명강입니다. 이러한 소리의 생성 원리를 흔히 음원-필터 이론(source filter theory)이라고 부르는데, 쉽게 말해 목소리는 성대에서 발생하는 음원이 필터의 역할을 하는 성도에 의해 증폭되어 생긴다는 것입니다. 음성 교사 조 에스틸은 여기에 호흡을 추가해서 성대를 진동시키는 호흡을 파워(power), 소리의 원음인 성대의 진동을 소스(source), 소리가 증폭하는 성도 공간을 필터(filter)로 비유해서 구성한 P-S-F 이론으로 이를 설명했습니다.[52]

좋은 음성은 보통 울림을 지닌 소리를 말합니다. 공명 작용은 음향학적으로 성대 원음에 음량과 질감을 부여해 주기 때문입니다. 그래서 울림 있는 목소리는 그 자체로 호흡, 발성, 성도 등 말하기의 전체 과정이 제대로 기능하고 있다는 사실을 반영해 줍니다. 또한 공명 작용은 성대의 부담을 덜어주므로, 음성 질환을 치료하는 방법으로도 널리 활용됩니다. 이렇듯 목소리의 울림인 공명은 연기력 향상의 기본적 전제이며, 적절한 훈련을 지속하면 누구나 공명을 필요한 정도로 충분히 개발할 수 있습니다. 이런 사정이니 대체 우리가 훈련하지 않을 이유가 어디에 있단 말입니까? 소리는 걸리지 않아야 하고, 말은 흘러나와야 합니다. 배우는 소리를 미는 것처럼 의도적인 방식이 아니라 그저 호흡의 흐름에 소리가 공명하며 말해지는 비의도적인 방식, 수동적 모드의 말하기를 터득해야 합니다.

현대의 드라마는 포스트 드라마와 같은 공연이나 페이크 다큐와 같은 영화처럼 현실과의 경계가 점차 무너지면서 인위성 자체가 사라져 버리는, 부드럽지 않고 생경한 것, 그래서 결말을 정해놓지 않은 채 관객에게 판단을 맡기는 열린 방식으로 변화하고 있습니다. 이런 식의 현대 드라마에서는 배우의 연기가 배우 자신도 어떻게 발현할지 모르는 방식으로 구사되어야 합니다. 다시 말해 동시대에 이르러 연기하는 배우는 1-6까지는 한정되어 있으나 다음에 어떤 숫자가 나올지 알 수 없는 주사위 기계와 같은 존재로 진화해야 하는 겁니다.

이를 통해 관객에게 전해지는 것은 매끄러운 아름다움을 넘어선 날 것의 미학. 따라서 오늘날의 배우에겐 그에 부합하는 목소리의 개발이 시대적으로 요청되며, 말하기의 관점에서는 일종의 '사건'과 같은 목소리의 장착 역시 요구되는 것입니다. 그러다 마침내 배우의 목소리는 실연의 과정에서 온전히 사라져야 합니다. 연기하는 배우가 좋은 소리를 내겠다는 의도를 가지는 순간, 이것이 배우의 비의도적인 실연을 방해하기 때문입니다. 이것은 마치 역할의 준비 과정에서는 대본을 열심히 분석해야 하지만 실연 때는 그저 상황에 집중해서 연기해야지 분석한 대로 연기하려 해서는 안 되는 것과 비슷한 이치입니다. 정상에 오른 자는 정상에 오르려 하지 않습니다. 좋은 목소리는 좋은 목소리를 내려는 의도가 사라졌을 때 비로소 가능한 겁니다. 이러한 말하기 수준에 이르기 위해서 배우는 공명으로 말하기를 온전히 체득해야 합니다.

성역의 개발

공명은 배우의 연기에서 이완을 촉진하고, 명료한 전달을 지지해 주는 소리 작용입니다. 그러나 공명의 기능이 여기에만 그치는 것은 아닙니다. 그와 더불어 공명은 여러 성역(register)의 개발을 통해 다양한 음색을 만들어서 인물의 성격 구축에 필요한 음성적 표현력의 향상에도 이바지합니다. 말하기 자체가 감정과 행동을 수반하는 행위라는 점에서 공명의 번성이란 곧 연기력의 향상을 나타냅니다. 가슴에서 머리까지 여러 성역에서 생기는 다채로운 공명은 목소리의 음질 혹은 음색을 결정하게 되고, 이를 통해 배우는 인물의 성격에 대한 음성적 표현의 가능성을 확장하게 됩니다.

연기 분야에서 성역의 구분은 보통 발성 시 소리의 느낌 즉 공명 현상이 전해지는 부분의 감각적인 느낌을 기준으로 삼아 가슴의 흉성, 구강의 중성, 머리의 두성으로 분류합니다. 가슴에서 울리는 흉성은 대개 저음으로, 성대가 두껍게 진동하는 특징을 갖고 있습니다.[53] 반면 머리에서 울리는 두성은 고음으로, 성대가 얇고 빠르게 진동합니다. 따라서 천성적으로 길고 두꺼운 성대를 가진 사람은 보통 저음역대의 소리로 말하게 되며, 짧고 얇은 성대를 가진 사람은 상대적으로 고음역대의 소리로 말하게 됩니다.

흔히 높은 톤의 두성은 소리의 명확성을 높여주고, 낮은 톤의 흉성은 소리의 감수성을 풍부하게 만들어 줍니다. 그래서 흉성은 주로 말할 때 사용되고, 두성은 고음으로 노래할 때 애용됩니다. 그러나 대사 전달과 감정 표현 모두가 중요한 연기예술의 특성상 배우의 목소리에는 두성과 흉성이 함께 포함되어야 하고, 각 성역이 목소리에 얼마나 포함되느냐에 따라 목소리의 음색이나 톤이 달라지게 됩니다. 이런 이유에서 '목소리를 들으면 그 사람에 대해 알 수 있다.'라는 격언은 그 나름의 타당성을 지닌 것입니다.

평소 우리가 대화할 때는 두성과 흉성이 섞인 소리로 말하게 되는데, 이런 소리를 흔히 '중성'(mixed voice)이라고 부릅니다. 공명의 개발에서 중성이 중요한 이유는 앞서 언급했듯이 두성과 흉성의 배합과 균형인 중성을 통해서 우리는 명료한 전달과 풍부한 표현을 동시에 겸비한 목소리를 가질 수 있기 때문입니다.

배우가 훈련을 통해 전체적으로 성역을 개발하면 일차적으로 소리의 전달력이 향상되었다는 점부터 경험하게 됩니다. 우리의 음성은 음파의 주파수에 따라서 전달력에 차이가 생겨납니다. 소리는 모든 방향으로 퍼지는 특성이 있어 입 밖으로 나가는 순간 소리 에너지는 감소하기 시작하는데, 이때 낮은 주파수대의 소리보다 높은 주파수대의 소리가 에너지의 손실이 훨씬 더 적습니다. 따라서 배우가 역할의 대사를 명료하게 전달하기 위해서는 자신의 목소리에 에너지 손실이 적은 두성이 포함되어야 합니다.[54] 정보 전달이 중요한 아나운서가 일반인보다 높은 톤으로 기사를 말하는 것도 이런 이유이며, 큰 극장에서 연기의 진실을 훼손하지 않고도 대사를 객석 끝까지 전달할 수 있는 역량 역시 두성을 포함하는 성역의 개발을 통해서 가능한 것입니다.

반면 연기가 감정의 예술이란 점에서 배우에게는 정서의 따뜻함을 전하는 흉성 역시 꼭 필요하므로, 두성은 물론이거니와 흉성 역시 포함해서 전체적으로 성역을 개발해야 합니다. 이처럼 배우는 대사의 정보와 정서를 모두 담아내는 목소리를 성역별 공명의 개발을 통해 획득할 수 있으며, 다양한 성역이 개발될수록 그만큼 다양한 공명강이 소리의 증폭에 참여하기 때문에 더 잘 들리는 목소리로 더 편안하게 연기할 수 있습니다. 그리하여 배우의 목소리는 최종적으로 오케스트라의 협연처럼 다양한 성역이 조화롭게 울리는 복합적인 소리로 진화해야 합니다.

엄밀하게 따진다면 가슴에서 소리가 난다는 흉성이나 머리에서 소리가 난다는 두성은 가슴이나 머리에서 직접 소리가 울리는 것이라기보다는 인두강과 구강에서 일차적으로 생겨난 울림이 신체의 해당 부위를 타고 전달되는 소리입니다. 그러나 흉성과 두성의 개념으로 우리가 공명을 훈련하는 편이 음성을 개발할 때 여러 측면에서 유리하기 때문에 흉성과 두성 그리고 그 둘이 섞인 소리인 중성으로 각각의 성역을 구분해서 공명 훈련이 이루어지는 실정입니다.

일상에서 목소리의 음색을 통해 그 사람의 개성이 드러나듯이 배우가 지닌 소리의 울림은 배우가 연기하는 인물의 성격을 특징짓습니다. 따라서 새 작품마다 새 인물을 연기해야 하는 배우에게 여러 성역에 걸쳐 다양한 공명을 개발하는 연습은 필수적입니다. 배우의 목소리가 고음에서 저음까지 넓은 성역대를 가지게 될수록 역할의 생각과 감정을 그만큼 폭넓게 표현할 수 있습니다. 이런 이유에서 영상 매체에서 활동하는 배우에게도 공명의 개발은 필수적인 요건입니다. 이렇듯 공명은 여러 측면에서 실제적인 연기력 향상과 직접적인 관련을 맺고 있어서 지속적인 훈련이 요구되는 말하기의 영역이며, 꾸준한 공명 훈련은 일차적으로는 공명을 포함한 말하기 역량을 향상해 주겠지만 최종적으로는 배우에게 몸에 대한 지혜를 선사해 줄 것입니다.

공명과 성도

공명을 실제로 활성화하는 방법은 크게 세 가지로, 첫째는 공명에 적합한 성도 공간의 형성을 통해서, 둘째는 공명의 성역과 성량의 증대를 통해서, 그리고 셋째는 타격(打擊)과 파동(波動)이라는 공명감(感)의 터득을 통해서 우리는 목소리의 울림을 증폭할 수 있습니다. 이 중에서 첫 번째 방법인 성도의 공간 형성과 두 번째 방법인 성역과 성량의 개발은 기존의 음성 교사들이 강조해서 다룬 영역인데, 이와 비교해서 상대적으로 소홀히 다루어진 방법이 타격과 파동의 감각을 터득해서 공명을 활성화하는 방식입니다. 따라서 이 책에서는 이에 관해 더욱 중점적으로 설명할 것인데, 그에 앞서 그 배경을 이루는 성도와 공명의 관계부터 먼저 알아보도록 하겠습니다.

공명의 개발에서도 적정한 호흡작용과 원활한 성대의 운동 등 전 단계 영역의 발전이 중요합니다. 음성이 지닌 '곱하기의 법칙'에 따라 공명 훈련을 아무리 열심히 한다고 하더라도 호흡, 발성 등 다른 영역이 전체적으로 훈련되어야만 잘 울리는 소리가 개발될 수 있습니다. 특히나 비행기가 이륙하려면 넓고 탄탄한 활주로가 꼭 필요하듯이 소리의 활주로인 성도의 이완은 공명의 개발에서 일 순위의 요건입니다.

이것은 긴장의 제거가 공명 훈련의 바탕이 된다는 것, 다시 말해 공명이 이완을 통해 활성화된다는 사실을 반영하는 것이기도 합니다.

성대에서 입술까지 대략 15cm 정도 'ㄱ'자 형태의 통로인 성도는 그 안에 위치하는 턱, 혀, 후두, 연구개, 목구멍, 입술 등 여러 기관에 의해서 형태가 변화되면서 소리의 울림 작용에 영향을 미치고, 그에 따라 말의 음질에 변화가 일어납니다. 그래서 배우는 공명 훈련의 출발점으로 성도의 각 부위인 목구멍, 후두, 연구개, 혀뿌리, 턱을 이완하는 훈련부터 선행해야 합니다. 목소리라는 비행기가 잘 이륙할 수 있도록 성도라는 활주로를 미리 준비해 두는 겁입니다.

오랜 기간에 걸쳐 습관화된 성도의 긴장을 이완하기까지는 상당한 기간이 소요됩니다. 예컨대 말할 때 누군가에게 턱에 힘을 주는 습관이 있다고 가정해 봅시다. 설사 그것이 잘못된 습관이더라도 오랜 기간 익숙해지면 자신에게는 편안하고 안정된 상태[55]로 인식될 것이고, 오히려 턱에 힘을 뺀 상태로 말하는 것이 더 불편하고 거북하게 여겨질 수 있습니다. 이런 자기 인식의 오류를 교정하기 위해서는 성도를 포함한 말하기 훈련의 전체 과정을 가능한 거울을 보면서 연습하기를 추천합니다. 거울이나 촬영 등 자신을 객관적으로 점검하면서 연습을 진행해야만 잘못된 습관의 교정이 더욱 수월해십니다. 무엇보다 말하기의 악습이 교정될 때까지 포기하지 말고 꾸준히 훈련해야 합니다. 그리고 평상시 대화할 때도 턱이나 혀 등에 힘을 주어 말하거나 목에 걸리는 소리가 나면 그 즉시 긴장한 부위를 풀어주는 훈련을 잠시라도 실천해서 성도가 이완된 상태에서 말하는 습관을 길들여야 합니다.

성도와 공명의 관계는 왜 공명이 발음 작용과도 밀접한 연관을 지녔는지를 설명해 줍니다. 발음할 때 잘못된 혀, 턱, 입술의 움직임으로 성도 공간이 좁혀지면 소리의 공명이 방해받기 때문입니다. 이런 이유에서 다음 장에 설명하는 발음훈련의 목표 역시 정확한 발음의 향상에만 있는 것이 아니라 공명에 필요한 성도 공간을 유지한 상태에서 자연스럽고 정확하게 발음하는 역량을 갖추는 것입니다. 여러 교사가 대사를 말할 때 턱에 힘을 주지 말라고 당부하는 것도 비슷한 이유에서입니다. 요컨대 공명의 수준은 배우가 이완된 성도의 공간을 유지한 상태에서 대사를 말할 수 있느냐의 여부에 따라 거의 전적으로 결정됩니다. 이런 연유에서 우리는 공명하는 목소리를 다음과 같이 정의할 수 있습니다. 공명하는 목소리는 곧 자유로운 목소리다.

공명강의 특성

목소리가 공명하기 위해서는 오디오의 스피커처럼 소리가 울릴 수 있는 공간, 즉 공명강이 필요합니다. 일반적으로 비어있는 공간은 모두 소리가 울리는 공명강으로 기능할 수 있습니다. 어떤 소리가 비어있는 공간에 들어가게 되면 동조 현상에 의해서 소리의 진동이 증폭하기 때문입니다. 말하기 과정에서 공명강은 일종의 매개체 역할을 담당하면서 소리의 특정 주파수를 증폭하고, 소리는 이러한 과정을 거치면서 기본음과 그 배수의 파장들인 배음으로 구성됩니다. 이때 공명강의 특성에 따라 증폭되는 배음의 조합이 달라지고, 그로 인해 공명강마다 고유한 음질을 획득하게 됩니다.[56] 쉬운 예로, 머리 쪽에서 울리는 음성일수록 고음이, 가슴 쪽에서 울리는 음성일수록 저음으로 소리가 나는 겁니다. 이처럼 각 공명강의 특성에 따라 우리는 고유한 음색을 갖게 되며, 또 이런 식으로 저마다 고유한 목소리를 가지게 됩니다.

공명강은 단단한 재질의 비어있는 공간이면 무엇이든 될 수 있으므로, 사람 몸 안에는 여러 곳의 공명강이 있는데, 흉부(chest), 기관지(the tracheal tree), 후두(larynx), 인두(pharynx), 구강(oral cavity), 비강(nasal cavity), 공동(부비강, sinus) 등이 소리가 울릴 수 있는 우리 몸속의 공명강입니다. 그중에서도 소리의 울림이 직접 일어나는 부위는 역시나 성대와 가까이 있는 목 안의 인두강과 입 안의 구강이며, 여기서 생긴 소리의 울림이 전달되면서 다른 곳의 공명강이 간접적으로 울리게 됩니다. 일반적으로 낮은 소리가 나는 흉성은 가슴 쪽의 흉부에서 울리는 느낌을 받게 되고, 높은 톤의 소리가 나는 두성은 머리 쪽에서 울리는 느낌을 받게 됩니다.

그 외의 대표적인 공명강으로는 공동과 비강이 있습니다. 공동은 코 양옆의 비어있는 공간과 코 위쪽과 눈썹 위인 공간 등 얼굴 중간에 위치하는 공명강입니다. 공동의 울림은 다양한 결의 소리를 낼 수 있어서 미묘한 뉘앙스를 반영할 수 있다는 장점이 있습니다.[57] 반면 비강은 코를 통하여 목젖 뒤까지 연결된 통로로서, 정상적인 모음을 발성할 때는 연구개에 의해서 폐쇄되었다가 '응, 은, 음'의 비음을 발성할 때 연구개가 내려오면서 비강이 열리게 됩니다. 비강 공명은 성내의 진동 패턴이 안면을 진동하게끔 해서 두성의 개발에 도움을 주고, 소리가 앞으로 나아가게 도와줍니다. 따라서 어둡고 탁한 소리를 지닌 배우라면 트웽 등의 연습을 통해 성대 운동의 질을 향상하면서 그와 함께 공동과 비강의 공명을 훈련한다면 역할의 생각과 감정을 더욱 명료하게 말하기를 통해 표현할 수 있습니다.

이렇듯 공명이란 주변과의 연결 혹은 교감으로 일어나는 소리의 동조 현상입니다. 따라서 소리의 울림인 공명은 소리가 몸의 여러 기관에 적응하여 그에 맞추어 최선의 결과를 생산하는 경제적인 방식으로 스스로 변화하는 작용이기도 합니다. 즉, 울림을 지닌 목소리는 공명강과 같은 주변과의 관계 맺기의 결과로 나타나는 조화의 산물입니다. 그러므로 배우는 단지 공명 그 자체에만 집중하는 것이 아니라 성도 안의 여러 기관이 조화를 이루어 호흡과 발음 등 음성의 전 영역과 협응하는 과정의 하나로 공명 작용을 체득해야 합니다.

이제 정리해 보면 배우는 말하기에 참여하는 각 기관의 독립적인 감각과 제어를 바탕으로 음성의 전 영역이 일련의 도미노처럼 조화와 협응으로 작동하는 소리내기 시스템의 한 절차로 공명 작용을 개발합니다. 이를 통해 배우는 경제적인 소리내기에 기초한 이완의 촉진과 전달력의 향상 그리고 음성적 표현력의 확장을 통해 관객의 정서적 공감까지 끌어내는 수준에 이르게 됩니다.

:: POINT

　✓ 공명은 소리의 지렛대로서, 음성의 양과 질을 증폭하는 경제적인 소리 작용이다.

　✓ 공명은 근육과 호흡의 에너지를 대신해서 이완과 자유를 배우에게 선사한다.

　✓ 공명의 개발은 이완의 촉진, 전달력의 향상, 음성적 표현력의 확장에 이바지한다.

　✓ 두성과 흉성의 배합과 균형인 중성은 배우의 목소리에 표현력과 전달력을 겸비하게 해준다.

2) 공명훈련의 실제

공명훈련의 단계

이 책은 생각과 감정을 담아 전하는 인간만의 특별한 소통 능력인 '말하기'를 연기라는 예술형식에 적합하게 개발하는 훈련 방법에 관해 설명합니다. 그중의 한 영역인 공명은 지렛대와 같이 최적의 에너지만으로 음성의 양과 질을 증폭하는 경제적인 음성 작용입니다. 공명의 개발은 음성의 유연성과 지구력을 개선하여 장시간의 연습이나 공연에서 성대가 느끼는 피로감을 덜어주고, 소리의 성량과 음역을 확장할 뿐만 아니라 소리의 섬세한 조절력까지 개선하는 등 여러 장점이 있습니다. 특히나 내면의 진실을 훼손하지 않으면서도 외적 전달력을 향상한다는 점과 음색을 풍부하게 만들어 역할의 생각과 감정을 말하기로써 더 풍부하게 표현할 수 있다는 점에서 목소리의 울림인 공명은 연기하는 배우에게 특별한 가치를 지닙니다. 말 그대로, 배우가 울림이 있는 목소리를 지녀야지만 관객의 감정까지 울릴 수 있는 연기가 가능해지는 겁니다.

이런 이유에서 배우에게 실제로 중요한 것은 공명을 개발하고 훈련하는 방법이며, 그것은 앞에서 언급했던 것처럼 크게 세 가지 방식 즉 성도의 이완, 성역의 개발, 공명감의 터득을 통해서 성취될 수 있습니다. 이를 위해 본 장에서는 공명을 경험하는 훈련, 공명의 감을 터득하는 훈련, 성역을 개발하는 훈련, 성량을 증대하는 훈련의 4단계로 나누어 각각의 훈련 예제를 소개합니다.

앞장에서 설명했던 성도 훈련과 겹친다는 점에서 구체적인 내용은 생략하겠지만 본격적인 공명훈련에 앞서 소리의 활주로인 성도를 이완하는 연습을 앞서 실천해야 합니다. 이미 설명했듯이 공명은 성도에 있는 구강과 인두강에서 일차적으로 형성될 뿐만 아니라 배우 음성의 크기와 강도 등이 모두 성대 위의 공간인 성도에서 형성되기 때문입니다. 소리의 동조 현상인 공명은 그 특성상 소리가 울리기에 좋은 환경이 제공될수록 더욱 활성화됩니다. 따라서 본격적인 공명 훈련에 앞서 성도를 이완하는 훈련은 공명 개발의 전제적 요건입니다.

성도를 이완하는 전-단계 훈련을 마친 다음 공명 훈련의 첫 단계로서 허밍이나 빨대훈련 등을 활용해서 성대에서 발생한 원음(진동)이 몸 안의 공간에서 소리의 동조 현상에 의해 공명하는 것을 경험하고, 인지하는 훈련부터 시작합니다. 이 훈련들은 다음 단계에서 실천하는 공명의 성역과 성량을 개발하는 훈련의 바탕이 되어주는데, 당연한 소리 같겠으나, 본 훈련에서 소리가 생기는 발성 작용이 아닌 소리가 울리는 공명 작용에 더 집중해서 연습해야 합니다.

다음으로, 타격과 파동의 공명감(感)을 터득하는 훈련을 진행합니다. 호수의 수면 위로 자갈을 멀리 던지는 물수제비 뜨기와 비슷한 원리를 가지는 공명의 음향학적 성질인 타격감과 파동감을 이용해서 공명을 활성화하는 방식은 공명의 개발에 있어서, 특히나 배우로서의 말하기를 터득하는 데 있어서 매우 효과적인 접근방법일 수 있습니다. 본 훈련은 성도의 이완을 바탕으로 앞쪽 입천장인 경구개를 공명의 시작점으로 정한 후 그 목표지점을 호흡과 성대의 마찰로 생긴 원음이 마치 종을 울리듯이 진동시키고, 그로 인해 시작된 공명이 물결치는 파동처럼 앞으로 퍼져나가게끔 훈련하는 방식입니다. 이를 통해 근육의 힘이나 과도한 호흡이 아닌 동조 현상이라는 공명 메커니즘에 의해 편안히 말하는 방식을 터득하는 겁니다. 본 훈련을 통해 일단 공명감을 터득하게 되면 공명의 성역이나 성량을 증대하는 훈련 등 모든 단계에 적용해서 연습을 진행합니다.

다음 순서로는 공명의 대표적인 훈련인 성역을 개발하는 연습을 실천합니다. 성역 훈련에서는 무엇보다 각 성역에서 적절한 성대의 운동으로 소리를 내는 것에 유의해야 합니다. 공명 훈련과 관련해서도 성대 운동의 중요성은 간과할 수 없는데, 성대의 운동 역시 성도의 이완 이상으로 공명의 개발에서 중요한 역할을 담당하기 때문입니다. 각각의 성역에서 공명이 잘 이루어지기 위해서는 소리가 울리는 공간인 성도의 이완된 확장을 유지하는 것도 중요하나 각 성역에서 공명의 원료가 되는 소리가 온전히 나도록 성대가 잘 접촉하고, 지탱하는 것 역시 그에 못지않게 중요합니다.

공명은 물수제비 뜨기와 유사한 운동 표상에 따라 소리가 울려 나가게 됩니다. 호수의 수면 위로 자갈을 멀리 날려 보내는 물수제비 뜨기를 생각해 보세요. 물수제비 뜨기에서 자갈과 수면의 접촉이 적절하게 이루어져야지만 자갈이 가라앉지 않고, 표면장력에 의해 멀리 날아가듯이 호흡과 마찰하는 성대의 접촉이 잘 유지되어야지만 표면장력과 같은 운동 효과를 만들어서 그로 인한 소리의 튕김으로 공명이 잘 이루어지게 됩니다. 따라서 각 성역의 개발 역시 그에 적합한 성대의 운동(접촉, 지탱, 진동)을 통해 개발되는 것이지 공명 자체를 직접적으로 개발하려 해서는 안 됩니다.

반면 목소리에 문제가 있거나 말하기의 개념이 정립되지 못한 배우의 경우 울림 있는 목소리로 말하기 위해서 두성이나 흉성을 직접적인 의도 아래 소리 내려고 합니다. 그런 직접적인 의도가 바로 말하기에서의 긴장으로, 혀나 턱, 목구멍에 있는 근육을 말하기 과정에 개입시켜 성대에 무리를 주고, 목을 쉬게 만듭니다. 그와 달리 공명으로 말하기는 호수의 수면 위로 던져진 자갈이 표면장력에 의해 자연적으로 튕겨 나가는 물수제비 뜨기처럼 성대에서 생기는 첫소리, 즉 발성에 의한 반동으로 두성과 흉성 등이 간접적으로 울려지면서 말하는 방식입니다. 이점이야말로 발성 즉 성대의 운동이 말하기 훈련의 전 과정에서 가장 중요한 단계라고 역설했던 이유입니다.

이처럼 각 성역을 잘 개발하기 위해서는 성대의 과도한 접촉이나 기식음을 내는 성대 접촉의 불량 없이 온전한 소리를 내는 발성의 역량이 그 바탕을 이루고 있어야 합니다. 예를 들어 고음의 두성을 내기 위해 성대를 과도하게 접촉해서 소리를 내게 되면 배음은 잘 증폭될지 모르나 그만큼 성대에 과부하가 작용해서 성대를 다칠 수도 있습니다. 즉 단거리 전력 질주와 유사한 가창에서는 예외적인 경우도 있겠으나 장거리 달리기와 같은 말하기에서 과도한 접촉은 성대에 무리를 줍니다. 반대로 흉성이나 두성에서 성대 접촉을 지탱하지 못하고 호흡이 새는 기식음이 나게 되면, 수면 아래로 가라앉는 자갈처럼 배음이 거의 발생하지 않아서 소리가 공명하기 어렵습니다.

앞에서도 말했듯이 성역(register)은 흉성과 두성 그리고 중성처럼 각 부위에서 생기는 공명 작용을 가리킵니다. 그러나 더 정확하게 말한다면 성역이란 음역에 따라 성대가 진동하는 방식이 달라져서 생겨나는 최저음에서 최고음까지 목소리의 범위를 이르는 용어입니다. 다시 말하지만, 사실 성역은 후두의 작용 즉 발성을 통해서 얻어지는 것이지 공명을 통해서 생기는 작용이 아닙니다.[58] 그러므로 성역 훈련의 목적성은 각 성역의 소리를 낼 때 성대 주변 근육의 불필요한 긴장을 제거하여 성대가 좀 더 효율적으로 운동하게끔 만드는 것입니다.

그렇다면 성역과 관련해서 성대는 어떤 방식으로 훈련해야 할까요? 우선 흉성의 경우에는 성대를 두껍게 하므로 성대의 접촉면을 늘려야 하고, 두성의 경우에는 성대의 상면만 접촉하는 방식으로 소리를 내야 합니다. 그러나 이렇듯 성대를 부위별로 직접 훈련하기는 실제로 어려워서 흉성과 두성 등 각 성역의 공명을 개발한다는 방식으로 훈련을 진행해서 성대 근육이 그에 맞춰 개발되고, 이를 통해 흉성과 두성 등 각 성역의 공명이 다시 발전되도록 유도합니다. 이런 이유에서 공명 훈련 역시 각각의 성역별로 성대의 역량을 강화하는 연습이며, 따라서 공명 훈련을 열심히 하면 성대가 그만큼 개발이 되고, 성대 운동을 열심히 하면 또 그만큼 공명이 좋아집니다. 이렇듯 배우의 말하기에서 발성, 성도, 공명 등 각 영역은 따로 분리해서 다루기 어려울 정도로 긴밀하게 상호연관되어 있습니다.

공명 훈련의 마지막 단계는 목소리의 성량을 증대하는 연습입니다. 본 단계의 목표는 단지 소리의 크기를 확장하는 것이 아니라 성대의 기능을 발달시켜서 소리의 밀도를 높이는 것에 있습니다. 영상 매체에서 연기의 실감을 위해 웅얼거리듯 작게 말하더라도 그 안에 포함되어야 할 음성의 특징인 단단함, 즉 음성의 밀도를 높이기 위해서는 공명의 볼륨을 증대하는 훈련이 배우에게 꼭 필요합니다. 훈련은 작은 소리에서 큰 소리로, 반대로 큰 소리에서 작은 소리로 음성의 볼륨에 변화를 주면서 연습을 진행하며, 가성대 등의 개입 없이 온전히 성대 운동만으로 소리를 내면서 훈련해야 합니다.

배우는 때론 소리를 지르거나 아니면 낮게 속삭이거나 어느 때는 오열하면서 대사를 말해야 하는데, 그 모든 상황에 맞게 성대가 적절히 운동해야지만 울림 있는 소리로 말하면서 연기할 수 있습니다. 배우가 고성을 질러야만 할 때는 그만큼 더 많은 호흡과 더 강한 성문하압이 필요한데, 이럴 때 성문 하압은 흉성의 비율을 높이며, 소리의 크기를 증대합니다. 이런 이유에서 과거에 대극장에서 공연하던 배우들이 목소리의 볼륨을 키우고자 인위적으로 배에 힘을 준 채 대사를 말하는 연습이 유행했던 것입니다. 그런데 문제는 성문 하압이 증가할수록 목에 힘이 들어가는 등의 부적절한 보상작용의 일어날 확률이 높아진다는 점입니다. 이러한 문제의 해결을 위해서 '메사디 보체'(messa di voce)와 같이 성대의 피지컬을 향상해서 성량을 증대하는 훈련이 마지막 단계로 필요합니다.

타격과 파동

　근육의 힘이나 과도한 호흡으로 소리를 밀어서 말하려는 경향은 기식음, 목의 협착과 더불어 말하기의 대표적인 악습입니다. 반면 밀어서 말하려는 경향과 대척점에 서 있는 방식이 바로 목소리를 공명해서 말하는 방식입니다. 밀어서 말하는 방식이 근육의 힘이나 과도한 호흡을 에너지로 사용한다면 공명으로 말하는 방식은 성도의 이완을 바탕으로 동조 현상이라는 소리내기의 메커니즘 자체에서 필요한 에너지를 얻습니다. 이 과정에서 지렛대와 같은 역할을 해주는 작용이 바로 '타격'과 '파동'이라는 공명이 지닌 음향-물리적인 성질입니다. 이 두 가지 말하기의 방식을 비유적으로 비교한다면 만약 밀어서 말하는 방식이 손잡이를 꽉 잡고 억지로 문을 밀어서 여는 것과 유사한 것이라면 공명으로 말하기는 일정 거리를 두고 돌을 던져 종을 맞춰 울리는 것과 유사한 방식이라고 구분할 수 있습니다.
　조용한 산사(山寺)에서 맑게 울려 퍼지는 종소리를 상상해 봅시다. 나무막대로 큰 종을 치면 땅~'하고 타격에 의한 소리가 난 후 '웅웅~' 물결치듯이 퍼져나가는 파동에 의한 소리를 듣게 됩니다. 공명 현상이 소리의 파장이란 점에서 우리가 말할 때 나는 음성이나 종을 쳐서 나는 소리나 같은 음파 작용이며, 따라서 우리가 말할 때 맑게 종이 울려 나는 소리처럼 땅~'하고 소리를 때려주는 타격감과 그 이후 소리가 물결처럼 퍼져나가는 파동감에 유의해서 말하기에 울림을 더한다면 근육의 힘이나 과도한 호흡의 사용 대신 소리의 자연적인 운동성 자체만으로 말하기의 수준을 높일 수 있습니다. 이러한 원리에 근거해서 배우가 공명을 훈련할 때 타격과 파동이라는 두 가지 공명의 '감'을 목적성으로 인지한 채 연습한다면 더욱 효율적으로 공명을 개발할 수 있습니다.

공명의 '감'은 마치 투수의 공을 '결'대로 받아치는 타자의 타격감과도 유사한 원리입니다. 공이 몸쪽으로 들어오면 당겨치고, 바깥쪽이면 밀어 쳐야 공이 제대로 맞아 나갑니다. 욕심이 앞서 바깥쪽 공을 무리하게 힘을 줘서 끌어당기면 십중팔구 빗맞아 내야 땅볼이요, 거꾸로 몸쪽 공을 밀어 친다면 뜬 공이 될 확률이 높습니다. 이렇게 결대로 타격할 줄 아는 타자만이 3할 이상을 치는 겁니다. 마찬가지로 배우의 음성도 과도한 근육이나 호흡의 힘으로 억지로 밀어서 내는 소리가 아니라 물수제비 뜨기처럼 호흡과 성대의 마찰로 생긴 원음이 타격과 파동이라는 공명의 '결'에 따라 울려 퍼질 때 획득됩니다.

이런 이유에서 공명을 훈련할 때는 처음에 나는 소리를 명료하게 내도록 집중해야 하며, 그 소리를 더욱 증폭시키려면 타격감으로써 공명을 시작해야 합니다. 물수제비 뜨기처럼 호흡과 성대의 튕김으로 생겨난 소리가 우리 몸의 딱딱한 공간을 '땅'하고 맑게 때려주는 타격감으로 울림이 시작될 때 소리의 명도는 더욱 높아집니다. 따라서 불명료한 목소리를 지닌 배우가 대사의 전달력을 더 명확하게 높이고 싶다면 발음 역량의 강화와 더불어 성대에서 발생한 소리가 나가는 호흡에 실려 몸 안의 공간을 '땅'하고 때려주는 타격감으로 공명을 시작하는 말하기 방식을 터득해야 합니다.

반면 공명이 물결치듯이 전달되는 특성인 파동감은 목소리에 안정감과 다채로움을 부여할 뿐만 아니라 배우의 말에 여운을 갖게 해서 듣는 관객에게 깊은 인상을 남깁니다. 앞의 상상을 다음처럼 이어가 봅시다. 어느 산사에서 노스님이 커다란 나무망치로 큰 종을 세게 치자 '때에에에엥~'하고 깊고 풍부한 울림의 종소리가 물결치듯이 멀리멀리 퍼져나갑니다. 이러한 소리의 형태가 여기서 설명하려는 파동감이 지닌 특성입니다. 배우 역시 날숨과 성대의 마찰로 생긴 소리(원음)가 우리 몸의 비어있는 공간의 벽을 명쾌하게 타격해서 생겨난 울림이 물결처럼 퍼져나가는 양상을 운동 표상으로 가지고 훈련에 임한다면 공명의 개발에 여러모로 유리합니다.

이런 맥락에서 거리감을 가질 수 있게 공명의 시작점을 구강의 앞쪽으로 설정하는 것은 명료한 공명의 개발에 유효한 도움을 줍니다. 더 높은 곳에서 낙하하는 쇠구슬이 바닥에 더 큰 충격을 주듯이 혹은 더 멀리 던진 돌이 강물에 더 큰 파장을 일으키듯이 호흡과 성대의 마찰로 생겨난 원음이 몸 안의 딱딱한 공간과 거리감 있게 부딪쳐서 울림이 시작될 때 공명은 더욱 명료하게 번성합니다. 이것은 마치 지렛대로 물건을 들 때 받침점에서 더 먼 곳에 힘을 쓸 때 더 적은 에너지로 물건을 들 수 있는 것과 유사한 원리입니다.

그래서 소리가 실제로 자각되는 공명의 시작점을 앞니 바로 뒤의 경구개나 인중 부위의 얼굴 전면부로 설정하고 훈련하는 쪽이 공명의 개발에 더 유리합니다. 물론 공명은 우리 몸 안의 인두강과 구강에서부터 울려납니다. 그렇지만 앞에서 우리는 공명이 느껴지는 부위와 생겨나는 부위가 다를 수 있다는 점에 대해서도 배웠습니다. 만약 거리감이 생기도록 공명의 시작점을 앞쪽으로 설정하는 개념이 당신의 말하기 훈련에 더 효과적인 도움을 줄 수 있다면 그것은 공명에 관한 예술적 진실이 분명합니다.

　타격 이후 파동에 의한 공명의 진로는 해머던지기 선수가 제자리 회전 운동 후 멀리 날려 보내는 해머의 운동 궤직과도 유사합니다. 무거운 해머가 선수의 손을 떠나 일단 공중으로 날아가면 선수와는 상관없이 그 자체로 독자적인 운동이 되듯이 배우의 소리도 발화 충동에 따라 날숨과 성대와의 마찰로 원음이 생성된 후 타격과 파동으로 공명이 일단 시작하면 배우의 의도가 더는 개입할 수 없는 독자적인 운동이 되어서 나아갑니다. 이처럼 배우의 말하기는 간접적이며, 비의도적인 방식, 수동적 모드로 실천되어야 합니다. '진실'이라는 연기의 미덕은 능동적인, 직접적인, 의도적인 행동이 아니라 수동적이고, 비의도적인 작용, 즉 '행동되어진다'로서의 행동하기를 통해 나타나는 것입니다. 이런 이유에서 배우의 연기는 절차적인 행위로서 훈련되는 편이 훨씬 유리합니다. 이 말의 의미가 이해되시나요?

　공명의 번성을 위해서는 후두가 안정된 상태에서 혀뿌리와 턱의 이완을 유지한 채로 대사를 말할 수 있어야 합니다. 공명의 진로는 소리의 타격 이후 입천장의 앞쪽에서 포물선을 그리듯이 부드럽게 굴걸쳐 앞으로 나아가는데, 공명의 원활한 전파를 위해서는 성도에서 울리기 시작한 소리가 성도의 긴장된 부위에 의해 걸리지 않고 앞으로 퍼져나가야만 합니다. 이런 이유에서 대사를 말할 때 구강의 앞쪽에서 발음하는 것이 배우의 말하기에 더 유리합니다. 이에 관해서는 다음 장 〈발음〉에서 더욱 상세하게 설명하겠습니다.

　본문의 앞에서 공명 훈련의 가치는 이완의 촉진, 명료한 전달, 표현력의 확장에 있다고 설명했습니다. 그러나 오랜 기간 심각한 말하기의 문제점을 지녔던 필자와 같은 사람에게는 타격과 파동이라는 공명감의 체득을 통해서 경제적인 말하기의 운동 표상을 내면에 장착할 수 있다는 점이야말로 말하기 훈련을 통해 얻을 수 있는 공명 훈련의 진정한 가치입니다.

중요해서 한 번 더 설명합니다. 타격과 파동의 공명감이란 호흡과 성대의 마찰로 원음이 생겨난 후 소리의 실체는 머물고 공명만 앞으로 전달되는 말하기의 방식, 달리 말해 먼저 난 소리는 머물고, 뒤에 따라오는 호흡이 공명만을 앞으로 전달하는 양상의 말하기입니다. 일단 공명이 시작되면 소리의 역할은 그 지점에서 급격히 사라집니다. 즉, 소리가 발생하면 따라온 호흡이 소리는 남겨둔 채 공명만 앞으로 내보내는 겁니다. 소리가 일단 생겨나면 호흡의 역할이 축소되듯이 공명이 생겨나면 소리의 역할이 축소됩니다.

그것은 마치 발사된 우주선이 대기권을 벗어나는 과정에서 연료 탱크가 하나씩 떨어져 나가는 과정에 비유될 수 있습니다. 복식호흡을 기반으로 한 이런 내적 심상(운동 표상)의 말하기 방식, 즉 소리의 본체는 머물고 공명만 앞으로 전달되는 말하기의 방식이 소위 중심이 연결된 소리 혹은 중심의 연결을 놓치지 않고 말하는 방식입니다. 어떻습니까? 이해되시나요? 당신이 이 지침의 의미를 온전히 이해하는 순간이 당신의 말하기가 극적으로 바뀌는 전환점이 될 것입니다.

훈련 시 주의점

같은 음성 분야지만 배우의 공명 훈련은 가수의 그것과는 분명히 구분되어야 합니다. 고음 등 소리의 음역이 중요한 가수의 노래 연습과는 달리 말하기 과정에서 이완이 더 중요한 배우의 말하기 훈련에서는 자신이 내기 편안한 음(Comfortable Pitch)에서 각 성역의 공명을 훈련한 후 다양한 음으로 연습을 진척시켜야 합니다. 또, 이것은 말하기에서의 공명 훈련이므로, 연습할 때 노래처럼 일정한 리듬을 타지 않도록 주의해야 합니다.

다른 훈련과 마찬가지로 공명 훈련 역시 자세의 정립, 호흡의 지지, 성대의 운동 그리고 성도의 이완 등 전 단계의 영역이 충분하게 준비되지 않았다면 실제적인 훈련 성과를 기대하기 어렵습니다. 예컨대 성대의 접촉이 유지되지 못해서 공명 훈련에서 필요 이상의 호흡이 새거나 성도가 편안히 확장되지 못하고 혀뿌리가 목구멍을 막고 있다면 각 성역의 공명을 아무리 열심히 연습하더라도 풍성한 공명을 개발하기 어렵습니다. 애초에 공명의 원료인 발성 즉 소리의 진동이 온전하지 못할뿐더러 소리의 활주로인 성도가 탄탄하지 못하기 때문입니다. 따라서 공명 훈련에서도 자세의 정립이나 성도의 이완 등 다른 영역이 제대로 지켜지고 있는지를 확인하기 위해서 거울을 보면서 훈련을 진행하거나 촬영이나 녹음을 통한 피드백 과정을 훈련의 일부로 포함해야 합니다.

말하기를 방해하는 장애물은 오랜 기간을 통해 익숙해신 나쁜 습관입니다. 물론 각자에게는 각자만의 문제가 있으므로, 배우의 말하기 훈련을 하나의 정답으로 일반화할 수는 없겠지만 배우에게 훈련이란 자신의 '느낌'에 의지하여 익숙해진 오류의 상태를 반복적인 연습을 통해 연기에 적합하도록 개선하는 작업입니다. 따라서 거울이나 촬영을 통해 자신의 자세나 동작을 점검하면서 훈련하는 방법은 자신도 모르게 나오는 잘못된 습관을 교정하는 최선책입니다.

이제 정리하겠습니다. 배우의 말하기는 필요한 에너지를 근육의 힘이나 과도한 호흡에서 얻는 것이 아니라 여러 성역에서 개발된 소리의 동조 현상, 즉 타격과 파동이라는 공명의 자체적인 운동 성질에서 얻어야 하며, 이것은 기본적으로 활주로(필터)의 역할을 하는 성도의 이완과 물수제비 뜨기에 필요한 표면장력과 같은 기능을 해주는 성대의 접촉과 지탱을 전제로 가능합니다. 배우는 꾸준한 훈련으로 말하기의 과정에서 근육과 호흡의 역할은 줄여주고, 이완과 공명의 역할은 그만큼 확대해서 연기의 실감, 대사의 전달, 음성적 표현력을 확장해야 합니다. 이런 이유에서 배우의 말하기는 수동적 모드의 반동 작용 다시 말해 차례로 쓰러지는 도미노 작용과 같은 일련의 절차적 행위로서 훈련되어야 합니다.

:: *POINT*

✓ 공명은 세로인 성역과 가로인 성량의 증대를 통해 번성한다.

✓ 타격과 파동의 공명감을 운동 표상으로 삼아 공명을 연습한다.

✓ 공명 훈련은 성도의 편안한 확장과 성대의 원활한 운동을 전제로 한다.

✓ 각각의 공명강마다 원활한 성대 운동의 유지를 통해서 공명의 성역을 개발한다.

✓ 배우는 타격과 파동의 공명감에 대한 체득으로 경제적인 말하기의 운동 표상을 내적으로 장착한다.

1단계: 공명을 경험하는 훈련

공명 훈련의 첫 단계는 허밍이나 빨대훈련 등의 반-폐쇄훈련을 활용해서 성대에서 발생한 원음이 몸 안의 공간에서 소리의 동조 현상에 의해 공명하는 것을 경험하고, 자각하는 연습이다. 본 훈련은 다음 단계로 실천하는 공명의 성역을 개발하고, 성량을 증대하는 훈련의 토대가 되어준다. 유념할 점은 공명의 토대인 성도의 편안한 확장과 성대의 원활한 운동을 전제로 한 상태에서 공명 훈련을 실천해야 한다는 점이다.

:: 훈련 예제 1 ────────────────────────

오픈 허밍

오픈 허밍은 입을 벌린 상태로 허밍을 하는 훈련이다. 우리가 말할 때는 허밍을 할 때처럼 입을 닫은 채 소리를 낼 수는 없다. 배우가 대사를 말하려면 필연적으로 입을 개방하고 소리를 내야 한다. 그런데 우리가 입을 벌리면 호흡이 밖으로 빠져나가면서 입안에 형성된 성문상압이 흩어지기 쉬워서 그만큼 제대로 된 소리를 유지하기 어려워진다. 이에 적합한 훈련으로 '오픈 허밍'은 공명의 토대인 성도의 편안한 확장과 성대의 접촉과 지탱에 유리해서, 입을 벌린 상태에서 소리를 내어 공명을 경험할 수 있도록 돕는다.

- 입술을 붙인 채 하품해서 연구개를 올리고, 후두는 내린 상태에서 붙은 입술로 '음~' 허밍을 하면서 성도의 확장과 성대의 접촉에 유의하면서 몸 안 공간으로 퍼지는 소리의 울림을 느껴본다.

- 입을 천천히 벌린다. 같은 음질의 허밍이 유지되게 유의하면서 '아'의 모양까지 입을 벌려주면 '음~마아~~~'라는 소리가 나게 되고, 입을 벌린 상태에서 구강에서 울리는 소리의 공명 작용을 경험한다. 소리의 울림 즉 공명이 직접적인 의도의 작용이 아니라 발성이 간접적으로 울리는 작용이란 점을 인지해 본다.
- 연습이 능숙해지면 '음'에서 다른 모음인 '에, 이, 오, 우'로도 훈련한다. '음메에~', '음미이~', '음머어~', '음모오~' '음무우~' 그리고 최종적으로 모음을 연결해서 '음마~메~미~모~무~'로 소리낸다. 모든 모음에서 성도의 편안한 확장과 성대의 적절한 접촉을 유지한 상태로 같은 크기의 소리로 공명한다.

:: 훈련 예제 2

빨대훈련

빨대훈련은 발성뿐만 아니라 공명의 개발에도 유용한 도움을 준다. 빨대훈련의 목적은 공명의 토대인 호흡 압력을 적절하게 유지해 준 상태에서 공명을 경험하는 것에 있다. 허밍의 경우 입을 닫은 상태에서 실천하는 훈련이고, 오픈 허밍은 입을 벌린 상태에서 실천하는 훈련이다. 그런데 우리가 입을 벌리게 되면 구강에 있던 호흡 압력이 급격히 사라지게 된다. 따라서 얇은 빨대를 통해 공기를 내보내는 빨대훈련은 오픈 허밍과 비교해서 성문 상압을 유지하기 쉬우면서도 평소 말할 때와 유사하게 호흡을 내보내면서 소리의 울림을 경험할 수 있게 돕는다. 빨대훈련은 좋은 소리의 요건을 유지하면서도 각각의 성역에서 공명을 더 수월히 경험하도록 도우며, 웜-업 훈련의 효과까지 있어서 공명의 성역이나 성량을 개발하는 훈련 모두를 도와준다.

- 머리와 목이 정렬된 자세에서 성도를 이완해서 넓힌 상태로 얇은 빨대를 입에 문다.
- 필요에 의한 들숨으로 윗배와 흉곽이 채워지면 아랫배를 조여서 성문 하압을 형성한 후 날숨을 내보낸다. 소리를 낼 때 늑골이 울리는 느낌을 줄 정도까지 들숨 시 흉곽이 확대된다면 공명에 더욱 유리하다.
- 아랫배의 당김으로 확장된 흉곽에서 느껴지는 호흡 압력을 유지하면서 균일하게 나가는 호흡으로 빨대를 불어 소리를 낸다.
- 아랫배를 짧은 주기로 반복적으로 당겨주면서 그에 맞추어 음을 올려다가 내리면서 마치 계단을 올라가듯이 빨대를 불어 소리를 내면서 인중 주위에서 소리의 울림을 경험한다.
- 다양한 음으로 소리를 내보는데, 고음에서는 이마, 저음에서는 가슴이 울린다는 이미지를 가지고 소리를 내서 두성과 흉성을 경험해 본다.

2단계: 공명감을 터득하는 훈련

공명으로 말하기는 필터의 역할을 하는 성도의 이완된 확장을 바탕으로 동조 현상이라는 소리 메커니즘 자체가 생성하는 음향-물리적인 작용에서 에너지를 얻어서 실천된다. 이 과정에서 지렛대와 같은 역할을 해주는 작용이 바로 '타격'과 '파동'이라는 공명의 음향학적 성질이다. 우리가 말할 때 종이 울려서 나는 소리처럼 땅~'하고 소리가 때려주는 타격감과 그로 인해 소리가 물결처럼 퍼져나간다는 파동감으로 소리의 울림을 낸다면 의도적인 근육의 개입이나 과도한 호흡의 사용 대신 자연적인 소리의 운동성 자체만으로 공명의 질과 양을 확장할 수 있다. 또한, 공명을 개발하게 되면 그만큼 성대가 단련된다는 점에서 공명감의 터득은 성대의 운동성도 개선해서 목소리의 명료성까지 높여준다.

:: 훈련 예제 1
공명의 시작점

이 훈련은 지렛대의 받침처럼 기능하는 공명의 시작점을 앞니 바로 뒤의 딱딱한 입천장인 경구개로 정해서 거리감을 확보하여 타격과 파동의 공명감을 체득하는 연습이다. 훈련이 능숙해지면 공명의 시작점을 이마, 코, **뺨**, 이빨, 가슴, 턱 끝, 정수리 등 다양한 지점으로 이동해서 연습해 봄으로써 몸 전체를 공명강으로 개발할 수도 있다. 훈련의 핵심은 성도를 편안히 넓힌 상태에서 물수제비 뜨기처럼 호흡과 성대의 마찰로 난 소리가 마치 타종하듯이 목표지점인 경구개를 때리고, 울려서 공명이 물결처럼 퍼져나가는 소리내기의 방식을 터득하는 것이다. 소리의 진동은 딱딱한 부위에서 더욱 잘 울리는 특성이 있으므로, 거리감을 가지고 경구개를 타격해서 울림을 시작하면 공명의 명료성을 그만큼 높일 수 있고, 그만큼 성대의 운동성도 향상된다.

• 음성교사 르삭이 지도했던 것처럼 어린아이에게 '조용히 하라'고 말할 때의 "쉬~" 소리를 내면서 적합한 표정을 지어서 턱과 혀가 이완되고, 후두가 안정된 성도의 형태를 만들어 준다. 이때 입술을 양옆으로 벌리고, 혀끝을 올려서 '이이이~'라는 소리를 내서 윗니 바로 뒤의 경구개 부위의 목표지점을 거리감을 가지고 타종하듯이

때려서 소리의 울림이 시작되게 한다. 거리감은 공명의 번성을 유리하게 돕는다.

- 소리 낼 때의 과정이 마치 차례로 넘어지는 도미노처럼 작동해야 한다. 먼저, 충분한 자연적 들숨으로 윗배와 흉곽이 확장된 후 적절한 아랫배의 참여로 자연스럽게 호흡 압력이 흉곽에 형성된 후 그에 기반해서 나가는 호흡에 마치 쇠 구슬을 던져서 종을 울리듯이 경구개의 목표지점을 타격해서 울림을 시작한다. 일단 경구개에서 공명이 시작되면 소리의 진동에 의한 파동감이 느껴지는데, 이러한 파동감에 의해 공명이 물결처럼 앞으로 퍼져나가게 한다. 딱딱한 입천장인 경구개에서 시작된 공명이 코뼈를 울리고, 다음으로 이마 부분을 거쳐 안면 전체로, 아래로는 턱으로 시작해 가슴까지 퍼져나가게 한다.

- '소리 내지 않고 웃기'를 해서 목구멍을 넓히고, 후두를 내려서 목구멍을 넓혀서 더욱 선명한 소리가 나게 한다. '이이이~'를 낼 때 혀의 앞부분은 발음 때문에 올라가나 혀뿌리는 이완해서 목구멍의 확장을 소리 내는 동안 그대로 유지하는 것이 무엇보다 중요하다.

- 만약 공명감이 잘 느껴지지 않는다면 '쉬이이~' 대신에 더욱 직접적으로 종소리를 연상시키는 '땡~' 소리를 사용해서 훈련해 본다.

- 연습이 능숙해지면 '쉬이~'에 다른 모음인 '에, 아, 어, 오, 우'를 연결해서 '쉬이~에~아~어~오~우~'로 소리 낸다. 모든 모음에서 혀뿌리 등 성도의 편안한 확장을 유지하는 것이 중요하며, 같은 음색의 소리가 나도록 연습한다.

- 훈련이 능숙해지면 공명의 시작점을 이마, 코, 양 뺨, 이빨, 가슴, 턱 끝, 정수리 등 다양한 지점으로 이동해서 연습하고, 이를 통해 몸 전체를 공명강이 되도록 개발한다.

- 훈련을 통해 명료한 종소리처럼 타격과 파동에 의한 공명이 충분히 인지된다면 하나에서 열까지 숫자를 같은 방식으로 말해 보거나 "안녕하세요."와 같은 인사나 짧은 독백의 대사를 타격과 파동의 공명감을 인지한 채 거리감을 가지고 말한다. 소리는 머물고, 공명은 나간다.

공명의 초점

소리의 울림은 사방으로 퍼져나가는 성질을 갖고 있다. 반면 배우의 말은 전달을 위해 명료하게 들릴 필요가 있으므로, 적절한 훈련을 통해 공명의 초점을 모아주어야 한다. 명료한 음성은 입안에서는 앞쪽 입천장, 얼굴에서는 인중 부분에 울림을 모아서 명쾌한 타격감으로 소리를 낼 때 얻어질 수 있다.

- 어느 정도 거리가 있는 곳에 자신의 소리가 전달될 타겟을 정한다.
- 입술을 붙인 채 하품을 해서 성도를 확장한 상태에서 '음~' 허밍을 하다가 울림이 충분히 느껴지면 입술 위쪽에 위치하는 인중으로 모은다고 상상한다. 그와 동시에 입안의 공기가 윗입술과 앞니에 모이는 것을 상상한다.
- 인중 부위에서 또렷하고 맑게 울리는 소리가 모였다고 상상되면 입을 벌리고 '마~' 소리를 내면서 모은 소리가 인중에서 튀어나와 타겟을 향해 날아가게 한다. 유의할 점은 '음~' 허밍을 하다가 입을 벌려서 나는 '마~' 소리를 낼 때 망치로 종을 타종하듯이 '땅~'하고 때리는 타격감에 의해 튕겨 나가는 듯이 공명을 내보내는 것이

고, 타격 이후 생긴 소리의 울림이 사방으로 퍼져나가지 않고, 타겟을 향해서 모여진 상태로서 도달되도록 연습한다.

- 특히나 이 훈련은 앞서 설명했던 중심과 연결된 채로 소리내기, 즉 소리의 본체는 남겨두고, 따라오는 호흡이 공명만 앞으로 내보내는 방식에 유의해서 훈련하면 더 큰 효과를 얻게 된다.
- '아, 에, 이, 오, 우, 어'의 다양한 모음을 활용해서 훈련한다.

3단계: 성역을 개발하는 훈련

공명의 성역을 개발하는 훈련은 음성의 볼륨과 질감을 향상해 줄 뿐만 아니라 다양한 음색을 만들어서 배우의 표현력을 풍성하게 확장한다. 가슴에서 머리까지 여러 성역에서 생기는 다채로운 공명은 목소리의 음질과 음색을 형성하고, 이를 통해 배우는 인물의 개성을 음성적으로 표현할 수 있는 역량을 갖추게 된다.

:: 훈련 예제 1
울림 사다리

울림 사다리는 음성 교사 링클레이터가 고안한 공명의 전체적인 성역을 개발하는 대표적인 성역 훈련이다. 가슴 부위에서는 부드러운 저음의 소리가 나고, 이빨 부위에서는 가벼운 고음의 소리가 난다. 명심할 바는 성역이 바뀌더라도 발성에 적합한 성도의 이완과 성대의 접촉을 온전하게 유지하면서 훈련해야 한다는 점이다. 이미 설명했듯이 성역은 후두의 작용 즉 발성을 통해서 얻어지는 것이지 공명을 통해서 생기는 작용이 아니므로, 성역 개발의 실제 목표는 각 성역의 소리를 낼 때 성대 주변 근육의 불필요한 개입을 제거하고, 성대가 효율적으로 운동하도록 훈련하는 것이다.

- 편한 정도로 목을 뒤로 살짝 젖혀 후두가 안정되고, 입이 자연스럽게 벌어진 상태에서, 한 손으로 가슴을 가볍게 두들겨 주면서 편안한 한숨으로 나가는 호흡에 동시음[59]으로 'ㅎ아아ㅡ'발성하면서 가슴의 공간을 울리면서 이완되고, 따뜻한 공명이 가슴 앞으로 퍼져나가도록 소리를 낸다.
- 목 뒷부분을 끌어올려 머리를 바로 세운다. 연구개, 혀 등 열린 성도를 인지하면서 자신감을 느낀 한숨으로 'ㅎ어어~' 소리를 내서 입안의 공간을 울리면서 소리를 낸다.
- 고개를 앞으로 살짝 숙인다. 입이 자연스럽게 닫힌 상태에서 기분 좋은 한숨에 의한 성대 진동의 소리로 앞니의 딱딱한 부위를 울리면서 'ㅎ이이~' 소리를 낸다. 앞니에서 울리는 깨끗한 공명을 일깨우는 음높이를 찾는다. 소리를 낼 때 목이 쪼이거나 혀가 움직여서 발성에 개입하지 않도록 성도의 이완에 유의하며 훈련한다.
- 위의 3단계를 자연스럽게 연결해서 각각의 공명강이 연속해서 편안히 울리게 한다. 'ㅎ아아~'(낮은 음 : 가슴 울림 : 고개를 살짝 뒤로 젖힘) → 'ㅎ어어~'(중간 음 : 입안 울림 : 목 바로) → 'ㅎ이이~'(높은 음: 앞니 울림 : 고개를 살짝 앞으로 숙임) 주의할 점은 고음과 중음, 저음으로 연결될 때 소리가 끊어지지 않고, 균일한 소리를 유지하는 것이다. 성역마다 공명의 시작점을 정해서 타격과 파동의 공명감을 염두에 두고 훈련한다면 더 큰 효과를 얻을 수 있다.

- 대략 십 미터 정도 앞에 있는 상대에게 'ㅎ에이~'하고 한숨을 내쉬는 소리를 내면서 인사를 한다. 상대와의 거리감으로 인해 더 강한 충동을 느껴서 상체 전체로 호흡이 들어오게 하고, 나가는 호흡에 흉성, 중성, 두성까지 전체 성역이 조화롭게 울리는 소리를 내는데, 목이 조이거나 성도가 좁아지지 않게 유의한다.
- 같은 방식으로 하나에서 열까지 숫자를 말해 보거나 "안녕하세요." 와 같은 짧은 대사를 같은 방식으로 천천히 말해 보면서 공명으로 말하는 습관을 길들인다.

하아아아–

허이이이

히이이이–

울림 사다리 훈련

두성 공명

두성 공명은 머리 혹은 이마에서의 울림을 활성화해서 소리의 선명도를 높여
주는 훈련이다. 대사의 전달이 연기의 기본이라는 점에서 명료한 두성은 배
우의 목소리에 필수적인 음성적 특질이며, 이런 이유에서 두성은 배우가 더
욱 유념해서 개발해야 하는 성역이다.

- 마리오네뜨 훈련을 하듯이 상체를 앞으로 구부려서 머리에 무게감
  이 느껴지도록 한다.
- 고개를 앞으로 숙인 상태에서 입을 다물고 한숨을 내쉬면서 '음~'
  허밍을 한다. 머리가 돌아가면서 공명이 머리에서 울리는 감각을
  느껴보고, 소리가 정수리를 거쳐서 바닥으로 내려가게 한다. 훈련
  할 때 입술은 닫혀 있으나 목구멍과 구강 즉 성도는 열린 상태를 유
  지해야 한다.
- 허리를 숙인 상태에서 어깨를 가볍게 흔들어서 소리가 정수리를 통
  해 바닥으로 흘러 나가게 돕는다.
- 같은 방식으로 훈련하는데, 이번에는 입을 벌려 'ㅋ이이~'로 소리
  를 내면서 머리의 공명을 느껴보고, 소리를 계속 내면서 천천히 상
  체를 세워 바른 자세에서도 '이마'를 출발점으로 삼아 공명이 시작
  되도록 하면서 두성을 느껴본다.
- 허리를 숙인 자세는 무엇보다 혀의 이완을 도와준다. 두성 공명을
  훈련하는 동안 혀에 긴장이 들어가지 않게 유의하며, 성도의 확장
  을 유지한 상태에서 소리에 참여하는 호흡을 최소로 사용해서 공
  명의 기여도를 높여준다.

공동 울림

공동(sinus)은 코 양옆의 비어있는 공간으로, 얼굴 중간에 위치하는 울림 장치이다. 공동은 다양한 질의 소리를 낼 수 있어서 미묘한 뉘앙스를 반영하는 장점이 있으며, 공동을 울리는 훈련은 소리를 낼 때 혀와 턱의 적극적인 이완을 유도한다는 점에서도 매우 유용하다. 소리 낼 때 양손의 손가락을 코 옆에 대고 마사지하는 방법을 통해서 공동 울림의 증대를 유도할 수 있다.

• 입을 벌려서 혀를 느슨하게 이완한 상태로 아랫입술 위에 올려놓고, 턱을 움직이지 않은 채로 한숨을 내쉬어서 '히이~" 소리를 낸다. 'ㅎ' 소리는 나가는 호흡에 소리가 실리게 해줌과 동시에 성대의 접촉을 도와주고, 앞으로 내민 혀는 움직이지 않게 해서 소리 내는 동안 혀뿌리가 목구멍을 막지 않도록 해서 안면으로 진동의 전달을 도와준다. 양쪽 어금니 사이가 훈련하는 동안 떨어져 있는지를 점검하면서 진동이 얼굴 안면에 울려 퍼지는 소리를 내야 한다.
• 공동의 울림을 더욱 증대시키기 위해 양손으로 코 옆을 마사지하면서 소리를 내면 안면의 울림이 더 맑고, 멀리 퍼져나가도록 유도한다.
• 만약 소리 낼 때 긴장이 느껴진다면 '소리 내지 않고 웃기'를 실천해서 목구멍을 넓히고, 가볍게 어깨를 흔들어 몸의 긴장을 풀어준 다음에 훈련한다.

비강 울림

연구개를 이완하는 '응-아~' 훈련은 비강(nasal cavity) 공명의 개발에도 유용한 도움을 준다. 이 훈련은 혀뿌리가 떨어진 구강이 넓어진 상태에서 소리를 공명하는 방식을 반복적으로 우리 몸에 경험시켜 말할 때 혀뿌리가 목구멍을 막는 고질적인 악습을 개선하고, 넓어진 목구멍 상태에서 비강 공명의 개발을 도와준다.

• 먼저 입술만 붙여서 '음~' 허밍을 한다.
• 다시 허밍을 하는데, 이번에는 혀의 뿌리 쪽을 연구개에 붙여서 '응~' 소리를 내도록 한다.
• 허밍과 균일한 소리가 앞쪽 얼굴과 머리 중심으로 공명이 되는 '응~' 소리를 내야 한다.
• '응' 허밍에서 연구개를 살짝 올려 개방하면서 혀뿌리를 떨어뜨리면서 입술을 벌려 '아~' 모음을 소리 낸다. 중요한 것은 '응~'의 허밍 소리와 '아~' 모음의 소리가 균일하게 내는 것이다.
• '응' 허밍에서 혀가 아래로 내려가면서 '아-어-에-이~'의 모음 소리를 붙여서 내보고, 그 상태에서 입술을 모으며 소리를 앞쪽으로 내면서 '오-우~' 소리를 내보는데 역시 '응'의 허밍 소리와 균일한 소리를 내야 한다.

4단계: 성량을 증대하는 훈련

공명을 더 밀도 있고, 멀리 보내는 훈련으로 소리의 성량을 증대해서 배우에게 명료하고 전달력 있는 목소리를 선사해 준다. 성량을 증대한다고 해서 억지로 소리를 밀어내거나 목을 조여서는 안 된다. 단지 적절한 호흡 압력에 의지해서 밀도 높은 소리가 맑게 나도록 훈련해야 한다. 훈련하는 동안 후두의 안정과 더불어 혀뿌리와 턱에 불필요한 긴장이 생기지 않도록 유의한다. 성량을 증대하는 훈련 역시 소리 내는 동안 적절한 성대 접촉의 지탱에 유의하면서 연습을 진행한다.

:: 훈련 예제 1
소리의 밀도

이 훈련은 공명을 점차 더 크고 멀리 보내는 방식을 통해 소리의 밀도를 높이는 훈련이다. 이를 통해 배우는 더욱 선명하고, 전달력이 높은 소리를 개발한다. 훈련하는 동안 소리의 밀도를 높인다고 해서 인위적으로 목에 힘을 주거나 호흡을 과도하게 사용해서는 안 되며, 목표지점과의 거리가 멀어지더라도 성도의 이완과 성대의 접촉은 적절하게 유지해야 한다.

- 일정한 거리를 두고 목표지점을 정한 후 허밍 '음~'이나 '아, 에, 이, 오, 우' 중 한 모음을 활용해서 공명이 된 소리가 목표지점에 닿게끔 한다.
- 소리가 나는 동안 소리를 하나의 끈으로 가정해서 목표지점과 소리

를 내는 나 자신이 연결되었다고 생각하면서 소리의 밀도를 높인다.
- 목표지점을 점차 더 멀리 정해서 소리의 공명을 점차 더 멀리 보낸다. 거리가 멀어질수록 나가는 호흡의 양이 증가하고, 흉곽, 배와 등에 힘이 들어가면서 더 강한 성문 하압을 형성해 주어야 한다. 중요한 것은 거리가 멀어지더라도 소리를 내는 동안 성도의 이완과 성대의 접촉을 유지하는 것이다.

:: 훈련 예제 2

메사 디 보체(messa di voce)

메사 디 보체는 성량을 확대하는 대표적인 방법으로, 소리가 커지고 작아질 때 적절한 성대의 접촉을 지탱하는 역량과 성량의 크기에 적합한 호흡 근육의 조절력을 개발하는 훈련이다. 주의할 점은 음성의 볼륨을 키웠을 때 목소리의 피치가 올라가지 않도록 유의하는 것이다. 다시 말해, 같은 음을 유지한 상태에서 성량이 확대되도록 훈련하라는 것이다.

- '음~' 허밍을 한다.
- 이번에는 작은 소리에서 큰 소리로, 큰 소리에서 작은 소리로 허밍을 한다.
- '음' 허밍을 하다가 입을 벌려서 모음 '아~' 소리를 길게 내면서 점차 소리의 볼륨을 키웠다가 줄여준다. 무엇보다 중요한 것은 성대의 접촉이 풀어지지 않고 유지되면서 소리의 볼륨을 키우는 것에 있다.

다시 말해, 성량이 커지더라도 소리의 본체는 그대로 머물러 있고 공명이 확대되어야 한다는 것이다. 소리의 볼륨이 커지거나 작아질 때 소리가 뒤집히지 않도록 유의하면서 균일한 음색의 소리를 내면서 성량의 크기를 조절해야 하고, 타격과 파동의 공명감도 유의하면서 훈련을 진행한다.

- 같은 방식으로 훈련하는데, 이번에는 '아' 대신에 '어', '에', '이', '오', '우' 등 다른 모음을 사용해서 훈련한다.
- 하나의 대사를 선정해서 공명을 증대하고 줄이면서 말해 본다.
  예) 내가 미쳤다고요? → "내~가~미~쳤~다~고~요~~~?"
- 대사를 말할 때 소리의 크기나 감정의 변화가 있더라도 성대의 접촉을 지탱하면서 소리 낼 수 있어야 한다. 메사 디 보체 훈련을 지속하면 배우는 격정적인 대사나 고함을 지르는 장면에서도 성대가 벌어져 뒤집히는 소리가 나거나 호흡이 새는 기식음이나 목의 협착 없이 안정적인 톤으로 강한 소리를 내면서 연기할 수 있다.

6

발음

1) 발음의 원리

발음의 정의

발음(articulation)이란 소리를 말로 전환하는 과정입니다. 여기서 말이란 인간이 발음 기관을 거쳐 생성되는 의미를 지닌 소리(음성 기호) 혹은 이를 통해 생각이나 감정을 표현하고, 전달하는 행위를 일컫습니다. 생리학적으로 배우의 말은 발성과 공명 그리고 발음의 단계를 거쳐서 발화됩니다. 구체적으로 말해, 호흡과 성대의 마찰로 생겨난 원음이 필터의 기능을 하는 성도에서 공명한 후 혀나 입술 등 조음기관의 작용으로 소리에 차이가 생겨나 음성적 기호가 형성되고, 이를 통해 목소리는 의도나 정보를 표현하는 말이 되는 겁니다. 이처럼 우리는 음성에 차이를 만드는 발음의 과정을 거쳐야만 상대와 온전히 언어로 소통할 수 있습니다.

예컨대 '아아아~'라는 소리가 혀와 입술, 턱과 연구개의 적절한 움직임으로 '아버지'로 발음되면서 소리에 구별이 생겨나 '아, 버, 지'라는 음운 즉 기호가 되고, 그 기호가 합쳐져서 나를 낳아주고, 길러주신 남성 어른을 존칭하는 의미를 지닌 '아버지'라는 말이 되는 겁니다. 이처럼 발음이란 음성에 구별 혹은 차이를 만들어서 의미를 생성하는 말하기의 과정입니다. 그렇습니다. 차이를 통한 의미의 생성, 이것이 발음의 이론적 정의입니다.

발음의 과정은 그 특성상 '통일과 변화'라는 예술의 원리를 우리에게 상기시킵니다. 통일과 변화는 드라마 예술의 기본이 되는 극적 원리로서, 이는 얼핏 서로 대비되는 개념으로 보일 수 있으나 통일과 변화는 상반되는 개념이 아니며, 양자가 서로 균형을 이룰 때 완성도 높고, 안정감 있는 드라마가 만들어집니다. 통일(unity)은 작품을 구성하는 다양한 요소를 개별적 부분이 아닌 하나가 된 전체로서 느낄 수 있도록 합니다. 반면 변화는 대비되는 구성 요소를 사용하거나 반복되는 구성 요소에 변주를 주어 작품에 새로움과 흥미를 가미합니다. 하지만 지나친 변화는 작품에 산만한 느낌을 줄 수 있으므로, 통일과 변화의 적절한 균형이 그 안에 필요한 것입니다. 즉, 예술의 원리로서 변화는 그저 무질서한 것이 아니라 통일성을 바탕으로 생성되는 것이며, 배우의 말하기 역시 예술적 행위가 되기 위해서는 그와 마찬가지로 통일성을 바탕으로 끝없이 변화하는 역동적 실천으로 구사되어야 합니다.

호흡의 지지, 성대의 운동, 성도의 이완, 공명의 번성 등 앞에서 소개했던 단계들은 주로 안정적인 말하기를 위한 훈련의 초점이 통일성에 더 맞추어져 있습니다. 다시 말해 이것들은 배우의 말하기 과정에서 통일성에 해당하는 영역 다시 말해 이상적인 동일 요건을 유지하면서 실천되도록 훈련해야 하는 것들입니다. 그와 달리 발음은 혀와 입술, 턱의 움직임을 통한 차이의 생성으로 말하기에 변화를 부여하는 단계입니다. 따라서 발음훈련의 핵심 목표는 다양한 발음을 정확하게 구사하는 기량에 머무는 것이 아니라 앞서 제시한 통일적인 요건들을 지키면서도 변화를 생성하는 조음 역량의 토대를 마련하는 것입니다. 그렇습니다. 명료한 음성이란 통일성 위에 변화를 만들어내는 조음의 기량, 이것이 발음의 실천적 정의입니다.

이 책에서 발음의 영역은 호흡, 발성, 성도, 공명의 다음 단계로 구성되었습니다. 발음은 배우의 연기에 안정감을 부여하는 음성의 영역과 예측 불가의 변화를 양산하는 화술 영역 사이에서 가교와 같은 역할을 담당하기 때문입니다. 이처럼 배우가 좋은 소리를 유지하면서도 의미적 차이를 생산하는 발음의 역량을 갖춘다는 것은, 그 안에 통일과 변화라는 예술의 원리를 내포한다는 이유에서 배우가 자기 자신을 하나의 예술작품으로 승화시키는 행위로도 볼 수 있습니다. 그렇습니다. 배우가 꾸준한 훈련을 통해 자신을 예술적 존재로 끌어올리는 행위, 이것이 배우의 발음훈련이 가지는 미학적 가치입니다.

자연스러운 발음

배우에게 발음의 과정이 중요한 이유는 연기란 행위가 배우의 말과 짓을 통해 역할의 생각과 감정을 관객에게 '전달'하는 행위이기 때문입니다. 배우의 연기는 인물 간의 대사로 작성된 대본에 근거해서 이루어지는 행위라는 점에서 상대와의 소통이라는 기본 의도 위에 성립되는 예술형식입니다. 이처럼 연기의 본성이 소통에 있다고 했을 때 대사의 전달에서 핵심적으로 기능하는 발음의 역량은 연극이나 영화 등 장르에 상관없이 배우가 갖출 필수의 기량입니다.

실연 현장에서 배우를 괴롭히는 문제 중 하나가 부정확한 발음입니다. 불명료한 발음으로 인해 이른바 '발연기'로 낙인찍힌 배우들도 상당한 것이 업계의 현실입니다. 드라마가 원활하게 전개되려면 이야기의 진행에 필요한 정보들이 관객에게 잘 전달되어야 합니다. 드라마 전개에 필요한 정보가 주로 역할의 대사를 통해서 전해진다는 점에서 명료한 발음은 배우의 연기력을 넘어서 수준 높은 드라마의 완성에 필수적인 전제 요건입니다.

이런 이유에서 공연계나 영화계 현장에서는 대사 전달이 방해될 정도로 발음이 나쁜 배우와는 함께 작업하지 않는다는 감독이나 연출자도 상당수가 있습니다. 필자는 오로지 발음의 문제가 해결되지 않아서 자신의 꿈을 접어야 했던 배우들도 자주 목격했습니다. 그러나 더욱 중요한 사실은 조음기관에 선천적인 장애가 있지 않은 한 적절한 훈련을 통해 누구나 명료한 발음을 갖출 수 있다는 점입니다.

실연 현장에서 발음과 관련된 미묘한 문제가 하나 있는데, 그것은 배우에겐 기본적으로 발음의 역량이 중요하지만, 과도하게 정확한 발음은 오히려 연기의 실감을 떨어뜨린다는 점입니다. 오늘날 해상도 높은 미디어 사회에 이르러 현대 연기의 덕목은 단연코 그 사실성에 있습니다. 그래서 연기의 실감을 중시하는 배우라면 실연하는 동안 연기하는 '티'가 나지 않게 연기해야 하며, 따라서 정확하게 발음하려는 노력이나 의도 역시 이를 위배하는 행위로 간주할 수 있습니다. 정확하게 발음하려고 애쓰는 모습은 배우가 '지금 연기하고 있음'을 관객에게 일깨워서 극적 리얼리티를 깨뜨리는 요인이 됩니다. 이런 이유에서 요즘 영화나 TV 드라마에 출연하는 배우 중에는 연기의 실감을 위해 일부러 발음을 흘려서 대사를 처리하기도 합니다. 게다가 배우가 정확한 발음을 보여주려고 연기하는 것도 아니지 않습니까?

이런 맥락에서 오늘날 발음과 관련한 배우의 목표는 기본적으로 정확한 발음의 기량이지만 그에 못지않게 자연스러운 발음의 역량 역시 중요합니다. 명료한데도, 자연스러운 발음은 발자국을 지우면서 눈밭을 걸어가는 발걸음과 같은 실천입니다. 여기에다 음성의 측면까지 고려한다면 배우의 발음은 좋은 소리를 바탕으로 정확한 조음 작용을 자연스럽게 구사하는 수준에 이르러야 합니다. 이런 실정이니 배우의 말하기에서 발음은 결코 녹록한 과정이 아니며, 그것은 그 자체로 배우의 기량을 가늠하는 하나의 지표가 됩니다.

소리의 안정 위에 차이를 생성하는 발음 작용처럼 우리의 삶은 모든 영역에서 상반되는 충동을 하나로 통합하는 역량에 기반해서 성과를 이루어 내곤 합니다. 그러하니 우리의 삶이란 누군가의 말처럼 일면 변화와 유지, 위험과 안전을 넘나드는 춤사위와도 유사한 무엇입니다. 이렇듯 모순을 양립하는 역량은 우리를 움직이게 하고, 열려 있게 하며, 새로운 관계와 시작을 가능하게 만드는 원동력이 되어줍니다. 이런 이유에서 명료하고 자연스러운 발음은 상반되는 충동을 다스리는 배우의 자제력을 표상하는 것으로, 바람에 흔들리는 깃발과 같습니다.

발음의 난제

수업과 현장에서 필자는 발음 교정의 어려움을 호소하는 배우들을 종종 만나게 됩니다. 이렇듯 누군가 괴로움을 호소할 정도로, 부정확한 발음의 교정이 단기간에 쉽지 않은 이유는 무엇일까요? 발음은 우리의 정신, 몸, 마음이 모두 연계되어 이루어진 총체의 결과물이기 때문입니다. 배우에게 요구되는 발음의 기량은 소리의 균일함을 깨뜨리지 않으면서도, 각각의 차이를 생성하는 소음의 억탕이라고 앞에서 설명했습니다. 이처럼 발음이 지닌 상호모순되는 특성은 초보자에게 이러지도 못하고, 저러지도 못하는 일종의 이중구속(the double bind)으로 받아들여질 수 있으며, 이런 이유에서 음성에 대한 자산이 미비한 배우에게 특히나 발음훈련이 더 어렵게 느껴질 수 있습니다.

가성대(목구멍)는 벌리고, 성대는 붙이는 발성 작용처럼 우리가 상호모순적인 메시지를 처음으로 만나게 될 때, 그리고 그 모순에 대해 뭔가 해야 하는데 할 수가 없는 경우 우리는 갈피를 잡을 수 없다는 느낌을 받게 됩니다. 이런 이유에서 우리는 발음의 어려움을 단지 말하기의 문제로만 국한하는 것이 아니라 심리적인 측면까지 연관된 총체적인 문제로 인식할 필요가 있습니다.

예를 들어, 어느 배우가 발음이 나쁘다는 지적을 자주 받게 되면 그로 인해 정확하게 발음해야 한다는 강박관념에 빠져서 발음이 더 나빠질 수 있습니다. 이런 이유에서 발음은 하루 이틀 책을 소리 내어 읽고, 며칠 동안 '가나다라마바사…' 발음표를 읊어대도 좀처럼 나아지지 않기 때문에 느긋하고 편안한 마음을 가지고 훈련에 임하여 정확한 입 모양과 혀의 움직임을 꾸준한 연습을 통해 말하기 습관으로 정착시켜야 합니다. 따라서 하루 이틀의 연습만으로 발음이 향상되지 않았다고 좌절할 이유도, 한 달, 두 달의 연습만으로 자신의 한계를 스스로 정할 필요도 없습니다. 정확한 발음은 혀의 움직임과 입술의 모양이 중요하지만 이미 말했듯이 단순히 조음 훈련만으로 개선되지 않는 측면들도 있기 때문입니다.

발음은 신체의 이완, 마음의 안정, 충분한 호흡, 발음 법칙의 숙지 등 다양한 영역이 얽혀 있는 복합적인 문제입니다. 여러분이 연기를 배우기 시작한 시점이 언제인지는 알 수 없으나 대부분 10대 후반, 20대 초반인 경우가 많을 겁니다. 그렇다면 발음이 부정확한 배우의 경우 지금까지 오랜 세월 부정확한 발음으로 살아온 것이고, 조음기관의 근육들은 이미 그런 상태로 길들여 있는데, 그것이 어떻게 하루아침에 교정될 수 있겠습니까? 일 년 이상 꾸준한 훈련과 일상에서도 올바른 말하기가 습관화되었을 때 비로소 명료한 발음으로 말할 수 있습니다.

오랜 기간 그릇된 말하기의 습관이 고착된 사람에게는 발음뿐만 아니라 이 책에서 소개하는 말하기의 영역 모두가 실패의 연속일 수 있습니다. 좀처럼 연습해도 나아지지 않고, 설사 원하는 방식을 경험하더라도 나쁜 방식이 쉽게 재발합니다. 그럴 때 여러분의 머릿속에는 '실패'와 '좌절', 혹은 '나는 안 돼!'와 같은 부정적인 생각이 떠오를 겁니다. 우리의 마음은 생존 본능에 따라 부정을 지향하는 속성(intentionality)을 가지고 있습니다. 부정에의 지향성은 배우에게는 직업적으로 생겨나는 집착과 같습니다. 그래서 실연 전 배우가 실패에 관한 생각, 그 두려움을 떨쳐내기가 그리도 어렵습니다.

연기하는 배우의 집중을 방해하는 머릿속에 떠오르는 잡생각은 결국 배우로서 갖게 되는 번뇌입니다. 중생이 집착과 번뇌에서 벗어나야만 부처가 될 수 있듯이 배우가 실연 전 부정에 주목하는 경향과 실연 시 떠오르는 잡생각에서 벗어나야만 자유롭게 연기할 수 있습니다. 그렇다면 연기하는 배우는 어떻게 집착과 번뇌에서 자유로울 수 있을까요? 이에 관해서는 8장 〈이완〉에서 상세히 설명하겠습니다.

그러나 강조하고 싶은 바는 말하기와 같은 습관의 교정은 필연적으로 실패의 과정을 거쳐야만 원하는 목표지점에 도달할 수 있다는 사실입니다. 책의 성격상 그 이유를 길게 설명하진 않겠지만 성공은 필연적으로 실패의 과정을 거쳐서 이루어지는 것이며, 이것은 달리 말해 성공 안에는 실패가 포함되어 있다는 것, 실패의 과정을 거치지 않고시는 진정한 성취에 도달할 수 없음을 의미합니다. 그렇지만 많은 사람이 그 '실패'를 받아들이지 못해서 목표의 성취에 결국 실패하곤 합니다. 실패를 통해 배운다는 것은 어떤 것을 시도해서 이루지 못했지만, 그 과정에서 새로운 지식을 배우고, 그에 기반해서 목표를 조정하고, 다시 연습하고, 그런데도 또 실패하고, 그러면 목표를 다시 또 조정한 후 시도하기를 반복하는 과정입니다. 그러한 노력은 분명 쉽지 않습니다. 그래서 당연한 소리 같겠지만 정말로 '연기하기'를 좋아하는 사람만이 배우의 길을 선택해야 합니다. 좋아하지도 않는데, 굳이 힘든 길을 가야 할 이유는 없으니까요.

발음의 요건

만약 배우의 음성적인 역량이 부족하다면 배우의 발음 역시 부정확할 수밖에 없습니다. 이도 당연한 것이 말이 잘 들리지 않는데, 어떻게 발음이 명확할 수 있겠습니까? 따라서 발음 교정의 순서는 우선 발성과 공명을 충분히 훈련해서 잘 들리는 소리를 일단 개발한 다음 발음을 훈련하는 쪽이 더 유리합니다. 그러나 현실에서는 이와 반대로 연습하는 경우들을 보곤 하는데, 명료한 발음을 위해 호흡이나 발성보다 조음의 역량이 당장 더 중요하게 느껴지기 때문입니다. 하지만 이러한 접근은 건물을 빨리 짓고 싶다는 욕심에 튼튼한 1층 없이 2층과 3층을 성급히 짓는 부실 공사나 다름없습니다. 먼저 올바른 호흡 패턴과 적절한 성대 운동 그리고 편안한 성도 이완부터 체득한 후 발음을 교정하는 쪽이 목적지에 이르는 더 빠른 길입니다.

배우의 발음과 관련해서 '대사를 말하기 전에 밀도 높게 생각하라.'라는 지침이 있습니다. 이런 당부에서 짐작할 수 있듯이 조음기관의 동조 현상과 더불어 부정확한 발음의 가장 주된 요인은 불명확한 생각입니다. 대사를 명확하게 말하고 싶다면 우선 말하려는 대사부터 명확하게 생각해야 합니다. 대사를 말할 때 처음부터 끝까지 대사의 의미를 뚜렷하게 생각하고 있어야만 우리는 명확한 발음으로 대사를 끝까지 말할 수 있습니다.

앞 장에서 설명한 바와 같이, 배우가 좋은 소리로 말하기 위해서는 지렛대의 효과를 낳는 도미노와 같은 절차적 실천으로 대사를 말해야 하며, 그러할 때 배우는 더 적은 에너지로도 원하는 성량을 낼 수 있고, 또 그만큼 자유롭게 연기할 수 있습니다. 이런 관점 위에 필자는 기본적으로 배우의 연기를 생각하고, 느끼고, 호흡하고, 행동하는 절차적 소통 행위로 인식하며, 이러한 절차가 도미노와 같이 작동했을 때 지렛대의 효과를 양산해서 그만큼의 에너지의 절약 즉 이완을 생성해서 배우가 더 원활하게 연기할 수 있다고 생각합니다. 그에 더해 절차적 수행의 점층적 순환은 배우의 주관이 배제된 기계적 원리에 따라 작동함으로써 연기하는 배우의 몰입을 돕는 방식이 될 수 있습니다.

이런 이유에서 배우의 실연 과정에서 제대로 대사를 말하려면 제일 먼저 1번 도미노(절차)에 해당하는 '생각' 과정이 명확하게 이루어져야만 합니다. 그랬을 때 뒤에 선 도미노인 탁월한 언행(행동)이 구현될 수 있기 때문입니다. 이런 측면에서도 배우에게 가장 중요한 역량은 고도의 집중력입니다. 생각은 집중력을 통해서 더욱 구체화 되는데, 그래서 우리는 보통 이런 힘을 '정신력'이라고 부릅니다. 연기가 절차적인 행위라는 점을 고려했을 때 자신이 말하고자 하는 바에 최대한 집중한 상태에서 그것의 의미를 온전히 말로 발화하는 과정의 실천이야말로 배우가 발음의 역량을 향상하는 비결입니다. 이런 이유에서 전구에 빛이 들어오듯이 대사의 의미를 강력하게 떠올릴 수 있는 집중력은 말하기의 영역을 넘어, 배우의 연기력 전반을 결정짓는 핵심 요건입니다.

관객에게 허구의 드라마를 실제 벌어지는 일로 믿게 만드는 동력은 배우의 집중력에서부터 비롯합니다. 사실 관객은 드라마가 한갓 허구임을 이미 알고 있으면서도 그것을 기꺼이 하나의 현실로 간주하고자 합니다. 이러한 관객의 고마운 다짐 혹은 약속에 기꺼이 보답하는 배우의 성의가 집중력의 유지입니다. 집중한 배우가 무대에 등장했을 때 드라마는 이제 더 이상 허구가 아닙니다. 그것은 분명 실재하지는 않지만, 그러나 분명히 존재하는 세계로서 관객의 눈앞에서 실현됩니다. 이처럼 허구 세계의 실현을 끝내 관철해 내고 마는 힘, 그것이 바로 권투선수의 일격에 비유할 수 있는 배우가 생각하는 힘, 집중력 혹은 정신력입니다. 우리는 흔히 상상력이 배우를 예술가로 만든다고 생각하지만, 실제로 배우를 예술가로 만드는 힘은 집중력이며, 정신의 측면에서 배우의 발음을 향상하는 원동력 역시 집중력입니다.

:: POINT

✓ 발음은 음성이 말로 전환되는 과정이다.

✓ 배우의 말은 발성 → 공명 → 발음의 세 단계를 거쳐 발화된다.

✓ 부정확한 발음은 불명확한 생각의 결과물이다.

✓ 발음의 역량은 소리의 안정을 유지하면서 차이를 생성할 수 있는 능력에 기초한다.

2) 발음훈련의 실제

발음훈련의 노하우

배우가 음성에 차이를 만드는 발음을 제대로 구사하려면 우선 혀와 입술 등 조음기관을 정확하고 민첩하게 움직일 수 있어야 합니다. 그렇지만 발음훈련에서 실제로 더 중요한 요건은 이완된 성도를 유지한 채로 정확하게 발음하는 역량입니다. 발음은 그 특성상 부득이하게 성도의 형태를 변화시켜서 음성에 차이를 만들어 내는 작용입니다. 따라서 발음 과정에서 혀와 입술, 턱의 움직임으로 인해 성도의 형태가 변형되거나 좁아지기 쉬우며, 게다가 그것이 작은 공간인 구강 안에서 일어나기 때문에, 혀, 입술 등의 조음기관이 조금만 움직이더라도 성도의 구조가 크게 달라집니다. 따라서 발음의 과정은 그 본성상 부득이하게도 소리의 질과 양을 저해하기 쉽습니다.

이런 이유에서 발음훈련의 기본은 조음 과정에서 주된 역할을 담당하는 혀와 입술이 확장된 구강 다시 말해 이완된 턱과 안정된 후두를 유지한 상태에서 민첩하게 움식이도록 반복하는 연습입니다. 예컨대, 각기 다른 모음과 자음을 발음하더라도 아랫입술에서 턱뼈에 이르는 얼굴선은 거꾸로 놓인 메가폰의 형태를 유지해야 합니다. 이처럼 발음훈련의 기본 목표는 턱, 목구멍, 연구개, 혀뿌리 등 성도의 이완을 유지한 채로 혀와 입술을 정확하게 움직이며 조음하는 역량을 갖추는 것입니다. 단순히 혀와 입술을 민첩하게 움직이는 것은 난이도가 쉬우나 성도의 확장을 유지한 채로 혀와 입술을 민첩하게 움직이려면 특별한 훈련이 요구됩니다.

그렇다면 배우는 어떻게 발음을 훈련해야 할까요? 우선 꼭 필요한 에너지(힘)만으로 조음의 동작을 정확하고 간결하게 실천할 수 있게 연습해야 합니다. 배우는 혀와 입술 등의 조음기관을 섬세하게 기능할 수 있는 수준까지 조음 근육을 각기 훈련해야 합니다. 이것은 비효율적으로 움직이던 발음의 습관을 독립적이고, 경제적으로 작동하게끔 개조하는 과정입니다. 만약 적절한 훈련을 통해 조음 근육이 민감하게 발달하지 못했다면 다양하게 변화하는 인물의 충동을 제대로 반영하기 어려워서 배우는 역할의 생각과 감정을 온전히 담아서 명료하게 대사를 말하기 어렵습니다.

이런 이유에서 발음훈련은 각각의 부위별로 나누어서 독립적으로 연습해야 합니다. 입술, 혀, 연구개, 턱 등의 조음기관은 함께 움직이려는 경향이 있어서, 해당 발음 과정에서 상관없는 부위가 긴장하기 쉽습니다. 예를 들어 자음 'ㄱ'을 발음할 때 혀의 중간 부위가 올라가서 경구개의 조음점을 건드려 줘서 소리가 나야 하는데, 만약 그러한 혀의 움직임에 턱이 같이 따라 움직인다면 이때 턱에 들어가는 힘이 불필요한 긴장이며, 이러한 턱의 움직임은 구강 공간을 좁게 만들어서 발성과 공명 과정을 방해합니다. 이처럼 발음 과정에서 일어나는 불필요한 동조의 움직임을 방지하기 위해서 혀, 턱, 입술, 연구개 등 조음기관은 각기 독립적으로 훈련해 주어야 훨씬 효과적입니다.

그런 다음 다시 최소의 힘만으로 조음기관을 정확하게 움직이는 연습을 진행합니다. 혀, 입술, 연구개 등이 가능한 간결하고 가볍게 움직여 주어야만 발음할 때 다른 부위의 동조적인 움직임을 방지할 수 있기 때문입니다. 발음할 때 생기는 조음기관의 동조적인 움직임이야말로 성도의 형태를 깨뜨리고, 공명을 저해하는 요인입니다. 단, 유의할 바는 발음 시 조음점을 건드리는 혀와 입술의 접촉력이 충분해야 한다는 점입니다. 만약 발음할 때 혀와 입술의 접촉력이 필요 이하로 약하다면 자음의 명료도가 낮아지면서 발음이 뭉개지게 됩니다. 따라서 적절한 훈련으로 조음하는 혀와 입술을 운동시켜 혀와 입술의 접촉력과 마찰력을 높여줘야 합니다. 이것은 조음점을 정확히 건드리는 것만큼이나 자음의 명확한 발음에서 중요한 요소입니다. 이렇듯 조음기관이 함께 움직이려는 동조의 경향을 극복하고, 각각의 부위가 최적의 힘으로 충분한 접촉을 통해 발음할 수 있도록 훈련하기 위해서는 천천히 정확하게 연습을 시작해서 점차 속도를 높여서 숙달에 이를 때까지 반복적으로 연습해야 합니다.

그에 더해 발음훈련에서 더 나은 효과를 기대한다면 다양한 속도로 발음을 연습하십시오. 빠르고 또 느리게, 다양한 속도로 발음을 연습하는 것은 훈련의 효과를 극대화합니다. 우선 배우의 발음훈련에는 빠르게 발음을 연습하는 훈련이 포함되어야 합니다. 훈련할 때는 천천히 말하면서 발음을 연습할 수 있지만, 일상에서는 그보다 훨씬 빠른 속도로 말하기 때문입니다. 따라서 느린 속도로만 발음을 연습했다가는 현실에서 말할 때 발음이 뭉개지기 쉽고, 그래서는 발음 역량의 실제적인 향상을 기대하기 어렵습니다. 이런 이유에서 현실에서 말하기 속도를 능히 감당할 수 있을 정도의 빠른 속노로 실천하는 발음 연습이 필요한 겁니다.

또 반대로, 말의 음절[60]을 늘려서 느린 속도로 발음하는 훈련 역시 필요합니다. 발음이 안 좋은 사람들을 보면 보통 흥분을 잘하고, 말이 무척 빠릅니다. 그도 그럴 것이 자신의 역량보다 빠르게 말하다 보니 발음이 뭉개지기 쉽고, 생각의 속도가 따라가지 못해서 말을 더듬게 되므로, 발음이 나빠지게 됩니다. 이런 경우 발음의 개선을 위해서는 말을 느린 속도로 조절하는 연습이 필요합니다.

대사나 문장을 하나 정해서 각 음절의 자음과 모음을 과장될 정도로 느리고 정확하게, 예를 들어 '거미'라면 '거어미이~'처럼 발음하면서 연습합니다. 중요한 것은 연습할 때 음절과 음절이 끊어지지 않고 연결해서 소리 내는 겁니다. 그런 다음 점차 속도를 올려서 연습하고, 마지막에는 정상 속도로 예문을 발음해 봅니다. 이런 훈련을 계속하다 보면 발음이 개선되고, 말의 명료성 역시 나아진 것을 확인할 수 있습니다. 이런 연습은 결국 각 음절에서 모음을 강조하면서 말하는 것이고, 이런 방식이 무성자음을 보완하는 효과를 발휘하게 됩니다.

한국어에는 자음이 많아서 그만큼 입술과 혀의 움직임이 많을 뿐만 아니라 'ㅅ', 'ㅈ', 'ㅊ', 'ㅋ', 'ㅌ' 등 소리가 나지 않는 무성자음이 특히 많으므로 발음하기가 무척 어렵습니다. 그로 인해 목의 협착이나 기식음과 같은 문제가 우리 말을 사용하는 배우에게 빈번하게 발생합니다. 이런 문제를 해결하는 방법으로는 앞서와 같이 모음을 강조해서 음절을 늘려서 발음하는 연습과 더불어 자음을 유성음화해서 발음하는 방법이 있습니다.

우리말의 자음은 다만 1/5만이 유성음[61] 즉 성대를 진동하는 소리이며, 나머지는 모두 무성자음입니다. 성대의 진동 없이 나는 무성자음은 그만큼 소리의 에너지가 낮으므로 음성의 전달력을 높이기 위해서는 앞서 설명한 모음의 중시와 이에 따른 무성음의 유성음화[62]가 중요합니다. 유성음화는 음운의 배열에 따라 무성자음이 유성자음으로 성격이 변동되는 것으로, 순수자음인 'ㄱ, ㄷ, ㅂ, ㅈ, ㅎ'이 유성음 사이에 놓일 때 유성자음화, 즉 성대를 진동시켜 소리를 내주는 겁니다.

조음기관의 이완

발음훈련은 무릇 조음 과정에서 턱의 개입을 최소화하는 것부터 시작해야 합니다. 성도의 기관 중에서 가동 범위가 가장 큰 턱이 약간만 움직여도 구강의 형태나 혀의 모양이 크게 변화됩니다. 따라서 대사를 말할 때 턱에 힘이 들어가거나 필요 이상 과도하게 움직이는 습관은 구강의 형태를 좁혀서 소리의 양과 질을 깨뜨리게 됩니다. 앞서도 말한 바와 같이, 발음훈련의 목표는 단지 소리에 차이를 만들어 내는 작용에 머무는 것이 아니라 소리의 질을 온전히 유지하는 상태에서 명료한 발음을 자연스럽게 구사하는 것입니다.

턱의 이완으로 생기는 공간은 성도의 다른 부위와 비교해서 월등히 큽니다. 소리의 공명이 공간에 비례해서 증대한다는 점 그리고 넓은 공간이 성문 상압의 형성에도 유리한 점을 고려한다면 말하기의 과정에서 턱의 이완은 아무리 강조해도 지나치지 않습니다. 이런 이유에서 발음훈련은 무릇 턱을 이완하는 훈련부터 시작해야 하는 겁니다. 그래서 배우의 발음훈련은 턱을 이완한 상태에서 발음을 훈련하는 연습이라고 말할 수 있을 정도입니다.

배우가 적절한 훈련을 통해 말하기 과정에서 턱의 개입을 줄여준다면 조음 과정에서 주된 역할을 담당하는 혀와 입술의 움직임이 반대급부적으로 활성화됩니다. 예를 들어, 배우가 '다'를 발음할 때 혀가 주도적으로 움직여서 입천장의 조음점을 정확히 건드려서 'ㄷ'를 발음해야 하는데, 만약 턱이 개입하게 되면 아래턱이 닫히면서 혀가 수동적으로 입천장에 닿으면서 'ㄷ'을 발음하게 됩니다. 이런 경우 구강의 공간이 좁아지고, 그만큼 구강 공명의 효과가 감소하게 됩니다. 따라서 원활한 조음 작용에 필요한 입술과 혀의 운동성을 향상하기 위해서라도 우리는 발음 과정에서 턱의 개입을 최소화하는 훈련부터 먼저 실천해야 합니다.

그렇다면 평소 말을 할 때 턱은 어느 정도로 벌어져 있어야 할까요? 일반적으로 윗니와 아랫니 사이가 대략 1.5cm, 세로로 세운 새끼손가락 정도로 벌어진 상태가 말하기에 가장 유리하다고 합니다. 그런데 오랜 기간 턱에 습관적 긴장을 지녔던 사람에게는 이게 처음에 어느 정도의 거리감이냐면 '대체 어떻게 이렇게까지 입을 벌리고서 발음할 수 있단 말인가?'라는 불신이 들 정도로 멀게 느껴집니다. 그렇지만 훈련을 지속하다 보면 그 감각이 점차 정상화되면서 턱이 편하게 열린 정도의 느낌으로 적응하게 됩니다. 이런 이유에서도 중요한 것은 훈련이고 또 연습입니다.

발음 과정에서 턱의 개입을 배제하는 훈련으로는 코르크 마개를 앞니로 문 상태에서 발음을 연습하는 방법이 대표적입니다. 홈을 판 코르크 마개를 턱에 힘이 들어가지 않을 정도로 앞니로 물고 발음을 연습하게 되면 발음 과정에서 턱의 참여가 적어지고, 그만큼 성도의 확장에도 도움을 주어서 좋은 소리를 유지하면서 발음할 수 있게 됩니다.[63] 이 훈련을 통해 배우는 턱에 힘을 주지 않고도 성도의 이완을 유지한 상태에서 발음에 필요한 혀와 입술의 운동성을 높여줄 수 있습니다.

턱 다음으로 훈련할 조음기관은 단연코 '혀'입니다. 누구나 알다시피 조음 과정에서 핵심적인 기능을 담당하는 부위가 바로 혀이기 때문입니다. 우리의 혀는 말을 만드는 조음 과정과 소리를 확대하는 공명 과정 모두에서 중요한 역할을 담당합니다. 혀는 조음 과정뿐만 아니라 소리가 입술 바깥으로 나가게 하는 발판, 즉 뜀틀의 도약대와 같은 역할도 수행합니다. 이런 이유에서 말하기를 훈련할 때 배우는 혀를 이완하는 연습과 혀의 운동성을 높이는 연습을 함께해야 합니다.

혀는 후두를 상승시키는 근육과 연결되어 있어서 혀뿌리가 긴장하면 조건반사적으로 후두가 올라오고 목이 조여지게 됩니다. 따라서 좋은 소리가 명확한 발음의 전제 요건이란 점에서 혀를 이완하는 훈련을 먼저 실천하는 것이 상대적으로 유리하며, 혀 훈련은 혀의 긴장 상태와 이완 상태를 구분해서 인식하는 것에서부터 시작해야 합니다.

그런 다음 혀의 근육을 이완하는 훈련을 집중적으로 실천해서 혀가 이완된 상태에 점차 익숙해지는 겁니다. 그런 뒤 혀의 운동성을 높이기 위해 혀의 부위별로 발음하는 훈련을 시작합니다. 혀의 각 부위인 혀끝, 전설, 후설이 조음점에 접촉해서 해당 자음이 소리가 나도록 각각의 부위별로 혀의 움직임을 적절하게 개발하는 것입니다. 앞에서 설명했듯이 조음점을 건드리는 혀의 접촉력이 각 발음에 필요한 정도로 충분해야 한다는 겁니다. 만약 발음할 때 혀의 접촉력이 약하다면 자음의 명료도가 낮아지면서 발음이 뭉개지므로, 조음하는 혀의 마찰력을 적절한 연습으로 높여줘야 합니다. 그리고 혀의 후설 부위를 이용해서 나는 발음은 소리에 유리한 공간의 확보를 위해서 중설화, 즉 혀의 중간 부위로 발음하는 방식으로 교체하는 연습도 해주면 좋습니다.

다음 훈련으로, 개별 자음의 연습을 단어, 문장, 문단으로 확대해 나가면서 대사의 발화 과정에서 혀가 자유롭게 움직일 뿐만 아니라 소리의 울림에도 긍정적인 도움을 주도록 연습해 줍니다. 이때 성대 운동을 향상하는 트웽의 원리를 해당 훈련에 적용한다면 관련 자음을 더 맑게 소리를 내면서 발음할 수 있습니다.

혀와 함께 발음을 담당하는 부위로는 입술이 있습니다. 혀가 자음을 주로 발음한다면 입술은 모음을 주로 담당합니다. 입술은 말이 나가는 마지막 관문이라서 설사 혀와 연구개의 작용으로 정확하게 발음이 이루어졌더라도 입술이 제대로 기능하지 않으면 대사의 전달력은 떨어지게 됩니다. 입술을 적극적으로 움직이면서 대사를 말할 때와 입술을 열지 않고 말할 때를 비교해 보면 그 차이를 확연하게 느낄 수 있습니다. 그렇다고 해서 입술을 인위적으로 크게 움직이면서 발음한다면 그 표현의 의지로 인해 연기의 진실이 훼손될 수 있으므로, 입술은 발음에 필요한 딱 그 정도로만 민첩하게 움직이도록 훈련해야 합니다.

입술 훈련은 먼저 입술 털기 등으로 입술 근육을 가볍게 풀어준 다음 혀나 턱과 연계해서 긴장의 정도를 점검합니다. 그런 다음 '우' → '이'처럼 입술을 모았다가 입꼬리를 좌우로 벌리는 움직임을 연습합니다. '이'나 '으' 모음을 발음할 때 입꼬리의 움직임은 자음을 발음할 때 필요한 혀의 움직임만큼이나 중요합니다. 발음이 안 좋은 사람 중에서 입꼬리가 처져 있는 사람이 많은 것도 이런 이유에서입니다. 그런 다음 윗입술과 아랫입술을 각기 분리해서 움직이는 연습을 해줘야 합니다. 일상에서 우리가 대화할 때 윗입술을 전혀 움직이지 않거나 혹은 아랫입술을 거의 움직이지 않고 말하는 사람을 보게 됩니다. 이런 사람의 경우 입술 근육을 분리해서 움직이는 연습을 통해 윗입술과 아랫입술의 운동성을 향상할 수 있습니다.

마지막으로 다양한 방향으로 입술 근육을 자극하면서 운동을 시켜 줍니다. 우리말에 있는 원순모음, 평순모음, 양순음 등의 조합은 입술의 적극적인 움직임을 요구합니다. 그래서 입술 근육을 다양하게 자극하는 운동은 발음의 정확도를 높여줄 수 있습니다. 턱, 혀, 입술 외에 발음에 참여하는 부위로는 연구개가 있는데, 다른 부위와 비교해서 상대적으로 참여가 적고, 간접적이라서 4장 〈성도〉에서 소개했던 훈련만으로 충분하므로, 여기서 그 이상 설명하진 않겠습니다.

모음의 발음

소리에 차이를 만드는 음소[64]는 크게 자음과 모음이 있습니다. 그러니까 '말'이란 자음과 모음으로 구성된 차이 체계입니다. 이 중에서 모음은 혼자서 소리를 낼 수 있는 소리라서 흔히 '홀소리'라고 부릅니다. 구체적으로 말해서 모음은 폐에서 올라온 공기가 구강 통로에서 폐쇄나 마찰 등의 장애 없이 성대를 진동시켜 나는 소리입니다. 우리가 말할 때는 주로 모음에 의지해서 실제로 소리를 내게 되며, 이런 이유에서 발성이나 공명 등 대개의 음성훈련은 모음을 위주로 연습이 진행됩니다.

모음은 크게 입 모양의 움직임에 따라서 구분되는데, 입술이 옆으로 움직이는 모음인 'ㅣ'와 'ㅡ', 입술이 아래로 움직이면서 발음되는 모음인 'ㅔ', 'ㅐ', 'ㅏ', 입술이 앞으로 둥글게 모이면서 발음되는 'ㅜ', 'ㅗ', 'ㅓ' 그리고 두 개의 모음이 합쳐진 모음이라서 입술이 두 번 움직여서 발음되는 'ㅑ', 'ㅕ', 'ㅒ' 등의 이중모음으로 이루어져 있습니다.

모음을 제대로 발음하는 방법은 편안히 확장된 구강 구조를 기초로 정확한 입술 모양을 지으며 발음하는 것입니다. 모음의 발음은 넓어신 성도를 유지한 채 각 모음에 맞게 입술과 혀를 가볍고 정확하게 움직이면서 명확하게 소리를 내줘야 합니다. 발음의 정확성과 관련해서 우리는 보통 자음이 더 중요하다고 생각하기 쉬우나 그에 앞서 모음을 분명하게 소리 내서 바탕을 이루어야만 명료하게 대사를 발음할 수 있습니다. 이렇듯 발음에 더욱 중요한 음소는 소리의 토대를 이루는 모음이고, 그래서 모음을 만드는 입술의 움직임이 발음 과정에서 중요한 겁니다. 자음에서 중요한 작용이 혀가 입천장의 조음점을 정확하게 건드리는 움직임이라면 모음의 발음에서 중요한 것은 무엇보다 입술의 움직임, 정확한 입 모양에 있습니다. 예를 들어 '아'라는 소리를 내야 하는데, 입 모양은 '으'를 하고 있다면 '아'도 아니고 '으'도 아닌 애매한 소리가 나게 됩니다.

누군가의 발음이 부정확하다면 그것은 기본적으로 해당 글자의 음소가 제대로 소리 나지 않아서 그렇습니다. 예를 들어 우리가 말할 때 성대 접촉이 제대로 되지 못한다면 대사에 포함된 'ㅅ', 'ㅊ', 'ㅎ' 등의 무성자음에서 호흡이 과도하게 빠져나가므로, 호흡 압력이 유지되지 못해서 대사의 어미가 흐려지고, 발음이 부정확해집니다. 반면 모음 위주의 말하기가 정착되면 앞서와 같은 무성자음을 발음할 때도 모음으로 인해 과도한 호흡이 빠지지 않으면서 대사를 말하는 동안 필요한 호흡 압력을 유지하기가 더 수월해집니다.

각각의 모음이 지닌 특징을 살펴보면, 우선 '이' 모음은 허밍으로 소리 내다가 입술을 떼었을 때 나는 가장 가까운 모음입니다. 호흡의 소모가 적어 효율적으로 발성 연습을 할 수 있다는 장점이 있습니다. '이' 모음은 혀가 앞쪽에 높게 위치하나 후두의 위치는 '아' 모음이나 '우' 모음과 차이가 없어야 하는데, 그래야만 성도 공간의 확장이 유지되므로 그만큼 소리내기에 유리합니다.

'에' 발음은 이의 모음보다 혀가 낮아지고, 입을 더 크게 벌려서 발음해야 합니다. 여기서 혀를 더 아래로 낮추고 입을 벌리면 밝은 '애' 소리가 납니다. '아' 발음은 턱을 아래로 떨어뜨려 구강 공명의 증대에 유리하지만 다른 모음에 비해 구강에 성문 상압을 유지하기가 어려워 성대 접촉의 지탱이 그만큼 어려운 모음입니다. 반면 '어' 발음은 발성의 초점이 뒤로 가기 쉬운 발음이라서 '아' 발음에서 가볍게 입술만 모은 상태로 발음해야 합니다.

'오'와 '우' 발음은 입 모양이 작으면 울림이 작아지거나 왜곡되고, 너무 크며 퍼지는 소리가 나서 적절한 크기를 찾아야 합니다. '오'와 '우' 모음은 성문 상압이 잘 유지되므로 성대 접촉의 지탱에 유리합니다. 다만 흔히 '오'나 '우'와 같은 양순음 계열의 모음을 발음할 때 입술에 긴장이 잘 생기므로 유의해야 합니다. 이 중에서 '우' 모음은 후두의 위치가 가장 낮아 발성에 유리해서 훈련할 때 처음 실천하는 가이드 모음으로 적합합니다.

모음 중에서 '으'는 한국어에만 있는 모음입니다. 입안이 가장 좁고 납작하게 발음되므로, 공명강이 좁아질 수 있는 단점을 지녀서 소리를 낼 때 유의해야 합니다. '어'와 '으'의 발음 구분은 '으'는 입 모양을 작게, '어'는 입 모양을 크게 해서 소리를 구분해서 내야 합니다. 반면 이중모음인 '야' 발음은 '이'와 '아'의 결합인데, 여기서 '이' 발음은 원래대로 입이 좌우로 늘어나며 발음되는 것이 아니라 혀가 입천장에 붙어서 나는 소리라는 점을 기억해 둡시다. 즉 '야' 발음은 혀가 입천장에 붙었다가 아래로 떨어지면서 나는 소리입니다. '여', '요' 등 다른 이중모음 역시 같은 방식으로 발음이 이루어집니다.

모음분류표

높음	앞쪽 혀이 위치 뒤쪽			
	펴진 입술	둥근 입술	펴진 입술	둥근 입술
	이	위	으	우
혀의 높이	에	외	어-	오
낮음	애		어	
			아	

우리말은 장단음으로 의미가 구별되는 같은 음가의 낱말이 유독 많습니다. 그래서 모음과 관련해서 배우는 정확한 장음과 단음의 구

별 역시 훈련해 두어야 합니다. 예를 들어 '모자'처럼 글자는 같으나 소리 내는 길이에 따라서 '모~자'(어머니와 아들) 또는 '모자'(머리에 쓰는 덮개)처럼 의미가 완전히 다른 말이 됩니다. 우리말에는 실로 많은 장단음이 있으므로, 정확한 발음을 구사하고 싶다면 국어사전을 옆에 끼고 대사에 있는 장단음을 찾아서 연습하는 열정을 보여야 합니다. 장음의 길이는 대략 단음의 두 배입니다. 가령, 긴 /오 ~/는 짧은 /오/의 두 배의 길이로 발음됩니다.

:: **장단음 예제**

경:비 - 경호 문제   경비 - 돈 문제

부:자 - 재물이 많은 사람   부자 - 아버지와 아들

천:직 - 천한 직업   천직 - 이 세상에 더없이 귀한 직업

성:인 - 예수   성인 - 어른

간:장 - 사람의 장기   간장 - 조미료

자음의 발음

자음은 혀와 입술이 닿아서 나는 소리라고 해서 '닿소리'라고도 부릅니다. 자음은 입술, 혀, 치아, 구강 등의 조음기관에 의해 호흡이 제한되면서 소리가 납니다. 그래서 자음은 혼자서는 소리가 나지 않고 붙어있는 모음에 의해 실제로 소리가 나게 됩니다. 자음은 조음기관이 닫히거나 구부려져 소리가 나므로, 자칫 공명을 지지하는 성도의 공간이 무너지기 쉽습니다. 따라서 배우는 자음 훈련을 성도의 공간을 유지한 상태에서도 자음을 제대로 발음할 수 있게 연습해야 합

니다.

만약 대사가 더 또렷하게 들리게 말하고 싶다면 자음을 적극적으로 발음하면서 대사를 말해야 합니다. 흔히 말하는 혀 짧은 소리나 발음이 새는 소리는 혀의 길이와 상관이 있다고 생각하기 쉽지만 실제로 혀 짧은 소리나 발음이 새는 소리는 혀의 길이보다는 자음을 발음할 때 입천장에 붙는 혀의 위치가 잘못되어서 납니다. 예를 들어 'ㄹ'의 경우 'ㄷ'보다 혀끝이 입천장의 더 가운데 안쪽을 건드려야 하는데, 'ㄷ', 'ㄴ'이 소리가 나는 지점인 윗니 바로 뒤의 입천장을 똑같이 건드렸기 때문에 '우리'가 아니라 '우디'라고 발음됩니다.[65] 또한, 앞에서 설명한 것처럼 자음의 발음에서 혀나 입술이 조음점을 건드릴 때 발음에 필요한 접촉력과 마찰력이 부족하다면 자음이 제대로 발음되지 못합니다.

자음 훈련은 발음 시 입천장에 붙는 혀의 위치 등 자음이 만들어지는 조음점을 정확히 알고, 혀와 입술의 접촉력을 필요한 정도로 강화하는 것에 그 목적성이 있습니다. 반면 게으른 누군가가 오랜 시간 발음 근육을 제대로 사용하지 않으면 입 주변 근육은 점점 경직되고, 정확한 조음점을 건드리는 작용이 무뎌지면서 발음이 나빠지게 됩니다. 이와 반대로 입천장에 붙는 혀의 위치 즉 정확한 조음점을 인지한 후 충분히 훈련한다면 누구나 자음을 명료하게 발음할 수 있습니다.

자음은 혀가 입천장 어디에 위치하느냐에 따라 입술소리, 혀끝소리, 앞 입천장소리, 뒤 입천장소리, 목청소리로 구분됩니다. 입술소리는 혀와 상관없이 입술을 붙였다가 떼면서 나는 소리이고, 혀끝소리는 혀끝을 윗니 바로 뒤 입천장에 붙여서 내는 소리입니다. 앞 입천장소리는 혀 중간 부분을 딱딱한 앞 입천장에, 뒤 입천장소리는 혀 뒷부분을 목구멍 안쪽 부드러운 입천장에 붙였다가 떼면서 내는 소리입니다. 목청소리는 혀와 상관없이 호흡과 같이 나오는 소리입니다.

자음은 소리를 내는 방법에 따라 파열음, 파찰음, 마찰음, 비음, 유음으로 구분하고, 예사소리, 된 소리, 거센소리로도 나누어집니다. 파열음은 일단 막았다가 그 막은 자리를 터뜨리면서 나는 소리고, 마찰음은 입안이나 목청 따위의 조음기관이 좁혀진 사이로 공기가 비집고 나오면서 마찰하여 나는 소리이며, 파찰음은 파열음과 마찰음 사이에서 나는 소리로 두 가지 성질을 다 가지고 있습니다. 'ㄴ', 'ㅁ'과 같은 비음은 코로 공기를 내보내면서 나는 소리이며, 'ㄹ'의 유음은 혀 끝을 잇몸에 가볍게 대었다가 떼거나, 잇몸에 댄 채 공기를 그 양옆으로 흘려보내면서 내는 소리입니다. 성대의 진동으로 소리가 나는 유성자음인 /ㄴ, ㄹ, ㅁ, ㅇ/을 제외한 모든 자음은 소리가 날 때 성대의 진동이 없는 무성자음입니다. 무성자음이 포함된 대사를 말할 때는 앞에서 설명했듯이 소리가 실제로 나는 모음을 강조해서 발음해야 합니다.

'ㅅ', 'ㅎ'과 같은 마찰음은 발음할 때 많은 호흡이 빠져나갈 수 있어서 더욱 집중해서 연습해야 합니다. 'ㅅ' 발음은 마찰음이기 때문에, 호흡이 혀와 입천장의 좁은 사이를 지나서 아랫입술에 닿을 때 제대로 소리가 나게 됩니다. 따라서 발음할 때 혀와 입천장 사이가 벌어져 있다면 잘못된 'ㅅ' 발음을 내게 됩니다. 반면 'ㅎ'은 숨을 내쉴 때 입천장에 혀가 전혀 닿지 않은 상태에서 호흡이 목청의 가장자리를 마찰하여 나지는 마찰음이므로, 연음으로 쉽게 탈락해서 'ㅇ'이 될 때가 많습니다. 'ㅈ'과 'ㅊ'은 파찰음이므로, 발음할 때 마찰과 파열을 동시에 해주는 것이 관건이며, 입천장소리 /ㄱ, ㅋ, ㄲ, ㅇ/은 혀의 뒷부분을 구강의 안쪽 부드러운 입천장에 붙였다가 떼면서 소리를 냅니다. 그런데 만약 연구개의 움직임이 원활하지 못하면 'ㄱ' 발음이 원활하지 못하고, 비강의 문제로 공명을 방해하기도 합니다.

입술소리 /ㅁ, ㅂ, ㅍ, ㅃ/은 윗입술과 아랫입술을 붙였다가 떼면서 발음합니다. 입술소리는 한 글자 따로 발음하기는 쉬우나 대사 안에 입술소리가 있으면 발음이 뭉개지는 경우가 있습니다. 예를 들어 '임금'이라는 단어에서 '임' 글자에 있는 'ㅁ' 받침을 신경 써서 발음하면 입술을 붙여서 소리 내게 됩니다. 하지만 발음을 건성으로 하게 되면 '잉금'처럼 발음되기 쉽습니다.

혀끝소리 /ㄴ, ㄷ, ㅌ, ㄸ, ㄹ/은 혀끝을 윗니 뒷부분에 붙여서 소리를 냅니다. /ㄴ, ㄷ, ㅌ, ㄸ/의 경우 치아를 살짝 닫아 혀를 치아로 물거나 혀가 입 밖으로 나오지 않게 주의해야 합니다. 만약 치아가 많이 열리면 입천장에 혀가 닿기 어렵습니다. /ㄹ/ 발음은 혀끝이 /ㄴ/ 발음보다 뒤쪽 입천장에 위치합니다. 혀끝이 입천장 쪽으로 더 올라가야 하므로, 이때는 치아를 살짝 열어주면 발음이 더 잘 됩니다.

자음분류표

소리내는 자리 \ 소리내는 방법		입술 소리	혀끝소리	앞 입천장소리	뒤 입천장소리	목청소리
파열음	예사 소리	ㅂ	ㄷ		ㄱ	
	된 소리	ㅃ	ㄸ		ㄲ	
	거센 소리	ㅍ	ㅌ		ㅋ	
파찰음	예사 소리			ㅈ		
	된 소리			ㅉ		
	거센 소리			ㅊ		
마찰음	예사 소리		ㅅ			ㅎ
	된 소리		ㅆ			
비음		ㅁ	ㄴ		ㅇ	
유음			ㄹ			

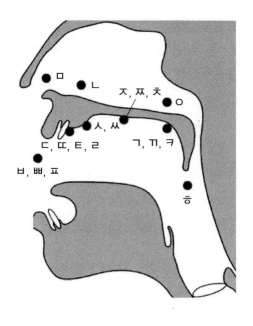

중설화

'중설화'(medialising)는 배우의 말이 더 잘 들리기 위해서, 다시 말해 대사의 명료성을 높이고자 발음이 가능한 선에서 모음과 자음을 앞쪽에서 발음하는 방법으로, 혀의 뒷부분에서 이루어지는 발음을 혀의 가운데 즉 '중설'에서 발음한다는 것입니다. 발음훈련의 목적은 좋은 소리를 전제한 상태에서 정확한 발음을 자연스럽게 구사하는 것입니다. 이런 목적에 부합하는 방법으로서 구강의 앞쪽에서 발음하는 방식은 말하기의 여러 측면에서 유리한 도움을 줄 수 있습니다. 즉, 중설화는 소리의 활주로인 성도와 소리의 도약대인 혀의 기능이 최대한 발휘되게 돕는 발음의 방편입니다.

소리를 명료하게 내기 위해 자칫 의도적으로 소리를 앞으로 보내려 한다면 오히려 소리를 밀어서 말하는 악습이 생길 수도 있습니다. 그렇지만 배우의 말은 기본적으로 분명하게 전달되어야 합니다. 이의 한 해결책으로, 배우는 구강의 앞쪽에서 발음하는 방법을 통해서 원하는 효과를 얻을 수 있습니다. 만약 발음 과정에서 혀가 보통의 표준 위치보다 좀 더 앞쪽에서 조음한다면, 그로 인해 혀의 뒷부분과 인두벽 사이에 더 많은 공간이 성도에 만들어지고, 그만큼 발성과 공명에 유리하므로, 배우의 말은 더 높은 전달력을 확보하게 됩니다. 이렇듯 발음을 좀 더 앞쪽에서 구사하는 방식을 흔히 혀의 뒷부분에서 나는 발음을 중간 앞쪽에서 나도록 한다고 해서 '중설화'라고 부릅니다.

그러나 더 중요한 것은 혀의 앞쪽이나 중간에서 나야 하는 발음이 혀의 뒷부분이나 목구멍 안쪽으로 들어가서 나는지를 먼저 점검하는 것입니다. 만약에 거울을 보고 모음을 발음할 때 아랫니의 치조(齒槽)에서 혀끝이 떨어져 나와 뒤로 물러난 형태를 하고 있다면 모음이 표준보다 뒤쪽에서 발음되는 것인데, 그로 인해 혀끝이 위로 말려 있거나 경구개 쪽으로 향하는 경우라면 모음은 왜곡되고 소리는 명료한 음색을 잃게 됩니다. 이처럼 정확한 발음 위치보다 혀가 뒤에서 조음하는 경우 과도하게 낮은 위치로 인해 혀뿌리가 아래로 내려가게 됩니다. 이런 경우 목의 협착이 생길 수 있고, 어둡고, 무거운 소리가 나게 되므로 말의 명료성이 저하됩니다.

지금까지 발음훈련에서 유의할 사안에 대해 살펴보았습니다. 어떻습니까? 발음의 교정이 단기간에 쉽지 않은 이유가 이제 어느 정도 이해되시나요? 배우의 발음은 혀와 입술의 정확한 움직임 이전에 말하기의 전 과정이 얽혀 있는 복합적인 문제이며, 따라서 배우는 여러 감정이나 상황에서도 안정적인 소리를 유지하면서도 정확하고 자연스럽게 발음할 수 있는 기량을 확보해 두어야 합니다. 여기서도 중요한 것은 꾸준한 훈련입니다. 따라서 배우에게 훈련이란 머릿속에 존재하는 이상적인 방식을 구체적인 현실이 되게 만드는 '합목적적 활동으로서의 노동'이 되어야 합니다.[66]

:: *POINT*

✓ 발음훈련은 조음 과정에서 턱의 개입을 최소화하는 것에서부터 시작한다.

✓ 혀, 턱, 입술 등 조음기관은 독립적인 조절과 제어가 되도록 각기 훈련한다.

✓ 명료한 발음을 위해서는 모음 위주로 소리 내는 방식부터 체득해야 한다.

✓ 모음은 입술 모양, 자음은 조음점을 중심으로 발음을 연습한다.

✓ 중설화는 명료한 소리를 내기 위해 구강의 앞쪽에서 발음하는 방법이다.

1단계: 조음기관을 이완하는 훈련

혀와 턱, 입술 등의 조음기관은 예민한 근육이라 긴장의 발생이 쉬우므로, 연관 부위부터 풀어주는 준비 과정부터 발음훈련을 시작해야 한다. 악기를 연주할 때도 나름의 조율이 먼저 필요하듯이 본격적인 발음훈련에 앞서 사용되는 근육들을 유연하게 풀어서 준비해 둔다. 턱, 혀, 연구개 등을 이완하는 방법은 〈성도〉 편에 이미 상세히 소개했으므로 여기서는 간략하게만 설명한다.

준비훈련

일차적으로 조음기관과 연결된 근육인 어깨, 목, 얼굴의 근육을 풀어준 후 조음기관인 입술, 혀, 턱, 연구개를 풀어주고, 마지막으로 발음에서 가장 중요한 역할을 하는 혀의 이완을 한 번 더 연습한 후 준비훈련을 마무리한다.

a. 어깨
• 어깨를 귀에 붙인다는 느낌으로 올려주었다가 아래로 털썩 떨어뜨리는 동작을 반복한 후 앞뒤로 어깨를 흔들어서 긴장을 풀어준다.

b. 목
• 목을 좌우로 '도리도리' 돌려주고, 위아래로 '까닥까닥' 움직인 후 큰 원으로 돌려준다.
• 목 양쪽의 흉쇄유돌근을 아프지 않을 정도로 꼬집어 주면서 풀어준다. 흉쇄유돌근은 사과를 한 입 깨물었을 때 자연히 힘이 들어가는 목 양쪽의 큰 근육이다. 목 주변의 근육들이 긴장 상태에 있으면 후두의 위치에 직접적인 영향을 끼치게 되므로, 발성이나 발음훈련 전에 간단하게 목 주변 근육을 풀어줘야 한다.

c. 얼굴
• 자신의 얼굴이 지나치게 경직된 느낌을 준다면 평소 표정 근육을 거의 사용하지 않은 것으로, 이로 인해 어둡고 무거운 소리가 나서 음성 전달력이 저해될 수 있다. 이런 이유에서 얼굴 위 표정근의 활성화를 통해서도 소리의 명료도를 높일 수 있다.

- 이마를 가운데로 찡그린 후 천천히 풀어준다.
- 각각의 눈을 따로 꼭 감았다가 천천히 풀어주며 눈을 뜬다.
- 코 주위를 최대한 찡그렸다가 풀어준다.
- 뺨을 한쪽씩 최대한 찡그렸다가 풀어준다.
- 입꼬리를 최대한 옆으로 당긴 후 위로 들어 올려 밝은 표정 짓기를 반복한다.
- 얼굴 모두를 가운데 한 점으로 찡그려 모은 후 천천히 시계 방향으로, 또 그 반대 방향으로 돌려준다.

d. 턱

- 턱에 힘을 뺀 상태에서 'ㅎ아~~' 소리를 내며 양손으로 턱을 잡고 흔들면서 턱에 있는 긴장을 풀어준다.

e. 입술

- 웃는 얼굴로 입꼬리를 올린 상태에서 가볍게 '부르르' 소리 내며 입술을 털어준다. 잘 안되면 볼에 양손을 살짝 누른 상태에서 입술을 가볍게 '부르르' 털어준다.
- '우' 모음처럼 입술을 모은 후 시계 방향으로, 또 그 반대 방향으로 돌린다.
- 윗입술과 아랫입술을 각기 따로 움직여 본다. 잘 안되면 움직이지 않는 입술을 손으로 잡은 상태에서 움직인다. 예를 들어 아랫입술을 손으로 잡고, 윗입술만 움직이는 것이다.

f. 연구개

- 코를 골듯이 '카아―' 소리를 내며 숨을 들이쉬며 연구개를 마찰시켜 올라가게 만든다. 숨을 내쉬면서 역시 '카아―' 소리를 내서 연

구개를 마찰시켜 올려준다.

g. 혀

• 입안의 혀를 '아르르' 털듯이 소리 내며 풀어준다.

• 혀를 아랫입술에 바닥에 척 늘어드리고 움직이지 않은 채 웃는 표정으로 대사나 문장을 읽어서 혀의 이완을 유도한다.

• 혀의 반을 나누어 뒤쪽은 시체처럼 가만히 놔두고, 앞쪽의 반만 경제적으로 움직여서 대사나 문장을 읽으면서 발음한다.

:: 훈련 예제 2

퍼(입술), 터(혀), 커(연구개)

이 훈련은 목구멍과 입안 공간을 편하게 확장한 상태에서 입술, 혀, 연구개를 동시에 이완하는 연습이다. '퍼, 터 커'는 한 가지 연습만으로 조음기관을 전체적으로 풀어준다는 점에서 가성비 좋은 훈련이다.

• 턱의 이완을 유지한 채로 '퍼, 터, 커'를 한 세트로 점차 빠르게 반복하면서 조음기관을 전체적으로 풀어준다.

2단계: 모음 훈련

발음훈련의 2단계는 발음의 토대를 이루는 모음 위주로 발음하는 방법과 이완된 성도의 확장을 통해 모음의 에너지를 만드는 방법,

입술 모양의 훈련으로 모음을 정확하게 발음하는 방법을 통해 모음의 발음을 훈련한다.

모음 위주로 발음하기

발음의 기본은 모음 위주로 소리를 내는 방식의 체득이다. 혀나 입술 등 조음 기관에 의해 성도의 왜곡 혹은 변형으로 나는 자음이 모음의 진행을 방해하지 않는 모음 위주의 말하기가 먼저 정착되어야지 배우는 잘 들리는 소리로 대사를 말할 수 있다. 특히 'ㅅ, ㅈ, ㅊ, ㅎ, ㅍ'의 무성자음은 실제로 음가가 없어서 발음할 때 새는 소리가 나기 쉽고, 호흡이 과도하게 빠져나가서 소리의 균질함이 깨지기 쉽다. 혀가 짧은 소리 역시 대부분 모음을 짧게 발음하는 경우 나타난다. 따라서 이런 자음들의 경우 모음 위주로 발음을 해야 새는 소리를 방지하고, 안정적인 톤으로 대사를 말할 수 있다.[67]

• 단어나 문장을 선택해서 각 음절의 모음은 길게, 자음은 짧게 소리를 낸다. 예를 들어 '거미'의 경우 '어', '이'에 강조점을 주어 '거어미이'로 소리를 내면서 훈련한다. 훈련의 효과를 높이기 위해서는 말의 음절을 늘려서 느린 속도로 연습해야 하며, 음절과 음절이 끊어지지 않게 연결되도록 소리 내야 한다.
예제) 각(가-아-악), 를(르-으-을), 불(부-우-울), 탑(타-아-압), 효과 (효오과아), 안녕(아아안녀어엉), 기약없이(기이야악어업시이)

모음 에너지

모음 에너지는 이완된 성도의 확장을 기반으로 모음의 에너지를 형성하는 훈련이다. 다시 말해 이 훈련은 모음을 소리 낼 때 턱의 개입을 최소화해서 이완된 성도 공간을 유지하는 방식으로 모음의 에너지를 높여주는 연습이다. 성도는 발음하는 과정에서 혀와 입술, 턱의 움직임으로 인해 형태가 깨지고, 좁아지기 쉽다. '오' 모음을 발음할 때의 구강 형태처럼 입구는 작으나, 안으로 들어갈수록 커지는, 거꾸로 놓인 메가폰 모양의 구강 형태를 소리 내는 동안 유지해서 구강 구조에 의한 모음 에너지를 생성한다.

- 코르크 마개를 하나 준비해서 앞니로 가볍게 물 수 있으면서도, 혀의 움직임을 방해하지 않을 정도로 높이 1.5cm, 폭 5~8mm의 직사각형으로 만든 후 앞니로 물기 좋게 가로로 살짝 홈을 판다.
- 준비한 코르크 마개를 턱에 힘이 안 들어가게 앞니로 가볍게 문 상태로 하품을 해서 구강과 목구멍을 넓힌다. 그렇게 넓어진 성도의 형태를 유지한 상태에서 입술을 붙이고 '음~' 허밍을 한다.
- 허밍을 하다가 입술을 벌려서 '오' 모음으로 발성한다. 그런 다음 '오-우-어-아-에-이~'의 순서로 모음을 연결해서 발성한다.
- 코르크 마개를 물고 하품의 감각을 유지한 상태에서 '아, 에, 이, 오, 우, 위, 왜, 워, 와, 야, 여, 요, 유' 등의 모음을 입술과 혀의 움직임만으로 발음한다. 모음을 바꾸면서 혀와 입술이 움직이더라도 후두의 안정을 유지한 상태로 균일한 소리를 내며 연습한다.
- 훈련이 능숙해지면 코르크 마개 없이 성도의 공간을 유지하면서 각각의 모음을 발음한다. 여전히 구강 안이 벌어져서 어금니가 떨어

진 상태로 입술과 혀만 움직여서 각각의 모음을 소리 낸다.

- 앞의 연습이 능숙해졌다면 이번에는 독백을 정해서 같은 방식으로 훈련한다. 독백의 대사를 읽으면서 자음을 발음할 때도 역시나 턱에 힘이 들어가지 않도록 유의해야 하며, 허밍할 때와 같은 색깔의 소리를 내면서 독백 대사를 읽는다. 연습할 때 무엇보다 턱에 힘이 들어가지 않도록 유의해야 하며, 구강의 확장된 구조와 후두의 안정을 유지하면서 모음을 발음한다.

:: 훈련 예제 3 ─────────────────────────────
모음의 중설화

모음의 조음 습관은 발음의 정확성, 음색의 선정, 공명의 개발에서 모두 중요하다. 모음을 발음할 때 아랫니의 치조(alveolus, 齒槽)에서 혀끝이 떨어져 나와 뒤로 물러난 형태를 하고 있다면 모음이 표준보다 뒤에서 발음된다고 판단할 수 있다.

- 혀끝을 아랫니의 치조에 두고 혀끝의 움직임 없이 "이~, 에~, 아~, 오~, 우~"를 발음한다. 훈련하는 동안 벌어진 턱의 이완을 그대로 유지하며 소리 내는 것이 중요하다. 연습할 때 습관적으로 혀가 뒤로 물러나 목구멍을 막지 않도록 유의한다.

입술 훈련

모음의 발음에서 가장 중요한 작용은 입술의 움직임이다. 이 훈련은 입술을 옆으로, 앞으로, 아래로 빠르고 정확하게 움직이면서 모음의 발음 역량을 향상한다.

a. 옆으로 움직이는 모음
* 모음 중에서 입술을 옆으로 움직여야 하는 발음이 'ㅣ' 모음과 'ㅡ' 모음이다. 치아가 살짝 닿은 상태에서 밝게 웃는 표정으로 입꼬리를 올리면서 입술을 옆으로 움직인다. '이' 모음이 '으' 모음보다 옆으로 더 많이 움직여 발음된다. 입 모양을 빠르게 옆으로 움직이면서 아래의 예제를 소리 내어 'ㅣ' 모음으로 훈련한 후 'ㅡ' 모음을 동일하게 대입해서 훈련한다.

기구기, 니누니, 디두디, 리루리, 미무미, 비부비, 시수시, 이우이, 지주지, 치추치, 키쿠키, 티투티, 피푸피, 히후히

b. 아래로 움직이는 모음
* 입술이 아래로 움직이면서 발음되는 모음으로는 'ㅔ', 'ㅐ', 'ㅏ'가 있다. 윗니와 아랫니 사이를 열어 아래턱이 내려가는 발음이다. '에'는 윗니와 아랫니 사이가 새끼손가락 두께의 반 정도이고, '애'는 새끼손가락 하나가 들어갈 정도, 하나 반 정도가 '아' 발음이다. 아래 예제처럼 모든 자음을 대상으로 입술이 아래로 움직이면서 모음을 연습한다.

기 게 개 가, 니 네 내 나, 디 데 대 다, 리 레 래 라…, 히 헤 해 하.

c. 앞으로 모이는 모음

• 'ㅜ', 'ㅗ', 'ㅓ'는 입술이 앞으로 둥글게 모이면서 발음된다. 윗니와 아랫니가 살짝 닫힌 상태에서 입술을 앞으로 미는 것이 'ㅜ' 발음이고, 'ㅜ' 발음에서 윗니 아랫니가 살짝 열린 상태로 입술을 앞으로 더 모은 것이 'ㅗ' 발음이며, 'ㅗ' 발음에서 입술을 살짝 앞으로 움직이며 아래턱을 여는 것이 'ㅓ'발음이다. 아래 예제처럼 모든 자음을 활용해서 입술이 앞으로 모이는 모음을 연습한다.

구고거, 누노너, 두도더, 루로러, 무모머, 부보버, 수소서, 우오어, 주조저, 추초처, 쿠코커, 투토터, 푸포퍼, 후호허

d. 이중모음

• 이중모음은 두 개의 모음이 합쳐진 모음이라서 입술이 두 번 움직여서 발음한다. 예를 들어 '와'는 '오 + 아'의 두 발음의 움직임을 통해서 정확하게 발음이 된다. 아래 예제에 소개된 이중모음을 두 모음의 입 모양을 정확하게 움직이면서 훈련한다. 주의할 점은 이중모음에서 '이' 발음은 원래대로 입이 좌우로 늘어나며 발음되는 것이 아니라 혀가 입천장에 붙어서 나는 소리라는 것이다. 그래서 만약 '야'를 발음한다면 혀가 입천장에 붙었다가 아래로 떨어지면서 소리를 내야 한다.

ㅑ(ㅣ + ㅏ), ㅕ(ㅣ + ㅓ), ㅒ(ㅣ + ㅐ), ㅖ(ㅣ + ㅔ), ㅛ(ㅣ + ㅗ), ㅠ(ㅣ + ㅜ), ㅘ(ㅗ + ㅏ), ㅙ(ㅗ + ㅐ), ㅚ(ㅗ + ㅣ), ㅝ(ㅜ + ㅓ), ㅞ(ㅜ + ㅔ), ㅟ(ㅜ + ㅣ), ㅢ(ㅡ + ㅣ)

e. 받침 발음

• 받침이 있는 글자를 발음할 때 자음과 자음 사이에 있는 모음을 명확하게 발음하는 것이 무엇보다 중요하다. 흔히 혀가 짧은 소리나 새는 소리는 대부분 자음 가운데 모음을 충분히 소리 내지 않았기 때문이다. 아래 예제를 따라서 받침 발음을 느린 속도로 연습한다.

안(아-아-안) 녕(녀-어-엉), 동(도-오-옹) 굴(구-우-울), 땅(따-아-앙) 벌(버-어-얼), 녹(노-오-옥) 색(새-애-액), 혼(호-오-온) 밥(바-아-압), 열(여-어-얼) 정(저-어-엉)

3단계: 자음 훈련

자음 훈련은 성도 공간을 유지한 상태에서 혀와 입술이 꼭 필요한 힘만으로 가볍고 정확하게 조음점을 건드려 접촉과 마찰로 생기는 적정한 에너지를 활용해서 소리를 튕기듯이 각각의 자음을 발음하는 연습이다. 자음 훈련은 혀와 입술을 정확한 위치에서 튕김으로 자유의 에너지를 생성해서 후두의 안정을 도와주고, 소리의 명료성을 높여준다.

:: 훈련 예제 1
자음의 에너지

코르크 마개를 이용해서 성도의 공간을 확보한 상태에서 혀와 입술을 정확한 위치에서 튕김으로 자음의 에너지를 생성하는 연습이다. 2장 〈발성〉에서 소개한 트웽의 원리를 적용해서 목의 조임 없이 성대의 운동만으로 자음을 맑은 소리가 나도록 연습한다. 만약 연습 중에 목의 조임이 느껴지면 '소리 없는 웃음'이나 뱃고동 소리 '우'를 먼저 해서 목의 조임을 예방한다.

- 코르크 마개를 가볍게 물어 턱이 벌어진 상태에서 혀와 입술의 팅 김으로 소리를 내면서 자음을 훈련한다.
- 양순음 'ㅂ'은 입술을 붙이고 때고를 반복하는 연습으로, 입술에 과도한 힘을 주지 않고 가벼운 밀착감으로 소리를 팅기듯이 내준다. 윗입술과 아랫입술의 밀착감을 느꼈다가 입술이 떨어지면서 맑은 소리를 낸다.

"바 바 바, 베 베 베, 브 브 브…"

- 치조음 'ㄷ'는 혀끝이 치경(앞니의 바로 뒷부분)에 닿았다가 떨어지면서 나는 소리다. 혀가 치경에 닿아다가 떨어질 때 '찰싹'하고 떨어지는 느낌으로 훈련해 준다.

"다 다 다, 데 데 데, 디 디 디…"

- 연구개음 'ㄱ'과 받침 'ㅇ'은 첫소리일 때는 연구개를 혓바닥으로 막았다가 가볍게 터뜨려 내는 여린 소리로, 끝소리일 때는 연구개를 혓바닥으로 막기만 해서 내는 닫음소리로 발성한다.

"가 가 가, 구 구 구, 게 게 게…, 웅 웅 웅, 잉 잉 잉, 엥 엥 엥…"

- 파찰음 'ㅈ'은 파열음과 마찰음이 동시에 나는 소리로, 연구개가 자연스럽게 위로 올라가면서 혀가 경구개에 닿다가 '찰싹' 떨어지는 소리와 함께 혀와 경구개의 마찰로 '바르르' 떨리는 소리를 동시에 내면서 발음한다.

"자 자 자, 조 조 조, 제 제 제…"

- 파열음 'ㅍ', 'ㅌ', 'ㅊ', 'ㅋ'은 공기를 모았다가 터뜨리는 느낌으로 소리 낸다. 'ㅍ'은 입술이 붙었다가 떨어지면서 소리가 나고, 'ㅌ', 'ㅊ', 'ㅋ'은 혀가 각각의 조음점인 치경, 경구개, 연구개에 닿다가 떨어지면서 소리가 난다.

"파 파 파, 페 페 페, 타 타 타, 테 테 테, 차 차 차, 체 체 체, 카 카 카, 케 케 케…"

- 탄설음 'ㄹ'은 혀끝을 치경에 대고 있다가 짧은 '을'을 트릴하듯이 살짝 붙이고 터트리듯 압력을 가지고 발음한다.

"랄 랄 랄, 렐 렐 렐, 를 를 를…"

- 이번에는 코르크 마개를 뺀 상태에서 각각의 자음을 다시 연습해 본다.

4단계: 문장을 활용한 발음훈련

발음훈련의 4단계는 실제 음가 등 문장을 대상으로 발음 훈련하는 방법을 소개한다. 이를 위해 자음 동화 등의 우리 말의 발음규칙과 문법을 따로 공부해 두어야 한다.

:: 훈련 예제 1
실제 음가

하나의 문장이나 대사를 발음규칙에 따라 실제 음가로 표기한 후 발음해본다. 이를 위해서 배우는 필요한 우리말의 발음규칙을 미리 공부해 두어야 한다. 원 표기 음가대로 발음하는 것과 실제 음가로 발음해보면 실제 음가가 훨씬 편하게 발성하기 쉽다는 사실을 알 수 있다. 같은 맥락에서 배우가 자기가 맡은 배역의 대사에 실제 음가를 기록해서 연습하는 것은 정확한 발음의 구사와 더불어 좋은 목소리로 연기하는 것에도 도움이 된다.

원 표기	실제 음가
지금은 남의 땅 빼앗긴 들에도 봄은 오는가?	지그믄 나메 땅 빼안긴 드르레도 보믄 오는가?
나는 온몸에 햇살을 받고	나는 오온모메 햇싸를 받꼬
푸른 하늘 푸른 들이 맞붙은 곳으로	푸른 하늘 푸른 드으리 맏부튼 고스로
가르마 같은 논길을 따라 꿈속을 가듯	가르마 가튼 논끼를 따라 꿈쏘글 가든
걸어만 간다	거러만 간다.
입술을 다문 하늘아 들아	입쑤를 다문 하느라 드라

내맘에는 내 혼자 온것 같지를 않구나	내 마아메는 내 혼자 온 걸 간찌를 안쿠나.
네가 끌었느냐 누가 부르더냐	네가 끄으런느냐 누가 부르더냐
답답워라 말을 해 다오.	답따뷔라 마아를 해애 다아오.

a. 하나의 독백을 선정해서 예제처럼 실제 음가로 발음하며 말해 본다.

예) 없이 사니까 마음도 가난했어요. → 업시 사니까 마음도 가나내쎠요.

b. 문자 하나하나를 명확하게 발음하는 것이 아니라 하나의 말을 통합적으로 발음한다.

c. 각 단어나 어절, 한 문장의 정확한 의미를 떠올려 명확한 생각을 유지하며 발음해야 한다.

d. 문장에서 소리가 나지 않는 음절 없이 균일한 소리를 내면서 독백의 대사를 말해야 한다.

f. 모음(구강의 확장)과 자음(혀와 입술의 튕김)의 에너지를 살리면서 대사를 말한다.

:: 훈련 예제 2

빨리 읽기

'구관이 명관'이라는 속담처럼 발음이 어려운 문장을 빠르게 읽는 연습은 오늘날에도 여전히 효과적인 발음훈련이다. 턱에 힘이 들어가지 않은 상태에서 모음은 정확한 입술 모양으로, 자음은 정확한 조음 위치로 발음하면서 빠른 속도로 해당 문장을 읽으면서 발음을 훈련한다.

- 코르크 마개를 입에 문 상태에서 아래 예문을 빠르게 발음한다.
- 입꼬리를 올려 밝게 웃는 표정으로 아래 예문을 발음한다.
- 턱과 혀뿌리에 힘을 뺀 상태에서 예문을 빠르고 가볍게 발음한다.

간장 공장 공장장은 강 공장장이고 된장 공장 공장장은 공 공장장이다.

한영양장점 옆 한양양장점, 한양양장점 옆 한영양장점.

저기 저 말뚝은 말 맬 말뚝인가, 말 못 맬 말뚝인가?

저기 계신 저분이 박 법학박사이시고, 여기 계신 이분이 백 법학박사이시다.

안촉촉한 초코칩 나라에 살던 안촉촉한 초코칩이 촉촉한 초코칩 나라의 촉촉한 초코칩을 보고, 촉촉한 초코칩이 되고 싶어서 촉촉한 초코칩 나라에 갔는데, 촉촉한 초코칩 나라의 문지기가 '넌 촉촉한 초코칩이 아니고, 안촉촉한 초코칩이니까 안촉촉한 초코칩 나라에서 살아.'라고 해서 안촉촉한 초코칩은 촉촉한 초코칩이 되는 것을 포기하고 안촉촉한 초코칩 나라로 돌아갔다.

들의 콩깍지는 깐 콩깍지인가 안 깐 콩깍지인가, 깐 콩깍지면 어떻고 안 깐 콩깍지면 어떠냐, 깐 콩까지나 안 깐 콩깍지나 콩깍지는 다 콩깍지인데.

앞집 팥죽은 붉은 팥 풋팥죽이고, 뒷집 콩죽은 햇콩단콩 콩죽, 우리 집 깨죽은 검은깨 깨죽인데, 사람들은 햇콩 단콩 콩죽 깨죽 죽 먹기를 싫어하더라.

우리집 옆집 앞집 뒷창살은 홑겹창살이고, 우리집 뒷집 앞집 옆창살은 겹홑창살이다.

경찰청 쇠창살 외철창살, 검찰청 쇠창살 쌍철창살.

내가 그린 구름 그림은 새털구름 그린 구름 그림이고, 네가 그린 구름 그림은 깃털 구름 그린 구름 그림이다.

챠프포프킨과 치스챠코프는 라흐마니노프의 피아노 콘체르토의 선율이 흐르는 영화 파워트웨이트를 보면서 켄터키 후라이드치킨, 포테이토 칩, 파파야 등을 포식하였다.

도토리가 문을 도로록, 드르륵, 두루룩 열었는가? 드로록, 도루룩, 두르룩 열었는가?

:: 훈련 예제 3

발음 트레이닝

'발음 트레이닝'은 인터벌 트레이닝의 원리를 도입해서 모음의 입 모양과 자음의 조음점을 훈련하는 방법이다.

- 문장이나 대사를 정한 후 그 안의 모든 자음과 모음을 각각의 입 모양과 조음점에 맞게끔 과장될 정도로 천천히 정확하게 발음하면서 문장이나 대사를 말한다. 예컨대 '대한민국'을 소리 낼 때, 'ㄷ'의 조음점을 의식해서 소리 내고, 'ㅐ' 역시 입 모양을 의식하고 정확하게 소리 낸다. 모든 자음과 모음을 이런 방식으로 과장되고 느린 속도로 정확하게 발음하며 말해 본다.
- 다시 반복해서 문장이나 대사를 말하는데, 새로 반복될 때마다 같은 방식을 유지하며 점차 속도를 높이면서 말한다. 속도가 빨라진다고 해서 생략되는 발음이 있어서는 안 되며, 마치 운동선수가 트레이닝 하듯이 발음을 훈련하는 것이다.

발음의 색깔

배우가 생각과 정서를 충만히 담아 역할의 대사를 말하려면 자음과 모음 자체의 색깔을 살리면서 발음할 수 있는 역량도 필요하다. 아래는 필자가 개인적으로 정리한 자음과 모음의 색깔이다. 발음의 색깔은 자신에게 인상적이고, 효과적인 것들로 스스로 정리해서 연습하면 된다.

• 각각의 색깔을 살리면서 모음과 자음을 각각 발음한다.

모음	자음 (+ ㅏ)
아 : 밝고, 외치는, 사방으로 퍼지는	가 : 나아가는, 묵직한, 단호한
어 : 깊게, 안정적인, 수긍하는	나 : 날아가는, '나'라는 존재의
오 : 앞으로 모이는, 놀라운, 동그란	다 : 정직한, 굳건한, 달리는
우 : 우직하게, 앞으로 미는	라 : 가벼운, 흘러가는, 신이 난
으 : 고통스럽게, 옆으로	마 : 따뜻한, 믿음이 가는, 엄마
이 : 높고, 옆으로, 밝게	바 : 밀착하는, 어부바
에 : 앞으로, 직선의, 미는	사 : 소중한, 날카로운, 쏜살같은
와 : 감탄, 경쾌히 앞으로	아 : 둥근, 메아리, 점층하는
	자 : 울리는, 지그재그, 중얼거리는
	차 : 터지는, 차가운, 얼음의
	카 : 감탄사, 코를 고는, 낄낄거리는
	타 : 타오르는, 침을 뱉는
	파 : 터지는, 놀라운, 폭발하는
	하 : 웃기는, 깊은, 기분 좋은

7

화술

1) 화술의 원리

화술의 정의

화술이란 인물 성격의 음성적 표현과 실감 높은 언어적 표현이 가능하도록 배우가 역할의 대사를 말하는 기술입니다. 음성과 구분해서 화술에 대한 훈련이 배우에게 따로 필요한 이유는 호흡과 음성이 다른 작용이듯 목소리와 말하기 역시 다른 실천이기 때문입니다. 쉽게 말해 배우가 목소리가 좋다고 말하기를 잘하는 것은 아니라는 얘기입니다. 거기에는 연기예술의 형식에 적합하게끔 또 다른 역량의 개발이 요구되며, 따라서 화술의 향상을 위해서는 그에 필요한 훈련 역시 배우에게 따로 필요한 겁니다.

주지하다시피 연기는 관객 앞에서 배우가 허구의 역할을 살아내는 행위입니다. 그러나 이미 설명했듯이 배우의 연기는 단순히 역할을 구현하는 수준에 머무는 정도가 아니라 관객에게 설득력 있는 정서적 공감과 눈앞에서 벌어지는 듯한 실감을 일으키는 예술적 행위가 되어야 합니다. 이것은 크게 두 가지 방식, 즉 표정과 몸짓을 통한 시각적 표현과 대사의 발화를 통한 청각적 표현을 통해서 이루어집니다. 이런 측면에서 배우가 연기를 잘한다는 것은 시각적으로는 역할의 표정과 몸짓을 호소력 있게 표출하면서도, 청각적으로는 역할의 대사를 능란하게 구사하는 것을 의미합니다. 이런 이유에서라도 배우에게는 말하기의 예술적 표현력을 확장하는 화술훈련이 특별히 요구됩니다.

일반적으로 배우의 연기는 인물 간의 대화로 구성된 대본에 근거해서 이루어집니다. 이것은 연기가 둘 이상의 사람이 만나 서로 소통하는 과정에서 생겨나는 말과 몸짓, 감정과 표정 등 인간의 존재적 현상으로 구성되는 예술 행위라는 뜻입니다. 이런 측면에서 봤을 때 연기는 인간이 자신의 속내를 타인에게 전달하는 과정에서 생기는 존재적 현상을 드라마 예술에 적합하도록 배우가 구현하는 기술이며, 이런 이유에서 배우가 대사를 말하는 과정 안에는 자극과 반응, 생각과 감정, 표정과 동작, 호흡과 음성 등 연기와 관련된 거의 모든 것이 담겨 있습니다. 따라서 호흡, 음성, 즉흥, 신체 등 거의 모든 배우훈련은 결국 직, 간접적으로 말하기와 연관되어 실천될 수밖에 없습니다.

보통의 경우 배우는 언어로 쓰인 대본에 근거해서, 언어를 통해서 동료와 연습하고, 언어를 활용해서 역할을 구현합니다. 이런 이유에서 배우의 연기란 말 그대로 '언어의, 언어에 의한, 언어를 위한 예술'이라고 할만합니다. 따라서 그것이 무엇이든 배우와 관련된 연기훈련이라면 언어를 다루는 기술 즉 화술에서부터 시작해야 마땅합니다. 우리는 연기를 잘하는 방법을 뭔가 대단하고, 심오한 무엇에서 찾으려 하지만, 진리는 의외로 단순하고, 생각 외로 가까이 있습니다. 단지 대사가 지니는 의도와 의미만을 충실히 표현하는 것만으로도 배우는 필요한 만큼 충분히 연기를 잘할 수 있습니다. 그래서 일반적으로 화술은 배우가 대사를 말하는 기술을 가리키지만, 실제적으로는 배우 연기의 모든 것을 의미합니다.

화술의 특성

배우의 화술과 관련해서 우리는 먼저 일상 속 말하기와 구분되는 배우 화술만의 고유한 특성부터 살펴보아야 합니다. 그것은 배우에게 왜 화술의 훈련이 필요한지 또 그것을 어떻게 훈련해야 하는지를 우리에게 알려주기 때문입니다.

의사소통의 주요한 수단인 언어는 기본적으로 감정이나 의도 등 화자의 정보를 담아서 청자에게 전달하는 기호 체계이며, 음성은 이러한 언어를 청각적으로 들리게 하는 진동 현상입니다. 이런 관점에서 본다면 말하기는 의사소통의 기호 체계인 언어를 음성으로 실체화하는 과정이며, 따라서 누군가 언어에 담긴 정보를 음성적으로 잘 표현할 수 있다면 그것은 좋은 말하기의 역량을 갖추었다고 판단할만합니다. 그러나 배우의 화술은 이렇게 말을 잘하는 기술에 머무는 것이 아니라 배우의 본성상 연기라는 특수한 형식에 부합하는 행위가 되어야 합니다. 이런 이유에서 배우의 화술은 일상의 말하기와 구분되는 몇 가지 고유한 특성을 가지며, 따라서 우리가 화술을 훈련할 때도 이를 고려한 상태에서 연습을 진행해야만 소기의 성과를 이룰 수 있습니다.

우선 배우의 화술은 내 말이 아닌 남의 말 즉 역할의 대사를 말하는 기술이란 점에서 일상의 말하기와 구분됩니다. 흔히 연기의 어려움은 배우가 내 말이 아니라 역할 즉 남의 말을 나 자신의 말처럼 구사해야 한다는 이유에서 비롯되곤 합니다. 자신이 자기 말을 하기야 당연한 노릇이지만 내 말이 아닌 남의 말을 마치 나 자신의 말처럼 구사하기는 쉽지 않은 일입니다. 그래서 배우에게는 역할의 말을 내 말처럼 구사할 수 있는 역량이 꼭 필요하며, 이것은 일상의 말하기와 구분되는 배우 화술의 일차적인 차이점이라고 할 수 있습니다.[68]

그에 더해 배우의 화술은 과거의 말을 현재의 말로써 구사하는 기술이 되어야 합니다. 일상에서 우리의 말하기는 표현의 욕구와 거의 동시에 일어나는 즉각적인 소리 현상입니다. 그와 비교해서 배우의 화술은 작가에 의해 미리 쓰인 대사를 지금 나의 발화 충동으로 말하는 행위로서, 다시 말해 과거의 말을 현재의 말로써 구사하는 기술이 되어야 합니다. 현재의 말을 지금 말하는 것이야 당연한 노릇이지만 과거의 말을 지금의 말처럼 발화하기는 쉽지 않은 일입니다. 그것은 남의 말을 내 말처럼 구사하는 기술만큼이나 어려움이 따르는 기술이 분명합니다. 그래서 작가가 이미 써놓은 대사를 마치 처음 하는 말처럼 발화하기 위해서는 적정한 기술과 충분한 수련이 배우에게 요구됩니다.

과거의 말을 지금의 말로 구사하려면 배우는 계획된 말하기에서 우발적 말하기로 실천 개념부터 수정할 필요가 있습니다. 배우가 연기하는 상황은 바닷가의 파도나 굴뚝 위 연기처럼 무한히 다양하고, 끊임없이 변화합니다. 따라서 배우가 정해놓은 방법대로, 미리 계획한 대로 연기해서는 자신의 말하기에서 자연적인 리듬을 생산할 리 만무합니다. 배우는 자신이 연기할 때마다 새로운 상황과 마주칠 수밖에 없는 존재라는 사실을 자각하고, 그 순간마다 새로이 생각하고, 판단하면서 연기하는 방식을 장착해야 합니다. 다시 말해 배우는 연기하는 순간마다 실제로 생각하고, 판단하는 사고 과정을 자신의 말하기 과정 안에 포함해야 한다는 겁니다. 이런 전제 위에 배우는 상황과 흐름에 따라 행동할 수 있는 자유를 확보할 수 있으며, 과거의 말을 지금 하는 말처럼 구사하는 우발적 말하기가 가능해집니다.

일반적으로 배우는 자신을 지켜보는 제삼자의 눈, 즉 관객과 카메라를 앞에 둔 채 역할을 구현해야 합니다. 이런 특수한 상황 역시 배우의 말하기가 일상의 말하기와 구분되는 특성을 갖게 하는 요인입니다. 이런 이유에서 배우는 일상처럼 단지 상대에게만 전달되는 수준이 아니라 그것을 지켜보는 제삼자에게까지 감정과 의미가 충분히 전달될 수 있도록 대사를 처리할 수 있어야 합니다. 일상보다 고양된 극세계에서 배우의 말하기는 그저 실감 나게 구사되는 수준이 아니라 일상 이상의 '무엇'을 담아서 극적 현실에 맞게끔 구사되어야 합니다. 그래서 배우의 연기에서 '실감'이란 일상적 '사실'이 아니라 극적인 '진실'을 의미하는 것입니다. 그러므로 배우에게는 극세계의 일루전을 깨뜨리지 않을 정도의 에너지와 생동감, 즉 집중력이 발휘된 상태에서 대사를 말하는 역량이 기본적으로 필요합니다.

정리해 보면 배우의 화술은 작가가 써놓은 대사라는 과거의 말을 지금의 말로, 또 역할이란 남의 말을 마치 내 말처럼 극이라는 특수한 상황과 연기라는 형식에 적합하게끔 대사를 처리하는 기술입니다. 이 것은 결국 배우의 화술이 최종적으로 현실의 말하기와 같아져야 한다는 것을 의미합니다. 역할의 대사를 현실처럼 말할 수 있다는 것은 과거의 말이자 남의 말이면서도 드라마 속에서 말해지는 역할의 대사를 현재의 말이자 나의 말이면서 연기라는 형식에 부합하는 말하기로서 구사하는 것을 의미하기 때문입니다.

집중의 고양

앞서 우리는 배우의 화술이란 무엇이며, 또 그것을 훈련할 때 필요한 요건은 무엇인지에 대해서 살펴보았습니다. 그러나 연기하는 배우에게 실제로 더 중요한 것은 '어떻게 화술을 훈련해야 하는가?'의 문제일 것입니다. 이것은 달리 말해 배우가 제대로 화술을 향상하려면 해당 훈련의 목적성부터 정확하게 인지해야 한다는 뜻입니다.

극성과 실감을 동시에 고양하는 화술의 터득을 위해 필자가 제시하는 화술훈련의 전략은 크게 네 가지입니다. 첫째, 집중한 상태로 말하기, 둘째, 절차적 수행으로 말하기, 셋째, 통일과 변화로서 말하기, 넷째, 말의 조합이 그것들입니다. 이 방법들은 인물 성격의 음성적 표현과 실감 높은 언어적 표현이라는 화술의 목적을 보다 효율적이고, 더욱 밀도 높게 성취할 수 있도록 배우를 도울 것입니다. 먼저, '집중한 상태로 말하기'에서부터 네 가지 화술의 전략에 대해 차례로 알아보겠습니다.

게임에 규칙이 있듯이 연기에도 규칙이 있습니다. 물론 연기가 예술 행위라는 점에서 거기에는 하나의 정답만이 존재하는 것은 아니지만 그래도 배우의 행위가 연기라는 예술형식으로 인정받기 위해서는 거기에도 최소한의 요건은 꼭 필요하며, 단연코 그것은 역할의 행동과 성격을 창조하는 배우의 작업이 대본에 근거해서 이루어져야 한다는 점입니다. 대본이 인물의 대사로 이루어진 텍스트라는 점에서 대본은 연기의 제 일(一)의 원료이자 근거이기 때문입니다. 그러하니 배우가 대사를 처리하는 화술은 배우의 가장 중요한 기술로 다루어져야 마땅하며, 직업적인 성공을 바라는 배우라면 대사를 다루는 화술을 숙련의 경지에 이를 때까지 연마해야 합니다.

이런 이유에서라도 실연 전 분석이 대사 말하기의 전-단계작업으로 꼭 필요한 겁니다. 충분한 분석이 선행되어야지만 배우는 극이라는 특수한 상황 속 인물의 목적과 행동을 숙지하고 체감해서 미리 쓰인 역할의 말을 현재 하는 내 말처럼 능숙하게 구사할 수 있습니다. 만약 배우의 분석에 관심이 높은 독자라면 필자의 관련 서적인 『연기하는 배우의 분석』의 일독을 추천합니다. 이 책과 그 책을 연계해서 읽는다면 배우의 연기에서 분석과 말하기가 지니는 상호 연관성을 이해하는 데 도움이 될 것입니다.

뻔한 소리 같겠으나 배우는 기술 이전에 마음으로 연기할 줄 알아야 합니다. 최고의 배우는 관객 앞에서 진심을 담아 연기하는 배우입니다. 그런데 아이러니하게도 바로 그 이유에서 배우에게 기술의 단련, 그중에서도 대사를 말하는 기술인 화술훈련이 그리도 중요한 것입니다. 배우가 마음으로 연기하기 위해서, 진심을 담아 연기하기 위해서는 수행의 측면에서 실연의 몰입을 방해하는 잡념의 개입을 최소화해야 하고, 따라서 배우의 화술 역시 그에 부합하는 방식으로 개발되어야 합니다. 실연 시 잡념(자의식)의 배제. 보탬 하나 없이 현대연기론의 모든 요결이 여기에 담겨 있다고 말해도 결코 과언이 아닙니다. 그것이야말로 곧 현대 연기론의 아버지, 스타니슬랍스키가 주장했던 영감의 연기, 연기의 진실을 의미하기 때문입니다.

스타니슬랍스키의 위대함은 드라마라는 허구 속에서 이루어지는 배우의 연기는 바로 그 이유에서 허구가 아니라 진실해야 한다는 단순한 깨달음에서 비롯했다고 필자는 생각합니다. 드라마라는 허구 속에서 배우의 연기마저 허구로 이루어진다면 그것은 'A가 무엇이냐'라는 질문에 'A는 A다.'라고 대답하는 동어반복의 오류와 마찬가지가 될 것입니다. 연기가 기술인 이유는 허구를 진실하게 구현하는 것이기 때문입니다. 허구를 허구로 표현하는 것은 능히 할만한 일이지만 허구를 진실하게 구현하기는 여간해서는 쉽지 않은 일입니다. 이를 위한 비결 중 하나가 배우가 지금 자신이 허구 속에 있다는 사실을 계속해서 일깨우는 자의식의 개입을 실연하는 동안 가능한 봉인하는 것입니다. 자의식의 망각, 이것이 배우의 몰입입니다.

연기하는 배우에게 몰입이 중요한 이유는 몰입한 배우는 자신에 대해 잊어버리기 때문입니다. 자의식은 극 속에서 연기하는 배우의 수행 역량을 저해하는 것뿐 아니라 더 나아가 현실에서 살아가는 우리의 행복을 방해하는 가장 큰 장애물이기도 합니다. 이런 이유에서 자의식을 잊게 하는 몰입이야말로 배우가 최상의 실연을 구현하는 비결이자 더 나아가 우리의 삶을 긍정적으로 고양하는 방편이기도 합니다. 이처럼 배우의 연기가 몰입을 지향하는 행위라는 점이야말로 아마도 우리가 배우의 연기에 매료되는 가장 큰 이유일 것입니다.

연기의 시작인 충동과 연기의 결과인 행동 사이에 불순물의 개입이 적을수록 배우의 진심이 자신의 실연 속에 녹아들게 되며, 그만큼 배우의 연기는 진실한 것이 되어갑니다. 충동과 행동 사이에 개입하는 장애물로는 심리적 불안 등 여러 요인이 있는데, 그중의 하나가 말하기와 관련된 문제입니다. 연기가 전달의 예술이란 점에서 배우의 주요한 표현 수단인 말하기에 문제가 있는 경우 배우는 목소리 전달에 주의를 기울일 수밖에 없으며, 이러한 주의가 충동과 행동 사이에 불순물로 개입하게 됩니다. 이런 이유로 배우의 연기에서 말하기는 항상 뒤로 물러나 있어야 하며, 배우의 음성교육은 향상보다 개선에 초점이 맞춰져야 합니다.

실연 시 잡념의 개입을 제한하고 몰입에 이르기 위해 배우에게 가장 필요한 역량은 무엇일까요? 단연코 집중력입니다. 집중력은 배우에게 허구를 실제처럼 구현하는 원동력이 되어줍니다. 배우의 연기는 관객이 허구의 드라마를 실제로 벌어지는 사건이라고 믿고 보게 만드는 극적 현실 즉 일루전의 토대가 되는 행위이며, 그것의 원동력이 바로 배우의 집중력입니다. 이런 이유에서도 집중력은 배우의 연기를 전체적으로 관통하는 핵심 역량이며, 화술 역시 예외는 아닙니다. 따라서 자신이 말하고자 하는 바에 최대한 집중한 상태에서 그것의 의미를 온전히 말로 발화하는 것, 이것이야말로 배우가 화술을 향상하는 최선책입니다.

배우는 '지금, 여기'에 집중할 수 있는 역량만큼 잡념과 번뇌에서부터 자유로울 수 있습니다. 이런 점에서 극에의 몰입을 전제로 하는 연기라는 '홀림의 예술'은 대단히 매력적인데, 실연의 성패에 상관없이 집중 혹은 몰입은 그 자체로 배우에게 특별한 경험을 선사해 주기 때문입니다.[69] 따라서 훌륭한 배우라면 관객의 시선이나 평가 때문에 실연 도중 자신의 집중력을 잃지 않아야 합니다. 다른 무언가를 의식하는 순간, 연기하는 배우는 자신의 페이스를 잃고, 풍랑 위의 조각배처럼 흔들리게 됩니다.

배우의 화술에서 집중이 중요성은 화술의 모든 것, 예컨대 대사의 명료한 말하기, 감정과 욕구가 충만한 대사, 실감 나는 대사 처리 등 그 모두의 가능성이 배우가 말하기 전 대사의 의도와 의미를 집중해서 생각할 수 있느냐에 따라 결정되기 때문입니다. 이런 이유에서 배우 화술의 핵심은 '생각에의 집중'이라고 달리 말할 수 있습니다. 연기라는 소통 운동을 일으키는 원동력, 연기라는 절차적 행위의 첫 번째 도미노는 바로 '처리'하는 생각 작용이기 때문입니다.

처리란 '바퀴가 돌아가고 있다.'라는 뜻입니다. 배우의 말하기는 정신작용이라는 머릿속의 바퀴가 돌아간 결과로서 수반되는 외적 표현입니다. 뇌가 기름이 잘 쳐져 일사불란하게 기계처럼 돌아갈 때 배우의 말하기 역시 탁월하게 구사됩니다. 마치 팽이의 심이나 자동차의 엔진이 돌아가는 원심력으로 팽이 전체가 돌아가고, 자동차 전체가 굴러가듯이 생각이라는 정신적인 원심력에 의해 배우의 연기가 이루어지고, 그 과정에서 호흡, 감정, 표정, 말과 몸짓이 절차적으로 발현하게 됩니다.[70] 연기하는 배우가 굴러가는 자동차라면 배우의 생각은 자동차의 엔진 공정과 같으며, 그러한 생각의 회전을 원활하고 강력하게 만드는 에너지가 바로 집중력입니다.

이런 관점에서 배우 화술의 핵심은 이완을 전제로 한 고도의 집중 상태에서 대사를 말하는 역량에 있으며, 화술훈련의 첫째 요건 역시 자신의 집중력을 최대로 고영한 상태에서 말하기 연습을 실천하는 것입니다.

그렇다면 배우는 어떻게 자신의 집중력을 향상할 수 있을까요? 본 장의 〈실제〉편에서 이와 관련된 구체적인 훈련 예제를 소개하겠지만 우선 원론적으로 설명하면 배우는 이완을 전제한 상태에서 에너지를 최대한 발산하는 방식의 훈련을 통해서 자신의 집중력을 향상할 수 있습니다. 이와 관련해서 더욱 상세한 설명은 필자의 관련 서적인 『배우훈련의 혁신, MAP 연기론』의 해당 장을 참조하시길 바랍니다.

절차적 수행

배우의 화술은 실연 과정에서 인물의 성격을 부각하고, 행동의 실감을 드러내는 기술로 개발되어야 합니다. 배우가 그 목표에 이르는 데는 여러 가지 방도가 있겠으나 필자가 생각하는 최선책은 적절한 훈련을 통해 현실에서 우리가 말하는 방식과 같은 절차를 거쳐 역할의 대사를 말하는 역량을 갖추는 것입니다. 만약 배우가 현실에서 말하는 과정 그대로 극 중에서 역할의 대사를 말할 수 있다면 그것은 그 자체로 앞서 논의했던 배우 화술의 요건을 충족하는 방식이 됩니다. 연기하는 배우가 역할의 대사를 일상과 같이 말할 수 있다면 그것은 작가가 써놓은 대사라는 과거의 말을 지금의 말로, 또 역할이란 남의 말을 마치 내 말처럼 구사하는 것이기 때문입니다. 이처럼 극 중 역할의 대사를 현실의 말처럼 구사하기 위해 배우가 터득할 필수의 역량이 바로 '절차적 수행으로 말하기'입니다.

연기란 배우가 대본에 기록된 역할의 대사를 일종의 필터와 같은 자신의 정신 및 신체를 거쳐서 상대와 대화(소통)하는 과정 중에 일어나는 생각, 감정, 표정, 행동 등을 포괄하는 배우 존재의 총체적 현상입니다. 따라서 배우가 현실에서 우리가 말을 발화하는 과정과 같은 절차를 수행하며 역할의 대사를 말할 수 있다면 그 과정에서 발현되는 생각, 감정, 표정, 행동 등은 기본적으로 진실하다고 판단해도 무방합니다. 이처럼 현실에서 말이 발화되는 작동의 절차를 파악해서 이를 자신의 연기, 구체적으로 역할의 대사에 그대로 적용해서 말하는 역량은 연기의 진실을 창조하는 배우 화술의 핵심 비결입니다.

하나의 예를 들어볼까요? 오랜 기간 짝사랑하던 여자와 단둘이 있게 된 남자가 용기를 내서 자신의 사랑을 고백합니다. 그 순간 남자의 입에서 '당신을 사랑합니다.'라는 고백의 말이 나옵니다. 이 과정을 생리학적으로 분석해본다면 먼저 사랑을 고백해야겠다는 생각(의도)이 남자의 머릿속에 떠오릅니다. 여기서 생각이란 시각적인 것과 동시에 역동적인 것이 되어야 합니다. 그것은 마치 시각과 촉각을 함께 자극하는 실재의 물질처럼 강렬하게 신경 시스템에 작용해서 배우의 몸에 감정과 충동을 촉발해야 합니다. 이처럼 배우의 연기란 하나의 자극을 동시에 여러 감각으로 느끼는 행위이며, 이러한 혼재 속에서 배우의 연기는 녹자적인 장조성을 갖게 됩니다.

어쨌든 그런 시각적임과 동시에 역동적인 생각에 따라 애틋한 감정이 생겨나고, 이를 표현하고픈 욕구에 따른 충동으로 호흡을 비롯한 일련의 신체 작용이 일어나면서 '당신을 사랑합니다.'라는 말이 발화하게 됩니다. 이렇듯 일상의 말은 원인이 되는 생각에서 결과가 되는 표현까지 일련의 과정을 거쳐서 이루어지는 절차적 수행의 결과물입니다. 따라서 배우가 만약 허구인 역할의 대사를 현실에서 자신의 말처럼 구사하기 위해서는 역할의 대사를 현실과 같은 절차적 수행을 거쳐서 말하는 방식을 터득해야 하는 겁니다.

만약 '당신을 사랑합니다.'가 어느 연극 혹은 영화에 나오는 대사라고 가정한다면 그 대사는 '고백하다'라는 행동(의도)처럼 역동적인 생각에서부터 말하기의 절차가 시작됩니다. 만약 배우가 '당신을 사랑합니다.'라는 대사를 현실의 말처럼 구사하고 싶다면 사랑하는 사람의 모습이라는 시각적인 생각과 함께 '고백하다'라는 행동 즉 운동성을 지닌 역동적인 생각을 동시에 떠올리고, 그로 인해 생기는 애틋한 감정을 느끼고, 이를 언어로 표현하고픈 충동에 따라 호흡작용이 일어나고, 그에 수반하는 발성, 공명 등의 신체 작용을 거쳐서 '당신을 사랑합니다.'라는 대사를 발화하면 되는 겁니다. 이처럼 배우가 마치 바닷가로 밀려오는 파도처럼 '생각→감정→호흡→발화'라는 과정을 거쳐서 대사가 말해지는 방식이 바로 '절차적 수행으로 말하기'입니다.

이러한 말하기 방식에서 각각의 절차는 마치 1-4까지의 도미노 블록처럼 기능하면서 역할의 말 즉 대사는 그저 앞에 놓인 블록의 쓰러짐에 의해 떠밀려져서 넘어지는 도미노의 블록처럼 생각, 감정, 호흡이라는 앞선 절차의 작동에 따라 그저 밀려 나오는 것이 되어야 합니다. 다시 말해 배우가 의도적으로 말하는 것이 아니라 바닷가의 파도처럼 그저 밀려 나오는 작용으로 역할의 대사가 수동적 모드로 말해지는 겁니다. 극단적으로 말한다면 배우의 화술과 관련해서 진실한 연기란 오직 이렇게밖에는 구현될 수 없습니다. 앞의 도미노가 쓰러지지 않았는데도, 뒤의 도미노가 넘어진다면 이것은 최소한 인과론적 세계관 안에서 자연의 법칙을 위반하는 것이기 때문입니다.

현실의 말과 달리 역할의 대사는 분석이나 연습을 통해서 배우가 이미 알고 있는 것이기 때문에 현실에서 말을 할 때 필요한 과정을 굳이 실천하지 않더라도 배우는 해당 대사를 말할 수 있습니다. 반면 연기의 진실이란 굳이 하지 않아도 가능한 대사 말하기를 현실처럼 해당 절차를 실천하는 과정 안에서 생겨나는 것입니다. 이 말의 의미가 이해되시나요? 즉, 절차적 실행이 배우의 말하기에 진실을 창조하는 작용이 되어준다는 겁니다.

도미노의 연쇄 작용과도 유사한 절차적 말하기가 중요한 이유는 4장 〈공명〉에서 설명했던 지렛대나 눈덩이의 효과를 양산해서 더 적은 에너지로도 더 극적이고 실감 나는 연기가 발휘되도록 도와주기 때문이기도 합니다. 절차적 수행을 통해 더 적은 물리적 작용으로 더 큰 에너지를 얻을 수 있으므로, 배우는 이완된 상태에서 좀 더 편하게 연기할 수 있는 자유를 얻게 됩니다. 여기서 주목이 필요한 바는 대사 말하기의 과정이 무미건조한 도미노의 쓰러짐처럼 배우의 주관 혹은 자의식의 개입 없이 자동(혹은 기계적)으로 처리되어야 한다는 점입니다.

역할의 대사가 바닷가의 파도처럼 그저 밀려 나오는 작용이 된다면 배우의 주관은 거기서 그저 한발 물러나서 관조의 태도를 유지할 수밖에 없습니다. 이처럼 실연 시 잡념의 개입을 억제하는 효과까지 있다는 점에서 절차적 수행으로 말하기는 연기하는 배우가 몰입에 이르도록 도와주는 도약대와 같은 기능을 지닌 말하기의 방식이라고 할 수 있습니다. 연기하는 배우는 절차의 수행으로 몰입에 이르러 자신을 잊고 역할이 됩니다.

통일과 변화

앞에서 설명했던 예술의 원리인 '통일과 변화'는 화술의 영역에도 동일하게 적용됩니다. 배우가 말하는 대사가 전체적인 통일성을 갖고 있지 않다면 대사의 의도가 관객에게 명확하게 이해되기 어렵습니다. 반면 역할의 대사가 변화 없이 그저 일정하게만 말해진다면 그것은 단조롭고 지루하게 들리는 언어적 정보에 그칠 뿐입니다. 반면 '통일과 변화로서의 말하기'를 통해서 배우는 이러한 함정을 피해서 인물 성격의 음성적 표현과 실감 높은 언어적 표현이 가능한 말하기를 능숙하게 완수해낼 수 있습니다. 다시 말해 이것은 배우가 대사를 말할 때 통일과 변화의 적절한 배합과 균형이 중요하다는 사실을 강조하는 것이기도 합니다.

역할의 말, 즉 대사는 의미라는 시각적 정보와 의도라는 역학적 정보를 동시에 담고 있는 언어적 기호입니다. 예컨대 "혹시 말이야, 이번 주말에 영화 보러 가지 않을래?"라는 대사가 있다면 이것은 상대방에게 영화를 함께 보러 갈 의향이 있는지를 묻는 역동적인 의도[71]와 주말에 영화를 함께 보러 가는 두 사람의 모습이라는 시각적인 의미를 함께 지녔습니다. 의도는 말의 행동, 의미는 말의 문맥을 구성하는데, 여기서 의도는 말에 통일성을 부여하고, 의미는 말에 다양성을 부여해 줍니다.

사전에 대사를 철저히 암기했다는 전제에서, 배우가 대사의 의도인 '행동'을 떠올리게 되면 자연히 대사의 문맥적 의미를 구성하는 단어들이 연상되어 집니다. 이러한 방식에 기초해서 배우는 대사를 말할 때 행동을 떠올려 말의 일관성을 만들어내고, 그로 인해 연상되는 문맥적 의미를 표현하는 단어와 구(phrase, 句)를 통해서 변화를 양산할 수 있습니다.

우선 행동은 대사에 유기적 통일성, 즉 말의 일관된 흐름을 생성합니다. 반면 선행적으로 떠올린 행동에 따라 부가적으로 연상되는 대사의 언어적 의미는 각 단어 혹은 각 구에 따라 말에 변화를 줄 수 있습니다. 이를 통해 배우는 역할의 생각을 명확하게 또 구체적으로 상대 역과 관객에게 전달하게 됩니다.

정리해서 말하면, 배우는 대사의 핵심인 행동을 먼저 떠올려 말의 구심점으로 삼아 대사를 말해나가고, 행동을 떠올렸을 때 자연히 연상되는 단어나 구의 언어적인 맛을 각기 살려주면서 말하는 방식을 통해 '통일과 변화로서 말하기'를 구사할 수 있는 겁니다. 예컨대 "혹시 말이야, 이번 주말에 영화 보러 가지 않을래?"라는 대사의 경우 '의향을 묻다'라는 역학적 정보인 행동(의도)을 떠올려 이를 구심점으로 삼아 말의 통일성을 부여하고, 말의 문맥을 구성하기 위해 순차적으로 떠오르는 '혹시 말이야', '이번 주말에', '영화 보러 가지 않을래?'라는 단어나 구를 각각의 언어적인 맛, 즉 변화를 살리면서 대사를 말할 수 있습니다. 이것이 바로 '통일과 변화로서 말하기'입니다.

이를 위해서 배우는 먼저 충분한 분석을 통해 대사가 지닌 의도와 의미를 미리 구체적으로 파악해두어야 합니다. 이를 바탕으로 배우는 대사의 행동(의도)을 떠올려서 말의 통일성을 형성하고, 그로 인해 연상되는 대사의 문맥적 의미를 나타내는 단어나 구를 각기 충실히 맛을 살리면서 대사를 말하는 겁니다. 그런 과정에서 배우는 대사가 유발하는 감정을 충만히 느끼고, 표현의 충동에 따라 이루어지는 자연석인 호흡의 리듬에 따라 대사를 리드미컬하게 말할 수 있는 겁니다.

'통일과 변화로서 말하기'는 약간의 응용만 발휘한다면 연기의 실감을 높이는 말하기 방법이 될 수 있다는 점에서도 화술훈련의 새로운 접근법이 될 수 있습니다. 이러한 방식은 현실에서 우리가 말을 순간적으로 조합해서 발화하는 것처럼 실연 순간에 말의 핵심인 의도(행동)를 기준점으로 삼아 적합한 낱말과 구(句)를 조합해서 말하는 방식으로 연기의 실감을 높일 수 있기 때문입니다.

유념할 점은 배우가 실연할 때 역학적 정보인 대사의 행동은 생각해서 떠올리고, 언어적 정보에 해당하는 대사는 저절로 떠오르는 방식으로 대사를 말해야 한다는 것입니다. 다시 말해, 대사의 행동은 의식적 생각, 대사 그 자체는 무의식적 생각으로 떠올리며 연기하라는 겁니다. 아이러니하게 들릴 수 있으나, 이런 이유에서 배우가 역할의 대사를 자연스럽게 말하는 최선책은 대사를 철저히 암기하는 겁니다.

말의 조합

허구의 역할을 실재의 인물처럼 구현하기 위해서 연기하는 배우는 진짜로 듣고, 진짜로 생각하고, 진짜로 느껴서, 진짜로 말을 해야 합니다. 그러기 위해서 배우는 대본에 기록된 대사를 실연 순간에 처음으로 하는 말처럼 구사해야 하는데, 배우가 적합한 원리에 따라 말을 조합하면서 대사를 떠올려 말하는 방식은 이를 위한 하나의 방편이 될 수 있습니다. 밤하늘의 별자리가 떠오르듯이 현실에서 우리는 말을 할 때 자신의 의사를 적확히 전달하는 어휘들을 떠올려 문장을 조합해서 말하게 됩니다. 그와 같은 방식대로 배우가 실연 중에 역할의 대사를 떠올리며 조합해서 말하는 방법이 바로 '말의 조합'입니다.

현실에서 말할 때 우리는 먼저 말의 구심점이 되는 말의 전체적인 의도부터 떠올립니다. 그런 다음 말의 문장을 구성하는 의미의 순서대로 낱말이나 구(句)[72], 절(節)[73]을 순차적으로 떠올리며 문장을 완성해 나가면서 상대에게 말을 하게 됩니다. 예컨대, 갈증을 느낀 아이가 우유를 더 시원하게 마시고 싶어서 냉동 칸에 잠시 넣어 두었다고 상상해 봅시다. TV를 보던 아이는 마침 냉장고가 놓인 부엌에 엄마가 계신 것을 보게 되자 냉동 칸에 넣어 둔 우유를 가져다 달라고 말하고 싶어집니다. 그 순간 아이의 머릿속은 자신의 목적을 달성하기 위한 '가져다 달라.'라는 의도(행동)가 떠오르고, 이를 기준 삼아 자신의 욕구 표현에 적확한 단어와 문장이 선택되어 말이 조합되고, 그렇게 아이는 "엄마, 냉동 칸에 넣어 둔 우유 좀 주세요."라는 말을 발화하게 됩니다.

여기서 주목할 바는 인간의 단기 기억력은 그렇게 큰 용량이 아니라는 사실입니다. 인지과학의 견해에서 인간의 기억은 크게 감각기억(sensory memory), 단기기억(short-term memory)/작업기억(working memory), 장기기억(long-term memory) 등으로 분류됩니다. 감각기억은 시각, 청각, 촉각, 후각 등의 감각 신호를 통해 입력되는 정보가 1~4초 정도의 매우 짧은 시간 동안 기억되는 과정을 의미하며, 이 수많은 정보 중 일부가 선택적으로 단기기억과 작업기억으로 저장됩니다. 그리고 이 중에서 지속적이고 영구한 기억으로서 저장되는 것이 바로 장기기억입니다.

작업기억은 인지심리학에서 감각기관을 통해 입력된 정보를 단기적으로 기억하며 능동적으로 이해하고 조작하는 과정을 일컫습니다. 정보들을 일시적으로 보유하고, 각종 인지적 과정을 계획하고 순서 지으며, 실제로 수행하는 작업장으로의 기능을 수행하는 단기적 기억입니다. 작업기억은 단지 한 번에 2-4개 단위의 데이터만을 처리할 수 있을 뿐인데,[74] 다시 말해 이것은 우리의 뇌가 순간적으로 단지 전화번호 정도의 양만을 처리할 수 있다는 뜻입니다. 이러한 작업기억의 한계는 우리가 작업하는 순간에 목표에 가장 적합한 몇 가지의 정보만을 특별하게 취급하기 위해서 불필요한 정보들에 의해 방해받는 것을 막기 위한 장치입니다.[75] 따라서 배우가 대사를 말할 때도 배우의 머릿속에 순간적으로 떠올릴 수 있는 단어 역시 2-4개 정도이므로, 긴 대사의 경우 의미에 따라 분할된 단위의 문장을 순서대로 떠올리는 방식으로 말하는 것이지 대사 전체를 한 번에 떠올려서 말하기는 지극히 어렵습니다.

이런 이유에서 아이는 먼저 말의 구심점이 되는 의도인 '요청하다'라는 행동을 떠올리고, 그와 거의 동시에 말의 시작, 어두에 해당하는 '엄마'를 떠올려서 말을 시작합니다. '엄마'라는 낱말을 발화하는 동안 말의 전체를 구성하는, 두 번째 의미 단위인 '냉동 칸에 넣어 둔'을 떠올려서 말을 이어가게 되고, 그런 다음 마지막 의미 단위인 "우유 좀 주세요."를 순차적으로 떠올리며 전체 문장을 말하게 됩니다. 배우는 의미 단위가 변하는 지점 즉 새로운 낱말이나 구(句), 절(節)을 떠올리는 지점에서는 필요에 따라 호흡하거나 '멈춤' 등을 활용해서 대사를 말해가면 됩니다. 만약 현실에서 말하는 방식 그대로를 재현하고 싶은 배우라면 대사를 조합해서 말하는 방식을 숙달될 때까지 연습하십시오.

그런데 여기에 '의도된 무의도'라는 단계까지 추가한다면 배우는 더욱 실감 나게 대사를 말할 수 있습니다. 진실한 연기란 극의 상황을 하나의 '사건' 즉 우연히 벌어진 일로서 구현하는 행위입니다. 이를 위해 배우는 자신의 말하기에 즉흥성(돌발성 혹은 우연성)을 의도적으로 추가할 필요도 있습니다. 다시 말해 역할의 대사를 의도적으로 우연에 노출하는 것인데, 예를 들어 대사의 일정 부분은 즉흥적으로 말하는 방식을 화술에 도입하는 것입니다. 다시 말해 이것은 대사의 2/3 혹은 3/4은 준비한 방식대로 절차적으로 연기하고, 특정 부분은 그 순간에 따라 아예 즉흥적으로 대사를 말하는 방식입니다.

이것은 마치 어떤 숫자가 나올지 예측 불가하나 숫자의 범위가 1-6까지 한정된 주사위 게임과 유사한 방식으로 배우의 화술을 개발하는 방법입니다. 이런 방식은 온전히 연습한 대로만 연기하는 방식이나 우연과 즉흥에만 의지하는 방식과 비교해서 실연이라는 압박감 속에서 배우가 자신의 몫을 다하면서도 즉흥성을 발휘할 수 있다는 장점이 있습니다.

여기까지 우리는 극성과 실감을 함께 고양하는 배우 화술의 전략으로서 집중한 상태에서 말하기, 절차적 수행으로 말하기, 통일과 변화로서 말하기 그리고 말의 조합에 대해 살펴보았습니다. 이와 같은 말하기의 전략적 접근을 통해 배우는 극중 인물의 대사를 현실에서 내가 하는 말처럼 구사할 수 있게 됩니다. 이제 역할의 대사는 없고, 그저 나의 말이 있을 뿐입니다.

:: *POINT*

  ✓ 배우의 화술은 과거의 말을 현재의 말로, 역할의 말을 나의 말로, 일상의 말을 예술의 말로 구사하는 기술이다.

  ✓ 배우의 말하기는 정신작용이라는 머릿속의 바퀴가 돌아간 결과로서 수행되는 절차적 소통 행위이다.

  ✓ 생각 → 감정 → 호흡 → 발화의 도미노와 같은 절차적 말하기는 배우의 연기에 진실과 이원을 양산히고, 배우를 몰입에 이르도록 돕는다.

  ✓ 대사의 역동적 정보인 의도는 말에 통일성을 부여하고, 대사의 시각적 정보인 의미는 말에 변화를 양산한다.

2) 화술훈련의 실제

화술의 기초

앞장에서 우리는 배우 화술의 목표와 특성 그리고 이를 효율적으로 성취하는 전략에 대해서 살펴보았습니다. 반면 화술훈련의 실제를 설명하는 본 장에서는 배우가 화술을 훈련하는 방법적 요결 예컨대 올바른 음성으로 대사를 말하는 방법, 말하기의 기본 패턴에 대한 숙달, 생동감 나게 대사를 말하는 방법, 의미와 감정을 충만히 담아서 말하는 방법 등 배우의 화술을 실제로 훈련하는 방법에 관해 구체적으로 배우겠습니다.

실로 탄탄히 준비된 화술만큼 긴장감 넘치는 오디션장과 고독한 실연 현장에서 배우가 의지할 수 있는 것도 없습니다. 보통 배우가 처음부터 주연을 맡는 경우는 예외적이고, 매우 드뭅니다. 배우의 다수는 보통 작은 단역에서부터 자신의 경력을 시작하는데, 이때 단역을 맡은 배우에게 연출자나 감독이 깊이 있는 내면 연기나 창의적인 성격 구축을 기대하기보다는 비록 한마디의 대사일지언정 정확한 전달과 역할의 목적에 부합하는 대사 처리를 더 바랄 것입니다.

혹자에게는 이것이 쉽게 느껴질지 모르나 경력이 적은 배우가 실연 현장에서 한마디의 대사를 극 상황과 역할의 목적에 부합하게끔 처리하는 것은 결코 녹록한 일이 아닙니다. 설사 자신 안에 신비로운 예술가의 영혼이 잠재되어 있다 해도 배우가 우선해야 할 소임은 극상황에 집중해서 한 마디의 대사를 제대로 처리하는 것입니다. 시작하는 배우에게 요구되는 기본적인 역량은 거창한 무엇이 아니라 한

마디의 대사를 능숙히 처리하는 기술입니다.

　물론 배우의 화술이 정형화된 띄어 읽기나 어미의 처리만을 의미하지는 않습니다. 그처럼 획일화된 화술은 오히려 배우의 개성을 빼앗고 연기의 생동감을 앗아갑니다. 그러나 재즈 연주에서 즉흥이나 변주가 끝없는 기본기의 단련 후에 가능하듯이 배우의 연기에서 생동하는 화술 역시 끊임없는 수련 이후 가능한 것입니다. 시작하는 배우에게 요구되는 화술의 기초는 안정적인 속도와 톤을 유지하면서 대사를 끝까지 말할 수 있는 역량입니다.

　만약 당신이 직업적인 배우가 되기를 바란다면 최소한 안정적인 톤과 속도로 대사의 시작에서 끝까지 말할 수 있어야 합니다. 배우의 연기가 신뢰감을 주기 위해서는 음 폭의 변화를 적게 해서 대사를 균일하게 말할 수 있어야 하며, 작은 소리라도 말하기에 호흡과 울림이 포함되어 대사가 바깥으로 전달되어야만 합니다. 이런 역량은 일상의 말과 구분해서 연기라는 형식에 부합하는 화술, 배우 말하기의 기초입니다. 그와 더불어 배우는 그동안 훈련해 온 음성의 역량에 기반해서 안정적인 톤에 충만한 감정을 담아 대사를 말하는 수준에 이르러야 합니다.

　화술의 기초 중 하나로, 우리 말의 기본적 패턴 역시 배우는 연습해야 합니다. 물론 모든 말하기는 개인적이며 저마다 독특합니다. 그리고 배우의 화술은 어떻게 말할지를 정하지 않고, 그 자체의 독자성을 지닌 말하기가 되어야 합니다. 그러나 우리가 말을 할 때 공통으로 나타나는 나름의 패턴은 분명히 존재하며, 그 패턴을 학습하는 것은 탄탄한 화술의 기반을 다지는 데 도움을 줄 수 있습니다. 비유하자면 권투선수가 일정한 패턴의 잽과 스트레이트, 훅이라는 세 가지 펀치를 수없이 연습한다면 이것만을 가지고도 실제 시합에서 천변만화의 변칙으로 상대를 가격할 수 있는 것이나 마찬가지입니다. 그 과정이 때로는 고통스럽고, 힘겨울 수 있으나 이를 바탕 삼아 끝내 창조적 잠 재력을 일깨우는 단계에 이른다면 그것은 배우 이전에 개인으로서 자 신을 한 단계 더 높이 성장시키는 계기가 될 것입니다.

부단히 단련된 기초의 토대 위에 자신과 한계에 대한 선입견을 버 리고, 장애와 약점을 오히려 동력으로 삼아 자신의 역량을 확대할 때 우리는 예술가로서의 창조적인 삶을 영위할 수 있습니다. '살아있음' 이란 곧 새로워지려는 변화의 의지이며, 인생이란 자신의 정체성을 새로이 재편하는 과정입니다. 이런 측면에서 배우에게 화술훈련은 표 현 기술의 숙달에만 이르는 방편에 머무는 것이 아니라 자신이 지닌 현재의 부족함을 채우고, 배우로서 자신을 새롭게 정의하는 계기이기 도 합니다.

호흡에 실어 말하기

배우의 화술훈련은 그동안 개발해 온 음성의 역량을 대사 말하기 에 적용하는 연습에서부터 시작되어야 마땅합니다. 앞서 말한 바와 같이 배우가 실감 높은 화술을 구사하기 위해서는 배우의 말하기가 현실에서 말하는 방식과 같아져야 하는데, 이런 이유에서 배우는 연 기 즉 역할의 구현을 '나'로서 살아내는 방식으로 접근할 수밖에 없으 며, 그런 이유에서 배우에게 목소리 훈련이 꼭 필요한 것입니다. 만약 현실에서 목소리에 문제가 있다면 그것은 관객에게 역할의 생각과 감 정을 전달하는 연기예술의 형식에 부적격한 것이기 때문입니다. 이런 측면에서 배우의 화술은 명료하고 정직한 음성의 개발을 전제로 한 상태에서 훈련이 이루어져야 하며, 따라서 화술훈련의 첫 단계는 발전된 음성 즉 정직한 내 목소리를 대사 말하기에 적용하는 연습부터 시작해야 합니다. 그리고 그 핵심에는 노래 등 여타의 예술과 구분해서 배우 연기에 적합한 말하기 방식인 '호흡에 실어 말하기'가 있습니다. 이것은 '소리는 걸리지 않고, 말은 흘러나와야 한다.'라는 이 책의 실천적 슬로건에 부합하는 말하기 방식이기도 합니다.

그렇습니다. 지금까지 연습해 온 호흡, 발성, 성도, 공명, 발음 등의 전 단계의 훈련들은 화술에서 '호흡에 실어 말하기'를 습득하기 위한 요건들이었습니다. 만약 호흡 운용이나 성대 운동 등에 문제가 있거나 충분하게 역량이 개발되지 못했다면 호흡에 대사를 실어 말하는 방식으로 연기하기 어렵습니다. 이것은 음성훈련을 충분히 실천한 다음에 화술훈련에 임하는 편이 그 순서로서 더 효율적인 이유이기도 합니다. 그렇다면 호흡에 실어서 대사를 말하는 것은 구체적으로 어떤 방식일까요?

진실한 연기는 배우가 소통의 욕구에 따라 필요한 절차를 거치는 말하기를 통해 가능한 실천, 즉 '행동되어진다'로서의 행동하기입니다. 이를 척도 삼아 '호흡에 실어 말하기'를 설명한다면 배우가 대사(의도(행동)와 의미(정보))를 생각하고, 감정을 느낀 후 그로 인해 수반되는 충동에 따라 배우 주관(자의식 혹은 잡념)의 개입이나 신체적 긴장 없이 호흡작용이 이루어지면서 대사가 말해지는 방식이라고 풀이할 수 있습니다. 생리학적인 측면에서는 대사를 말하는 동안 호흡의 압력과 흐름이 적절하게 공존해서 연기에 적합하게 대사가 발화되는 방식이라고 설명할수도 있습니다.

예컨대 만약 '당신은 진정 아름다운 여인이에요!'라는 대사를 말해야 할 때 우선 배우의 머릿속에 대사의 의도(행동)인 '찬양하다' 혹은

'추앙하다'와 함께 상대가 아름다운 여성이라는 의미(정보)가 떠오르고, 그로 인한 몸의 변화 예컨대 숨이 가빠지고, 뺨이 상기되면서 '설레임'이라는 감정이 느껴지고, 이를 상대에게 표현하고픈 욕구에 따른 충동으로 호흡작용이 일어나면서 '당신은 진정 아름다운 여인이에요.' 라고 말이 발화하게 됩니다. 여기서 '대사를 호흡에 싣는다.'라는 의미는 배우가 대사를 더 꾸며서 말하는 등의 주관을 개입시키지 않고, 대사에 의해 떠오르는 생각(의도와 의미)으로 느껴지는 감정만큼 유발되는 표현 충동에 따라 일어나는 호흡에 대사가 그저 밀려 나오듯이 수동적 모드로 발화되는 방식입니다. 재차 말하지만, 소리가 걸림이 없다는 것은 말의 원료인 소리가 심신의 긴장 없이 생겨난다는 뜻이요, 대사가 흘러나온다는 것은 배우의 주관이나 잡념의 개입 없이 대사가 있는 그대로 말해진다는 뜻입니다.

이를 훈련하는 요령은 역할의 대사를 하나의 의도, 하나의 감정, 하나의 충동에 의한 하나의 흐름으로서 말하는 방법입니다. 설사 그것이 꽤 긴 대사일지라도 마치 한 단어처럼 같은 의미와 감정으로 한 호흡의 흐름에 따라 '쏙~' 말하도록 연습하라는 겁니다. 말하기는 우리 몸 안의 다양한 기관이 참여하는 복잡한 과정이지만 동시에 하나의 과정이기도 합니다. 물론 이게 가능하기 위해서는 지금까지 공부한 호흡, 발성, 성도, 공명, 발음의 역량이 미리 탄탄하게 구축되어 있어야만 합니다.

만약 턱과 후두 등 성도 이완의 부족으로 목에 걸린 소리가 나서는 배우가 제아무리 풍부한 감성과 해박한 분석력을 지녔더라도 한 문장의 대사조차 이런 식으로 말하기 어렵습니다. 더 문제가 되는 것은 부족한 음성의 기반이 불안감 등의 심리적 긴장을 유발하고, 배우의 내적 충동에도 영향을 주어 연기하는 배우의 집중력마저 깨뜨린다는 것입니다. 배우가 긴 대사를 안정적으로 말하려면 호흡의 운용, 성대의 운동, 성도의 이완, 공명의 변성, 발음의 기량이 그 토대로서 확고히 자리 잡고 있어야 합니다. 충분한 공명의 개발로 소리 에너지의 낭비가 없어야 하고, 편안히 확장된 성도가 소리의 활주로로서 기능해야 하며, 성대의 접촉도 잘 이루어져 새는 호흡도 적어야 하고, 발성에 필요한 압력을 유지하는 호흡의 지지력 역시 필요합니다. 이러한 토대 위에 비로소 배우의 말하기에서 호흡의 압력과 흐름이 공존하게 됩니다.

정리해 보면 배우가 내 목소리로 역할의 대사를 제대로 말하기 위해서는, 다시 말해 호흡에 실어 흘러나오듯이 대사를 말하려면 그에 앞서 호흡, 성대, 성도의 관련 근육들이 충분히 단련되어야 하고, 이런 측면에서 화술훈련은 습관적으로 사용되던 자신의 말하기 방식을 배우의 예술적 표현에 적합하도록 해당 근육의 작동을 조정하고, 개선하는 연습이기도 합니다.

말끝 살리기

화술의 기본은 상대에게 내 말의 의미를 명확하게 전달하는 역량입니다. 그렇지만 배우의 말하기는 아나운서의 말하기와는 분명히 달라야 합니다. 아나운서가 정확한 '정보' 전달에 치중한다면 배우의 말은 정보 이전에 상대에게 원하는 바를 이루려는 소통 '작용'이 되어야 합니다. 당연하게도 배우는 아나운싱이 아닌 연기하는, 즉 '행동'하는 존재이기 때문입니다.

이런 관점에서 배우의 화술은 상대에게 가하는 내적 운동의 기술로 볼 수 있으며, 따라서 배우의 말은 일종의 흔들기(shaking)와 같은 작용이 되어야 합니다. 배우의 말은 단순한 정보의 전달이 아니라 주전자의 물을 끓이는 난로의 불처럼 상대를 변화시키는 물리적 작용이 되어야 합니다. 그래서 생각, 감정, 호흡의 절차적 연쇄를 통해 생겨나는 배우의 말은 일련의 파동으로 전파되어서 상대의 내, 외면을 진동시켜야 합니다. 이를 위해 대사의 어미는 뛰어난 투수의 볼 끝처럼 살아 꿈틀거리며 상대의 내면을 일렁이게 만들어야 합니다.

배우가 대사의 말끝을 살리려면 말하기를 통해 상대를 실제로 흔들어 일깨우겠다는 의지를 말하기의 실천 개념 안에 포함해야 합니다. 그래서 배우가 대사를 말한 후에도 '말의 의지'가 사라져서는 안 됩니다. 말의 의지가 사라지면 어미가 떨어지고, 말끝이 흐려집니다. 배우의 말은 대사가 끝난 후에도 여운이 남아있어야 합니다. 그 여운은 말하고자 하는 의지를 뜻합니다. 말이란 자신의 의도를 전달해서 상대가 자신의 목적을 따르게끔 만들려는 소통 작용이므로, 대사를 말한 후 상대의 반응까지 확인하는 과정이 배우의 말하기에 포함되어야 합니다. 이 확인의 과정이 대사의 어미를 살리고, 배우의 말에 여운을 남기는 겁니다.

그러기 위해서는 무엇보다 배우가 역할의 대사를 의도와 의미가 담긴 내 말로써 발화하는 것이 중요합니다. 앞에서 논의했던 것처럼 배우의 말이 파도처럼 밀려 나오려면, 말에는 반드시 동력이 있어야 하는데, 그러려면 적정한 분석을 통해서 역할의 대사가 배우에게 기본적으로 하고 싶은 말, 해야만 하는 말이 되어야 한다. 그와 달리 대사의 동기, 의도, 목적 등 내적 의미가 분석되지 않은 상태에서 배우가 역할의 대사를 말한다면 앙금이 없는 찐빵처럼 동력을 잃은 말, 무의미한 발화에 그치게 됩니다.

현실에서 우리는 동기, 의도, 목적 없이는 말을 하지 않습니다. 아니, 할 수가 없습니다. 따라서 현실과 같은 말하기를 바라는 배우라면 '나는 누구인가?', '무엇을 말하고자 하는가?', '왜 이 대사를 말하는가?' 등 대사의 동기와 목적, 인물이 처한 상황, 상대와의 관계 등을 미리 분석해서 인지한 후 대사를 말해야 합니다. 이에 기반해서 배우는 말하기 과정의 첫 번째 절차인 생각을 더욱 강력히 떠올릴 수 있고, 이것은 도미노의 첫 번째 블록으로 기능해서 감정, 호흡 등 후발 절차를 원활하게 작동시켜 마침내 대사의 말끝까지 살아나게 만듭니다.

쉼과 침묵

배우가 연기의 실감을 높이고 싶다면 역할의 대사를 즉흥과 변화 즉 불규칙한 양상으로 발화할 수 있어야 합니다. 그러므로 배우는 역할의 대사를 정해진 패턴이 아닌 순간의 충동대로 불규칙하게 말하는 기량도 키워야 합니다. 대사마다 호흡의 변화가 필요하고, 대사 사이에 정서의 변화도 있어야 합니다. 배우는 다양한 리듬과 템포, 강약을 가지고 역할의 대사를 창의적이고, 불규칙한 패턴으로 발화해야 합니다. 배우의 말하기에 호흡 등 다양한 비언어적 표현을 포함하는 것도 이를 위한 하나의 방도가 될 수 있습니다.

이 책에서는 말의 불규칙한 변화를 일으키는 훈련으로, '대사의 분할'이나 '말의 조합'과 같은 예제들을 수록했습니다. 배우는 대사의 분할과 말의 조합 등을 활용해서 억양, 감정 심지어 행동까지 변화시키면서 대사를 실감 나게 말할 수 있습니다. 명료하고 안정적인 음성의 역량 위에 실로 변화무쌍한 화술은 연기의 실감을 높이고픈 배우의 든든한 도구가 되어줄 것이고, 배우는 이를 통해 역할의 대사 속에 변화, 역동, 템포 등을 창조하며 자신만의 말하기 미학을 구축해 나갑니다.

그러나 배우가 말하기에서 즉흥과 변화에만 치중하다 보면 자칫 말의 안정감을 놓칠 수 있습니다. 훈련이 부족한 배우가 보이는 주된 문제점은 대사의 속도가 빠르고 불안정하다는 것입니다. 말하는 속도가 빨라지면 몸에 긴장이 생기고, 호흡이 불안정해지면서, 발음이 뭉개지고, 소리에서 공명이 사라집니다. 이의 해결과 관련해서 '사이' 혹은 '멈춤' 혹은 '쉼'을 활용해서 말의 속도를 제어하는 훈련은 해당 배우에게 매우 유용한 해법이 될 수 있습니다. 말하는 중간 '사이' 혹은 '멈춤'은 물리적으로 배우에게 쉴 틈을 줄 수 있다는 장점이 있습니다.

언어와 언어 사이의 간격, 다시 말해 배우가 대사 말하기를 이어가는 동안 침묵의 순간이 그 안에 필요한 법입니다. 그 틈이나 침묵 안에서 말의 의미가 확산하게 됩니다. 침묵의 순간에 상대는 귀를 기울이고, '다음에 무슨 말을 할까?'라는 의문이 생겨납니다. 배우의 말하기는 자기 말을 상대에게 한 후 그 말이 상대의 내면으로 흘러 들어가고, 그런 다음 그것이 자기에게 되돌아오는 순환적 운동입니다. 그래서 말하는 동안 때때로의 침묵이 연기하는 배우에게 중요한 겁니다. 만약 자신의 말하기에 침묵을 포함하지 못하는 배우라면 그것은 연기에 대한 두려움이 배우의 마음속에 남아있기 때문입니다. 이런 이유에서 배우는 아무것도 하지 않고 잠시 멈추거나 기다리는 쉼 역시 하나의 기술로서 연습해 두어야 합니다.

엎질러진 말

진실하게 연기하고 싶다면 배우는 대사를 밀려 나오는 파도처럼 말해야 한다고 설명했습니다. 그러기 위해서는 배우의 주관 혹은 계획을 자신의 말하기 과정에서 배제하는 것이 중요한데, 이처럼 진실한 연기의 요결은 충동과 행동 사이에 잡념이 끼어들지 못하도록 하는 것입니다. 이런 이유에서 연기하는 순간 배우는 말하기의 규칙이나 방법 등은 모두 잊어버리고, 역할의 대사, 아니 내가 하고 싶은 말을 '그저' 말할 뿐입니다. 지금까지 배운 말하기의 방법들은 지붕에 오르기 위한 사다리이므로, 지붕에 올랐다면 사다리는 걷어차 버리고, 지붕 위에서 '그저' 풍경을 바라보면 그만입니다. 그저 하는 것의 의미란 흐름에 자신을 맡기고 휩쓸리게 내버려 두라는 뜻입니다.

다양한 작품에서 여러 역할을 연기해야 하는 배우에게는 당연하게도 다양한 화술의 기량이 요구됩니다. 그러나 그중에서도 가장 중요한 것은 역시나 실연하는 동안 집중한 상태를 유지하면서 대사를 말하는 능력일 겁니다. 집중이라는 특별한 상태를 배우가 능히 불러오기 위해서는 연기력뿐만이 아니라 성실함, 진지함, 용기 등 다양한 덕목이 필요한데, 그중에서도 생각에 저항하지 않는, 있는 그대로 받아들이는 '수용(受容)'의 미덕이 배우에게 특히 요구됩니다. 이것은 대사를 떠올렸을 때 솟아오르는 생각을 판단하거나 평가 혹은 의심하지 않으려는 마음가짐입니다. 대사에 집중해서 떠오른 이미지 혹은 생각에 저항하지 않고, 그것을 하나의 물결로 받아들여 자신을 그 속에 휩쓸리게 내버려 두기. 이것이 배우의 몰입입니다.

진실한 연기란 충동과 행동의 일치. 따라서 배우가 할 바란 '그저' 연기하는 것일 뿐. 진실한 연기는 오로지 이렇게밖에 구현될 수 없는 것입니다. 배우가 진실하게 연기하기 위해서는 혹은 충동에 따라 연기하기 위해서는 그도 아니면 자연스럽게 연기하거나 역할과 하나가 되어 연기하기 위해서도 배우는 '그저' 연기해야 합니다. 그러할 때 연기하는 배우의 충동과 행동이 일치하기 때문입니다.

그런데 이것이 연기하는 배우에게 오히려 더 어렵습니다. 사람이 보통 자기 역량 이상의 무언가를 하려 들면 과도한 흥분과 같은 심리적 긴장이 생겨납니다. 반면 능히 감당하는 일을 처리할 때는 마음이 편안하기 그지없습니다. 우리가 그동안 훈련해 온 이유도 이와 비슷한데, 충실한 훈련을 통해 말하기의 역량을 끌어올렸을 때만 편안하게 대사를 말할 수 있기 때문입니다. 그러니까 배우가 '그저' 연기하기 위해서도 그에 앞서 피나는 노력과 훈련이 선행해야 합니다. 충분한 음성의 역량 없이 배우가 좋은 소리로 말할 수 없는 것처럼 분석에서 화술까지 연기에 관한 공부와 훈련 없이 배우가 '그저' 연기하기란 지극히 어렵습니다. 준비가 부족한 배우가 그냥 연기하려 든다면 배우가 지닌 문제점이 실연에서 고스란히 드러날 것입니다. 그런 배우에게 연기는 힘든 고역이자 끝없는 투쟁입니다. 반면 공부와 훈련으로 준비된 배우에게 연기란 신나는 놀이입니다. 그것은 '그저' 하면 되는 것이기 때문입니다.

그러나 연기를 '그저' 하라는 지침은 진실한 연기를 진실하게 연기하라고 가르치는 것처럼 동어반복의 오류입니다. '그저' 하라는 것은 분명히 일리를 가진 지침일 수 있으나 이는 묘사일 뿐 방법은 아닙니다. 따라서 그것은 다른 레벨에서 더 실제적이고 구체적인 방법으로 설명되어야만 합니다. 이를 실제로 구사하는 방법으로 '대사를 쏟아내듯이 말한다.'라는 말하기 개념은 이러한 화술을 실제로 터득하는 데 도움을 줄 수 있습니다. 쏟아내듯이 말한다는 개념은 '흘러나오는 말'이라는 개념을 실감의 측면에서 한 단계 더 진척시킨 실천 개념입니다.

일단 엎질러진 물은 다시 주워 담을 수 없습니다. 이것이 자연의 이치입니다. 배우의 말하기도 일단 시작되면 배우가 주관대로 조정이 불가능한, 즉 엎질러진 물과 같은 운동 양상의 발화행위가 되어야 합니다. 그와 같기 위해서 역할의 대사를 인위적으로 조정할 수 없도록 아예 쏟아지는 물처럼 말을 하라는 것입니다. 배우가 대사를 쏟아내듯이 말한다면 말하는 행위에 주관의 개입이 그만큼 배제됩니다. 이런 경우 일단 말이 시작되면 말에 생기는 자생적인 리듬과 템포가 주도해서 대사가 끝까지 말해지게 합니다. 이를 위해 배우의 마음가짐은 내가 한 말이 더는 내 것이 아니라 그 자체로 독립적인 운동이라는 것, 그 독자성을 아예 인정해 버려야 합니다. 이와 반대로 배우가 말하기에 대한 간섭을 포기하지 못한 체 대사를 조심스럽게 말하거나 인위적으로 조절하며 말하는 방식은 무의식적으로 감정 표현을 억제하는 말하기 습관이라고 구분할 수 있습니다.

쏟아내듯이 말하기, 이것은 결국 배우의 말하기를 더욱 실감 나게 만드는 화술의 실천적 관점 혹은 해석인데, 이처럼 배우의 말하기(연기)는 실제적인 훈련과 더불어 관점 혹은 해석의 선환을 통해서도 강화되고, 향상될 수 있습니다. 이런 점이야말로 연기에 대한 이론 혹은 교육이 필요한 근거일 것입니다.

말이 이끄는 생각

이 책에서는 배우 화술의 기초 역량으로 절차적 수행을 강조했습니다. 배우의 말하기가 드라마 형식에 적합하면서도 실감 나기 위해서는 생각-감정-호흡의 절차를 통해 대사를 말하는 절차적 수행이 배우 화술의 기초를 이루어야 하기 때문입니다. 그러나 '말의 조합'과 같은 방식에 이르러 배우의 말하기 과정에서 순서의 역행이 일어나게 됩니다. 즉, 말의 조합처럼 실감을 강조하는 말하기를 구사하기 위해서는 반대의 순서인 말이 생각을 일으키는 방식으로 대사를 말하는 역량이 필요합니다.

달리 말해, 이것은 말의 조합과 같은 말하기 방식을 배우가 현장에서 실제로 구사하려면 말하기 자체가 곧 생각하는 행위가 되어야 한다는 얘기입니다. 즉, 적정한 훈련을 통해 말하기라는 행위 자체가 생각을 일으키는 수준에 이르게 해야 하는 겁니다. 이런 경우 배우는 '자기가 하면서도 자기가 놀라는' 실연을 펼치게 됩니다. 이점이야말로 필자가 연기론 연구에서 배우의 말하기에 주목한 결정적인 이유입니다. 예컨대 충분한 훈련을 통해 배우가 탁월한 말하기의 역량을 갖추게 되면 말하기라는 행위의 실천으로 연기의 원동력인 생각의 힘 즉 집중력의 향상을 유도합니다. 분명 생각에 수반해서 말이 나오는 것이 맞지만, 반대로 말하기에 의해서도 생각이 일어나는 겁니다.

뚜렷한 생각이 좋은 말하기의 원동력이라면 반대로 탁월한 말하기의 역량은 그만큼 뚜렷한 생각을 일으키는 신체 작용이 될 수 있습니다. 이런 맥락에서 배우 화술의 향상은 단지 말하기 역량의 향상에만 머무는 것이 아닌 연기력의 전반적인 향상을 촉발하는 촉매제가 될 수 있습니다. 만약 어떤 배우의 집중력 혹은 정신력이 부족하다면 부단한 화술훈련을 통해 탁월한 말하기의 역량을 갖춤으로써 부족한 집중력을 만회할 수 있습니다. 이런 측면에서 배우의 말하기에 연기의 모든 것이 담겨 있다는 주장은 결코 지나친 억측이 아닙니다.

물론 생각이 말을 유발하는 절차적 말하기와 말이 생각을 일으키는 말의 조합은 서로 대척되는 상호모순의 방식입니다. 따라서 당연하게도 독자는 이런 견해가 필자의 '자가당착 혹은 자기합리화'에 가깝다는 반문을 제기할 수 있습니다. 그러나 오늘날, 이러한 모순된 체계의 양립을 통해서 새로운 무언가를 양산하는 창작 원리는 현대예술의 중요한 특성이 되었습니다. 그도 그럴 것이 불확정성의 원리 등 여러 증명을 통해서 확인되듯이 우리가 살아가는 세계 자체가 모순된 체계 위에 성립되었기 때문입니다. 이런 맥락에서 필자는 현대적 의미의 리얼, 즉 창조적 진실을 발현하는 연기론의 도래는 앞서 설명했던 절차적 수행에 기초한 반복의 방식과 더불어 합리성에 기반한 모순된 체계의 수립에 있다고 확신하며, 이 책 역시 그러한 맥락 위에서 작성된 것입니다.

:: POINT

- ✓ 배우의 말은 상대에게 원하는 바를 이루려는 내적 운동이 되어야 한다.
- ✓ 하나의 대사는 하나의 의도, 하나의 감정, 하나의 충동, 하나의 호흡으로 말해져야 한다.
- ✓ 진실한 화술은 충동과 행동 사이에 잡념이 끼어들지 않는 말하기다.
- ✓ 생각이 말을 이끌지만 반대로 말이 생각을 이끌 수 있게도 훈련해야 한다.

1단계: 음성 역량의 적용

화술훈련의 첫 단계는 그동안 연습해 온 음성의 역량을 대사 말하기에 적용하는 연습이다. 이를 통해 배우는 역할의 대사를 자신의 목소리로 정직하게 말할 수 있는 토대를 마련한다.

> ### 고리끼 작 〈적〉 중에서 남자
>
> 무대 위에 서서 사람들을 바라보면 난 불안해.
> 난 그들을 사로잡을 수도 없고, 흥분시킬 수도 없어.
> 공포와 희열의 짜릿함을 맛보고 싶어, 그들 앞에서 말이야!
> 불꽃처럼 튕기는 대사, 정열을 폭발시키는 말들,
> 가슴을 꽉 채울 수 있는 말들을 그들에게 내뱉고 싶어!

:: 훈련 예제 1
호흡의 적용

1장 〈호흡〉에서 배웠던 호흡의 지지를 대사 말하기에 적용하는 연습이다. 호흡의 지지가 바탕을 이루어야만 배우는 안정적인 톤으로 대사를 말할 수 있다. 호흡의 지지에서 중요한 부위는 역시나 흉곽의 유지와 아랫배의 참여이다. 숨은 배가 아니라 폐로 들어오기 때문이다. 흉곽의 유지는 호흡 압력의 지지와 더불어 흉성이 울릴 수 있는 공간을 확보한 점에서도 중요하다. 훈련하는 동안 안정적인 톤의 형성을 위해서 음폭의 변화를 적게 해서 일정한 톤으로 대사를 말하려고 노력해야 한다.

• 〈호흡〉편에서 소개했던 '히싱' 호흡을 실천한다. 필요를 느껴 충분

한 들숨이 들어온 후 벌어진 흉곽을 지지하면서 성도의 이완을 유지한 채 '쓰(s)' 소리를 작고 균일하게 내면서 호흡이 일정하게 나가도록 한다. 앞 예문의 대사를 말로 하지 않고 히싱 호흡으로 해본다.

• 같은 방법으로 호흡을 지지하면서 예문의 대사를 한 호흡에 한 줄씩 말해 본다. 다시 말해 '히싱' 호흡을 하면서 독백 대사를 말하는 것이다. 대사를 말하는 동안 흉곽이 유지되고, 아랫배의 참여로 균일하고 경제적인 호흡으로 음폭의 변화를 적게 해서 대사를 끝까지 안정적인 톤으로 말할 수 있을 때까지 연습한다.

• 만약 대사의 어미에서 호흡이 부족하면 아랫배를 살짝 더 당겨주어 대사의 어미를 살리고, 나가는 호흡의 양이 필요 이상이라면 흉곽을 버티는 힘을 살짝 더해 과도한 호흡이 빠져나가지 않도록 조절한다.

:: 훈련 예제 2
노래처럼 말하기

4장 〈공명〉에서 배웠던 소리의 울림을 대사 말하기에 적용하기 위한 훈련이나. 우리의 음성기관은 과거의 습관에 따라 말할 때보다 노래 부를 때 기능적으로 확장된 상태로 준비되는 경향이 있다. 인간은 기억의 동물이다. 그래서 우리가 노래를 부를 때 그에 맞춰 호흡의 근육이 활성화되고, 목구멍이나 연구개 등 성도가 확장되곤 한다. 그뿐만 아니라 노래를 부른다는 생각 자체가 무의식적으로 소리의 울림을 활성화하고, 모음 위주의 발음에도 도움을 준다. 다시 말해, 노래를 부른다는 생각만으로 우리는 호흡의 지지와 성도의 확장 그리고 소리의 공명에서 유리한 효과를 얻을 수 있다.

- 앞에서 소개했던 '소리 없이 웃기'와 연구개, 턱, 혀 등 성도를 이완하는 훈련을 실천해서 입안 공간을 거꾸로 된 메가폰처럼 편안히 확장한다.
- 자신이 잘 아는 노래를 한 곡 선정해서 호흡, 성도, 공명을 활성화한 상태로 노래를 부른다.
- 이번에는 한 소절은 노래로 부르고, 한 소절은 노래가 아닌 말로 한다. 노래할 때나 말할 때 균일한 소리가 나도록 연습한다. 무엇보다 노래를 부르거나 말로 할 때 특정 발음에서 성도 공간이 깨지지 않게 유지하는 것이 중요하다. 만약 연습이 잘 안된다면 코르크 마개를 앞니에 물고 성도 공간을 유지한 상태에서 연습을 반복한다.
- 노래할 때의 울림이나 감성, 뉘앙스는 그대로 지니지만, 음의 변화 없이 일정한 톤으로 가사를 말해서 노래가 아닌 말하기로 소리 내는 것이 중요하다.
- 이번에는 예문의 독백 대사를 한 줄은 노래로, 한 줄은 말로 하면서 연습한다.
- 노래할 때의 풍부한 호흡과 성도의 확장, 공명의 번성이 말하기에 온전히 적용될 때까지 연습한다.

:: 훈련 예제 3
후두의 안정

소리가 실제로 울리는 공간인 성도의 확장은 배우가 편안한 소리로 대사를 말하기 위한 필수 요건이다. 특히나 중저음의 톤으로 대사를 말하는 배우에게 후두의 안정은 호흡의 안정만큼이나 중요하다. 본 훈련은 후두가 안정된 상태에서 대사를 말하는 연습을 통해 말의 안정감을 향상하는 훈련이다. 숙련이 덜 된 배우의 경우 후두의 안정이 의지대로 되기 어려우므로, 우선 달랜다는 느낌으로 천천히 연습한다.

- 큰 하품으로 후두를 편안한 정도까지 내려가게 유도한다.
- 한 손의 엄지와 검지로 내려간 후두 즉 갑상연골 부위를 갖다 댄다는 느낌 정도로 가볍게 살짝 잡아서 후두를 느껴보고, 인지한다.
- 양 손가락으로 가볍게 잡은 상태로 내려간 후두의 안정을 유지하면서 예제 독백의 대사를 천천히 말하다가 잡고 있던 양 손가락을 떼어 주고, 대신 투명한 손가락이 잡고 있다고 상상하면서 후두의 안정을 유지한 채로 대사를 말하도록 연습한다. 대사를 말할 때 음폭의 변화를 줄여서 후두의 안정을 유도한다.
- 하품을 다시 해서 후두가 편안한 정도로 내려가게 한 후 튀어나온 후두 부위에 손가락 두 마디를 갖다 댄다.
- 튀어나온 후두 부위가 손가락 두 마디 사이를 벗어나지 않도록 유의하면서 대사를 끝까지 말하도록 훈련한다. 꾸준한 연습으로 대사를 말하는 동안 후두의 안정이 유지될 수 있게 한다.

2단계: 절차적 말하기

화술훈련의 2단계는 '생각 → 감정 → 호흡 → 발화'의 순서대로 절차적으로 말하는 방식을 체득하는 훈련이다. 과정의 실천을 통한 절차적 말하기는 진실한 화술의 토대를 마련해주고, 지렛대 혹은 눈덩이 효과를 양산해서 연기하는 배우에게 자유와 이완을 선사해 준다.

말의 절차

이 훈련은 화술의 토대인 '생각 → 감정 → 호흡 → 발화'라는 절차를 수행하며 말하는 방식을 체득하는 연습이다. 훈련 시 대사를 말할 때 감정을 꾸미거나 자신의 내면에 생겨난 것 이상을 표현하지 않도록 주의한다.

• 독백 예문의 각 대사를 분석해서 행동(의도)을 기록한다. '무대 위에 서서 사람들을 바라보면 난 불안해.'라는 대사의 경우 행동은 '고백하다'로 분석할 수 있겠다.

• 그런 다음 각 대사와 직간접적으로 연관된 이미지, 특히나 자신에게 강한 감정을 불러일으키는 이미지를 떠올려 본다. 예를 들어 '무대 위에 서서 사람들을 바라보면 난 불안해.'라는 대사의 경우 '빈 무대에서 혼자 떨고 있는 내 모습'이나 '바람에 흔들리는 촛불' 등의 이미지를 떠올릴 수 있다.

• 대사의 행동을 지금 내가 진짜로 생각하고, 해당 이미지(정보)가 떠오를 때까지 기다린다.

• 이미지가 떠오른 후 생겨나는 감정을 몸 전체로 충분히 느낀다. 긴장이 발생하거나 숨이 멈추지 않게 유의한다.

• 이제 대사를 말하고 싶은 욕구가 느껴지면 욕구에 의한 호흡이 몸으로 들어오게 한다. 사전에 충실히 대사를 암기했다면 대사(언어)가 저절로 떠오르게 된다.

• 나가는 호흡에 천천히 대사를 말한다. 대사를 말할 때 감정을 꾸미거나 자신에게 생겨난 것 이상을 표현하려 하지 말고, 그저 대사를 '쓱~' 말한다.

- 독백의 대사 전체를 같은 방식으로 연습하고, 절차적 말하기가 숙달될 때까지 훈련을 반복한다.
- 절차적 말하기가 숙달되면 생각-감정-호흡이 거의 동시에 일어난 후 대사를 말하도록 연습한다.

:: 훈련 예제 2

감정의 절차

말의 과정에서 감정은 생각만큼이나 중요한 절차이다. 본 훈련은 풍부한 감정을 유발하는 낱말을 대상으로 말의 과정에서 감정의 절차를 강화하는 연습이다. 인위적으로 낱말의 느낌이나 감정을 표현하려 하지 말고, 낱말이 지닌 이미지를 명확하게 떠올린 후 감정을 충만히 느낀 후 수반되는 호흡에 실어 각각의 단어를 말한다.

- 아래 예제로 제시된 단어를 떠올리고, 단어가 유발하는 감정을 충분히 느껴서 몸에 변화와 함께 그에 따른 호흡작용으로 단어의 색깔 혹은 맛을 실리며 천천히 말힌다.

예제) 뜨겁다. 차갑다. 짜다. 시다. 아프다. 달콤하다. 춥다. 덥다. 역겹다. 반갑다. 무섭다. 슬프다. 애틋하다. 사랑한다. 증오한다. 분노한다. 폭발한다. 목마르다. 배고프다. 등등

SNOW BALL

본 훈련은 집중력을 고양한 상태에서 말하기의 절차를 습득하는 연습이다. 배우는 각 절차를 천천히 정확하게 수행하다가 점차 빠르고 강하게 점층하는 방식으로 말하기를 훈련한다. 몰입에 이를 정도로 배우의 집중력이 높아지면 폭발적인 생각과 감정을 발산하면서 대사를 말하게 된다.

무대 위에 서서 사람들을 보면 난 불안해. (1)
관객들의 냉정한 눈초리는 '지루해'라고 말하는 것 같아. (2)
난 그들을 흥분시킬 수도, 사로잡을 수도 없어. (3)
공포와 희열의 짜릿함을 맛보고 싶어, 그들 앞에서 말이야. (4)

- 위 독백의 대사를 순서대로 암기한다.
- 호흡을 모두 뱉은 상태에서 첫 번째 대사(1)의 행동(의도)과 이미지 (의미)를 떠올린다.
- 대사에 대한 감정을 느낀다. 감정을 느낀다는 것은 몸으로 대사의 의도와 의미를 '알아차림'하는 것이다.
- 몸의 변화가 생기면서 발화 충동을 느꼈을 때 암기해 둔 대사의 언어가 머릿속에 자연히 떠오르고, 들숨이 자연히 들어온 후 나가는 호흡에 대사를 실어 말한다.
- 대사(1)의 수행과정이 완결되면, 대사(2)를 동일 방식으로 실천한다. 단, 첫 대사의 발화가 끝나고 호흡에 대한 욕구로 독백과 상관 없는 숨을 들이쉬지 않도록 유의해야 한다. 두 번째 호흡 역시 두 번째 대사의 생각과 감정의 절차를 수행한 후 들어와야 한다.

- (1)부터 (4)까지 대사를 모두 실연했으면 연결이 끊어지지 않게 다시 대사(1)로 돌아가 실천한다. 독백의 주기가 반복될수록 배우는 대사의 각 절차를 굴러가는 눈덩이처럼 더욱 강하게 수행한다. 다시 말해, 주기가 반복될수록 대사를 더욱 또렷하게 생각하고, 더욱 풍부하게 감정을 느끼고, 더욱 크게 숨을 쉬고, 더욱 큰 소리로 말하라는 것이다.

- 독백의 실연에서 과정의 수행을 점차 빠르게 실천한다. 그렇지만 '생각→감정→호흡→발화'의 각 절차를 건너뜀 없이 정확하게 수행토록 유의해야 한다.

- 굴러가는 눈덩이처럼 과정의 회전이 연쇄, 가속화되면 어느 순간 몰입 현상이 일어나고, 몰입에 이른 배우는 폭발적인 생각과 감정으로 대사를 말하게 된다.

:: 훈련 예제 4
쉼의 활용

훈련이 부족한 배우들이 지니는 공통적인 문제는 말하기의 속도가 필요 이상 빠르다는 점이다. 말이 빨라지면 절차를 온전히 수행하면서 대사를 말하기가 어려워진다. 그로 인해 호흡이 불안정해지고, 발음이 뭉개지고, 말의 공명이 사라지기 쉽다. 이의 해결에 도움을 주는 훈련이 쉼을 활용해서 말의 속도를 제어하는 연습이다. 방법은 간단하다. 대사를 말하는 동안 쉼과 멈춤을 활용해서 말하면 되는 것이다. 쉽게 흥분하거나 말이 빠른 사람의 경우 의도적으로 쉼을 더 많이 두어 대사를 말한다면 개선의 효과가 더욱 크다.

- 아래 예제의 독백을 대상으로 쉼과 멈춤을 충분히 살리면서 느린 속도로 대사를 말한다.
- 보통 마침표나 쉼표, 물음표 등이 사용되는 부분에서는 다음 대사의 말하기에 필요한 새로운 숨을 들이쉬고 대사를 이어 말한다. (/ 숨)
- 반면 한 문장 안에서 의미전달을 위해 쉬는 부분에서는 숨을 쉰다기보다는 말소리만 잠시 멈추었다가 말을 이어간다. (∨ 쉼)

예제) / 숨 : ∨ 쉼
/ 그렇게 잘난 사람이 ∨ 왜 자기 앞의 진실은 외면해?
/ 자기를 끔찍이 사랑하는 사람의 진실, / 그 진실은 왜 못 봐?
/ 사랑이 자기 앞에서 ∨ 이렇게 허덕이고, ∨ 애원하고, / 울면서 목이 타게 갈망하고 있어!

3단계: 기초 화술의 패턴

화술훈련의 3단계는 배우 화술의 기초로서 말의 기본 패턴을 습득하는 연습이다. 모두의 말하기는 개인적이며 저마다 독특하다. 그러나 표준 억양처럼 우리 모두에게 적용할 수 있는 말하기의 공통적인 패턴 역시 분명히 존재하며, 그 패턴을 훈련함으로써 배우는 대사 처리의 역량을 향상할 수 있다.

한 단어처럼 말하기

하나의 대사는 하나의 목적, 하나의 감정, 하나의 충동, 하나의 호흡(긴 대사의 경우 생리적인 필요에 따라 호흡이 추가로 일어난다)으로 말해져야 한다. 따라서 배우 화술의 비결은 역할의 대사를 절차적 수행을 거쳐 호흡의 흐름에 '쓱~' 흘러가듯이 말할 수 있는 역량이다. 소리는 걸리지 않아야 하고, 말은 흘러나와야 한다. 이것이 배우가 안정된 톤으로 대사의 의도를 명확하게 드러내며 말할 수 있는 화술의 기본이다. 이를 위한 훈련이 바로 긴 대사를 한 단어처럼 말하는 연습이다.

A.
- 아래 예제와 같이 긴 대사를 정한 후 대사의 의미를 축약하는 "아으, 정말!" "나 참!" "그만해. 가슴이 아파." 등등 짧은 감탄의 단어나 문장으로 대체해 본다.
- 짧은 단어를 생각과 감정을 담아서 점차 큰 소리로 반복해서 말해본다.
- 충분한 정도의 생각과 감정이 느껴지면 이번에는 긴 대사를 짧은 단어와 동일하게 말해 본다.
- 대사의 시작과 끝이 같은 톤, 같은 감정으로 말해져야 한다. 긴 대사의 경우 생리적 필요에 따라 중간에 숨을 쉬어 가면서 말한다.

예제) "그도 그럴 것이 그 악몽에서 깨어난 며칠 뒤 외국에 있는 친구에게서 이상한 전화가 걸려왔다니까요." ↔ "희한하네, 정말!"

B.
- 아래의 예문으로 한 단락으로 말하기 훈련을 연습한다. 음절의 수
는 다르지만 모두 같은 의미를 지닌 말들이다.
- 한 단락의 대사를 흔들리지 않게 말해 보고, 긴 음절의 대사도 처음
의 한 음절처럼 끊어지지 않고 같은 형태로 한 호흡의 흐름에 실어
'쏵~' 말해 본다.

> 야!— → 이봐! → 이거 봐! → 이거 보라니까! →여기 좀 봐 달라니까요!
>
> 왜? → 뭔데? → 왜 그러는데? → 무슨 이유가 있는 거야?
>
> 그렇죠? → 그렇게 생각하죠? → 없는 사람은 그러리라고 생각하죠? →
> 없는 사람이 살기는 겨울보다는 여름이 낫다고 생각하죠?

:: 훈련 예제 2
행동하는 말

배우의 말은 단순히 정보만을 전달하는 것이 아니다. 그것은 상대에게 원하
는 목적을 달성하기 위한 실제적인 작용, 말 그대로 '행동'이 되어야 한다.
'연기란 행동'이란 정의에서 알 수 있듯이 배우는 역할의 대사를 역동적인
내적 작용으로 발화해야 한다.

- 아래 예제의 대사마다 행동 동사를 기록한다. 행동 동사는 필자의
다른 서적 『연기하는 배우의 분석』에서 〈행동동사사전〉 편을 참조
하면 필요한 도움을 얻을 수 있다.

> ### 김광림 作 사랑을 찾아서 中 미스 리[76]
>
> 그렇게 잘난 사람이 왜 자기 앞의 진실은 외면해?
> 자기를 끔찍이 사랑하는 사람의 진실, 그 진실은 왜 못 봐?
> 사랑이 자기 앞에서 이렇게 허덕이고, 애원하고, 울면서 목이 타게 갈
> 망하고 있어!
> '널 사랑한다.' 그 말 한마디 못 해주면서 진실은 무슨 얼어 죽을 진실이야?
> 그래, 이제 알겠어, 이젠 정말 당신의 마음을 알겠어.
> 아, 오히려 홀가분해지네.
> 이제 비로소 나 당신에게서 벗어나 진짜 삶을 살아갈 수 있을 것 같아.

- 앞의 훈련에서 했던 것처럼 예문의 대사를 생각하고, 느끼고, 호흡
  하면서 말해 보는데, 대사가 단순히 글자라는 정보가 들리는 것이
  아니라 실제적인 운동, 내적인 작용으로써 말해 본다.
- 행동으로 말하기를 돕기 위해 대사의 행동을 떠올리고 생각-감정-
  호흡의 절차를 거친 후 대사를 말할 때 그에 부합하는 신체 동작을
  함께 하면서 대사를 말해 본다.
- 행동에 대한 감이 생기면 동작을 하지 않고 대사만으로 행동(내적
  운동)하면서 말해 본다.

  예제) 그렇게 잘난 사람이 왜 자기 앞의 진실은 외면해? (비꼬다)
  → 상대를 비꼬는 손가락질과 함께 대사를 말한다.
  자기를 끔찍이 사랑하는 사람의 진실, 그 진실은 왜 못 봐? (안타까워하다)
  → 상대를 일깨우기 위해 어깨를 잡아 흔드는 동작과 함께 대사를
  말한다.
  사랑이 자기 앞에서 이렇게 허덕이고, 애원하고, 울면서 목이 타게
  갈망하고 있어! (호소하다)
  → 강력한 호소를 위해 양손을 불끈 쥐는 동작과 함께 대사를 말한다.

말의 개념

말의 전달력을 강화하는 혹은 더욱 편안한 소리를 나게 하는 실천 개념을 도입해서 자신의 말하기를 새롭게 정의한다. 이를 통해 배우는 자신의 말하기에서 부족한 부분을 보완하고, 말의 설득력을 강화한다.

- 예문의 독백이나 아니면 개인적으로 독백을 선택해서 연습을 진행한다.
- 공명이 약한 사람이라면 '말하다' 대신 '부른다'의 개념으로 대사를 말한다.
- 긴장도가 높은 사람이라면 '내쉰다'의 개념으로 대사를 말한다.
- 어미 전달이 약한 사람이라면 '쏜다'의 개념으로 대사를 말한다.
- 이외에도 자신의 약점을 보완하는 실천 개념을 고안해서 적용한다. 그것이 곧 말하기에 관한 당신의 예술적 진실이 되는 것이다.

강조

말하기의 기본적인 역할은 정보 전달 다시 말해 대사의 의미를 명확하게 표현하는 언어의 전달이다. 이를 위한 최선책은 너무도 간단한데, 대사의 의미를 함축하는 핵심 단어를 강조하며 말하는 방법이다. 한 대사를 한 호흡, 한 색깔, 하나의 감정으로 말하면서도 의미의 핵심이 되는 단어를 강조하는 방법을 적재적소에서 활용한다면 당신도 소위 '말 잘하는' 배우로 인정받을 수 있다.

a. 높임

• 말 그대로 대사의 중요한 의미를 지닌 단어를 높여 말하는 방법이
다. 한 대사에서 1~2개 정도의 핵심 단어를 반음 정도 높여 말해서
강조한다.

예제) 그 사람은 아마 **내일쯤** 오지 않을까 싶네요.

b. 천천히

• 대사의 중요한 단어를 천천히 말해주면 그만큼 단어의 의미를 부각
할 수 있다. 이를 통해 말의 리듬에도 변화를 줄 수 있고, 말의 속도
개선에도 도움을 얻을 수 있다.
예제) 그렇게 잘-난- 사람이 왜 자기 앞의 진실은 외면해?
자기를 끔-찍-이- 사랑하는 사람의 진실, 그 진실은 왜- 못 봐?

c. 멈춤

• 말을 하던 배우가 갑자기 말을 멈추면 관객은 자연히 그 배우를 주
목하게 된다. 침묵은 관심을 높이는 힘을 갖고 있기 때문이다. 특히
나 핵심어 앞에서 잠시 말을 멈춘다면 강조하는 효과가 너욱 커진
다.

예제) 이제 비로소 나, 당신에게서 벗어나… 진짜 삶을 살 수 있을
것 같아.

d. 찍어 읽기

• 찍어 읽기는 대사의 핵심 단어에 강세를 주어 읽음으로써 말의 리

듬을 만들어내고, 전달하려는 내용을 더욱 명확하게 부각하는 방법이다.

> **무**대 위에 **서**서 사람들을 바라보면 **난** 불안해·

4단계: 즉흥과 변화

'즉흥과 변화'는 화술훈련의 마지막 단계로서 배우의 말하기에 실감을 높여주는 방법이다. 배우의 말하기는 불규칙한 즉흥과 변화가 그 안에 포함될 때 높은 실감이 생겨난다. 우리의 삶 자체가 예측 불가하고, 불규칙한 사건의 연속이지 않은가.

:: 훈련 예제 1
부분과 전체

한 대사를 구성하는 단어들의 의미를 각각 살려주며 대사의 전체를 말한다. 이 훈련은 부분의 부각을 통해 전체의 의미를 최종적으로 살려내는 말하기 훈련이다. 비유컨대 캔버스 위에 그려지는 하얀 구름, 파란 하늘, 초록 나무 등등 그 각각의 색깔을 제대로 살려주었을 때 전체적으로 아름다운 풍경화가 완성되는 것과 흡사한 원리이다. 각 단어가 지닌 색깔을 충분히 살려서 말하다 보면 대사의 전체적인 의미, 즉 대사의 의도가 저절로 드러나게 된다.

• 한 대사를 정해서 말하는데, 대사를 구성하는 각각의 단어가 지니

는 의미를 부각하면서 대사를 말한다.

- 대사를 구성하는 각 단어의 의미를 충실히 살리며 말하면서도 최종적으로 전체 대사의 색깔(의도)이 부각하도록 말한다.

예제) 파란 하늘을 보니 내 마음이 다 편해지네.

파란 / 하늘을 / 보니 / 내 마음이 / 다 / 편해지네.

:: 훈련 예제 2
동작과 변화

이 훈련은 말하기 연습에 신체적인 움직임을 활용하는 방법으로, 대사를 말할 때 해당 동작을 함께하여 호흡과 음성을 원활하고, 활력 있게 만드는 연습이다. 그와 동시에 다양한 동작을 활용해서 대사마다 다양한 변화를 일으켜서 대사의 맛을 살리면서 말하는 연습이기도 하다.

- 예문의 대사를 걸어 다니면서 말하다가 의자에 앉아서 말해 보고, 다시 일어나 볼규칙하게 지그재그로 길으면서 말하나가 벽을 세게 밀면서 말하다가 돌연 바닥에 누워서 말한다. 다시 자리에서 일어나 제 자리에서 점프하면서 말하고, 달리다가 갑자기 방향을 바꾸고, 또 갑자기 멈춰서, 가슴을 두들기는 등 여러 동작을 예측 불가하게 실천하면서 대사를 말한다.

대사의 분할

배우가 탁월한 화술을 구사하기 위해서는 말하기에 적절하게 대사를 나누는 역량이 매우 중요하다. 분할은 대사의 정확한 전달을 도울 뿐만 아니라 대사를 말하는 동안 적절하게 숨을 쉴 수 있는 타이밍을 제공해서 대사가 지닌 감정과 동력을 더욱 살려줄 수 있고, 무엇보다 분할을 기점으로 억양이나 감정 등 다양한 변화를 만들어 낼 수 있어서 특히 중요하다. 대사의 분할은 기본적으로 표준문법에 따라 대사의 의미 단위로 나누지만 긴 대사의 경우 적절한 호흡의 배분도 고려해야 한다.

a. 의미에 따른 분할
대사의 정확한 의미전달에 우선순위를 두어 문장의 구조와 쉼표, 마침표 등의 문장 부호에 따라서 대사를 나누는 방법이다.

예제) 네가 내 차에 뛰어든 건 내 마누라, 내 새끼들, 나를 죽이겠다는 얘기야!
→ 네가 내 차에 뛰어든 건 / 내 마누라, / 내 새끼들, / 나를 죽이겠다는 얘기야!

b. 무 분할
교통사고가 난 후 많은 차가 밀려 있어서 차를 빨리 옮겨야 하는 택시기사의 경우처럼 다급한 상황처럼 인물의 조급함을 나타내기 위해서 배우는 하나의 긴 대사를 어떤 분할도 없이 모두 연결해서 속사포같이 말할 수도 있다.

→ 네가내차에뛰어든건내마누라내아이들나를죽이겠다는얘기야!

c. 강조 분할

배우는 어느 부분을 강조하기 위해서 한 단어만 강조해서 말하고, 나머지 부분은 의미 단위로 나누어서 대사를 말할 수도 있다. 아래 예제의 분할은 끔찍한 교통사고를 일으킨 당사자가 상대방이라는 사실을 강조하기 위해 '네가'를 길게 말한 후 나머지 부분을 한 덩어리로 묶어서 대사를 처리한 것이다. 이처럼 대사의 의미 분할은 배우가 말의 묘미를 살려주는 기술로 활용할 수 있다.

→ 네가~~~ / 내 차에 뛰어든 건 내 마누라, 내 새끼들, 나를 죽이겠
다는 얘기야.

:: 훈련 예제 4

따라 하기

이 훈련은 따라하기를 통해 배우기 역할의 대시를 얽기히지 않고, 지신의 말로 할 수 있게 돕는 연습이다. 배우가 역할의 대사를 내 말로 할 수 있다면 그 안에는 다양한 변화와 생생한 실감이 자연히 담기게 된다. 역할이 처한 극적 상황을 내가 직면한 현실처럼 받아들이도록 돕는 적합한 대본분석이 전 단계 작업으로 요구된다.[77]

• 현실에서 자신에게 감정적인 동요를 일으킨 사건, 예를 들어 부모
님과 크게 언쟁을 벌였던 사건을 떠올리고, 이와 유사한 독백을 하

나 고른 후 목적과 행동, 상황 등의 분석을 선행한 후 대사를 암기
한다.

- 부모님과의 언쟁처럼 실제로 경험했던 사건 속에서 자신이 당시 했
던 말을 기억해서 하나의 독백 대사로 적어본다. 그렇게 적은 말을
마치 대본의 대사처럼 암기한 후 실연한다. 당연하게도 과거 자신
이 실제로 했던 말이기 때문에 역할의 대사가 아니라 내 말처럼 하
게 될 것이다.

- 이제 자신의 경험과 유사한 독백을 골라서 연기하는데, 배우로서
역할을 연기한다는 접근이 아니라 역할이 극 속에서 처한 상황이
내 앞에서 실제로 벌어진다는 상상 속에서 역할의 입장이 되어서
'나'로서 말을 한다. 역할이나 연기는 어디에도 없으며, 그런 상황
에 직면한 내가 '그저' 말을 할 뿐이다.

- 충분한 연습으로 내가 그저 말을 한다는 감각이 어느 정도 익숙해
지면 자신의 실제 경험과 연관성이 떨어지는 대사 예를 들어 셰익
스피어의 희곡이나 사극 속의 대사를 골라서 같은 방식 즉 해당 대
사와 가능한 유사했던 자신의 경험을 떠올려서 당시에 했던 말을
대사처럼 적어서 연기해 본 후 셰익스피어나 사극의 대사를 분석,
암기한 후 극 상황을 실제로 자신에게 벌어지는 일로 받아들여 나
의 말로서 대사를 '그저' 말한다.

- 이번에는 나의 경험이 아니라 현실의 누군가를 관찰하고, 그의 말
을 녹음해서 말뿐만 아니라 한숨 등의 비언어적인 표현까지도 대
본의 대사처럼 기록한 후 똑같아질 때까지 따라하기를 반복해서
연습한다. 그 사람의 말하는 패턴을 사실적인 수준까지 따라 할 수
있게 되면 앞의 독백에 그대로 적용해서 독백을 그 사람처럼 말하
면서 연기한다.

말의 조합

말의 조합은 우리가 일상에서 실제로 말을 떠올리며 말하는 방식처럼 실연 순간에 말의 의도인 '행동'을 기준점으로 삼아 적합한 낱말과 구(句)들을 떠올려 각각의 맛을 살리면서 문장을 조합해서 대사를 말하는 방식이다. 현실에서처럼 말의 구심점이 되는 의도인 '행동'을 먼저 떠올린 후 문장을 구성하는 순서대로 낱말이나 구(句), 절(節)을 순차적으로 떠올리면서 대사의 전체적인 맛을 살려 주고, 마지막 단계에는 '의도된 무의도'를 추가해서 말의 즉흥성을 고취한다.

예제 대사) 엄마, 냉동 칸에 넣어 둔 우유 좀 주세요!

• 대사를 의미에 따라 구분하고, 말의 의도인 행동을 찾아서 기록한다.

> 엄마, / 냉동 칸에 넣어 둔 / 우유 좀 주세요!
> 행동 : 요청하다

• 대사를 말하기 전 말의 의도인 '요청하다'(행동)을 먼저 떠올린다.
• 대사의 선행석 순서대로 분할이 된 ⑴, ⑵, ⑶을 떠올리면서 대사를 말해간다. 문장 전체를 떠올리는 것이 아니라 나누어진 의미 단위의 구(句)를 순서대로 떠올리는 것이다. 이를 통해 배우는 더욱 집중해서 대사의 생각을 떠올릴 수 있으므로, 각 단위 말의 '맛'을 살려주면서 대사를 말해 나간다.
• 같은 방식으로 대사를 다시 말해 보는데, 이번에는 '의도된 무의도'를 적용해서 세 가지 구(句) 중에서 하나를 즉흥적으로 혹은 변칙적으로 말해 본다. 쉽게 말해 자신조차 배신하면서 해당 단어나 구

(句)를 저지르듯이 말하는 것이다. 예컨대, 목이 너무 말라서 '애원하다.'로 말의 핵심인 행동을 결정해서 ①, ②와 다급한 느낌으로 말했다면 ③은 갑자기 그런 자신이 너무 한심하게 생각되어 실없이 웃으면서 말한다.

8
이완

1) 이완의 원리

이완의 정의

배우가 그동안 훈련해 온 말하기의 역량을 오디션을 비롯한 실연 현장에서 온전히 발휘하기 위해서는 실연 전 최적의 상태로 자신을 준비할 수 있어야 합니다. 이렇듯 배우가 최적으로 연기할 수 있는 심신의 상태를 연기 분야에서는 보통 '이완'(RELAX)이라고 부릅니다.[78] 이완은 신체적으로는 호흡 등의 신체 운용이 막힘이 없으면서도 과도한 에너지의 발생 없이 제대로 작동하는 몸의 상태를 가리키며, 심리적으로는 위축이나 불안감 등 부정적인 감정 없이 편안한 마음, 무엇이든 해낼 수 있다는 자신감이 충만한 상태를 일컫습니다. 육상 선수가 최상의 컨디션에서 자신의 신기록을 수립하듯이 배우 역시 이완의 상태에서 최선의 실연을 펼칠 수 있습니다. 배우가 이완의 상태에 이르렀을 때 연기의 원동력인 배우의 집중력이 최고조로 발휘되기 때문입니다.

주지하다시피 이완과 집중은 연기의 토대를 이루는 양축입니다. 집중이 연기에 필요한 에너지를 창출한다면 이완은 에너지의 원활한 운용을 도와줍니다. 따라서 배우가 최선의 실연을 펼치려면 충만한 이완을 바탕으로 집중이 고양된 상태에서 연기에 임해야 합니다. 이완과 집중은 불가분의 관계라서 이완이 촉진되면 집중력이 높아지고, 집중력이 높아지면 이완이 충만해집니다. 그러므로 배우에게 이완이란 흐물흐물 맥없이 늘어진 상태가 아니라 집중을 유지한 상태에서의 안정과 편안함이며, 배우에게 집중력은 과도한 긴장이 배제된 심신의 이완을 바탕으로 주의력이 고도로 활성화된 상태를 의미합니다. 따라서 당신이 배우라면 실연 전 이완의 상태가 제2의 천성이 될 때까지 꾸준히 훈련해서 최적의 연기를 구현할 수 있는 기틀을 마련해 두어야 합니다. 배우로서의 성장은 이완의 성취도와 정비례하기 때문입니다.

음성교사 르삭은 그의 책에서 이완을 몸의 무게가 느껴지지 않으면서 부력으로 둥둥 떠 있는 느낌, 몸의 중심에서 무언가 작은 불꽃들이 '파다닥' 타오르는 느낌, 몸의 에너지가 정지된 된 것이 아니라 흐르는 강물이나 돌아가는 작은 모터처럼 부드러운 운동이 끊임없이 계속되고 있는 느낌이라고 설명했습니다.[79] 이것은 이완 상태의 느낌을 절묘하게 묘사한 표현이 분명하지만 그렇다고 해서 이완을 무슨 신비로운 염력이나 마법과 같은 것으로 여겨서는 안 됩니다. 차라리 우리는 이완을 자전거 타기나 피아노 연주처럼 실제적인 기술로서 받아들이는 편이 나은데, 그래야만 적절한 훈련을 통해 이완을 하나의 도구처럼 구사할 수 있습니다.

이완의 가치

배우의 연기는 고도로 복잡한 심신의 행위입니다. 배우는 극세계라는 제한된 시공 속에서 역할의 생각과 감정, 행동을 동시에 구현해야 합니다. 허구의 인물을 살아 있는 존재처럼, 그것도 관객에게 감동과 실감을 전해주는 예술적 행위로 살아내는 일은 결코 쉬운 일이 아닙니다. 이런 이유에서 배우가 최선의 실연을 펼치려면 찰나의 순간에 최상의 수행 역량을 발휘해야 하는데, 이것은 단지 배우의 연기뿐만이 아니라 연주자의 연주, 무용수의 춤 등 시간성을 지닌 수행 행위의 대개가 그러합니다. 그런데 이 모두는 잠재의식 다시 말해 인지적 무의식으로 해당 행위가 실천되었을 때 최선의 결과를 양산합니다.

예컨대 피아니스트가 찰나에 수십 개의 화음을 연주할 수 있는 것은 각고의 연습을 바탕으로 무의식적인 연주가 가능하기 때문입니다. 그와 마찬가지로 도마 위로 도약한 체조선수는 고난도의 회전 동작을 의식적으로 조정하지 않으며, 다만 본능과 직관에 따라 해당 동작을 실천할 뿐입니다. 같은 맥락에서 고도로 복잡한 소통 형식인 배우의 말하기 역시 초과 학습 즉 입에서 단내가 날 정도로 연습을 반복해서 숙달의 경지에 도달해서 무의식적인 구사가 가능할 때 최선의 실연을 기대할 수 있습니다.

그렇다면 초과 학습을 바탕으로 한 숙달 즉 무의식적인 수행의 체득만으로 배우는 최적의 실연을 펼칠 수 있을까요? 달리 말해 배우의 연습과 결과는 비례하는 것일까요? 그것은 이론적으로 가능할지 모르나 현실에서는 그렇지 않습니다. 각고의 연습에도 불구하고 실제 공연에서 제 기량을 발휘하지 못했던 순간을 배우라면 누구나 경험해 봤을 겁니다. 제한된 시공과 노출된 상황이란 연기만의 특수한 환경은 실연 시 배우에게 고강도의 심리적 부담감을 유발하며, 그로 인해 배우의 무의식적인 구현, 즉 수동적 실천은 강력한 저항을 받습니다.

긴장이 때로는 집중력을 높이는 순기능도 지녔으나 과도한 경우 배우의 실연을 저해하는 장애물로 작용합니다. 배우의 심신에 긴장이 생겨나면 상대와의 소통 운동이 큰 저항을 받습니다. 긴장은 우리의 몸과 정신에 과도한 에너지를 몰리게 하여 활동 능력을 현저히 저하하며, 특히나 불수의적인 몸의 기능을 저해한다는 점에서 배우의 연기에 심각한 악재로 작용합니다.

배우의 심신에 긴장이 생기면 뇌 속의 편도체가 활성화되면서 아드레날린 등의 호르몬이 세차게 분비됩니다. 그에 따라 배우의 생리적 각성 수준이 과도하게 고양되면서 동공의 확대, 심박수 증가 등의 신체적 변화가 일어나 무의식적인 구현을 저해하고 동작, 순서, 기술에서 오차를 유발합니다. 따라서 최선의 실연을 펼치려면 무엇보다 긴장의 억제 다시 말해 심신의 이완이 필수적입니다. 이것은 배우가 아무리 음성과 화술을 열심히 훈련했더라도 실연 순간에 긴장하게 되면 과거의 잘못된 방식대로 대사를 말하게 된다는 것을 의미합니다. 이런 이유에서 실연 전 긴장을 해소하는 이완훈련은 말하기를 포함해서 모든 연기훈련의 전제적 요건입니다.

앞에서 논의했듯이 배우의 연기에는 일상과 구분되는 극세계에 적합한 에너지가 분명히 필요합니다. 그러나 필요한 것과 과도한 것은 엄연히 다릅니다. 만약 우리가 어떤 말과 몸짓을 하려고 할 때 필요 이상의 에너지로 해당 근육을 움직이려 한다면 근육이 딱딱하게 굳어지는 현상이 생깁니다. 이와 같은 근육의 긴장은 여러 문제를 일으켜 호흡과 공명 등 우리 몸의 원활한 작동을 방해하게 됩니다. 관련 근육의 긴장으로 부족해진 호흡작용은 뇌의 산소 공급을 감소시켜 명확한 사고 작용을 방해하며, 긴장된 횡격막과 늑간근으로 인해 호흡이 편안히 들어오지 못함으로 배우는 풍부한 감정을 느끼기도 어렵습니다. 그에 따라 배우는 부족한 부분을 채우기 위해 억지로 표정을 짓거나 목에 힘을 주어 성대를 긁는 소리를 내게 됩니다. 그래서 폴란드의 연출가 그로토프스키(Jerzy Grotowski)는 배우의 훈련이란 연기를 잘하는 특별한 방법을 배우기 이전에 실연을 저해하는 요인을 제거하는 과정이라고 역설했습니다.[80] 비슷한 이유에서 아카데미 수상자인 배우 잭 니콜슨(Jack Nicholson)은 "이완이야말로 연기의 최선책"이라고 말했으며, 연기교사 리 스트라스버그(Lee Strasberg) 역시 "이완에 연기의 비결이 있고, 창의력이 있으며, 모든 것이 이완에서 나온다."라고 주장했습니

다.[81]

그들의 말이 아니더라도 지금까지 소개한 호흡, 발성, 발음 등 모든 말하기의 영역이 이완이 전제되었을 때 비로소 실제적인 효과를 기대할 수 있다는 점에서도 우리는 그 중요성을 확인할 수 있습니다. 이토록 중요함에도, 이완을 이제서야 공부하는 까닭은 음성과 화술을 충분히 수련한 다음 실연 전 자신을 준비하는 기술로서 배우가 이완을 체득하는 쪽이 배우에게 현실적으로 더 유리하기 때문입니다. 배우에게 이완이란 실연 전 심신의 긴장을 해소해서 실연에 최적인 상태로 자신을 준비하는 기술이 되어야 합니다. 배우가 이완을 하나의 기술이 될 때까지 숙달해야 하는 이유는 아이러니하게도 들릴 수 있으나, 실연을 앞둔 배우에게 이완보다 긴장이 유전학적으로 더 자연스러운 현상이기 때문입니다.

누구나 놀라면 심장이 뛰고, 높은 곳에 서면 몸이 떨려 옵니다. 인간이라면 누구나 불안한 상황에서 몸이 그렇게 반응하게끔 진화해 왔기 때문입니다. 원시 인류는 외부에서 위협적인 대상을 인지하면 그것으로부터 빠르게 벗어나야 생존할 수 있었습니다. 이런 상황에서 근육에는 산소와 영양을 공급해야 하고, 그것은 심장과 혈관 같은 순환기를 통해서 이루어지게 됩니다. 다시 말해 우리 몸은 위급 상황에서 심장의 박동이 늘어나고, 혈관이 수축하고 혈압이 상승하게 되어 있습니다. 그런데 이런 상태가 생존에는 유리할 수 있으나 자유로이 감정을 느끼고, 소통해야 하는 배우에게는 심각한 방해 요인으로 작용하게 됩니다. 따라서 배우는 관객이 지켜보는 불편한 상황에서도 편안한 몸의 상태 다시 말해 안정적인 심장박동과 심호흡, 적당한 혈압과 이완된 근육의 상태로 자신을 준비하는 역량을 하나의 기술로 터득해야 합니다.

다시 말하지만, 실연을 앞둔 배우에게 긴장이 더 자연스러운 현상입니다. 평소에도 우리 몸은 어느 정도 긴장한 상태이며, 즐거운 상황이나 불편한 상황에 있을 때 혹은 좋은 소식이나 나쁜 소식을 들었을 때 그에 대한 반응으로 근육에 힘이 들어갑니다. 그렇습니다. 어떤 상황이나 자극 앞에서 긴장의 발생은 우리 몸에 일어나는 자연적인 현상입니다. 그래야만 우리는 매서운 추위나 돌발적 위기 상황에 직면했을 때 자기도 모르게 몸을 웅크려서 스스로 보호할 수 있습니다. 만약 매서운 추위나 위험 상황에서 몸을 이완한다면 그만큼 추위와 위험을 더 수용하게 되고, 이것은 생존에 매우 불리한 작용으로 기능합니다.

그런데 배우의 경우 추위를 느끼는 장면에서 현실보다 추위를 더 느껴야만 연기에 유리하므로 오히려 더 이완해서 몸 전체로 추위를 더 느끼도록 유도해야 합니다. 이렇듯 실연 전 이완은 어느 면에서 자연을 역행하는 심신의 작용이란 점에서 그것의 체득은 그리 녹록한 일이 아니며, 따라서 연기력의 향상을 바라는 배우라면 실연의 기술만큼이나 준비의 기술에도 전력을 기울여야 합니다.

배우를 괴롭히는 악령

습관적 긴장은 배우에게 어둠 속의 악령과 같습니다. 그것은 좀처럼 개선이 어렵고, 연기하는 배우를 집요하고 끈덕지게 괴롭힙니다. 배우의 습관적 긴장은 크게 두 가지 요인에서 비롯되는데, 하나는 신체적으로 준비되지 않아 평상시에도 몸의 특정 부위에 긴장이 남아 있는 경우이고, 다른 하나는 위축, 불안, 흥분 등 심리적인 요인으로 인해 배우의 몸에 긴장이 발생하는 경우입니다. 특히나 이와 관련해서 심리적 긴장이 배우에게 더 큰 영향을 미치는데, 직업적 특성상 오디션처럼 불편한 상황에서 연기해야 한다는 이유에서 연기를 잘해야 한다는 부담감, 연기를 못할지 모른다는 위축감 혹은 관객 등 타인에 대한 과도한 의식과 같은 잡념(혹은 자의식)이 실연 전 배우의 마음속에 생겨나기 쉽기 때문입니다.

심리적 긴장이 고조되면 머리가 정지된 듯 멍해지고, 마음이 조급해지면서 정서적으로 무너져 내리는 느낌을 받게 되며, 호흡 곤란 등의 신체적인 긴장 역시 따라오게 됩니다. 이처럼 심리적으로 긴장한 상태에서는 아무리 탁월한 경력을 지닌 배우더라도, 연기 과정의 첫 번째 도미노인 생각의 절차가 제대로 기능하지 못하므로, 온전히 연기하기 어렵습니다. 따라서 오디션과 같이 긴장도가 높은 상황에서 배우가 자신의 연기에 대한 통제력을 잃지 않으려면 습관적 긴장의 특성을 잘 이해하고, 어떤 식으로든 뇌가 정상으로 기능하도록 훈련해 두어야 합니다.

그렇다면 배우는 사고 작용을 저해하는 심리적 이완을 어떤 식으로 성취할 수 있을까요? 그 첫 번째는 단연코 집중력입니다. 배우가 연기할 때 극적 상황에 집중한다면 그만큼 잡념과 자의식의 개입이 억제되므로 억압감이나 위축 등의 심리적인 긴장이 완화됩니다. 배우가 집중력을 높이는 확실한 방법은 실연이나 훈련에 앞서 자신의 목표를 되뇌는 것입니다. '오늘 수업에서는 공명의 원리를 확실히 터득하자.', '오늘의 훈련이 훌륭한 배우로 성장하는 중요한 디딤돌이 될 수 있다, 마음을 다해 훈련하자.' 등등 …. 실연이나 훈련 전 해당 목표의 암시는 배우의 집중력을 향상하고, 그만큼 심리적 긴장감을 완화합니다. 그로 인해 배우는 훈련에 더 적극적으로 임할 수 있고, 더 많

은 걸 성취할 수 있습니다. 그렇습니다. 이것이 더 간절히 배우가 되고
싶은 사람이 더 연기를 잘하게 되는 이유입니다.

그런데 만약 이미 긴장이 발생했다면 작은 것이라도 좋으니까 어
느 한 곳에 의식을 집중해서 긴장의 완화를 유도합니다. 슬럼프에 빠
진 타자는 타석에서 스트라이크 존을 극단적으로 좁힌다고 합니다.
같은 식으로 연기하는 배우도 긴장이 발생했을 때 가장 작은 것에 집
중하는 방법을 통해 과도한 긴장을 해소할 수 있습니다.

다시 말하지만, 배우가 긴장하게 되면 정신 활동이 저하되어 실연
할 때 필요한 인지-판단-행동의 사고 과정이 제대로 작동하지 못합
니다. 이런 상태를 흔히 '멍해진다'라고 표현하는데, 한 마디로 뇌 속
의 계산기가 작동을 멈춘 것입니다. 이래서는 아무리 재능 있는 배우
일지라도 연기를 제대로 해내기 어려우므로, 작은 것에서부터 주의력
을 모아서 집중력을 점차 높여나가야 합니다.

흥분이나 위축 등의 심리적 긴장으로 멍해진 정신과 굳어진 몸으
론 풍부한 감정을 느끼거나 즉각적으로 반응하기 어려우므로, 오히려
그럴 때는 연기에 대한 욕심을 버리고 작은 것에 집중함으로써 사고 작
용, 즉 연기 과정의 첫 번째 절차인 '처리'라는 생각의 바퀴를 조금씩,
조금씩 돌려 나가야 합니다. 예컨대, 상대 배우가 입은 옷의 단추를 관
찰해서 '아, 단추 색깔이 파랑구나.'와 같은 사소한 것들을 인지합니다.
마찬가지로 상대 배우의 눈동자를 그저 뚫어지게 쳐다보는 것 역시 배
우의 집중력을 높이는 방법이 될 수 있습니다.

'상대의 눈 색깔은 지금 무슨 색이고, 어떤 감정으로 인해 눈동자
가 변하는구나.'와 같이 생각하면서 연기의 절차를 수행합니다. 그러
다 보면 심리적 긴장으로 정지되었던 뇌의 계산기가 다시 가동하기
시작하면서, 이제 배우는 진짜로 생각할 수 있고, 감정이 느껴지고, 호

흡이 점차 편해지면서 극 상황에 대한 집중도가 차차 올라가면서 어느 순간 극에 몰입해서 연기하게 됩니다.

또 다른 이완의 전략은 심신의 안정을 이끄는 그림이나 사진 등을 활용하는 것입니다. 먼저 자신에게 안정감과 편안함을 주는 그림이나 사진을 하나 고릅니다. 예를 들어, 넓고 짙은 바다에 하얗게 파도가 일렁이는 모습처럼 우리에게 편안함과 안정감을 주는 그림이나 사진을 구하라는 겁니다. 그리고 일상에서 이 사진을 지니고 다니다가 편안하고 자신감이 넘치는 순간마다 사진을 꺼내 봐서 사진과 감정을 조건화시킵니다. 그런 다음 실연이나 오디션을 앞두고 불안이나 흥분 등의 심리적 긴장이 생겨날 때 사진을 꺼내 보는 식으로 실연 전 이완을 유도합니다. 이런 방법을 활용해서 배우는 오디션이나 실연 현장을 자기 집 안방처럼 느껴지도록 실연 전 심신의 대응 습관을 긍정적으로 길들여 나갑니다.

같은 원리에서 자기 투영의 방법도 배우의 심리적 이완을 도울 수 있습니다. 그것은 악령처럼 끈질긴 습관적 긴장에도 동요되지 않을 정도로 강력한 이미지를 자신에게 투영하는 암시를 평소 반복하는 겁니다. 다시 말해 배우로서 최선의 이미지를 자신에게 투영하여 부정적인 자극에 휩쓸리지 않고, 심신의 평정을 유지힐 수 있도록 수행하는 겁니다. 예컨대 배우는 공연 전 불안, 위축, 흥분 등의 심리적 긴장을 물리치고 연기라는 소통 운동을 실천에 최적의 이미지 혹은 자아상을 평상시 자신에게 주기적으로 투영해서 배우다운 존재로 점차 변화해 갑니다.

아마도 독자 중에는 '이완을 위해 이렇게까지 해야 하나'라는 의문을 가질 분도 있겠으나, 그러나 이렇게까지 해야지만 배우는 습관적 긴장을 떨쳐내고 연기할 수 있습니다. 앞서 말한 바처럼 배우에게 습관적 긴장은 머리 위로 떠도는 악령과 같습니다. 습관적 긴장은 연기에 대한 부정적인 경험이 우리의 마음 깊이 축적되어 자라난 무의식적인 기억이기 때문입니다.

습관적 긴장은 부정적 경험의 축적으로 생겨난 마음의 버릇이며, 모두 알다시피 버릇이란 좀처럼 바뀌지 않는 강력한 관성을 지니고 있습니다. 자유로운 배우가 되고 싶다면 당신은 우선 자신의 과거로부터 자유로워져야 합니다. 여러분은 적합한 훈련을 지속해서 부정적 기억을 소각하고, 자신이 온전히 연기할 수 있는 존재임을 하나의 사실로 긍정해야 합니다. 만약 지금도 긴장과 관련해서 어려움을 겪고 있다면 그것은 '아직' 지나가지 못한 것일 뿐, 필요한 깨우침과 적절한 훈련을 통해 충분히 돌파할 수 있는 통과 지점에 불과 합니다. 훈련이란 반복행위는 일종의 변증법처럼 당신에게 부족한 것을 채우고, 여러 제약을 넘어서 배우라면 도달해야 할 경지에 당신이 이르게끔 도울 것입니다. 자유 혹은 구원이란 우리가 자신에 대한 믿음을 포기하지 않은 채 노력을 지속했을 때 얻어지는 보상입니다. 배우에게 훈련이란 하나의 해방일지이며, 그렇게 편지는 목적지에 도착하는 겁니다.

:: *POINT*

✓ 이완은 배우가 최적으로 연기할 수 있는 심신의 상태이다.

✓ 연기하는 배우에게 실연하는 기술만큼이나 준비하는 기술이 중요하다.

✓ 습관적 긴장은 연기에 대한 부정적인 경험의 축적으로 생긴 마음의 버릇이다.

✓ 이완과 관련해서 훈련이란 배우의 해방일지와 같다.

2) 이완훈련의 실제

이완훈련의 방법

배우의 이완은 크게 두 가지 방식의 훈련을 통해 증진됩니다. 하나는 하품, 한숨 등의 자연적인 숙지 행위를 바탕으로 배우의 몸에서 신체적 긴장을 완화하는 '전-단계로서의 이완훈련'이며, 다른 하나는 기계적 작동 원리를 도입해서 배우의 마음에서 심리적 긴장을 완화하는 '이완을 위한 마음 훈련'입니다. 이 두 가지 훈련을 지속해서 배우는 실연 전 긴장을 해소해서 자신을 준비하는 기술과 이완의 상태를 제2의 천성으로 정착하는 기술을 체득하게 됩니다. 여기서 소개하는 이완훈련을 꾸준히 연습하고, 일상에서도 실천한다면 실연 전 이완의 성취뿐만 아니라 자신의 존재적 형식을 '자유로운 인간'으로 재정의하는 계기가 될 수 있습니다. 물론 이것이 말처럼 쉽지는 않겠으나 포기하지 않고 훈련을 계속하면 점차 더 편해지고 숙달될 것입니다.

전-단계 이완훈련은 말하기 훈련의 전 과정에서 웜-업 훈련으로 실천해서 신체적 긴장의 완화를 유도해서 호흡, 발성 등의 본격적인 연습이 더욱 원활하게 이루어지도록 돕습니다. 반면 이완의 상태를 배우 자신의 천성으로 정착하는 이완을 위한 마음 훈련은 필자가 개발한 마음 훈련의 체계로서, 연기하는 배우의 말과 짓을 조정하는 배우의 마음(mind)을 중립, 집중, 고정, 설득의 4단계 훈련을 통하여 유기적(organic) 상태에서 기계론적(Mechanistic) 상태, 쉽게 말해 본성적으로 떠도는 마음을 연기에 집중하도록 훈련하여 심리적 긴장을 억제하는 이완 시스템입니다.[82] 전 단계 이완훈련은 우리가 익히 잘 알고 있는 이완의 방법이므로, 여기서는 이완을 위한 마음 훈련의 원리와 방법에 대해 집중적으로 설명하겠습니다.

관객이나 카메라 혹은 오디션 담당자 등 타인 앞에서 연기해야 한다는 점에서 배우의 긴장은 언뜻 당연한 것처럼 여겨질 수 있습니다. 그러나 찬찬히 생각해 보면 실연 전 긴장은 매우 역설적인 생리현상입니다. 진화론적 관점에서 봤을 때 배우의 실연에 이완이 유리하다면 오늘날 실연을 앞둔 배우에게 긴장이 아닌 이완이 발생해야 맞습니다. 그런데 어째서 수행을 저해하는 긴장이 실연 전 배우의 심신에 일어나는 것일까요? 그러나 긴장의 발생은 개체 보존에 유리한 진화의 결과이며, 열역학 제 2법칙[83] 즉, 엔트로피 증가에 따른 자연적인 현상입니다. 다시 말해 배우가 인간인 이상 실연 전 긴장은 자연스러운 현상이며, 따라서 이완의 딜레마는 실연 전 이완이 자연을 거스르는 생리작용이란 점에도 불구하고 최상의 수행을 위한 필수의 전제라는 모순에서 발생합니다.

실연 전 불안과 같은 배우의 부정적인 심리 기제로는 최상의 역량을 발휘해야 한하는 압박감, 좋은 평판을 얻고 싶은 직업적 욕망, 수행 결과에 대한 두려움 등이 있으며, 이는 대개 관객의 시선 앞이라는 노출 상황에서 비롯되곤 합니다. 노출 상황은 우리에게 불안감을 일으키는데, 그 이유는 앞에서 설명했던 것처럼 개체 보존을 위해 노출 상황을 위험으로 인지토록 우리의 유전자에 프로그램으로 진화 과정에서 기록되었기 때문입니다. 이처럼 타자 앞의 노출은 유전적으로 인간에게 과도한 흥분과 같은 본능적인 긴장을 유발하고, 배우는 실연이 자신의 본분임에도 불구하고 그에 대해 불안을 느끼는 것입니다.

여기서 주목할 바는 실연 시 노출 환경이 배우의 수행을 방해하는 불필요한 정보 예컨대 관객, 연출자, 실제의 현실 등을 배우에게 계속

해서 발신한다는 점입니다. 그러한 상황에서 배우의 마음은 '자연현
상은 무질서의 방향으로 나아간다.'라는 엔트로피의 법칙에 따라 고
정된 상태(실연의 집중)에서 혼돈의 상태(부정의 요소)로 자연히 향하게 되며,
그에 따라 배우의 마음은 실연 중 극 상황에 집중하지 못하고 불필요
한 외부의 정보를 찾아 헤매고, 그렇게 인지된 외부 정보들이 배우에
게 심리적 긴장을 일으키게 됩니다.

이와 관련해서 학습의 측면에서 유의할 바는 '부정'에 주목하는
성향입니다. 우리 눈앞에 아름다운 꽃과 불에 달군 주전자가 있다고
했을 때 우리의 눈은 무엇을 보게 될까요? 우리의 시선은 자연히 닿기
라도 하면 큰 화상을 입을 수 있는 달구어진 주전자를 향하게 됩니다.
아름다운 꽃은 보는 우리를 즐겁게는 하지만 생명만큼 소중하진 않기
때문입니다. 개체 보존을 위해 인간의 뇌는 진화 과정에서 위험과 실
패 등 부정적인 사안에 민감하게 반응토록 발전했으며, 따라서 배우
의 마음 역시 부정의 요소에 더 주목하게 되므로, 오디션과 실연을 앞
둔 배우는 오디션의 합격보다 탈락에, 실연의 성공보다 실패에 더 신
경을 쓰게 됩니다. 그런데 앞서 설명했듯이 배우의 뇌가 위협 등 부정
의 사안을 인식하면 편도체가 활성화되면서 부정적인 생리작용을 초
래하여 배우의 실연 역량이 저히됩니다.

실연 전 긴장은 흔히 심박수의 증가, 동공의 확대, 근육의 경직 등
과도한 형태로 주로 나타나나 그와 반대로 필요 수준 이하로 에너지
가 감소하는 음(negative)의 양상으로 나타나기도 합니다. 이러한 음의
긴장을 일으키는 대표적인 인자로는 심리학자 마틴 셀리그만(Martin
Seligman)이 연구한 '학습된 무기력'(learned helplessness)이 있습니다. 어떤
대상에 대한 실패경험이 반복되다 보면 나타나는 학습된 무기력은 자
신의 대응으로 미래의 결과를 통제하지 못할 것이라는 예측으로 강화

되며, 무력감과 위축감을 유발하고, 배우의 수행 의욕과 역량을 저해합니다.

셀리그만의 이론에 근거하면 실연 전 위축이나 불안 등 부정의 감정을 반복적으로 경험한 배우의 뇌에는 실연과 관련하여 부정적인 형태의 시냅스가 고착됩니다. 그에 따라 배우의 마음은 연기와 실패를 동일시하며, 그에 합당한 조치로서 실패할 실연에 대해서 더 이상의 투자를 아끼려 합니다. 그것은 분명 개체 보존을 위배하는 행위이기 때문입니다. 학습된 무기력, 즉 습관적 긴장에 빠진 배우들의 실연을 지켜보면 그들 중 다수가 오디션이나 공연에서 실연이 진행될수록 자신의 페이스를 잃고, 수행 역량도 현저히 저하되는 경향을 보입니다. 그 원인을 단순히 경험 부족이나 무대 긴장으로 치부할 수도 있으나 학습된 무기력의 영향으로 인해 배우 자신의 무의식적인 선택으로 부정적 패턴이 더욱 강화된다는 점에 주목해야 합니다. 따라서 실연 시 배우가 이완되기 위해서는 배우의 마음이 부정적인 외부 자극에 미혹되어 떠도는 것이 아니라 실연에 집중한 상태로 고정될 필요가 있습니다.

그런데 이미 설명했듯이 마음은 머무르지 않고, 활발하게 떠도는 특성이 있습니다. 따라서 심리적 이완을 유도하기 위해 마음의 활동성을 고정하는 훈련은 실연 전 이완이 자연을 거스르는 생리작용인 것처럼 자연적 현상을 역행하는 시도로 볼 수 있습니다. 마음이 심신의 작용을 총괄하는 연산장치임에도 불구하고 의도적인 조정이 어려운 임의적인 운동성을 지녔다는 점에서 실연 전이나 도중 긴장이 발생하며, 또한 그것이 강력한 관성을 지녔단 점에서 긴장을 억제하는 이완의 체득은 강력한 저항을 받습니다. 인간의 마음과 그 마음이 작동하여 발생하는 여러 현상은 하나의 복잡계(complex system)를 이루고 있기 때문입니다. 그로 인해서 배우가 심신의 평정을 유지한 상태에서 역할 구현에 집중해야 함을 이성적으로 파악하고 있음에도 통제불능의 복잡계인 마음은 임의대로 유전적 요인과 엔트로피 증가에 따라 긴장을 일으킵니다.

그렇지만 마땅하게도 배우는 외부요인에 현혹되지 않고 자신의 소임인 실연에 집중해야 합니다. 따라서 배우는 역학적으로 무질서해지려는 경향을 제어하고 극 상황에만 집중할 수 있는 마음의 역량을 길러야 하며, 그에 따라 이리저리 헤매는 마음의 주의를 실연에 집중하는 훈련과 외부요인에 이끌리지 않도록 마음의 방향을 고정하는 훈련이 필요한 것입니다. 이러한 맥락에서 필자는 배우 마음의 작동 방식으로, 생명체의 그것보다 엔트로피의 증가를 억제하도록 고안된 기계의 방식이 더 유리할 수 있다고 판단했는데, 연기하는 배우에게 필요한 마음의 방식과 피드백 체계에 의한 기계의 작동 방식에서 강한 유사성을 발견했기 때문입니다.

기계론적 마음 훈련

만약 적절한 교육모형을 통해 외부요인에 의한 동요 없이 오차를 최소화하는 기계의 방식처럼 배우의 마음을 훈련할 수 있다면 배우는 유전적 요인과 엔트로피 증가라는 자연적 긴장의 요인에서부터 자유로워질 수 있습니다. 이와 같은 가설에 기초하여 필자는 수학자 N. 위너(Norbert Wiener)가 창시한 사이버네틱스(cybernetics)의 원리를 이완 방법론의 모델로 활용하여 배우의 총체적인 작용을 조정하는 내적 장치인 마음을 대상으로 실연 전 긴장을 억제하는 마음 훈련의 교육모형을 개발했습니다. 여기서 소개하는 방법은 배우의 말과 짓을 총괄하는 배우의 마음(mind)을 사이버네틱스(cybernetics)의 피드백 원리에 기초한 중립, 집중, 고정, 설득의 4단계의 훈련을 통하여 유기적 상태에서 기계론적 상태로 전환하여 유전적인 요인과 엔트로피 증가로 인한 자연적인 긴장의 발생을 억제하는 마음 훈련의 모형입니다.

사이버네틱스의 핵심 개념인 '기계'란 과거의 수행 능력에 따라 앞으로의 수행을 조정할 수 있게 해주는 피드백이란 감각 장치를 통해서 변화무쌍한 외부 환경에 적응하여 역학적으로 무질서해지려는 경향을 제어하여 엔트로피의 정상적인 흐름을 일시적이고 국지적으로 뒤집는 역할을 담당하는 장치를 일컫습니다. 예컨대 미사일 발사에 대해 생각해 봅시다. 설계대로 모든 상황이 진행된다면 미사일은 항상 목표물에 명중하겠으나 현실의 세계는 엔트로피가 증가하는 우발적인 세계이므로, 실제에 있어서 어떤 날에는 윤활유가 따뜻해져서 포가 부드럽게 움직일 수 있고, 또 어떤 날은 포에 먼지가 끼어서 명령 수행에 따른 작동이 느리게 일어날 수도 있습니다. 그러므로 설계대로의 작동은 이론적으로 가능할지 모르나 현실에서는 불가능한 일입니다. 마치 배우의 연습과 실연이 정비례하지 않듯이 말입니다.

그러나 상황에 따라 다른 결과를 도출하는 미사일의 존재란 무의미한 것입니다. 이에 대해 사이버네틱스에서는 피드백이란 제어장치를 추가하여 현실에 벌어지는 불확실한 상황을 파악하고 그 차이에 따라 대포의 작동을 조정하여 결과에서의 오차 발생을 최소화하고 가능한 균일한 성능으로 대포가 기능하게 합니다. 본 방법론은 이러한 사이버네틱스의 기계론적 방식을 도입하여 역학적으로 무질서해지려는 경향 다시 말해 부정에 주목하는 마음의 방식을 제어하는 훈련 모형을 통해 실연 시 긴장의 발생을 억제하는 방식입니다. 본 방법론의 훈련 모형은 아래의 도표처럼 크게 중립, 집중, 고정, 설득의 4단계로 구성되었습니다.

이완을 위한 마음 훈련		
중립 → 집중 → 고정 → 설득		
1단계	중립훈련	배우의 마음을 중립의 상태로 준비하는 단계
2단계	집중훈련	마음의 방향이 실연의 수행에 집중토록 유도하는 단계
3단계	고정훈련	배우의 마음을 외부요인에 동요 없이 고정하는 단계
4단계	설득훈련	훈련한 방식대로 작동토록 마음을 설득하는 단계

　　1단계 '중립'은 배우가 자신의 마음을 중립 상태로 영점 조정하는 훈련입니다. 배우는 각 지시문에 따라 상상과 반복을 활용해서 마음의 상태를 중립화하여 다음 단계인 집중과 고정 훈련의 기초를 마련합니다. 본 훈련의 목표는 실연 전 배우의 마음을 긍정이나 낙관의 상태가 아니라 철저한 중립의 상태로 마음의 영점을 조정하는 것에 있습니다. 과도하지도 부족하지도 않은, 딱 적절한 그것이 바로 이완이기 때문입니다.

　　2단계 '집중'은 배우가 집중해야 할 실연의 수행에 대한 선명도는 높이고, 긴장을 유발하는 외부 환경에 대한 선명도는 낮추는 전략을 통해서 마음의 초점이 실연의 수행에 집중토록 유도하는 훈련입니다. 이완과 집중은 하나의 몸에 두 개의 얼굴을 지닌 동전의 양면과도 같습니다. 수행에 대한 집중도가 높아질수록 불필요한 외부요인에 대한 주의는 그만큼 낮아지고 긴장 역시 억제됩니다.

　　3단계 '고정'은 집중된 마음의 흐트러짐을 방지하여 긴장의 생성을 억제하는 마음 훈련입니다. 앞서 설명한 엔트로피 법칙에 따라 배우의 마음은 극 상황에 집중한 상태에서 산만한 외부요인으로 자연히 흩어지게 됩니다. 게다가 인간의 유전자는 개체 보존의 생물학적 본성으로 인해 부정적인 자극에 더 민감하게 반응하도록 진화했습니다. 그래서 배우의 정신은 실연의 수행에 집중할 필요성을 인지하고 있으면서도 배우의 마음은 이와 무관하게 외부의 자극들을 향해 끊임없이 떠돌고는 합니다. 이런 상태에서 배우에게 충실한 연기를 기대하기는 어려운데, 여기저기 떠도는 마음이 인지한 외적 자극들이 역기능적인 심리 기제로 작용하여 심신에 긴장을 유발하기 때문입니다. 따라서 배우에겐 외부 환경에 동요되지 않는 마음의 항력을 키우는 훈련이 필요합니다.

마음의 본성이 임의적인 운동성을 지녔다는 이유에서 배우가 훈련을 통해서 개선한 방식대로 연기하려 해도 마음이 이를 수긍하지 않는다면 작은 긴장만 발생하더라도 관성에 따라 기존의 잘못된 방식으로 연기하게 됩니다. 따라서 긴장을 억제하는 새로운 방식이 정착하기 위해서는 배우의 마음이 이를 수긍토록 설득하여 개선의 방식을 고착하는 훈련이 마무리 단계로 필요합니다. 이것이 마음 훈련의 4단계인 '설득'입니다.

설득 단계는 근거 없는 현실 긍정이 아닌 근거와 대안을 바탕으로 한 논리적인 진술을 통해서 부정에 집착하는 마음의 경향은 아무런 근거가 없다는 사실을 확인시키고, 개선의 방식인 이완이 실연에 더 유리한 방식이란 점을 배우의 마음이 수긍하게 만들어 주는 단계입니다. 이러한 일련의 훈련 과정을 통해 배우는 자신의 마음을 단련해서 실연 시 수행의 오차 즉 심신의 긴장을 억제하며 연기할 수 있습니다.

> √ 전 단계로서의 이완훈련은 하품, 한숨 등의 자연적인 숙지 행위를 바탕
> 으로 신체적 긴장을 완화하는 방법이다.
> √ 이완을 위한 마음 훈련은 배우의 말과 짓을 조정하는 배우의 마음
> (mind)을 기계론적으로 훈련하여 심리적 긴장을 완화하는 방법이다.

1단계: 전 단계로서의 이완훈련

전 단계로서의 이완훈련은 호흡, 발성 등 말하기 훈련의 전 과정
에서 본격적인 연습에 앞서 웜-업으로 실천하는 훈련이다. 전 단계 이
완훈련은 하품이나 기지개 등의 숙지 행위를 활용해서 신체적 긴장의
해소에 초점을 맞추어 연습을 진행한다. 신체적 긴장의 해소는 정신
적인 긴장의 해소에도 도움이 될 뿐 아니라 신체의 한 부분이 긴장한
상태에서 다른 부분이 완전히 이완되는 것은 생리적으로 어려운 일이
라는 점에서도 연기하는 배우에게 중요하다. 따라서 배우는 연습뿐만
아니라 일상에서도 시시때때로 자기 몸의 긴장도를 점검하고, 긴장한
부위가 있다면 의식적으로 이를 풀어줘야 한다.

:: 훈련 예제 1
눈 크게 뜨기

바른 자세에서 그저 눈을 크게 뜨는 것만으로도 우리의 몸과 정신이 깨어난
다.

- 눈을 크게 뜨고, 미소를 머금은 상태에서 멈추지 말고 자유롭게 숨을 쉬며, 몸의 긴장을 해소한다.

침 삼키기

침 삼키기는 이완의 효과뿐만 아니라 신체의 윤활유 역할까지 해준다는 장점이 있다.

- 가만히 입안에 침을 모은 후 삼킨다.

하품

하품은 얼굴 중심에서 일어나는 하품은 안면 근육을 풀어주고, 표정을 활성화한다. 그에 더해 하품할 때 나는 소리는 성대의 긴장을 풀어주어 건강한 소리를 나게 한다.

- 편안하고 크게 하품을 하면서 성도(구강과 목구멍)를 확장한다.
- 하품할 때 얼굴의 형태를 기억해서 대사를 말하는 훈련을 할 때 적용해 본다.

기지개

기지개는 단시간에 우리 몸을 일깨우고, 근육의 긴장을 풀어주는 숙지 행위
이다.

- 크게 기지개를 켠 후 잠시 가만히 몸을 내버려 두면서 마치 수영장
  위에 뜬 것과 같은 부력을 느껴본다. 이럴 때 몸의 감각을 기억한
  다.

떨기

전신의 근육을 가볍게 흔들어 주는 행위는 관절 마디를 느슨하고 유연하게
풀어주고, 그와 동시에 근육을 이완시켜주는 치료의 기능까지 갖고 있다.

a.
- 양손을 깍지 끼고 가볍게 흔들어 준다.
- 양손의 떨림이 온몸으로 퍼져가서 몸 전체가 가볍게 떨리도록 한다.

b.
- 한쪽 팔의 손목에서부터 가볍게 떨림을 시작해서 팔꿈치, 어깨, 목
  근육까지 이어간다.
- 반대쪽 팔을 같은 방식으로 떨어준다.

- 이번에는 한쪽 다리씩 번갈아 발가락에서부터 시작해서 발목, 허벅지, 골반과 엉덩이로 이어지면서 흔들어 줍니다.

어깨 풀기

어깨 근육은 호흡 및 음성 근육과 직접 연결된 근육이라는 점에서 연습이나 실연 전 풀어주어야 한다.

- 들숨을 하면서 어깨를 들어 올렸다가 날숨을 하면서 툭 떨어뜨려 어깨의 긴장을 풀어준다.
- 몸을 이완한 상태에서 어깨만을 좌우로 흔들어 주면 풀어준다.

웃음

웃음은 기분 좋은 감정으로 온몸을 채워주는 효과가 있다. 음성교사 르삭이 말한 것처럼 웃으면서 몸속에서 작은 불꽃이 튀는 느낌, 작은 모터가 돌아가는 느낌, 몸 안에서 작은 누군가가 춤을 추고 있다는 느낌을 가져 본다.

- 뱃속 깊은 곳에서 올라오는 흥에 겨운 웃음을 웃는다.

한숨

큰 한숨은 몸의 이완 작용뿐만 아니라 감정적 찌꺼기까지 배출해서 마음까지
도 풀어준다.

- 땅이 꺼질 듯이 한숨을 내쉰다.
- 웅크린 자세에서 한숨을 들이쉬고 내쉰다. 그러면서 등의 팽창을
  느끼고, 일상적인 자세로 돌아가서 호흡할 때도 등이 팽창하며 숨
  쉬는 것을 습관화한다.

허밍

허밍은 음성의 개발뿐만 아니라 치료하는 효과까지 가지고 있다. 또, 허밍은
우리 마음을 진정시키고 동시에 몸을 가벼이 깨워준다.

- 작고 부드럽게 허밍을 하는데, 입술로부터 시작되는 간지러움을
  느끼면서 실천한다.

스트레칭

스트레칭은 당일의 몸 상태를 체크하거나 굳어 있는 부분을 풀어 줄 때, 몸의 유연성을 유지하고자 할 때 도움이 된다. 그러나 무리하고 지나친 스트레칭은 자칫 인대가 늘어나거나 오히려 근육이 경직되는 부작용을 일으킬 수 있으니 유의해야 한다.

• 팔과 다리, 옆구리와 허리 등 몸의 각 부위를 천천히 늘려주며 스트레칭을 한다.

2단계: 이완을 위한 마음 훈련

배우가 이완을 위한 마음 훈련을 8주 이상 지속하면 임의로 심신의 긴장을 완화한 상태에서 오디션이나 실연에 임할 수 있다. 그러나 마음 훈련을 중단하면 긴장 반응은 자연적으로 재발할 것이다. 따라서 정비공들의 일상적인 정비처럼 배우 역시 자신의 마음을 늘 정비해야 한다. 마음 훈련의 실천이 일상화되면 배우는 자신을 외부로부터 자유로운 인간으로 새롭게 정의할 수 있다. 훈련은 오디션 등 긴박한 상황에서 적용하기 위해서 간결한 방식으로 연습해야 하며, 음악 등의 보조 수단은 사용하지 않는다. 마음 훈련을 마친 후에는 하품과 기지개, 눈 깜빡임 등을 이용해서 활기차게 각성한다.

1st 중립 훈련

본 단계는 배우가 자신의 마음을 중립으로 영점 조정하는 훈련이다. 각 지시문에 따라 상상과 반복을 활용하여 마음의 상태를 중립화하여 다음 단계의 초석을 마련한다.

:: 훈련 예제 1 ─────────────────────
심호흡

심호흡은 횡격막에 의한 숨쉬기로서, 심신 중립의 기초 작용이다. 심호흡은 명상의 일종인데, 명상은 주의를 한곳에 모아주고, 불필요한 간섭의 개입을 그만큼 줄여준다.

• 편안한 자세에서 소프트 포커스(살며시 눈 뜬)한 후 코로 깊숙이 호흡한다.
• 들숨에 횡격막이 배꼽 아래 단전까지 내려간다고 상상하며, 호흡에 갈비뼈, 척추 등 몸 전체가 반응토록 놔둔다.
• 천천히 들이마시고, 잠시 멈췄다가, 천천히 내뱉기를 반복한다.

:: 훈련 예제 2 ─────────────────────
오감의 중립

본 예제는 상상으로 오감을 자극하여 마음을 중립 상태로 유도하는 훈련이다. 편안한 자세에서 소프트 포커스와 코로 심호흡하면서 아래의 순서대로 상상하며 오감을 자극해서 심신의 중립을 유도한다.

- 아름다운 꽃의 향기를 맡는다. (후각)
- 달콤하고 감미로운 맛을 느낀다. (미각)
- 청아한 종소리를 듣는다. (청각)
- 따뜻한 물이 온몸을 기분 좋게 적신다. (촉각)
- 몸 중심에서 빛나는 밝은 빛 덩어리를 본다. (시각)

:: 훈련 예제 3 ─────────────────────────────
신체의 중립

아우토겐 이완법을 참조한 아래의 지시문을 순차적으로 주문하면서 심신을 중립 상태로 전환한다.[84]

- 무거워진다. : 무거워진다는 상상을 통해서 각 부위의 근육이 풀어진다.
- 따뜻해진다. : 따뜻해진다는 상상을 통해서 혈액 순환이 촉진되고 내부 장기가 풀어진다.
- 넓어진다. : 넓어진다는 상상을 통해서 뒷목과 척추를 비롯한 몸 전체의 관절들이 벌어진다.
- 느려진다. : 느려진다는 상상을 통해서 심장박동이 느려지며 규칙적으로 이루어진다.
- 깊어진다. : 깊어진다는 상상을 통해서 호흡이 깊어지며 중립이 심화된다.

- 맑아진다. : 맑아진다는 상상을 통해서 의식이 또렷해지고 정신작용이 원활해진다.
- 지운다. : 지운다는 상상을 통해서 '나'와 세계를 구분하는 경계선을 지우며 '나'라는 틀을 해체하고 세계와의 일체감을 느낀다.

2nd 집중훈련

어둠 속에 날벌레가 밝은 불빛을 향해 자연히 날아가듯이 본 단계는 실연의 수행에 대한 선명도는 높여주고, 외부 환경에 대한 주의는 낮춰줘서 배우의 마음이 실연의 수행에 집중되도록 유도하는 연습이다.

:: 훈련 예제 1

지시문

이 훈련은 간명한 지시문의 암송으로 배우의 마음을 실연에 집중하도록 유도하는 연습이다.

- 집중해야 할 실연 방식에 대한 지시문을 작성한다. 예를 들어, 연기의 기본 과정을 정확히 실천하기 위해서 "생각하고, 느끼고, 호흡한 후 말한다."란 지시문을 작성할 수 있다. 지시문은 각자가 집중하길 바라는 구현방식과 각자의 상황에 맞게 변형할 수 있고, 암송이 쉬도록 간명하게 작성한다.
- 지시문을 암송한다. 지시문의 암송을 통해서 수행방식을 마음에 잠재한다.

- 제자리 뛰면서 지시문을 큰소리로 외친다. 제자리 뛰기나 소리 지르기와 같은 저항을 설정하여 수행방식을 배우의 마음(무의식)에 더욱 강력하게 암묵 기억(implicit memory)으로 저장한다.
- 수행에 집중해서 실연하는 자신의 모습을 심상(마음의 눈)으로 보면서 지시문을 암송하여 훈련 효과를 배가한다.
- 실연 전 해당 지시문을 암송한다. 연습이나 공연 전 해당 지시문을 마음속으로 암송하여 배우가 수행에만 집중하여 실연토록 유도한다. 연습이나 실연 전 배우가 해당 지시문, 예컨대 "생각하고, 느끼고, 호흡한 후 말한다."를 암송하여 마음에 잠재시킨 후 암묵기억으로 활성화하여 원하는 방식이 실연에서 이루어지도록 유도한다. 만약 연습이나 공연 중에 수행에 대한 집중력이 약해지거나 잘못된 방식이 재발하면 잠시 시간을 갖고 지시문을 암송한 후 연습이나 공연에 다시 임한다.

:: 훈련 예제 2

재조건화

'재조건화'는 실연상황에 대한 조건 조작을 통해서 실연상황의 환경적 위험도를 낮추어서 배우의 마음이 외부의 부정적 요인에 향하지 않도록 인도하는 훈련이다. 다시 말해 '연기=공포'라는 조건화된 정서 반응이 해제될 때까지 연기환경에 대한 조건 자극을 반복적으로 제시하여 환경의 선명도를 낮추어 반대급부로 수행의 선명도를 향상한다.

a. 1차 조건화

실연 시 긴장에 자주 노출된 배우는 차후 실연에 임할 때마다 조건반사적인 긴장이 생겨난다. 그와 반대로 본 훈련은 편안한 상태에서 실연이 가능한 환경의 강도를 조작하여 '실연=긴장'의 조건이 해제되도록 유도한다.

- 중립 훈련으로 배우의 심신을 편안한 상태로 준비한다.
- 최악의 상황에 이를 때까지 여러 상황과 도구를 활용해서 실연 환경의 불편한 강도를 높여가며 실연한다. 단, 그 강도는 실연 시 편안의 상태가 깨지지 않을 정도여야 한다. 본 훈련을 통해서 배우는 점차 '실연=편안'의 조건을 강화하여 이후 혼잡한 촬영장과 같은 악조건에서도 편안히 실연할 수 있는 역량을 갖추어 간다.

b. 2차 조건화
- 안정을 북돋아 주는 '평안의 그림'(혹은 사진)을 하나 정한 후 중립 훈련으로 편안한 상태로 자신을 준비한다.
- 활기와 강함을 주는 '승리의 주문'을 하나 정한다. 티벳 불교의 '옴 마니 바메 훔'이나 만화영화 〈라이온 킹〉의 "하쿠나 마타타" 혹은 SF 영화 〈스타워즈〉의 "May the force be with you"처럼 자신에게 맞는 주문이라면 무엇이든 상관없다. 중립 훈련을 통해 편안한 상태에서 승리의 주문을 암송한다.
- 실연 전 긴장의 발생 전에 '평안의 그림'을 꺼내 보고, '승리의 주문'을 마음속으로 암송한다. 전등에 불이 들어오게 하는 스위치처럼 평안의 그림과 승리의 주문이 실연 전 평안을 불러오며, 그에 따라 외부 환경의 위험도가 낮아지면서 배우의 마음은 실연에 더욱 집중하게 된다.

3rd 고정훈련

엔트로피 법칙에 따라 배우의 마음 역시 실연에 집중한 상태에서 산만한 외부요인으로 자연히 흩어지는데, 본 단계는 마음의 방향을 고정하는 훈련을 통해서 마음의 흐트러짐을 방지하여 부정적 요인에 의한 실연 시 긴장을 억제한다.

:: 훈련 예제 1
무개입

본 예제는 실연 시 떠오르는 잡념 등에 휩쓸리지 않도록 마음의 역량을 강화하는 훈련이다.

- 편안한 자세에서 소프트 포커스와 심호흡하며 아무 생각도 하지 않으려고 한다.
- 그럼에도 불구하고 여러 생각들이 끊임없이 떠오를 것이다. 그 생각이 흘러가도록 놔두고 개입하지 않는다. 그것은 떠오른 생각을 판단하거나 결론을 내리지 않으며, 말마따나 각각의 생각이 흘러가게 놔두는 '무개입'을 의미한다.

:: 훈련 예제 2
평정심

시속 300km로 달리는 고속열차 안에서 컵 안의 물은 일정한 수면을 유지한다. 배우 역시 본 훈련을 통해 외부 자극에 동요 없이 마음의 평정을 유지하는 역량을 강화한다.

a. 신체 자극
• 먼저 중립 훈련으로 심신의 평안을 유지한다.
• 악조건의 조성을 위해 제자리 뛰기를 한다. 호흡이 거칠어지고, 맥박은 빨라질 것이다.
• 그러한 조건에서도 흔들리는 컵 안의 일정한 수면처럼 마음의 평정을 유지하려고 노력한다.
• 평정심이 깨지지 않을 정도까지 달리기의 강도를 점차 높여간다.

b. 심상 자극
• 중립 훈련으로 심신의 안정을 유지한다.
• 악조건의 조성을 위해 자신을 불안하게 만드는 실연과 관련된 장면을 상상한다. 예를 들어 촬영이나 공연을 앞두고 벌어진 아찔한 실수 장면, 실연 도중 자신을 위축시키는 관객이나 평론가, 연출가의 시선과 같은 외부 환경을 상상한다. 그로 인해 거친 호흡, 빠른 맥박, 근육의 수축 등 신체적 변화가 생겨날 것이나.
• 그러한 심상에 대해서도 마음의 평정을 유지하려고 노력한다.
• 평정심이 깨지지 않을 정도까지 심상의 난이도를 높이면서 훈련한다.

차단

배우의 마음이 부정의 요소에 동요되려면 먼저 그것들이 마음에 인지되고, 해석되어야 한다. 본 훈련은 부정적인 자극에의 인지 절차를 정지시켜 부정에 동요하는 마음을 애초에 차단하는 연습이다.

* 가만히 앉아서 아무 생각도 하지 않으려고 시도한다. 그런데도 여러 부정적인 생각들이 자연히 머리에 떠오를 것이다.
* 부정적인 외부 자극에 대해서 "정지"라고 속으로 말하며 의미의 해석을 중지한다.
* 그런데도 부정의 자극이 계속 인지되었다면 "정지"라고 다시 말하며 인지된 의미의 옳고 그름을 판단하지 않는다.
* 그런데도 부정의 자극에 대한 해석, 판단이 이루어지면 그에 대해 "정지"라고 다시 말하며 반응하지 않는다.
* 부정적인 자극의 잔상이 내면에 남지 않도록 입술을 '푸르르' 털면서 주의를 환기해서 잔상을 소거하고 반추를 방지한다.

4th 설득훈련

오디션이나 실연 현장과 같이 긴장이 높은 상황에서 배우의 마음은 관성에 따라 과거의 잘못된 방식대로 실연하게 종용한다. 마무리 단계인 본 훈련은 근거 없는 현실 긍정이 아닌 논리, 근거, 대안을 바탕으로 배우의 마음이 새로운 방식 즉 이완 상태에서 실연을 수행하는 방식이 더 유리하다는 사실을 수긍토록 설득하여 개선의 방식을 배우의 마음에 길들이는 훈련이다.

반박

본 예제는 셀리그만의 ABCD 모형에 기초하여 긴장을 유발하는 마음의 습관적 경향에 대해 논리, 근거, 대안, 반박을 활용하여 마음이 올바른 방식으로 작동토록 설득하는 훈련이다. a-c는 짧은 문장으로 기록하고, d-f는 큰 목소리로 외치는 방법을 통해 개선의 방식을 마음에 길들인다.

a. 부정적 사건
• 실연 전이나 도중에 긴장을 일으킨 부정적 사건을 기록한다.
　ex) 오늘 실연을 앞두고 집중이 안 될 정도로 몸이 떨렸다.

b. 왜곡된 믿음
• 해당 상황에서 흔히 발생하는 습관적인 경향을 기록한다.
　ex) 나는 실연할 때 정신 집중을 제대로 하지 못해서 긴장이 심해진다.

c. 잘못된 결론
• 부정적 사건에 대해 스스로가 내리는 정의
　ex) 나 같은 사람에게 실연 전 긴장과 실연의 실패는 당연하다.

d. 반박
• 잘못된 결론에 대한 논리적인 근거와 대안을 제시하여 반박하고 이를 반복해서 큰소리로 외친다.
　ex) 실연 전 긴장은 누구에게나 일어나는 심신의 작용이지 나 혼자만의 문제가 아니다. 또한 예전과 비교하면 긴장의 강도가 많이 약해졌으므로 통계적인 근거에 의해서 다음의 실연에서는 지금보단 더 편안하게 연기할 수 있다.

e. 실제 효과
- 잘못된 결론을 따르지 않고 마음이 올바른 선택을 했을 때 얻게 되는 실제적인 효과를 기술한 후 큰 소리로 말하면서 마음이 수긍하게 설득한다.
  ex) 긴장의 문제를 객관적으로 파악하니까 나 자신에게 기분이 좋아졌고, 실연에 대한 부담감도 줄었다. 그리고 실제로 다음의 공연에서 긴장의 강도도 덜했다. 그러므로 난 실패가 당연한 배우가 아니라 스스로 노력으로 발전하는 배우다.

f. 각인
- 제 자리 뛰면서 개선의 방식을 반복적으로 외쳐서 마음에 새기고, 길들인다.
  ex) "부정적인 생각에 동요하지 않는다! 부정적인 생각에 동요하지 않는다! 부정적인 생각에 동요하지 않는다…!"

:: 훈련 예제 2
확신

상상의 자아와 문답하는 본 훈련은 부정이 불가한 객관적 사실에서 시작하여 개선을 바라는 주관적 심리까지 도달한다. 본 훈련에서 배우는 단문의 반말로 상상 속 자신과 문답한다. 마음의 수긍을 위해서 상상의 자아가 하는 질문은 속으로 말하고, 그에 대한 자신의 답변은 실제의 목소리로 크게 말한다. 본 훈련은 객관적 사실에서부터 문답을 시작하여 훈련의 끝에는 변화가 요구되는 상태를 배우가 확신에 차서 말할 수 있게 유도한다. 본 훈련을 통해서 배우의 마음은 마지막에 주장하는 개선의 방식을 처음의 객관적 사실처럼 실제적인 것으로 자연스럽게 수긍하게 되고, 배우는 개선의 방식에 점차 익숙해지고 수월해진다.

- 배우로서 개선해야 할 사안이나 바꾸고 싶은 자신의 상태나 심리, 태도를 구체적으로 떠올린다. 물론 이때까지도 배우의 마음은 자신이 그와 같은 상태로 변화될 수 있음을 수긍하지 못한다.
- 상상의 자아를 내면에 떠올린다. 상상의 자아가 자신에게 질문하고, 이에 큰 목소리로 대답한다.
- 상상의 자아는 명확한 객관적 사실에서부터 질문을 시작한다. 예를 들어, "어디에 있지?", "이름이 뭐지?", "입은 옷 색깔이 뭐지?" 등등
- 상상 속 자아의 질문에 배우는 큰소리로 대답한다. "연습실", "안재범", "파랑색" 등등 큰 목소리로 명료하게 대답해야 한다.
- 질문이 점차 주관적인 사안을 다루고, 이에 대해서도 배우는 큰소리로 대답한다.
- 이제 상상의 자아는 배우에게 바꾸어 주고 싶은 상태를 요구하고, 학생은 확신에 차서 이에 대답한다. 예를 들어 "배우로서 너한테 꼭 필요한 태도가 뭐야?" → "연기할 때 못 할까 봐 걱정하지 않는 거!" "너 그럼 걱정 안 하면서 연기할 수 있어?" → "응, 난 할 수 있어.", "어째서 네가 할 수 있지?" → "왜냐하면, 난 그동안 남들보

다 더 열심히 역할을 준비해 왔거든.", "정말로?" → "그래, 다른 건 몰라도 노력하는 건 자신 있어. 노력은 절대로 배신하지 않아!", "그래서 하고 싶은 말이 뭐야?" → "부정적인 생각에 동요하지 않는다!", "뭐라고, 잘 안 들려?" → "부정적인 생각에 동요하지 않는다!"

- 마음의 각인을 돕게 제 자리 뛰면서 개선의 방식을 반복해서 큰소리로 외친다.

9

생활

생활의 기술

이 책의 마지막 장은 지금까지 훈련해온 말하기의 역량을 자신의 일상에도 적용하는 생활의 기술에 관해 배웁니다. 책의 시작에서 필자는 '훈련으로 개발한 말하기의 방식을 자신의 일상에까지 적용하지 못한다면 말하기의 실질적인 향상에까지 이른 것은 아니다.'라고 강조했습니다. 그 이유는 다음과 같습니다.

첫째, 배우의 말하기를 머리로 이해하는 수준과 몸으로 체현하는 수준은 다르기 때문입니다. 달리 말하면 말하기가 향상되었다고 생각하는 나와 말하기가 실제로 향상된 나 사이에는 상당한 간극이 있다는 것인데, 이런 착각은 말하기를 배우는 과정에서 우리가 흔히 갖게 되므로 주의가 필요합니다.

둘째, 말하기를 훈련하는 연습 상황과 실제로 연기하는 오디션과 같은 실연상황은 다르기 때문입니다. 편안히 준비할 수 있는 연습 상황에서의 말하기와 심리적 긴장 등 방해 요소가 산재한 오디션이나 실연상황에서의 말하기는 완전히 다른 것이므로, 연습이나 훈련에서 가능했던 말하기의 수준이 오디션과 실연 현장에서 온전히 구사되리라는 보장은 어디에도 없습니다.

셋째, 목소리나 말하기에는 불편한 상황에 민감하게 반응하는 특성이 있기 때문입니다. 그래서 우리가 일상에서 불편한 상대나 상황에 직면해서 말해야 할 때 어깨가 경직되고, 목이 조여지며, 말이 빨라지는 등 과거의 잘못된 방식이 재발하기 쉽습니다. 다급하고 시간에 쫓기는 상황이나 두려움과 위축감을 느끼는 상황 혹은 심한 스트레스를 받는 상황에서 우리의 몸은 그에 대한 방어기제를 작동해서 근육을 수축시켜 자신을 보호하려 듭니다. 또, 위급한 상황에 대비하기 위해서 더 많은 에너지를 축적하고자 본능적으로 호흡이 가빠지게 되므로, 그로 인해 말의 속도가 빨라지게 되고, 그동안 훈련한 말하기의 방식이 일순간에 무너지게 됩니다.

소리가 발생하는 성대는 매우 민감한 기관이라서 일단 손상을 입으면 단시간에 회복되지 않습니다. 그래서 우리가 일상에서 잘못된 방식으로 말을 하면 금방 목이 상하고, 혹사한 성대로 인해 목소리가 다시 나빠지는 악순환에 빠지게 됩니다. 수업이나 연습을 통해 올바른 말하기를 개발하기도 어렵지만 개발된 말하기의 방식을 유지하며 생활하는 것도 그만큼이나 어렵습니다.

그렇다면 올바른 말하기의 습득을 우리는 어떻게 확인할 수 있을까요? 그것은 일상에서 특별한 노력 없이도 좋은 목소리로 말할 수 있는 수준에 도달했느냐의 여부를 통해서 알 수 있습니다. 그러하니 개선의 의지를 지닌 배우라면 자신의 일상마저 하나의 훈련장으로 받아들여 올바른 말하기의 방식을 마치 굳은살처럼 자기 존재의 일부가 되도록 만들어야 합니다. 이렇듯 배우에게 생활의 기술이란 삶과 예술의 경계를 허무는 시도 혹은 노력입니다. 따라서 이에 대한 네 가지 조언으로 이 책을 마무리하는 것은 어쩌면 당연한 귀결일 수 있습니다.

말하기에 불편한 상황은 피한다.

지금까지 훈련한 말하기의 방식이 일상에도 온전히 뿌리내릴 때까지 말하기 불편한 상대나 상황은 가능한 피합니다. 만약 당신이 진정으로 말하기의 개선을 바라는 배우라면 올바른 방식이 완전히 정착할 때까지 연습이나 훈련처럼 말하기에 유리한 상황이나 일상에서 꼭 말해야 하는 상황이 아니라면 한동안 말을 아끼며 생활해야 합니다.

당분간 나쁜 습관이 재발하기 쉬운 상대와 상황을 피하고, 평소 말을 아끼며 생활하는 것은 올바른 말하기의 방식을 자리 잡게 하는 최선의 방편입니다. 마치 다리가 골절된 환자에게 일정 기간 깁스를 해서 다리를 고정하는 치료가 최선책이듯이 말입니다. 예컨대 묵언하는 스님의 수행 목적이 말을 아끼는 것보다는 제대로 말하기 위함인 것처럼 악습의 재발을 방지하는 침묵은 당신의 말하기 역량을 반대급부로 개선되게 할 것입니다.

무엇보다 당신에게 위축감이나 짜증 혹은 분노처럼 부정적인 감정을 유발하는 사람은 한동안 멀리하도록 하십시오. 우리의 몸과 마음은 불가분의 관계라서 몸이 풀리면 마음이 풀리고, 마음이 긴장하면 몸도 긴장합니다. 부정적인 감정의 경험은 말하기를 방해하는 몸의 긴장을 일으키고, 과거의 나쁜 방식을 재발하는 촉발제로 작용합니다. 부정적인 감정은 코티솔을 분비하는 등 우리 몸에 방어기제를 가동하여 긴장을 유발해서 말하기에 악영향을 미치기 때문입니다.

음성의 역량이 아직 부족하거나 제약을 지닌 사람의 경우 일상에서 다른 사람과 대화할 때 흥분, 조급함 등의 부정적인 감정이나 상태에 빠지기 쉽습니다. 앞에서도 설명했듯이 우리의 마음은 부정적인 것에 집착하는 성향이 있기 때문입니다. 그래서 카페나 음식점을 방문했을 때 만약 주위에 높은 톤으로 말을 빠르게 하는 사람이 가까이 있어서 당신에게 무의식적으로 말하기의 나쁜 습관을 연상시킨다면 조용히 자리를 피하십시오. 잘못된 말하기를 듣는 것만으로도 과거의 악습이 재발하면서 당신의 목소리는 빠르게 생기를 잃고, 약해질 것입니다. 올바른 말하기가 정착될 때까지 일상에서 과도한 흥분 혹은 긴장으로 인해 호흡이 올라온 상태 즉 얕은 호흡으로 말하는 상황 역시 되도록 피해야 합니다.

특히나 배우다운 말하기를 정착시키는 동안 과도한 흥분을 경계해야 합니다. 연기가 감정의 예술이지만, 감정과 흥분은 분명히 다릅니다. 과도한 흥분은 말하기의 정신적 운용 장치에 과부하를 일으켜 말하기 시스템의 작동을 일시적으로 멈추게 합니다. 이런 이유에서 배우다운 말하기의 정착을 위해서는 평상시 과도한 흥분을 자제하고, 심리적인 안정을 유지한 채 생활하는 것도 중요합니다.

인간은 관성의 동물입니다. 그래서 우리는 불편한 상황 속에 놓이면 부정적인 조건반사에 의해서 심신의 긴장, 부족한 호흡, 빠른 어투 등 과거의 악습이 어둠 속의 악령처럼 다시 나타나게 됩니다. 그것은 상당 기간 노력해서 성취한 말하기의 발전을 일순간에 깎아 버립니다. 다이어트를 위해 열심히 운동하더라도 자기 전에 야식을 먹으면 오히려 체중이 늘어납니다. 의사들은 몸에 이로운 운동을 하는 것도 중요하지만 흡연이나 음주처럼 몸에 해로운 것들을 피하는 것이 건강 관리에 실제로는 더 중요하다고 말합니다. 배우의 말하기도 다르지 않습니다. 말하기와 관련해서도 이로운 훈련의 지속도 중요하지만 해로운 요인을 피하는 노력 역시 중요합니다. 비슷한 이유에서 배우는 평소 거짓말이나 약속 위반과 같은 꺼림칙한 일을 되도록 하지 말아야 합니다. 당당한 사람에게서 당당한 소리가 나오기 때문입니다.

그렇지만 말입니다, 이게 말이야 쉽지만 실제로 어디 쉬운 일입니까? 우리는 배우 이전에 사회인으로서 타인과 어울려 살아가야 하지 않습니까? 게다가 우리는 연기하는 배우가 되려는 것이지 묵언하는 수도승이 되려는 것이 아니지 않요? 어려운 일입니다. 네, 어려운 일입니다. 그러나 잘못된 방식으로 평생을 살아온 사람이 일상에서까지 자신의 말하기 습관을 바꾸려는 시도는 자신의 천성을 바꾸려는 것이나 매한가지입니다. 그것은 말마따나 정말 똥줄이 빠지도록 노력해도 될까 말까 한 일입니다. 대체 이 어려운 일을 우리가 어떻게 해낼 수 있겠습니까?

필요한 것은 단절에의 의지. 우리가 이전의 것을 단호히 잘라내지 못한다면 진정한 의미에서 다음 단계로 나아가기 어렵습니다. 물론 거기에는 그만큼의 고통과 노동이 수반될 것입니다. 그러나 말하기의 개선은 습관의 개선이고, 습관의 개선은 곧 사람의 개선입니다. 이런 힘든 일에는 필연적으로 단절에의 의지가 청구되기 마련입니다. 부정적인 것에 지지 마십시오. 당신은 당신의 생각보다 강하고, 아름다운 사람입니다.

성장의 관점에서 '단절'은 문제를 일으키면서까지 시도할만한 가치가 있는 미덕입니다. 물론 단절한 이후에도 당신의 삶은 여전히 이전과 같을지도 모릅니다. 그러나 바로 그 이유에서 우리는 문제를 일으키면서까지 단절을 시도할 가치가 있습니다. '상실 속에는 상실할 것이 없다.'라는 사실을 우리가 깨닫게 된다면[85] 우리에게는 도전을 안 해볼 이유가 사라지기 때문입니다. 당신의 도전과 노력이 설사 실패로 끝나더라도 거기에는 그만큼의 무엇이 분명히 남아 있을 겁니다. 그리고 그것이 무엇인지는 스스로 노력해서 확인해 보는 수밖에 없습니다.

그러나 찬찬히 생각해보면 다른 사람의 기분을 맞추기 위해 나의 말하기가 희생되어야 할 이유도 없습니다. 또, 여기서 의미하는 '단절'이란 글자 그대로 타인과의 관계를 모두 끊고, 홀로 살아가는 것이 아니라 다른 사람에게 휘둘리지 말라는 뜻입니다. 그러하니 나쁘고, 불쾌한 것과 거리를 두고, 당신을 존중하고, 힘을 주는 사람과 관계를 유지하십시오. 나를 슬프게 하거나 우울하게 하는 사람과 얽히기에 우리 인생은 너무도 짧고, 무상합니다.

아마도 독자 중에는 다음과 같이 반문하실 분이 계실 겁니다. "그렇다면 좋다, 나쁜 것에 대한 단절의 의미가 이해도 되고, 어느 정도는 인정할 수도 있다. 그렇다면 묻고 싶다. 그것과 반대로 올바른 말하기의 정착을 위해 일상에서 우리가 실천하면 좋은 일로는 무엇이 있는가?" 이에 대한 필자의 답변은, 다시 말해 필자가 추천하는 일상 속 실천은 당신을 존중하는 사람과 만나 천천히 대화하라는 것입니다. '새에게는 둥지, 거미에게는 거미줄, 인간에게는 우정'(The bird a nest, the spider a web, man friendship.)이라는 윌리엄 블레이크(W. Blake)의 문구처럼 당신에게 유대감과 연대감을 주는 사람들, 당신에게 안도감을 주고, 당신을 인정하는 사람과 만나서 천천히 대화를 나누십시오. 필요한 것은 사랑에의 의지. 그들을 소중히 대하고, 진심으로 교류하고, 어떤 일이든 그들에게 도움이 되어 주십시오. 그렇게 쌓은 그들과의 연대감은 집을 데우는 난로처럼 당신의 마음을 따뜻하게 데워줄 것입니다. 이것은 당신의 말하기를 개선하는 일상의 실천이 될 터인데, 당연하게도 따뜻한 사람에게서 따뜻한 소리가 나오기 때문입니다.

남들과의 대화가 어렵다는 고민을 연기 교사로서 필자는 요즘 자주 듣습니다. 타인에게 자신이 어떻게 보일지 두렵고, 호감을 줄 수 있을지 걱정이랍니다. 그런 것 고민하지 말고 그저 자신이 하고 싶은 말을 하고 살면 됩니다. 그저 말하고 싶은 걸 말하면서 살아가세요. 남들의 기준에 맞는 말이 아니라 본인이 좋아하고, 하고 싶은 것을 말하면 되는 겁니다. 어리석은 태도는 모두의 마음에 들려는 마음가짐입니다. 그것은 일종의 욕심입니다. 배우가 되려는 사람은 그럴 수도 없고, 그래서도 안 됩니다. 상대에게 존중받고 싶다면 내 개성을 먼저 드러내야 합니다. 그게 배우로서 일상 속 말하기의 시작입니다.

개인의 정체성은 훈련처럼 끊임없는 반복과 학습을 통해 발전될 수 있습니다. 평소 내 개성을 당당하게 드러낼수록 자존감이 강해지고, 스스로 어떤 사람인지 확신할 수 있게 됩니다. 물론 이것이 익숙하지 않은 사람들에겐 처음엔 무척 힘들고 어느 면에선 두렵기까지 하겠지만, 생활에서 이런 정신 과정을 반복할수록 다른 이와 차별화되는 나만의 개성 혹은 매력이 자라나게 됩니다.

타인에 대한 존중과 기본적인 예의를 지키는 선에서 남의 눈치를 볼 필요도 없고, 누가 날 싫어하든 크게 개의치 않습니다. 살다 보면 나를 싫어하는 사람도 있기 마련입니다. 어쩔 수 없습니다. 어쩔 수 없는 일에는 신경끄고, 우리가 할 수 있는 일에 집중하며 살아갑니다. 하고 싶은 말이 있다면 말하고, 원하는 걸 갖기 위해 노력합니다. 나를 바꿀 수 있는 건 나 자신뿐이고, 나를 행복하게 할 수 있는 사람도 나 자신뿐입니다.

천천히, 낮게 말한다.

경력이 적은 배우가 주어진 출연 기회를 거절하기 어려운 것처럼 일상에서 우리는 여러 이유로 인해 불편한 상황에서 부득이하게 말해야 하는 경우가 있습니다. 만약 그렇게 말해야만 하는 상황에 있게 된다면 평소보다 작은 소리로 천천히, 낮은 톤으로 말하세요. 목소리의 볼륨이 커지면 성대 등 관련 근육에 부담이 가중되므로, 과거의 나쁜 방식대로 말할 확률이 그만큼 높아지게 됩니다.

특히나 불편한 상대와 대화할 때는 그럴 확률이 더욱 높아지므로,

애초에 자신의 말하기에 대한 목소리 볼륨과 속도의 기준점을 정해놓고, 대화 도중 그 이상으로 목소리가 커지거나 말의 속도가 빨라지지 않게 유의하면서 대화를 이어나갑니다. 일상에서 누군가를 만나기 전에, 마치 복싱선수가 시합 전 가상의 상대와 새도우 복싱을 하는 것처럼, 그런 상황에서도 온전히 절차를 수행하는 말하기를 이미지 트레이닝으로 해보는 것도 하나의 방법이 될 수 있습니다.

말하기의 나쁜 습관을 지닌 사람은 대화나 발표 등으로 일상에서 말해야만 할 때 명료한 소리를 내고자 의식적으로 과도한 힘이나 호흡을 사용해서 말하려는 경향이 있습니다. 올바른 말하기의 패턴을 정착시키려면 제일 먼저 이러한 습관 혹은 경향부터 폐기해야 합니다. 나쁜 음성으로 말하게 되는 이유는 일차적으로 호흡, 발성, 성도, 공명, 발음 등 말하기의 각 과정을 제대로 수행하지 않아서 그렇지만 그 이상으로 중요한 요인이 습관적 긴장으로 인해 말을 할 때 과도한 힘이나 호흡을 사용하려는 경향입니다.

이와 반대되는 말하기가 이완과 절차에 기반한 공명으로 말하는 방식입니다. 울림 있는 소리는 기본적으로 긴장이 완화된 상태에서 나는 것이므로, 우리가 울림 있는 소리로 말을 하게 되면 대화 도중 쉽게 화를 내거나 흥분에 빠지는 등의 감정적 스트레스에 치닫는 것을 방지할 수 있습니다. 그렇지만 아직 올바른 말하기가 자리 잡지 않은 상태에서 신체적 이완과 적절한 호흡에 의한 공명으로 말하기가 쉽지 않으므로, 그보다는 작은 소리로 천천히, 낮게 말한다는 개념을 적용한다면 과도한 힘이나 호흡의 사용을 억제할 수 있습니다. 작고, 천천히, 그리고 낮은 톤으로 말하면서 목소리의 울림을 유지한다면 마음의 영점 조정과 긴장 완화에도 도움을 주어 올바른 말하기의 정착이 더 일찍 이루어질 수 있습니다.

그중에서도 천천히 말하는 습관은 절차적인 말하기나 음성적인 문제의 해결 등 여러 면에서 도움이 됩니다. 그러니 평소 일상에서 대화할 때도 달랜다는 느낌으로 천천히 말하도록 하세요. 음성의 문제를 지닌 사람은 대개 필요한 만큼 숨을 쉬지 않아 호흡의 부족으로 말하는 속도가 무척 빠릅니다. 그로 인해 발성이나 공명, 성도의 이완 등 말하기에 필요한 절차를 건너뛰게 되는 경우가 많고, 자신의 한계를 넘어서는 과도한 분량의 말을 하게 되므로 목소리가 더욱 나빠지게 됩니다.

말의 빠르기는 그 사람의 성격을 반영하는 특성입니다. 성격이 느긋하면 말이 느리고, 성격이 급하면 보통 말이 빠릅니다. 또 말끝을 길게 늘이거나 살짝 올리면 상냥한 인상을 주고, 말끝을 짧게 끊으면 단호하고 냉정한 인상을 줍니다. 따라서 침착한 성격을 지닌 사람이 다혈질의 사람보다 좋은 목소리를 지닌 경우가 훨씬 많습니다. 앞서 설명했듯이 사람이 서두를수록 말하기에 필요한 절차를 건너뛴 채로 과도하게 말하기 때문입니다. 그러니 올바른 말하기가 정착할 때까지는 쉼이나 멈춤을 활용해서 천천히 말하도록 하세요.

우리가 말하는 동안 성대가 제대로 운동하려면 말하기 전에 필요한 들숨을 분명하게 들이쉬고, 성대가 적절히 붙는 시간도 필요합니다. 공명이 없거나 쉰 목소리로 말을 하는 사람들은 대개 성대가 풀린 혹은 벌어진 상태에서 진동 없이 말을 하기 때문입니다. 반면 천천히 말을 하게 되면 그만큼 시간이 생겨서 성대의 운동에도 도움을 줄 뿐만 아니라 말하려는 바, 즉 말의 의도와 의미도 더욱 뚜렷하게 생각할 수 있어서 발음 역시 더 명료해집니다.

이렇듯 말의 속도를 늦추는 것만으로도 우리는 말하기를 상당히 개선할 수 있는데, 문제는 일상에서 천천히 말하기가 의외로 어렵다는 것입니다. 이를 위한 해법은 일상의 대화에서 내 말은 적게 하고, 상대의 말을 더 듣는 것입니다. 이율배반적으로 들릴지 모르나, 좋은 말하기의 정착을 위해서는 일상에서 내 말을 하기보다는 상대의 말을 더 들으려 해야 합니다.

목소리가 나쁜 사람들은 대개 듣기보다는 말하기를 훨씬 더 좋아합니다. 하고 싶은 말이 워낙 많아서 말하는 속도가 빨라지고, 그러다 보니 스스로 감당이 안 되는 지점을 넘어서게 되고, 말하기의 작동 메커니즘이 말하고 싶은 내용을 따라가지 못해서 호흡이 부족해지고, 성대에 과부하가 생기면서 결국 쉰 소리로 말하게 됩니다. 반면 상대의 말을 충실히 끝까지 들으면 그 과정에서 내가 말하고자 하는 내용이 알맞게 정리되고, 듣는 시간 동안 말하기에 필요한 과정 역시 충분히 준비되므로, 그만큼 알맞은 속도로 말할 수 있게 됩니다.

만약 이런 노력에도 불구하고 대화 도중 자신도 모르게 말의 볼륨과 속도가 기준치를 넘어서고, 성대에 무리가 느껴지면 잠시 그 자리에서 벗어나십시오. 용무 등을 핑계 삼아 화장실처럼 독립된 공간으로 가서 이완 루틴에 따라 마음의 영점을 조정하고, 심신의 흥분을 가라앉힌 후 간단한 루틴을 실천해서, 말하기의 절차를 점검하십시오. 그런 다음 "나는 천천히, 낮게 말한다."라는 자기 암시를 반복하는 겁니다. 이를 통해 어느 정도 말하기의 컨디션이 회복되면 다시 자리로 돌아와 대화를 재개합니다. 반면 발표나 연설처럼 여러 사람 앞에서 말해야 하는 경우라면 그곳에 모인 청중 모두에게 말하려 하지 말고, 그중에서 집중도가 높은 몇 사람에게만 말하도록 하십시오. 그만큼 부담감이 줄어들어 편안한 상태로 말할 수 있습니다.

마음껏 소리칠 수 있는 장소를 마련한다.

배우로서 직업적인 성공을 꿈꾼다면 자신만의 훈련 루틴을 만들어서 하루도 거르지 말고 말하기를 훈련해야 합니다. 험난한 과정 끝에 말하기의 원리를 깨달았다 하더라도 계속 훈련해야 합니다. 그동안의 연습으로 개발된 말하기의 역량을 유지하기 위해서는 또 그만큼의 노력이 필요한 겁니다. 만약 어느 날 당신이 훈련을 그만둔다면 그 시점부터 말하기 역량은 퇴보하기 시작합니다. 말하기는 훈련하면 나아지고, 그만두면 나빠집니다. 엔트로피의 법칙에 따라 여기에는 어떤 예외도 없지만, 다행스럽게도 개발보다 유지에는 훨씬 적은 노력이 소요됩니다. 일단 물이 끓으면 더 적은 화력으로 뜨거운 온도를 유지할 수 있는 것과 마찬가지입니다.

배우의 말하기 훈련 속에는 격정적인 감정을 폭발적으로 분출하면서 대사를 말하는 연습도 포함되어야 합니다. 연기가 감정 표현의 예술이란 점에서 배우에게는 격정적인 감정을 담아서 대사를 마음껏 소리치는 훈련이 필요합니다. 배우를 방해하는 긴장이란 결국 감정의 억압일 수밖에 없습니다. 그것이 현장이든 일상이든 간에 배우가 자신이 느끼는 감정을 있는 그대로 표현하지 못할 때 심리적 억압이 작동하게 되고, 이것이 배우의 내, 외면에 긴장을 일으킵니다. 따라서 배우에게는 자신의 내면을 채우고 있는 감정들을 자유롭게 표출하는 시간이 절대적으로 필요합니다. 어떤 감정이든지 간에 그것이 자신 안에서 발생하고, 또, 그 감정의 고유한 색깔로 자신을 물들일 수 있는 사람이 진짜 배우가 되는 겁니다.

이러한 이유에서 배우는 외침, 고함, 절규 등 폭발적인 감정을 느끼면서 마음껏 소리칠 수 있는 장소를 마련해 두어야 합니다. 개인 연습실이 있다면 가장 좋겠지만 그렇지 못한 경우 자동차처럼 엄폐된 공간을 이용하는 것도 하나의 방법일 수 있습니다. 격정적인 감정을 담아서 마음껏 소리칠 수 있는 장소, 그것은 배우에게 둥지와도 같은 곳입니다.

최상의 컨디션을 유지한다.

목소리의 음질에는 말하는 사람의 성격뿐만 아니라 건강 상태까지 반영되어 나타납니다. 이런 이유에서 배우가 좋은 목소리로 연기하기 위해서는 늘 자신의 몸부터 건강하게 유지해야 합니다. 주지하다시피 배우는 오디션 등 스트레스가 매우 심한 환경에 노출된 채 연기해야 합니다. 그래서 배우의 정신은 아무튼 터프해야 하며, 이런 사정이니 정신의 그릇에 해당하는 신체의 강건함이란 배우에게 필수 불가결한 요건입니다. 배우가 중요한 공연이나 오디션을 앞두고 충분한 휴식과 수면을 가져야 하는 것도 모두 이런 이유에서입니다.

배우가 최적의 컨디션을 유지하려면 실연을 앞두고 음식을 너무 많이 먹거나 초콜릿이나 유제품, 단 음식은 피해야 하며, 평소에도 충분하게 물을 마셔 수분을 보충해 두어야 합니다. 만약 비염이나 위염 등의 지병이 있다면 지금 바로 병원에 가서 치료를 받으세요. 건강한 몸에서 건강한 소리가 나오고, 아픈 몸에서 아픈 소리가 나옵니다. 충분한 수면과 규칙적인 식사는 컨디션 유지에 필수적입니다. 컨디션 회복에 적절한 시간대에 잠을 자고, 같은 시간대에 일어나 운동이나 훈련을 한 후 아침을 꼭 챙겨 먹습니다.

평소 똑바른 자세로 생활하는 것도 최상의 컨디션을 유지하는 비결입니다. 바른 자세는 신체적인 건강뿐만 아니라 그 사람이 정신적으로도 건강하다는 것을 반영해 줍니다. 반면 자세가 나쁜 사람들은 의기소침해 보이고, 무기력한 느낌을 주기 쉽습니다. 그래서 배우가 나쁜 자세로 오디션장에 들어서는 것은 자신의 연기를 보여주기도 전에 이미 탈락을 선고받은 것이나 다름없습니다. 탈락자의 모습을 한 배우를 선발하는 오디션 담당자는 어디에도 없기 때문입니다.

똑바로 선다는 것은 자신이 배우로서 짊어질 부담감을 스스로 감당하겠다는 의지의 표현이기도 합니다. 그 의지란 자신의 약점과 강점을 있는 그대로 받아들이고, 성공과 실패에 무관하게 배우로서 자신을 그대로, 똑바로 보여주겠다는 각오입니다. 신념에 입각한 배우의 자세. 그것이 어깨를 펴고 바로 선 자세입니다.

이런 이유에서 올바른 말하기가 정착할 때까지 일상을 극 중 현실로 받아들여 생활하는 것도 배우에게 도움이 될 수 있습니다. 이것은 앞 장 〈이완〉에서 소개한 '자기 투영'처럼 인생을 하나의 무대라고 설정하고, 그 속에서 자신이 당당하고 자신감 넘치는 주인공을 맡아서 연기하고 있다는 시각에서 일상을 생활하라는 조언입니다. 이러한 삶의 태도는 당당한 자세와 긍정적인 감정, 그리고 명료한 말하기의 정착에 실제적인 도움을 줄 수 있습니다. 날 그대로 연기는 생활처럼, 생활은 연기처럼 하는 겁니다.

진짜 배우라면 극 중에서 역할을 연기하기 이전에 삶 속에서 자신부터 제대로 연기해야 합니다. 배우 자신이 소중하고 매력적인 존재가 되지 못한다면 어떻게 관객이 그 배우의 연기를 좋아할 수 있겠습니까? 배우라면 자기 삶의 주인공으로서 자신을 먼저 연기할 줄 알아야 합니다. 이것은 올바른 방법에 입각한 꾸준한 훈련을 통해 미적, 윤리적 주체로 자신을 세우고, 자기 삶을 하나의 작품으로 완성해 나가라는 충고이기도 합니다.

이런 사정이니 결국 배우에게 훈련은 하나의 삶의 형식이 됩니다. 배우에게 훈련이란 그 자체로 미덕의 행위, 배우가 자신의 삶을 하나의 예술품으로 완성해 가는 실천적 행위입니다. 배우에게 왜 훈련이 필요합니까? 거기에는 효율적인 방법론의 습득을 통해 연기력을 향상한다는 목적도 있겠으나 배우가 훈련을 통해 현재와는 다른 존재로 변화되었을 때 전혀 다른 연기를 선보일 가능성이 존재하기 때문입니다. 즉, 연기의 발전은 연기라는 방법론의 습득을 통해서도 가능하지만, 더욱 중요한 것은 배우라는 존재 자체의 변화를 통해서 더 큰 진보를 이뤄내는 것입니다. 연기란 행위는 결국 배우의 정신과 마음, 몸이라는 필터를 거쳐서 구현되는 실천 예술이기 때문입니다.

이런 이유에서 반복의 지속, 꾸준한 훈련이 배우에게 무엇보다 중요합니다. 책의 서두에서 말했던 것처럼 사고방식이나 말하기 습관 등 존재를 구성하는 형식은 그 특성상 지속적인 반복을 통해서 변화되기 때문입니다. 물론 꾸준한 노력이 꼭 바라는 결과를 낳는다는 보장은 어디에도 없습니다. 아니, 치열하기 그지없는 현장과 업계를 생각한다면 차라리 실패가 정상일지 모릅니다. 그러나 바로 그 이유에서 우리는 더욱 노력하는 순간에 집중해야 합니다. 우리는 삶의 가치를 결과라는 고정된 것에서가 아니라 나아지려는 도전과 행동, 그 속에서 변화하는 운동성에서 찾아야 합니다. 이런 측면에서 진정 가치있는 것은 때때로 효율이 나쁜 행위 즉 노동을 통해서만 획득될 수 있습니다. 그러한 시간과 노력을 기울여 스스로 납득 가능한 경지에 도달하는 것. 그것은 배우 이전에 필연적 한계를 지닌 인간이 자신의 의지만으로 이룰 수 있는, 몇 안 되는 삶의 가치입니다.

그러하니 당신은 타고난 조건이 나쁘다거나 왜 나는 이다지 운이 없냐고 자책할 필요가 없습니다. 주어진 조건에서 진정 노력하고 있다면, 다시 말해 우리가 연습과 일상에서 훈련하는 배우라면 그 자체만으로 존중받아 마땅하기 때문입니다. 그러나 약속하건대 그것은 시간의 문제일 뿐, 그 노력은 당신 안에 투명한 결정이 되어 언젠가 빛을 내고, 그 빛은 당신을 투과해 관객을 비추고, 마침내 세계를 비출 것입니다.[86] 세상을 비추는 투명한 빛. 그 빛을 위해 스스로 촛불처럼 타오를 수 있는 것. 그것이 우리, 훈련하는 배우의 긍지입니다. …수고하셨습니다. 이것으로 배우의 말하기 훈련을 모두 마무리하겠습니다. 행운을 빕니다.

주석

1. 준비

1 이 책에서 말하는 '역량'이란 아는 것을 바탕으로 수행할 수 있는 능력을 가리킨다.

2 이 책에서는 '음성'과 '화술' 그리고 '말하기'라는 3개의 용어를 번갈아 사용하는데, 우선 '음성'은 말에서 '소리'를 지칭하는 단어이고, '화술'은 배우가 대사를 말하는 기술을 가리키며, '말하기'는 음성과 화술을 더불어 일컫는 총칭이다.

3 고이즈미 마사토시 外, 『언어인지 뇌과학 입문서』, 신아사, 2019.

4 안대성, 『발성의 완성을 위한 목소리 사용 설명서』, 예솔, 2020.

5 같은 책.

6 verbal-overshadowing effect

7 빌 커닝턴, 배우를 위한 알렉산더 테크닉 연구소 옮김, 『배우를 위한 알렉산더 테크닉』, 무지개다리너머, 2017.

8 만약 우리가 포기하지 않고, 원하는 방식을 터득하기 위해서 반복되는 실패에도 불구하고 훈련을 지속한다면 그 과정 어딘가에서 우리의 내면에는 무언가 침전되는 것이 생겨난다. 이때 우리는 자신의 직관과 경험을 기준으로, 나름의 이상적인 모델을 무의식적인 내면에 점차 구체적으로 형상화하게 되고, 그에 따라 자신의 실천이 '맞나, 틀리나'를 가늠하면서 이상적 모델에 더 가까운 흉내 내기를 계속해 나가게 된다. 그런 다음 우리는 교사의 피드백을 받거나 관련 질의를 통해서 자신이 세운 모델에 대한 영점 조정을 다시 한 후 이상적인 정답에 가까운 흉내 내기를 다시 반복한다. 그런 과정 중에 우리는 마침내 원하는 방식을 경험하게 되고, 이를 점차 반복해서 경험하게 되면서 해당 기술이 내적으로 심상화가 이루어지고, 마침내 자신의 일부로서 길이 들게 되면 그때 비로소 온전한 학습이 이루어지는 것이다.

9 신지영, 『한국어의 말소리』, 서울: 지식과 교양, 2011.

10 연기교육과 관련해서 '중심'이란 표현만큼 자주 등장하는 개념도 없을 것이다. 만약 '중심'의 개념을 이 책의 관점에서 설명한다면, 그것은 연기라는 행위를 구현하는 절차의 시작점 비유컨대 도미노의 첫 번째 블록을 나타내는 개념으로 풀이할 수 있다.

11 안데르스 에릭슨 & 로버트 풀, 강혜정 옮김, 『1만 시간의 재발견』, 비즈니스북스, 2016.

12 무라카미 하루키, 임홍빈 옮김, 『달리기를 말할 때 내가 하고 싶은 이야기』, 문학

사상, 2009.

13 알렉산더 테크닉에서는 이를 목적의식(end-gaining)이라고 부른다.

14 안재범, 『배우훈련의 혁신, MAP연기론』, 연극과인간, 2016.

15 알랭 바디우, 조형준 옮김, 『존재와 사건』, 새물결, 2001.

16 일반적으로 이완훈련은 말하기 훈련의 맨 앞 단계에 실천된다. 그렇지만 이 책에서는 이완훈련을 훈련과정의 마지막 단계에 배치했다. 그 이유는 호흡, 발성, 공명 등 말하기에 필요한 기초 역량을 갖추지 않고서는 배우가 대사를 말할 때 이완되기 어렵기 때문이다. 음성에 문제를 지닌 배우의 경우 말을 할 때 힘을 사용하지 않으면 아예 목소리 자체가 나오지 않을 수 있다는 공포감을 지닌 경우가 있다. 그렇지만 어느 정도의 말하기 역량을 일단 갖추게 되면 배우는 말하기에 자신감을 가지게 되고, 이러한 심리적 요인은 배우의 이완을 더욱 도와주게 된다.

2. 호흡

17 목의 협착은 발성과 공명을 개발하기 위한 선결의 과제이다. 이를 위한 최적의 훈련은 연구개와 혀뿌리를 서로 멀어지게 떨어뜨리는 연습이다. 그래서 배우의 훈련 루틴에는 연구개를 이완해서 올려주고, 혀뿌리는 아래로 떨어뜨리는 훈련은 필수적으로 포함되어야 한다.

18 '공기역학적 원리'란 바람이 불어오면 저절로 문이 닫히거나 종이 두 장 사이를 입김으로 불어주면 종이가 저절로 붙게 되는 현상인 베루누이 효과(Bernoulli effect)를 일컫는다. 동일 원리로 폐에서 나온 호흡이 성대 사이를 지나가면서 벌어져 있던 성대가 접지하면서 손바닥으로 손뼉을 치는 것처럼 성대에서 소리가 나게 된다.

19 Ingo Titze & Katherine V. Abbott, 『Vocology: the science and practice of voice habilitation』, National Center for Voice and Speech, 2012.

20 호흡을 지지하는 훈련은 분명 호흡을 의식적으로 조절하는 연습이다. 물론 진실을 미덕으로 여기는 연기 분야에서 가장 꺼리는 단어가 '조절', '조정' 혹은 '의식'과 같은 단어들이라는 사실을 필자 역시 잘 알고 있다. 그럼에도 불구하고 호흡의 지지를 강조하는 것은 적절한 소리를 낼 수 있게 호흡을 지지하는 역량은 배우의 음성 개발에서 그 토대가 되는 역량이기 때문이다.

21 이에 관해서는 '화술' 편과 '발성' 편에서 각기 상세하게 설명할 것이다.

22 코는 좁은 통로이기 때문에 코로 호흡이 들어오기 위해서는 호흡 관련 근육이 공기를 빨아들이는 작용을 해야 하므로, 이것은 마치 헬스장에서 역기를 들 때처럼 호흡 관련 근육을 강화하는 효과를 낳는다.

3. 발성

23 이경미, 「배우의 말하기, 목소리의 연극성 – 구자혜 연출과 '여기는 당연히, 극
장'의 연극을 중심으로」, 『한국연극학』, 70, 2019.

24 프랑스의 극작가, 연출가, 시인, 배우. '잔혹연극론'을 발전시켜 전위극에 큰 영향
을 주었으며, 그의 작업은 언어·예술의 전반에 관계되는 것으로서 높이 평가된다.

25 앙토냉 아르토, 박형섭 옮김, 『잔혹연극론』, 현대미학사, 2000.

26 본문에서 말하는 성대란 구체적으로 '진성대'(vocal folds)를 가리킨다. 진성대
는 후두 안에 위치하고 앞쪽은 갑상연골 안쪽에 뒤쪽은 피열연골에 붙어있는,
원음을 내는 한 쌍의 구조이다. 음성은 공기의 압력인 성문 하압이 진성대와 만
나게 되고, 그로 인한 진성대의 떨림 즉 진동을 통해서 소리가 나게 된다. 더 구
체적으로 설명하면, 소리내기의 과정에서 날숨의 기류가 폐에서 기도를 통해 올
라와 진성대와 접촉하게 되는데, 이때 폐와 기관, 횡격막, 늑간근 등의 호흡 근
육들이 관여하게 된다. 이 호흡에 대한 반작용으로 진성대가 개폐 진동하여 피
치(pitch)와 배음(overtones)을 가진 음원이 발생한다. 그와 비교해서 '가성
대'(false vocal folds)는 진성대 위에 위치하는 후두 내의 구조로서, 진성대의
진동에 영향을 주고, 방해할 수 있는 구조이며, 실연 시 격정적인 대사나 큰 소
리를 내야 할 때 생리학적인 목의 협착을 유발하곤 한다.

27 이때 나는 소리를 '첫소리' 혹은 '성대 원음'이라고도 하며, 이런 소리의 생성
작용을 '발성'이라고 한다.

28 바람이 불어오면 저절로 문이 닫히거나 종이 두 장 사이를 입김으로 불어주면 종이
가 저절로 붙게 되는 공기역학적 현상을 '베르누이 효과'라고 한다. 반면 베르누이
효과가 아니더라도 소리가 발생할 수 있다는 견해도 있는데, 성대 탄성 속성으로
인해 베르누이 효과가 없더라도 성대가 진동할 수 있다는 것이 그들의 견해이다.

29 남도현, 『남도현 발성법』, Chorus Center, 2011.

30 시실리 베리, 이상욱 옮김, 『배우와 목소리』, 동인, 2012.

31 Jo Estill, K. Steinhauer, M. M. Klimek, 『The Estill Voice Model: Theory
and Translation』, Estill Voice International, 2017.

32 크리스틴 링클레이터, 김혜리 옮김, 『자유로운 음성을 위하여』, 동인, 2019.

33 이런 관점에서 음성교사 링클레이터는 배우의 음성이 생각 및 감정과 분리되지
않는 방식으로 음성을 개발하는 훈련 체계를 발전시켰다.

34 질리안 키츠, 류미·명현진 옮김, 『노래하는 배우』, 동인, 2013.

35 자극에 대해 반응을 일으키는 최소한의 세기

36 아서 르삭, 김숙희 편역, 『르삭 기법의 발성과 스피치』, 연극과 인간, 2005.

37 C – SPOT은 음성학자 모튼 쿠퍼(Morton Cooper)가 제시한 훈련 방법이다.
Morton Cooper, 『Change Your Voice : Change Your Life』, Wilshire Book
Co, 1996.

4. 성도

38 근육이 오그라들었다가 이완되어 다시 본래의 상태로 되돌아가는 과정

39 성도에 의한 성대 진동의 조절은 '이너턴스(inertance)'에 의해 발생하며, 이것을 보통 소스 필터 이론 (source-filter theory)이라고 한다.

40 르삭, 앞의 책.

41 척 존스, 허은·김숙경 옮김, 『배우를 위한 음성훈련』, 예니, 2000.

42 이상욱, 「화술/발성 실기 관점에서 본 공명훈련」, 연극교육연구(25), 2014.

43 리처드 브레넌, 최현묵·백희숙 옮김, 『자세를 바꾸면 인생이 바뀐다』, 물병자리, 2012.

44 김선애, 「무대 대사 발화 과정에서의 구강 공명 활성화 방안」, 한국예술연구 (28), 2020.

45 BLANDINE CALAIS GERMAIN, 김민호 외 옮김, 『발성을 이해하기 위한 목소리 해부학』, 영문출판사, 2015.

46 링클레이터, 앞의 책.

47 편도체(amygdala)는 뇌의 변연계(limbic system)에 속하는 일부로서, 동기, 학습, 감정과 관련된 정보를 처리하는 데 중요한 역할을 한다. 편도체는 정서와 관련된 기억, 즉 정서적 학습과도 관련 있는 것으로 알려져 있다.

48 음성 분야에서 포먼트는 흔히 소리의 전달 작용을 극대화하는 공명 작용을 일컫는다.

49 이영수, 「배우 음성 훈련을 위한 EVT 구조연습 활용방안 I」, 한국콘텐츠학회논문지(21), 2021.

5. 공명

50 여기서 오해하지 말 것은 이완의 의미이다. 배우의 이완이란 '흐물흐물' 해파리처럼 완전히 풀어진 상태를 의미하는 것이 아니며, 필요한 행위에 꼭 필요한 만큼의 에너지가 사용되는 방식을 가리킨다. 배우가 이완을 훈련하는 이유는 말하기에 필요한 호흡 관련 근육과 성도 기관 등의 독자적인 제어를 바탕으로 말하기 전 영역의 조화로운 협응을 통해 꼭 필요한 에너지만으로 구현되는 최적의 말하기 방식을 체득하기 위함이다.

51 소리를 미는 것은 말을 할 때 억지로 힘을 주거나 과도한 호흡을 사용해서 소리를 앞으로 보내려 하는 의도적인 작용을 일컫는다. 이는 음성의 성량이 작거나 명료성이 떨어지는 사람에게서 자주 나타나는 말하기의 문제이다.

52 이영수, 앞의 논문.

53 흉성의 두껍고 낮은 소리의 진동패턴을 복합진동파형(multi mass oscillation), 두성의 얇고 높은 소리의 진동패턴을 단순진동파형(one mass oscillation)이라

고 합니다.

54 이상욱, 앞의 논문.

55 EVT에서는 이를 어트렉터 상태(Attractor State)라고 부른다.

56 김선애, 앞의 논문.

57 링클레이터, 앞의 책.

58 James C. McKinney, 『The Diagnosis & Correction of Vocal Faults』, Waveland, 2005.

59 어택(접촉)으로 시작해서 플로우(파동)로 나는 소리.

6. 발음

60 '집 앞으로 맑은 물이 흐른다'를 소리가 나는 대로 적으면 '지바프로말근무리흐 른다'와 같이 된다. 이때의 '지, 바, 프, 로······'처럼 한 뭉치로 이루어진 소리의 덩어리를 음절이라고 한다. 모든 말은 이렇게 음절 단위로 마디가 지어져서 발 음된다. 국어의 음절은 반드시 모음이 필요하다. 그러므로 음절은 모음 하나로 이루어지는 것도 있고, 모음을 중심으로 하여 그 앞뒤에 자음이 붙어서 이루어 지는 것도 있다.

61 한국어에서는 모든 모음과 비음(ㅁ, ㄴ, 종성ㅇ)과 유음(ㄹ)의 4개 자음이 유성 음이다.

62 유성음화는 음운의 배열에 따라 무성자음이 유성자음으로 성격이 변동되는 것을 말하며, 순수자음인 'ㄱ, ㄷ, ㅂ, ㅈ, ㅎ'이 유성음 사이에 놓일 때 유성자음이 될 수 있다.

63 김선애, 「대사 표현의 정확도를 높이기 위한 조음기관의 방향」, 연극교육연구 (29), 2016.

64 음소는 한 언어의 음성체계에서 단어의 의미를 구별 짓는 최소의 소리 단위이다.

65 배윤희, 『보이스 트레이닝』, 시대인, 2020.

66 경제학자 마르크스(Karl Marx)는 인간의 노동을 동물의 활동과 대비시키면서 ' 합목적적 활동'이라는 측면에서 노동의 의미를 고찰했다.

67 일상에서 말을 할 때 지나치게 발음을 의식하는 경우 오히려 혀의 긴장을 유발하 는 등의 악영향을 줄 수 있으므로, 무성자음이 포함된 글자를 말할 때는 그저 해 당 글자를 느리게 발음한다는 정도로 말해준다면 필요한 효과를 얻을 수 있다.

7. 화술

68 배우가 역할의 말을 내 말처럼 하기 위해서는 남의 말인 역할의 대사를 내 말처 럼 자감이 되도록 준비하는 작업이 사전에 필요하다. 그러나 자감의 방법은 화

술보다는 분석의 영역에 더 가까워서 여기서 더 논의하지는 않는다. 만약 자감의 방법에 대해 궁금하다면 필자의 다른 저서인 『배우의 역할 되기』(연극과 인간, 2017)의 해당 장을 참조할 것을 추천한다.

69 김수기, 「연기교육에서 '집중'의 확장된 의미」, 한국연극예술치료학회 19회 학술대회 발제문, 2021.

70 연기란 행위를 가동하는 운동은 상대와 소통하는 과정의 사이클, 연기의 수행과정이 이루는 두 개의 사이클로 설명될 수 있다. 그것은 마치 위대한 자연의 운동인 지구의 공전과 자전 운동에 비유해서 이해할 수 있다. 상대와 소통하는 반응과 행동의 운동은 마치 태양 주위를 도는 지구의 공전 운동과 같은 작용이며, 그 안에서 이루어지는 자생의 과정인 생각-감정-호흡-언행의 사이클은 지구의 자전 운동과 유사하기 때문이다. 연기란 이 두 가지 사이클 운동으로 실천되는 의사소통에 관한 실천 예술이다.

71 대사의 의도는 흔히 연기 분야에서 '행동'(action) 혹은 '행동 동사'(active verb)라고 불린다.

72 구(句)는 두 개 이상의 단어가 통합되어 나타나는 통사론적(統辭論的)인 단위이다. 흔히 '어구(語句)'라고도 말한다. 절(節)과 달리 주술관계(主述關係)가 나타나지 않은 두 단어 이상의 통합체를 말한다.

73 절(節)은 주어와 서술어를 갖춘 두 개 이상의 단어가 통합된 단위를 의미한다.

74 Nelson Cowan, 「The magical number 4 in short-term memory: a reconsideration of mental storage capacity」, 『Behavioral and brain sciences』, 24(1), 2001.

75 B. J. Baars & N. M. Gage, 강봉균 옮김, 『인지, 뇌, 의식: 인지 신경과학 입문서』, 교보문고, 2010.

76 화술훈련에 적합하도록 원문의 대사를 일정 부분 편집했다.

77 이에 대해서는 필자의 관련 서적인 『연기하는 배우의 분석』을 참조하길 바란다.

8. 이완

78 본 장은 필자의 연기론을 담아낸 『배우훈련의 혁신, MAP 연기론』(연극과 인간, 2016)의 해당 장을 참조해서 작성되었다.

79 르삭, 앞의 책.

80 예지 그로토프스키, 고승길 옮김, 『가난한 연극』, 교보문고, 1987.

81 리 스트라스버그, 하태진 옮김, 『연기의 방법을 찾아서』, 현대미학사, 1993.

82 이에 대해 더욱 상세한 정보가 궁금하다면 필자의 관련 서적인 『배우훈련의 혁신, MAP 연기론』을 참조하길 바란다.

83 열역학 제 2 법칙은 이미 진행된 자연의 변화는 되돌릴 수 없다는 것을 의미한

다. 따라서 자연 물질계의 변화는 엔트로피의 총량이 증가하는 방향으로만 진행
한다. 이와 관련해서 통계역학(statistical mechanics)에서는 엔트로피 증가의
원리를 분자운동이 확률이 적은 질서 있는 상태로부터 확률이 더 큰 무질서한
상태로 이동해 가는 자연현상으로 해석한다. 그래서 열은 높은 곳에서 낮은 곳
으로, 농도는 짙은 곳에서 옅은 곳으로 이동하며, 우주와 생명은 시간이 지남에
따라 최종의 무질서, 종말 혹은 죽음에 이른다. 이는 불변의 법칙이다.

84 요하네스 H. 슐츠, 이유정·이주희 옮김, 『아우토겐 트레이닝 연습교본』, 이주희
이완연구소, 2010.

9. 생활

85 철학자 지젝(S. zizek)이 그의 책 『당신의 징후를 즐겨라』에서 한 말이다. 슬리
보예 지젝, 주은우 옮김, 『당신의 징후를 즐겨라』, 한나래, 2017.

86 '투명한 결정(結晶)'으로서 배우상의 이론적 배경에 대해서는 필자의 다른 저서
『나와 세계로서의 배우』를 참조하길 바란다.

참고문헌

안재범, 『배우훈련의 혁신, MAP연기론』, 연극과인간, 2016.

_____, 『배우의 역할 되기』, 연극과인간, 2017.

_____, 『나와 세계로서의 배우』, 연극과인간, 2009.

_____, 『연기하는 배우의 분석』, 연극과인간, 2020.

_____, 『기초연기수업: 개정 7판』, 연극과인간, 2021.

_____, 「성격 발현을 위한 배우의 분석」, 『한국연극학』, 한국연극학회, 65호, 2018.

_____, 「배우의 이완을 위한 기계론적 마음훈련에 관한 연구」, 『한국연극학』, 한국연극학회, 57호, 2015.

김수기, 「연기교육에서 '집중'의 확장된 의미」, 한국연극예술치료학회 19회 학술대회 발제문, 2021.

김선애, 「대사 표현의 정확도를 높이기 위한 조음기관의 방향」, 연극교육연구(29), 2016.

_____, 「무대 대사 발화 과정에서의 구강 공명 활성화 방안」, 한국예술연구(28), 2020.

남노현, 『남도현 발성법』, Chorus Center, 2011.

배윤희, 『보이스 트레이닝』, 시대인, 2020.

신지영, 『한국어의 말소리』, 서울: 지식과 교양, 2011.

안대성, 『발성의 완성을 위한 목소리 사용 설명서』, 예솔, 2020.

이경미, 「배우의 말하기, 목소리의 연극성 - 구자혜 연출과 '여기는 당연히, 극장'의 연극을 중심으로」, 한국연극학(70), 2019.

이상욱, 「화술/발성 실기 관점에서 본 공명훈련」, 연극교육연구(25), 2014.

이영수, 「배우 음성 훈련을 위한 EVT 구조연습 활용방안 I」, 한국콘텐츠학회논문지(21), 2021.

고이즈미 마사토시 外, 『언어인지 뇌과학 입문서』, 신아사, 2019.

리 스트라스버그, 하태진 옮김, 『연기의 방법을 찾아서』, 현대미학사, 1993.

리처드 브레넌, 최현묵·백희숙 옮김, 『자세를 바꾸면 인생이 바뀐다』. 물병자리, 2012.

무라카미 하루키, 임홍빈 옮김, 『달리기를 말할 때 내가 하고 싶은 이야기』, 문학사상, 2009.

빌 커닝턴, 배우를 위한 알렉산더 테크닉 연구소 옮김, 『배우를 위한 알렉산더 테크닉』, 무지개다리너머, 2017.

시실리 베리, 이상욱 옮김, 『배우와 목소리』, 동인, 2012.

슬리보예 지젝, 주은우 옮김, 『당신의 징후를 즐겨라』, 한나래, 2017.

아서 르삭, 김숙희 편역, 『르삭 기법의 발성과 스피치』, 연극과 인간, 2005.

안데르스 에릭슨 & 로버트 폴, 강혜정 옮김, 『1만 시간의 재발견』, 비즈니스북스, 2016.

알랭 바디우, 조형준 옮김, 『존재와 사건』, 새물결, 2001.

앙토넹 아르토, 박형섭 옮김, 『잔혹연극론』, 현대미학사, 2000.

요하네스 H. 슐츠, 이유정·이주희 옮김, 『아우토겐 트레이닝 연습교본』, 이주희이완연구소, 2010.

예지 그로토프스키, 고승길 옮김, 『가난한 연극』, 교보문고, 1987.

질리안 키이츠, 류미·명현진 옮김, 『노래하는 배우』, 동인, 2013.

척 존스, 허은김·숙경 옮김, 『배우를 위한 음성훈련』, 예니, 2000.

크리스틴 링클레이터, 김혜리 옮김, 『자유로운 음성을 위하여』, 동인, 2019.

B. J. Baars & N. M. Gage, 강봉균 옮김, 『인지, 뇌, 의식: 인지 신경과학 입문서』, 교보문고. 2010.

BLANDINE CALAIS GERMAIN, 김민호 외 옮김, 『발성을 이해하기 위한 목소리 해부학』, 영문출판사, 2015.

Gerry Altmann, 홍우평·최명원 옮김, 『말하는 뇌』, 역락, 2005.

Ingo Titze, 『Principles of Voice Production』, National Center for Voice and Speech, 2000.

Ingo Titze & K. V. Abbott, 『Vocology: the science and practice of voice habilitation』, National Center for Voice and Speech, 2012.

James C. McKinney, 『The Diagnosis & Correction of Vocal Faults』, Waveland, 2005.

Jo Estill, K. Steinhauer, M. M. Klimek, 『The Estill Voice Model: Theory and Translation』, Estill Voice International. 2017.

Leon Thurman, Graham Welsh, 『Bodymind & Voice - foundations of voice education』, The Voice care Network, 2000.

Morton Cooper, 『Change Your Voice : Change Your Life』, Wilshire Book Co, 1996.

Nelson Cowan, 「The magical number 4 in short-term memory: a reconsideration of mental storage capacity」, 『Behavioral and brain sciences』, 24(1), 2001.

Scott McCoy, 『Your Voice : An Inside View』, Inside View Pr, 2004.

Williard R. Zemlin, 『Speech and Hearing Science: Anatomy and Physiology (4th)』, Pearson, 1997.

저자 소개

안재범(安載範)

현재 계명대학교 연극뮤지컬전공의 교수로 재직하면서 배우의 연기에 관해 실천, 이론, 교육의 세 방향에서 탐구하고 있다. 그는 한양대학교 연극영화과에서 연기를 전공해서 박사 학위를 취득한 후 New York Film Academy 등 다양한 기관에서 공부했으며, 극단 미로의 대표로서 극작, 연출, 연기를 병행해서 〈우주일기〉, 〈웃어라, 햄릿〉 등의 공연을 발표하여 현대극페스티벌 작품상과 연기상, 비사 연구상 등을 수상했다.

저서로는 『기초연기수업: 7판』(연극과인간, 2021), 『나와 세계로서의 배우』(연극과인간, 2010), 『배우의 역할 되기: 개정판』(연극과인간, 2012), 『배우훈련의 혁신, MAP 연기론』(연극과인간, 2016), 『연기하는 배우의 분석』(연극과인간, 2020) 등이 있으며, 「자생과정의 연기론」(한국연극학 55호, 2015) 등 다수의 논문을 학계에 발표하며, 공학적인 개념에 기초한 독자적인 연기론 연구에 매진하고 있다.

배우의 말하기 훈련

초판 1쇄 인쇄 2022년 9월 13일
초판 1쇄 발행 2022년 9월 20일

지은이 안재범
펴낸이 박성복
펴낸곳 도서출판 연극과인간
주소 01047 서울특별시 강북구 노해로25길 61
등록 2000년 2월 7일 제6-0480호
전화 (02) 912-5000
팩스 (02) 900-5036
홈페이지 www.worin.net
전자우편 worinnet@hanmail.net

© 안재범, 2022.

이 책은 저작권법에 의해 보호를 받는 저작물이므로
저작권자의 서면 동의가 없는 무단 전재 및 복제를 금합니다.

ISBN 978-89-5786-839-3 93680

값은 뒤표지에 있습니다.